WIZARD

プライスアクションとローソク足の法則

Trading Price Action Trends

Technical Analysis of Price Charts Bar by Bar for the Serious Trader

by Al Brooks

足1本の動きから隠れていたパターンが見えてくる

アル・ブルックス[著]　長尾慎太郎[監修]　山下恵美子[訳]

Pan Rolling

Trading Price Action Trends :
Technical Analysis of Price Charts Bar by Bar for the Serious Trader
Copyright © 2012 by Al Brooks
All rights reserved
This translation published under license with the original publisher
John Wiley & Sons, Inc.

本書に登場するすべてのチャートは、http://www.wiley.com/WileyCDA/Section/id-612800.html
からダウンロードでき、細部を拡大して見ることができます（パスワード　Brooks1）。

監修者まえがき

　本書は、元眼科医で個人投資家のアル・ブルックスの手による"Trading Price Action Trends : Technical Analysis of Price Charts Bar by Bar for the Serious Trader"の邦訳である。ブルックスの著書としては日本でもすでに『**プライスアクショントレード入門**』(パンローリング)が出版されており、多くの読者の方に好評をいただいているようだ。本書は『プライスアクショントレード入門』の原書の高い評価を踏まえて書かれた続編であるが、引き続き一貫して短期の時間枠でのトレードを扱っている。

　さて、ブルックスの見立てによれば、現在のマーケットを支配しているのは機関投資家が実行する高頻度売買のコンピュータープログラムであり、その他のトレーダーはそうした機関投資家の動向に注意を払う必要があるということになる。果たして実際の市場がブルックスの指摘するような極端な構造になっているかどうかについては、人によって異論があると思うが、米国でも日本でも、コンピュータープログラムを利用したトレードの興隆が、この10年ほどの間に価格変化の微視的な振る舞いをまったく変えてしまったことは、紛れもない事実である。

　このため、以前に流行したような、類型化されたセットアップやトリガーを利用した比較的ゆっくりした短期売買の手法に依存していた裁量トレーダーは、自分のトレードスタイルを変えていなければ徐々に淘汰される運命にあった。このように、市場とは常に変化していってしまうものであり、したがって、私たちは、そもそも市場の移り変わりの影響を受けない投資戦略を実行するか、あるいは過去の成功体験に拘泥することなく環境の遷移に適合していく柔軟性を持つしか生き残るすべはない。

ところで、本当にマーケットがブルックスの指摘するようにコンピューターに支配されているならば、私たちがそれと同じフィールドで戦えばこちらに勝ち目はない。市場での弱者である私たちには、何らかの方法で強者であるプログラムトレードをアウトレンジする戦術が不可欠だ。ここで、情報が少なかった昔とは異なり、機械的な高頻度売買について知りたければパブリックになっている論文を読めばよい。これらはさまざまな研究機関のレポジトリや公的なデータベースにアクセスすれば大量に手に入る。これが情報の収集と分析である。そして次のステップとして、具体的な方法論を選ぶ必要がある。ブルックスの説くプライスアクションに依拠したトレード手法は、その方法論の選択肢の一つなのだ。そうした視点で本書を読んでいただければ、読者にとってより有益な多くの発見があるものと思われる。

　翻訳にあたっては以下の方々に心から感謝の意を表したい。翻訳者の山下恵美子氏は分かりやすい翻訳を、そして阿部達郎氏は丁寧な編集・校正を行っていただいた。また本書が発行される機会を得たのはパンローリング社社長の後藤康徳氏のおかげである。

2013年7月

長尾慎太郎

目次

監修者まえがき　　　　　　　　　　　　　1
謝辞　　　　　　　　　　　　　　　　　　9
本書で用いる用語　　　　　　　　　　　　11
序文　　　　　　　　　　　　　　　　　　33

第1部　プライスアクション　　　　　89

第1章　プライスアクションのスペクトル —— 極端なトレンドから極端なトレーディングレンジまで　　　　　　　　　　　　　119

第2章　トレンド足（陽線や陰線）、同時線、クライマックス　　　　　　　　　　　　123

第3章　ブレイクアウト、トレーディングレンジ、試し、反転　　　　　　　　　　　　145

第4章　ローソク足の基本 —— シグナル足、仕掛け足、セットアップ、ローソク足パターン　　155

第5章　シグナル足 —— 反転足　　　　　165

第6章　ほかのタイプのシグナル足　　　181

第7章　包み足　　　　　　　　　　　　253

第8章　足の終値の重要性　　　　　　　269

第9章　ETFとそのインバース　　　　　275

第10章　2番目の仕掛け　　　　　　　　279

第11章　遅い仕掛けと逃した仕掛け　　285

第12章　パターンの進化　　　　　　　289

CONTENTS

第2部　トレンドラインとチャネル　295

- 第13章　トレンドライン　299
- 第14章　トレンドチャネルライン　313
- 第15章　チャネル　325
- 第16章　ミクロチャネル　369
- 第17章　水平ライン ── スイングポイントとそのほかの鍵となる価格水準　395

第3部　トレンド　401

- 第18章　トレンドのトレード例　423
- 第19章　トレンドにおける強さのサイン　451
- 第20章　ツーレッグ　465

第4部　一般的なトレンドパターン　469

- 第21章　スパイク・アンド・チャネル・トレンド　473
- 第22章　トレンドを伴うトレーディングレンジ日　523
- 第23章　寄り付きからのトレンドと小さなプルバックを伴うトレンド　553
- 第24章　反転日　595

第25章	トレンドが再び始まる日	605
第26章	ステア ── 幅広のチャネルトレンド	615

心やさしい娘、テス・ブルックスに本書を捧げたい。彼女は人生を機会のあふれたものとみなし、世界中を駆け巡ってそれを積極的に追求している。冒険心旺盛で、物事をじっくり考える行動派の彼女は、わたしたちが追求することを恐れる夢に満ちあふれている。

謝辞

　以前書いた本『**プライスアクショントレード入門**』(パンローリング)は難しすぎるというお叱りを読者からいただいた。それを反省して、今回、プライスアクションについての分かりやすい本をシリーズで出版することにした。読者と、毎日行われるライブのオンラインセミナーの参加者からいただいた建設的な意見に感謝する。これらの意見の多くは鋭い洞察力にあふれているため、本書に含めた。また、ライブのチャットルームに参加してくれたすべてのトレーダーにも感謝する。私の見ていること、やっていることを明確に伝えることができたのも、彼らが私に繰り返ししゃべる機会を与えてくれたおかげだ。彼らから寄せられた多くの質問は、より効果的に意思疎通を図る言葉を見つけるのに役立った。これらの言葉も本書に含めた。

　原稿の校正に多大な時間を割き、素晴らしい編集と多くの提案を与えてくれたビクター・ブランケールと、私のウェブサイトの作成・管理を手がけ、チャットルームやウェブサイトに対して率直なフィードバックを与えてくれたロバート・ジャーディに感謝する。そして最後に、フューチャーズ誌の編集長であるジンジャー・ザラに感謝する。彼は同誌に記事を書く機会とオンラインセミナーで話す機会を与えてくれたばかりでなく、トレードコミュニティーにもっと深く関与する方法について役立つアドバイスを常に与えてくれている。

本書で用いる用語

　これらの用語はトレーダーに役立つように実用に即して定義したものであり、テクニカルアナリストたちによって語られるような理論上のものではない。

2番目のシグナル　最初のシグナルから2～3本以内の足で形成される2番目のシグナル。ロジックは最初のシグナルと同じ。
2番目の移動平均線のギャップ足のセットアップ　最初の移動平均線のギャップ足が形成され、移動平均線に向かって反転するも移動平均線には到達せず、移動平均線からどんどん遠ざかっていった場合、移動平均線に向けて再び反転したら、それが2番目の移動平均線のギャップ足のセットアップになる。
2番目の仕掛け　最初の仕掛けから2～3本以内の足で行う2番目の仕掛け。仕掛けのロジックは最初の仕掛けと同じ。例えば、ウエッジ型ブルフラッグの上方へのブレイクアウトが失敗してダブルボトムブルフラッグまで押した場合、この押しはウエッジ型ブルフラッグの2番目の買いシグナルになる。
5ティックの失敗　シグナル足を5ティック超えたあと反転すること。例えば、ブルフラッグをブレイクアウトして5ティックだけ順行したあと、その足が引けたら、次の足の安値はその足の終値を下回る。1ポイントの利益を目指す指値注文のほとんどは執行されない。なぜなら、価格が1ティックだけ注文価格を上回らなければ注文は執行されないからだ。これは逆方向のトレードのセットアップに使われることが多い。
EMA　「指数移動平均線」を参照。
HFT　「高頻度トレード」を参照。

HTF 「長い時間枠」を参照。

ii はらみ足が2本続くこと。2番目の足が最初の足の高値と安値の内側にある。レッグの終わりでは、これはブレイクアウトモードのセットアップになり、フラッグや反転のセットアップになることもある。ヒゲを無視した「実体のみのii」（2番目の足の実体が最初の足の実体の高値と安値の内側にあり、最初の足の実体がその前の足の実体の高値と安値の内側にある）はやや信頼性に欠ける。

iii はらみ足が3本続くこと。iiよりも信頼性は高い。

ioi はらみ足－包み足－はらみ足のパターン。2番目の足が包み足で、3番目の足がはらみ足の3本の連続する足。これはブレイクアウトモードのセットアップになる場合が多く、トレーダーたちははらみ足の上で買うか、その下で売る。

oio 包み足－はらみ足－包み足のパターン。包み足のあとにはらみ足が形成され、そのあとでまた包み足が形成される。

oo 包み足－包み足のパターン。包み足のあとにそれよりも大きな包み足が形成される。

STF 「短い時間枠」を参照。

あり得ない 最高でも40％の確率。

あり得る 60％以上の確率。

アンダーシュート スイングポイントやトレンドラインといった前の重要な価格水準に近づくが、到達しないこと。

移動平均線 本書のチャートは20期間指数移動平均線を使っているが、ほかの移動平均線を使ってもよい。

移動平均線の20連続ギャップ足 連続して20本以上の足が移動平均線に達しないこと。最終的に移動平均線に達すれば、トレンドの極値を試すセットアップになる。

移動平均線のギャップ足（「ギャップ足」） 移動平均線まで達しない足。その足と移動平均線の間のスペースがギャップになる。強いトレ

ンドでの最初の押しや戻りは移動平均線のギャップ足になり、そのあとトレンドの極値が試されることが多い。例えば、強い上昇トレンドで移動平均線を下回る足によって押しが形成された場合、そのあとトレンドの高値が試されるため、これは買いのセットアップになることが多い。

陰線包み足　終値が始値を下回る包み足。

ウエッジ　スリープッシュの動きで、トレンドラインとトレンドチャネルラインが一点に収束し、ウエッジの形をした上昇トライアングルまたは下降トライアングルを形成する。トレーダーにとってウエッジはトレードの勝率を高めるもの。どういったスリープッシュパターンもウエッジとしてとらえることができるため、ウエッジとしてトレードすべき。ウエッジは反転パターンまたはトレンドにおける押しや戻り（ブルフラッグまたはベアフラッグ）の場合が多い。

ウエッジリバーサル　上昇トレンドから下降トレンドに、あるいは下降トレンドから上昇トレンドに転換するウエッジ。これはカウンタートレンドなので、非常に強くないかぎり、2番目のシグナルで仕掛けたほうがよい。例えば、下降トレンドにおける下降ウエッジの場合、ウエッジの底を上へブレイクアウトするのを待ち、安値を切り上げる押しで買う。

ウエッジ型フラッグ　トレンド途上においてウエッジの形を成したか、スリープッシュの押しや戻り。例えば、上昇トレンドの高値3（ブルフラッグの一種）や下降トレンドにおける安値3（ブルフラッグの一種）がこれに当たる。トレンド方向のセットアップなので、最初のシグナルで仕掛けるのがよい。

売り圧力　ベア派が強力に支配権を握っている状況。彼らの売りによって、陰線、上ヒゲのある足、2本の足による弱気の反転が形成される。売り圧力は徐々に強くなり、市場はやがては下落する。

エッジ　トレーダーにとって期待値がプラスになるセットアップ。こ

のセットアップで仕掛ければ数学的に優位に立つことができる。エッジを手に入れるためには逆サイドにだれかいる必要がある。また市場はエッジの拡大と持続を阻止しようとする賢明なトレーダーであふれているため、エッジは小さく、瞬間的である。

オーバーシュート　スイングポイントやトレンドラインといった前の重要な価格水準を上回ること。

オープニングリバーサル　1日の最初の1時間か、その辺りで形成される反転。

オールウエーズイン　常にロングかショートのポジションを取っていなければならないとすると、現在のポジション（ロングまたはショート）がオールウエーズインのポジションになる。ロングにするかショートにするか決めなければならないとき、自分の選択に自信がある場合、市場はその瞬間オールウエーズインモードにある。オールウエーズイントレードを確信するには、トレンド方向にスパイクが形成される必要がある。

押しや戻り（プルバック）　トレンドやスイングやレッグの途中で動きが一時的に止まったり、それらとは逆行する動き。トレンド、スイング、レッグのスタート地点を超えて逆行することはない。これは狭いトレーディングレンジで、トレーダーたちは元のトレンドが再び始まることを期待する。例えば、弱気の戻りとは、下降トレンドや下降スイングあるいは下降レッグにおける横ばいから上方への動きで、このあと少なくとも前の安値が試される。前の足の高値を1ティック上回る小さな動きの場合もあれば、はらみ足のような小休止の場合もある。

押しや戻りの足（bar pullback）　上昇スイングの場合は、安値がその前の足の安値を下回る足のことを言い、下降スイングの場合は、高値がその前の足の高値を上回る足のことを言う。

押しや戻りの足（pullback bar）　前の足を少なくとも1ティック上

回ったり下回ったりする足。上昇トレンドでは、安値が前の足の安値を下回る足がこれに当たる。

おそらくは　60％以上の確率。

買い圧力　ブル派が強力に支配権を握る状況。彼らの買いによって陽線、下ヒゲのある足、２本の足による強気の反転が形成される。買い圧力は徐々に強くなり、価格が徐々に高くなるといった形で現れる。

落とし穴　仕掛けたあと、スキャルパーの目標値に達する前に逆方向にすぐに反転して、結果的に損切りせざるを得ない状況。トラップに引っかかるまいとして、良いトレードまで仕掛け損なうこともある。

落とし穴に引っかかって間違って仕掛ける　スキャルパーの目標値に達しないために含み損になる。仕掛けたあと、仕掛けポイントやシグナル足を超えて押しや戻りが形成されると、損切りせざるを得ない。

落とし穴に引っかかって仕掛け損なう　押しや戻りが形成されたために手仕舞うが、そのあと押しや戻りが失敗して市場は元の方向に戻る。しかし、悪いレートで再び仕掛けることは心理的に困難で、結局は市場を追っかけることになる。

カウンタートレンド　現在のトレンド（現在のオールウエーズインの方向）とは逆方向のトレードまたはセットアップ。このトレードはリスクが少なくともリワードと同じで、確率はトレードの期待値が十分に満たされるほど高くないため、負けトレードになることが多い。

カウンタートレンド・スキャルピング　トレンドは今のまま続くが、小さな押しや戻りが形成されることを期待して行うトレード。小さく押したり戻したりしたところでカウンタートレンドで仕掛けて小利をものにしようという戦略。しかし、これは間違いであることが多いため、できれば避けたほうがよい。

確率　成功する可能性。例えば、トレーダーがトレードに結びついたあるセットアップを直近の100回分見直していて、そのうちの60回利益の出たトレードがあったとすると、そのセットアップの勝率は60％

ということになる。十分に検証することができない変数が多数あるため、確率はおおよその値でしかなく、ときには誤解を招くこともある。

機関投資家　スマートマネーとも言う。年金ファンド、ヘッジファンド、保険会社、銀行、ブローカー、大口個人トレーダーなど、市場に影響を与えるほどの大きな取引量で取引する売買主体。市場の動きは多くの機関投資家が出す注文の累積的効果であり、単一の機関投資家が長期にわたって大きな市場を動かすことはできない。伝統的な機関投資家はファンダメンタルズに基づいて注文を出し、これまでは彼らの注文が市場の方向性を決める唯一の担い手だったが、今日ではHFT（高頻度トレード）会社の出す注文が１日の出来高のほとんどを占めるため、彼らの動きが１日の動きに大きな影響を及ぼすようになった。HFT会社は特殊なタイプの機関投資家であり、彼らのトレードはファンダメンタルズではなく統計学に基づく。伝統的な機関投資家が市場の方向性と目標値を決めるのに対して、市場がそこに到達する経路を決定するのは数学者たちである。

ギャップ　チャート上の２本の足の間に空いた空間。オープニングギャップは今日の最初の足の始値が前の足（昨日の最後の足）の高値もしくは安値、または前日の値幅全体を上回っているときに形成される。また、移動平均線のギャップとは、ある足の安値が横ばいか下降する移動平均線を上回るか、ある足の高値が横ばいか上昇する移動平均線を下回るときに形成される。日足チャート上で形成される従来のギャップ（ブレイクアウトギャップ、メジャーリングギャップ、エグゾースチョンギャップ）は、日中足チャートではトレンド足の形で現れる。

ギャップリバーサル　現在の足が前の足を１ティック上回ったあとギャップ内に戻るフォーメーション。例えば、ギャップアップで寄り付いたあと、その日の２番目の足が最初の足の安値を１ティックだけ下回ったとすると、これがギャップリバーサルである。

ギャップ足 「移動平均線のギャップ足」を参照。

クライマックス 急激に極端に大きく動いたあと、トレーディングレンジかトレンドとは逆方向に反転する動き。ほとんどのクライマックスはトレンドチャネルをオーバーシュートしたあと反転して終了することが多いが、この場合の反転はトレンドとは逆方向ではなく、トレーディングレンジになることが多い。

高頻度トレード（HFT） アルゴリズムトレードやブラックボックストレードとも呼ばれる。機関投資家が１日に何千という銘柄の注文を何百万回も行い、１回につき１セントという小利を得るためのプログラムトレード。ファンダメンタルズではなく、統計分析がベースになっている。

仕掛け足 トレードを仕掛ける足。

時間枠 チャート上の１本の足の時間の長さ（例えば、５分足は５分ごとに区切られる足からなる）。出来高や売買されるティック数など、時間をベースとしない足を意味することもある（出来高チャートやティックチャート）。

シグナル足 仕掛け注文が執行される足（仕掛け足）の１本前の足。セットアップの最後の足。

自信のあるブル派とベア派 機関投資家と彼らによる累積的な買いや売りが市場の方向性を決定する。

指数移動平均（EMA） 本書のチャートでは20期間移動平均線を使っているが、別の移動平均線を使ってもよい。

失敗（失敗した値動き） スキャルパーの利益が確定される前に、あるいは目標値に達する前にプロテクティブストップが執行されること。落とし穴にはまったトレーダーが損切りをするため、逆方向への動きにつながることが多い。現在、スキャルパーがＥミニで４ティックの目標を達するためには、６ティックの動きが必要で、QQQQで10ティックの目標を達成するためには、12セントの動きが必要。

失敗の失敗　失敗が失敗すること。つまり、最初のブレイクアウトの方向に再び価格が動くこと。したがって、失敗したブレイクアウトはブレイクアウトの押しや戻りにすぎない。これは2番目のシグナルなので、信頼性は高い。例えば、トレーディングレンジを上方にブレイクアウトして、ブレイクアウトのあとの足が陰線の反転足で、市場がその足を下回った場合、ブレイクアウトは失敗したことになる。しかし、次の2～3本の足のうちに前の足の高値を上回れば、ブレイクアウトの失敗は失敗に終わり、ブレイクアウトが再び始まったことになる。つまり、失敗したブレイクアウトは小さなブルフラッグになり、ブレイクアウトからの単なる押し戻りにすぎなかったということである。

シュリンキングステア　直近のブレイクアウトが1つ前のブレイクアウトよりも小さい階段状のパターン。上昇トレンドにおいては3回以上続けて高値が切り上がり、下降トレンドにおいては3回以上続けて安値が切り下がる。新たな極値へのブレイクアウトは、その都度数ティックずつ小さくなる。これはモメンタムが弱まっていることを意味する。スリープッシュパターンになることもあるが、ウエッジになる必要はなく、トレンド内で連続して広いスイングが形成されることもある。

ショート　株式や先物を売ってポジションを建てること(前に買ったものを手仕舞うことではない)。何かを空売りしたり、実際のポジションを売る人のこと。

ショートの増し玉　下降トレンドでは、下降スパイクが形成されたり市場が新安値を更新すると、ベア派はメジャードムーブまでの下降レッグを期待してショートを増し玉する。

真空地帯　自信のあるベア派が価格が間もなく上昇することを信じ、価格が市場を上回るマグネット水準に達するまで売り控えるとき買いの真空地帯が形成される。その結果、市場を吸い寄せてマグネット水

準まで素早く上昇する真空地帯が、1本以上の陽線の形で形成される。市場がマグネット水準まで上昇すると、自信のあるベア派がアグレッシブに売るため、市場は下落する。売りの真空地帯は、自信のあるブル派が市場は間もなく下落することを信じ、価格が市場を下回るマグネット水準に達するまで買い控えるときに形成される。その結果、市場を吸い寄せてマグネット水準まで素早く下落する真空地帯が、1本以上の陰線の形で形成される。市場がマグネット水準まで下落すると、自信のあるブル派がアグレッシブに買うため、市場は再び上昇する。

スイング トレンドラインをブレイクする小さなトレンド。こうした小さなトレンドが2つ以上あるときのみスイングと言う。大きなトレンドや、横ばいの相場で形成される。

スイングトレード 5分足のように短期の日中チャートを使っているデイトレーダーにとっては、スキャルピングよりも長いトレードで、1つ以上の押しや戻りがあっても保有し続ける。日中足よりも長い時間枠を使っているトレーダーにとっては、数時間から数日継続するトレード。トレーダーは利を伸ばしたいと思っているので、トレードの少なくとも一部に対しては目標値は設定しない。潜在的リワードは少なくともリスクと同じ。小さなスイングトレードはスキャルピングと呼ばれる。Eミニの場合、平均的レンジが10〜15ポイントのとき、目標が4ポイント以上のトレードはスイングトレードになる。

スイングハイ 上昇スパイクのように見える足で、隣接する足を上回る。高値は前後の足の高値と同じかそれを上回る。

スイングハイ・スイングロー スイングハイまたはスイングロー。

スイングポイント スイングハイまたはスイングロー。

スイングロー 下降スパイクのように見える足で、隣接する足を下回る。安値は前後の足の安値と同じかそれを下回る。

スキャルパー 狭いストップを置いて小利を狙うスキャルピングを主

として行うトレーダー。

スキャルパーの目標値 スキャルパーが目標とする平均的な利益。

スキャルピング 小利を狙うトレード。通常、押しや戻りが形成される前に手仕舞う。Eミニの場合、平均レンジが10〜15ポイントのとき、スキャルピングの目標は4ポイント以下。SPYや株式の場合、スキャルピングは10〜30セント。株価の高い銘柄の場合は1ドルから2ドルの利益になる場合もある。利益はリスクよりも小さいことが多いため、勝率は70％以上でなければならないが、これはほとんどのトレーダーにとって非現実的な目標。ズバ抜けたスキルを持たない普通のトレーダーは、潜在的リワードが少なくともリスクと同程度のトレードのみを行うべき。

スクラッチ 小利か損失を伴うブレークイーブンに近いトレード。

ステア トレンドを伴うトレーディングレンジや3つ以上の連続するトレンドスイング（傾きを持ったトレーディングレンジに似ており、おおよそチャネル内に含まれる）を含む広いチャネルトレンドにおける新たな極値へのプッシュ。ブレイクアウトしたあと、前のトレーディングレンジまで押したり戻したりするブレイクアウトの押しや戻りが形成される。両側でトレードが可能だが、一方の側が若干有利。傾きが形成されるのはこのため。

スパイク・アンド・チャネル フォロースルーがチャネルの形で形成されるトレンドへのブレイクアウト。チャネルではモメンタムは小さくなり、両側トレードが可能。

スマートトレーダー 常に利益を出すトレーダー。大きなポジションを取ることが多く、一般に市場の正しい側にいる。

スリープッシュ スイングハイが高値を更新しながら3つ続くこと。あるいは、スイングローが安値を更新しながら3つ続くこと。ウエッジと同じようにトレードされるので、ウエッジの変形とみなされる。フラッグの一部を構成する場合、ほぼ水平の動きとなり、プッシュす

るたびに前のプッシュを上回る必要はない。例えば、ウエッジ型ブルフラッグやトライアングルでは、2番目のプッシュダウンは最初のプッシュダウンと同じかそれを上回るか下回り、3番目のプッシュダウンは2番目または最初、あるいは両方と同じか、上回るか下回る。

成功 目的を達成したトレーダー。プロテクティブストップが執行される前に目標値に達する。

セットアップ 仕掛け注文を入れるのに用いる1〜2本の足からなるパターン。仕掛け注文が執行されたら、セットアップの最後の足がシグナル足になる。ほとんどのセットアップは1本の足で構成される。

狭いチャネル トレンドラインとトレンドチャネルラインが近接しているチャネル。押しや戻りは小さく、1〜3本の足しか続かない。

狭いトレーディングレンジ 2〜3本の足で構成されるトレーディングレンジで、足がオーバーラップしていることが多い。反転は小さく、逆指値で利益の出るトレードはできない。ブル派とベア派が均衡している状態。

高値1、2、3、4 高値1は、ブルフラッグやトレーディングレンジの安値近くで形成される高値が前の足を上回る足。そのあと高値を切り下げた足（1本の足または数本の足のあとに形成されることもある）が形成された場合、この修正局面において高値が前の足の高値を上回るこの次の足が高値2になる。3番目および4番目に形成される足が高値3および高値4。高値3はウエッジ型ブルフラッグの変化形。

高値の切り上げ 前のスイングの高値を上回るスイングの高値。

高値の切り下げ 前のスイングの高値を下回るスイングの高値。

ダブルトップ チャートフォーメーションの1つで、現在の足の高値が前のスイングハイの高値とほぼ同じ水準にあるものを言う。前の高値（スイングハイ）は1本前の足の場合もあれば、20本以上前の足の場合もある。必ずしもその日の高値である必要はなく、弱気フラッグを形成することが多い（ダブルトップベアフラッグ）。

ダブルトップベアフラッグ　下降トレンドのなかで形成される小休止またはベアフラッグで、ほぼ同じ価格水準まで2つの上昇スパイクが形成されたあと、再び下降トレンドに戻る。

ダブルトッププルバック　ダブルトップのあとに切り下げられた高値が形成する深い戻りによって形成される売りのセットアップ。

ダブルボトム　チャートフォーメーションの1つで、現在の足の安値が前のスイングローとほぼ同じ水準にあるものを言う。前の安値（スイングロー）は1本前の足の場合もあれば、20本以上前の足の場合もある。必ずしもその日の安値水準である必要はなく、ブルフラッグを形成することが多い（ダブルボトムブルフラッグ）。

ダブルボトムプルバック　ダブルボトムのあとに切り上げられた安値が形成する深い押しによって形成される買いのセットアップ。

ダブルボトムブルフラッグ　上昇トレンドのなかで形成される小休止またはブルフラッグで、ほぼ同じ価格水準まで2つの下降スパイクが形成されたあと、再び上昇トレンドに戻る。

ダマシ　失敗に終わること。ダマシのこと。

試し　市場が前の重要な価格水準に近づくこと。その目標をオーバーシュートしたりアンダーシュートすることもある。失敗した試しは、トレーダーによって意味が異なる。市場が反転すると試しに成功したことになり、反転せずに試し領域を抜けて動き続けたときは試しに失敗してブレイクアウトが形成されたことになる。

チャートの種類　チャートには、折れ線グラフ、バーチャート、ローソク足チャート、出来高チャート、ティックチャートなどがある。

通常　少なくとも60％の確率。

包み足　高値が前の足の高値と同じかそれを上回り、安値が前の足の安値を下回る足、または安値が前の足の安値と同じかそれを下回り、高値が前の足の高値を上回る足。

強気の反転　トレンドが下降トレンドから上昇トレンドに変わるこ

ティック 値動きの最小単位(呼値単位)。株式の場合はほとんどが１セント、10年物Ｔノート先物の場合は1/32ポイント、Ｅミニの場合は0.25ポイント。ティックチャートやタイム・アンド・セールスでは、１ティックは、売買のサイズにかかわらず、あるいは値動きがない場合でも、売買が成立するたびに示される値動きのことを言う。タイム・アンド・セールスを見ていると、売買が行われるたびに１ティックとしてカウントされる。

デイトレード 同じ日に仕掛けと手仕舞いを行うトレード。

同時線 実体が小さいか、実体を持たないローソク足。５分足チャートでは実体は１～２ティック。日足チャートでは10ティック以上になることもあるが、ほとんど存在しないように見える。買い勢力と売り勢力が拮抗している状態。すべての足はトレンド足かノントレンド足だが、同時線はノントレンド足。

トレーダーの計算式 トレードを仕掛けるには、勝率に潜在的リワードを掛けたものが、敗率にリスクを掛けたものよりも大きくなければならない。潜在的リワードは目標値までの距離で、リスクは損切りまでの距離を意味する。計算式が難しいのは、勝率が分からないからである。一応の目安としては、自信がないときには勝率として50％を想定し、勝つ自信があるときには勝率として60％を想定するとよい。

トレード可能な セットアップで少なくともスキャルパーの利益を確保できる可能性があること。

トレーディングレンジ 最低の条件は、前の足とオーバーラップするレンジを持つ１本の足。通常は横ばいの動きで、ブル派とベア派は拮抗しているが、どちらかが若干強い。トレンドにおける押しや戻りである場合が多く、押しや戻りは長く続き、方向性ははっきりしない。つまり、短期的にどちらの方向にブレイクアウトするかが分からないような状態であり、上下のブレイクアウトを繰り返すがその都度失敗

する。最終的にはトレンドの方向にブレイクアウトすることが多く、長い時間枠のチャートでは押しや戻りになる。

トレーリングストップ　市場が自分に有利な方向に動いてくると、トレーダーは含み益を増やすためにプロテクティブストップを移動させる（トレールする）。例えば、上昇トレンドで買いポジションを持っている場合、市場が高値を更新するたびにプロテクティブストップを直近の切り上げられた安値の下に移動させる。

トレンド　上昇する（上昇トレンド）か下落する（下降トレンド）一連の値動き。緩やかに定義された3つの小さなバージョンがある（スイング、レッグ、押し・戻り）。チャートには大きなトレンドは1つか2つしか現れない。トレンドがこれよりも多いときは、スイング、レッグ、あるいは押し・戻りと呼ぶのが適切。

トレンドチャネルライン　トレンド方向のラインで、トレンドラインと反対側に引かれる。上昇トレンドチャネルラインは高値を結んで引いたラインで、右肩上がりのラインになり、下降トレンドチャネルラインは安値を結んで引いたラインで、右肩下がりのラインになる。

トレンドチャネルラインのアンダーシュート　トレンドチャネルラインに近づくが、それに達したり突き抜けることなく反転すること。

トレンドチャネルラインのオーバーシュート　1本以上の足がトレンドチャネルラインを突き抜けること。

トレンドの反転　上昇トレンドから下降トレンドへ、またはトレンド相場からレンジ相場にトレンドが変化すること。

トレンドライン　トレンド方向に引かれたライン。上昇トレンドでは、安値を結んで引かれた右肩上がりのラインになり、下降トレンドでは高値を結んで引いた右肩下がりのラインになる。スイングハイやスイングローからなることが多いが、線形回帰ラインやベストフィットライン（目視線）として描くこともできる。

トレンドを形成する終値　終値がトレンドを形成する3本以上の足。

上昇トレンドでは各終値は1本前の足の終値を上回り、下降トレンドでは各終値は1本前の足の終値を下回る。このパターンが多くの足にわたれば、終値がトレンドを形成しない足が1本や2本出現することもある。

トレンドを形成するスイング　3つ以上のスイングのスイングハイとスイングローが前のスイングハイとスイングローを上回ったり（上昇スイング）、前のスイングハイやスイングローを下回ったりする（下降スイング）こと。

トレンドを形成する高値や安値　高値や安値がトレンドを形成する3本以上の足。高値および安値という言葉以外は、「トレンドを形成する終値」と同じ。

トレンドを伴うトレーディングレンジ　ブレイクアウトによって分離される2つ以上のトレーディングレンジ。

トレンド足　実体を持つ足。つまり、終値が始値を上回るか、下回るかのいずれかである足。小さな値動きを表す。

トレンド方向のトレード　支配的なトレンドの方向に仕掛けるトレードまたはセットアップ。一般に、直近の5分足チャートのシグナルの方向がトレンドの方向とみなされる。また、直近10本か20本の足のほとんどが移動平均線を上回れば、これは買いのセットアップになる。

長い時間枠（HTF）　扱う時間は同じだが、足の数が少ないチャート。例えば、平均的な日の日中取引時間帯の5分足のEミニチャートに対して、15分足チャート、1本の足当たり2万5000ティックのティックチャート、1本の足当たり10万枚の出来高チャートなどが長い時間枠のチャートに相当する（5分足チャートでは81本の足があるのに対して、これらのチャートは平均的な日で足の数は30を下回る）。

ニュース　広告を売ってメディア会社の儲けになるようにメディアによって作られる無意味な情報。この情報はトレードとは無関係で、評価不可能なので無視してもよい。

ネスティング（入れ子） パターンは同等の小さなパターンがそのなかに「入れ子」のように形成される場合がある。例えば、ヘッド・アンド・ショルダーズの右ショルダーが、小さなヘッド・アンド・ショルダーズやダブルトップになる場合がそうである。

バーブワイヤー 3本以上の足で構成されるトレーディングレンジで、大体はオーバーラップし、1本以上が同時線のパターン。ヒゲが長く、狭いトレーディングレンジであることが多く、比較的足が大きいことが特徴。

破産口座 純資産がブローカーによって設定された最低証拠金を下回る口座。追証を差し入れるまでトレードできない。

早めに仕掛けた売り手 弱気シグナルの足が引けるのを待つことなく、その形成途中で売り、その足の安値から1ティック下に売りの逆指値を入れるトレーダー。

早めに仕掛けた買い手 強気シグナルの足が引けるのを待つことなく、その形成途中で買い、その足の高値から1ティック上に買いの逆指値を入れるトレーダー。

はらみ足 高値が前の足の高値と同じかそれを下回り、安値が前の足の安値と同じかそれを上回る足。

反転 それまでの動きに対して逆行すること。ほとんどのテクニカルアナリストは上昇トレンドから下降トレンドへ、あるいは下降トレンドから上昇トレンドへの変化を反転と言うが、レンジ相場はトレンド相場とは逆の現象なので、トレンド相場からレンジ相場に変わったときも反転と言う。レンジ相場がトレンド相場に変わったときも反転になるが、これは通常はブレイクアウトと呼ぶ。

反転足 トレンドと逆方向のトレンド足。下降レッグから上方に反転するとき、強気の反転足は陽線だが、これは下ヒゲを持ち、終値が始値を上回るとともにその日の高値に近い足ということになる。弱気の反転足は上昇レッグにおける陰線で、これは上ヒゲを持ち、終値が始

値を下回るとともにその日の安値に近い足である。

ピップス　FX市場における1ティックのこと。データベンダーによってはもっと高い小数位で気配値を提供するところもあるが、これは無視してもよい。

フェード　逆張りトレード（例えば、上方にブレイクアウトしたが、あなたはこれは失敗し、逆方向に反転すると思っているので売る）。

フォロースルー　例えばブレイクアウトのような最初の動きのあと、それを超える足が1本以上形成されること。トレーダーとしては次の足で、そしてそのあとの何本かの足でも動きが継続して、ブレイクアウトの方向にトレンドが形成されることを期待する。これによって利を伸ばすことができるからだ。

フォロースルーの足　仕掛け足のあとフォロースルーを形成する足。これは通常は仕掛け足の次の足だが、5～6本先の足である場合もある。

不当　トレーダーの計算式にとって不利なセットアップ。

プライスアクション　いろいろなチャートや時間枠で形成される値動き。

フラクタル　どういったパターンも長い時間枠のパターンのフラクタル（自己相似）になっている。つまり、短い時間枠のパターンは長い時間枠のパターンのミクロパターンになっているということ。

プルバック　「押しや戻り」の項目を参照。

ブレイクアウト　現在の足の高値または安値が、スイングハイやスイングロー、前の足の高値や安値、トレンドライン、あるいはトレンドチャネルといった前の重要な価格水準を突破すること。

ブレイクアウトプルバック　ブレイクアウトしたあと、2～3本以内の足で形成される1～5本の足による小さな押しや戻り。これを押しや戻りと見れば、ブレイクアウトが再び始まることが期待できるため、押しや戻りは再び始まるブレイクアウトに対するセットアップに

なる。ブレイクアウトが失敗すると思った場合、これは押しや戻りではなく、ブレイクアウトの失敗とみなされる。例えば、下降トレンドラインを上回る5本の足で形成されるブレイクアウトが形成されたが、下降トレンドがそれ以降も継続すると思った場合、下方にブレイクアウトした直後の押しで買うのではなく、この弱気フラッグで売るはずだ。

ブレイクアウトへの試し　ブレイクアウトのあと最初の仕掛け価格の近くまで押したり戻したりしてブレークイーブンストップを試す押しや戻り。ブレークイーブンストップを数ティックオーバーシュートしたりアンダーシュートすることもある。仕掛けたあとの1～2本の足で形成されるか、それ以上の足が経過したあとで形成される場合もある（場合によっては20本以上あとの足の場合もある）。

ブレイクアウトモード　どちらかの向きのブレイクアウトがフォロースルーを伴うセットアップ。

ブレイクアウト足　ブレイクアウトを引き起こす足。強いトレンド足であることが多い。

坊主　ヒゲが上か下にしかないか、上にも下にもヒゲのない実体のみからなるローソク足。上ヒゲのないものは陽の大引け坊主と陰の寄り付き坊主で、下ヒゲのないものは陽の寄り付き坊主と陰の大引け坊主。

ポーズ足　トレンドを突き抜けない足。上昇トレンドでは、ポーズ足の高値は前の足と同じかそれを下回る。あるいは、前の足が強い陽線の場合、高値がその前の足を1ティック前後上回る小さな足。一種の押しや戻り。

マネーストップ　固定した金額や固定ポイント数で設定するストップ。例えば、Eミニで2ポイントのストップ、株式で1ドルのストップといった具合。

マル　現在ポジションを持っていないトレーダーのことを言う。

ミクロ　1本から5本の足にわたって形成されるパターンで、見落と

されることが多い。パターンのミクロバージョン。ミクロパターンは小さい時間枠では従来のパターンとして現れ、従来のパターンは長い時間枠ではミクロパターンとして現れる。

ミクロダブルトップ　連続する足、あるいはほぼ連続する足の高値がほぼ同じ価格水準のフォーメーション。

ミクロダブルボトム　連続する足、あるいはほぼ連続する足の安値がほぼ同じ価格水準のフォーメーション。

ミクロチャネル　ほとんどの足の高値と安値がトレンドラインやトレンドチャネルラインに触れるほど狭いチャネル。狭いチャネルの最も極端な形で、押しや戻りはないか、あっても１つか２つの浅い押しや戻りがあるのみ。

ミクロトレンドチャネルライン　３本から５本の連続する足の高値または安値を結んだトレンドチャネルライン。

ミクロトレンドラインのブレイクアウト　２本から10本の足にわたって引かれるトレンドラインで、ほとんどの足はトレンドラインに接触するかそれに近い位置にあり、足の１本がダマシのブレイクアウトになる。そのダマシのブレイクアウトはトレンド方向の仕掛けをセットアップする。それが１～２本の足のうちに失敗すれば、カウンタートレンドトレードになることが多い。

ミクロメジャーリングギャップ　強いトレンド足の前の足とあとの足が重ならないとき、それは強さのサインであり、メジャードムーブになることが多い。例えば、強い陽線が形成され、そのあとの足の安値がその前の足の高値と同じかそれを上回れば、その安値と高値の中間点がミクロメジャーリングギャップになる。

短い時間枠（STF）　扱う時間は同じだが、足の数が多いチャート。例えば、平均的な日の日中取引時間帯の５分足のＥミニチャートに対して、１分足チャート、１本の足当たり500ティックのティックチャート、１本の足当たり1000枚の出来高チャートなどが短い時間枠のチ

ャートに相当する（5分足チャートが81本の足があるのに対して、これらのチャートは平均的な日で足は200本を上回る）。

メジャーなトレンドの反転　上昇トレンドから下降トレンド、または下降トレンドから上昇トレンドへ転換すること。このセットアップは、トレンドラインをブレイクしたあと、古いトレンドの極値への試しが含まれなければならない。

メジャーなトレンドライン　スクリーン上の値動きのほとんどを含むトレンドラインで、通常は10本以上離れた足を結んで引かれる。

メルトアップ　深い押しを伴うことなく、上昇スパイクや狭い上昇チャネルで上昇すること。ファンダメンタルズでは説明がつかないほどの暴騰。

メルトダウン　大きな戻りを伴うことなく、下降スパイクや狭い下降チャネルで下落すること。ファンダメンタルズでは説明がつかないほどの大暴落。

安値1、2、3、4　安値1は、ベアフラッグやトレーディングレンジの高値近くで形成される安値が前の足を下回る足。そのあと安値を切り上げた足（1本の足または数本の足のあとに形成されることもある）が形成された場合、この修正局面において安値が前の足の安値を下回るこの次の足が安値2になる。3番目および4番目に形成される足が安値3および安値4。安値3はウエッジ型ベアフラッグの変化形。

安値の切り上げ　前のスイングの安値を上回るスイングの安値。

安値の切り下げ　前のスイングの安値を下回るスイングの安値。

陽線包み足　終値が始値を上回る包み足。

予測される価格の方向性　市場が逆方向に一定のティックだけ動く前に、任意のティックだけ上昇または下落する確率。同じ距離だけ上昇および下落する場合、確率は50％前後で推移する。つまり、市場がXティックだけ下落する前にXティックだけ上昇する確率は50％で、Xティックだけ上昇する前にXティックだけ下落する確率もまた50％と

いうこと。

寄り付きからのトレンド　その日の最初の足や最初から始まるトレンドで、押したり戻したりすることなく多くの足にわたって持続するトレンド。トレンドの始まりのポイントは、ほぼ終日にわたってその日の極値の１つになる。

弱気の反転　トレンドが上昇トレンドから下降トレンドに変わること。

リスキー　トレーダーの計算式が不明瞭であったり、そのトレードにとって有利ではないときをリスキーと言う。リスクと潜在的リワードとは無関係に、勝率が50％未満のときもリスキーと言う。

リスク　仕掛け価格からプロテクティブストップまでのティック数。トレードが逆行したときの最小損失額（スリッページなどほかの要素によって実際のリスクは理論上のリスクよりも大きくなる）。

リスクオフ　株式市場が下落すると思った場合、リスク回避的になり、ボラティリティの高い株式や通貨などは避け、ジョンソン＆ジョンソン（JNJ）、アルトリアグループ（MO）、プロクター＆ギャンブル（PG）、米ドル、スイスフランなど安全と思われる資産に資金を移すこと。

リスクオン　株式市場が強いと思った場合、市場全体よりも上昇速度の速い株式に投資したり、豪ドルやスウェーデン・クローナなどボラティリティの高い通貨に投資することで資金をリスク資産に振り向けること。

理にかなったセットアップ　トレーダーの計算式を満たすセットアップ。

リワード　トレーダーが１つのトレードから期待する儲けをティック数で表したもの。例えば、目標値で指値で手仕舞ったとすると、仕掛け価格と目標値の間のティック数がリワードになる。

レッグ　トレンドラインをブレイクする小さなトレンド。チャート上

に少なくとも2つのレッグがあるときのみ使われる用語。大きなトレンドのなかで形成される小さなトレンド（押しや戻り［カウンタートレンドの動き］）、トレンド相場や横ばい相場のなかで形成されるスイング、あるいはトレンド内の2つの押しや戻りの間で形成されるトレンド方向の動きがこれに相当する。

レッジ　ブルレッジとは安値が同じ2本以上の足で底が形成される小さなトレーディンレンジのこと。ベアレッジとは高値が同じ2本以上の足で天井が形成される狭いトレーディングレンジのこと。

ローソク足　プライスアクションを時系列に沿ってチャートで表す手法の一つ。始値と終値を実体で表し、安値と高値はそこから伸びるヒゲ（影と呼ぶテクニカルアナリストもいる）で表す。終値が始値を上回る場合を陽線と言い、白い実体で表し、終値が始値を下回る場合を陰線と言い、黒い実体で表す。

ロット　市場で取引できる最小のポジションサイズ。株式の場合は1株、Eミニや先物などでは1枚。

ロング　買う人、あるいは買いポジションそのもの。

ロングの増し玉　上昇トレンドでは、上昇スパイクが形成されたり、市場が新高値を更新すると、ブル派はメジャードムーブまでの上昇レッグを期待してロングを増し玉する。

序文

　プライスアクションについてトレーダーが書いた包括的な本がないのには理由がある。多大な時間がかかるうえ、経済的な見返りはトレードに比べると少ないからだ。3人の娘も大学院に入り、私の心にはぽっかり穴が空いた。この心の隙間を埋めるために本書を書こうと思い立ったわけである。もちろんこれは素晴らしいプロジェクトでもある。最初は『**プライスアクショントレード入門――足1本ごとのテクニカル分析とチャートの読み方**』（パンローリング）の初版を改訂しようと思ったのだが、それを読み返しているうちに、改訂はやめにして、私が市場をどう見て、トレードしているかを詳しく書くことにした。私はいわばあなたにバイオリンの弾き方を教えているようなものである。トレードで生計を立てるために必要なことはすべてこれらの本のなかに書いてあるが、トレードを学ぶために無数の時間を費やすかどうかはあなた次第である。1年にわたってウェブサイト（http://www.brookspriceaction.com/）で多くの質問に答えてきて、自分のアイデアをより明確に表現する方法があることに気づいた。それはプライスアクションについての本を書くことである。前著はプライスアクションの読み方に焦点を当てたが、本シリーズはプライスアクションを使ってトレードする方法に焦点を当てた。最初は1冊にまとめるはずだったが、前著の4倍もの文字数になったため、ジョン・ワイリー＆サンズは3冊のシリーズにしようと提案してきた。シリーズ第1作目の本書はプライスアクションの基本とトレンドに焦点を当て、2冊目はトレーディングレンジと注文管理およびトレードの数学に、そして最後の3冊目はトレンドの反転、デイトレード、日足チャート、オプション、そしてすべての時間枠における最良のセットアップに焦点を当てた。チャートの多くは『**プライスアクショントレード**

入門』(パンローリング)にも登場するが、そのほとんどはアップデートし、議論も大幅に手直しした。前著(12万文字)と本シリーズ(57万文字)でオーバーラップするのはわずか5％なので、読者は本シリーズをまったく新しいものに感じるはずだ。

　本シリーズを書いた目的は、慎重に選んだトレードがなぜ素晴らしいリスク・リワード・レシオを提供してくれるのかについて説明することと、セットアップから利益を生みだす方法を提示することである。本シリーズはプロのトレーダーやビジネススクールの学生にとって興味深いものであると同時に、トレードを始めたばかりのトレーダーにとっても何らかの役立つアイデアが得られるものであってほしいと思っている。プライスチャートはだれでも見るが、大概はさっと目を通す程度で、何か特定のあるいは限定的な目的を持って見るのが普通だ。しかし、どのチャートも信じられないくらい多くの情報を含み、その情報を使って利益の出るトレードを行うことが可能だ。ただし、その情報を効果的に使うためには、トレーダーはチャート上の各足が機関投資家たちがやっていることについて何を語っているのかを時間をかけて理解する必要がある。

　大きな市場における90％以上のトレードは機関投資家によるものである。つまり、市場は機関投資家の集合体ということになる。機関投資家のほとんどは儲かっている。すぐに利益の出ない機関投資家は廃業するしかない。彼らは市場そのものだ。あなたが仕掛けるトレードには、あなたと反対側で利益を出しているトレーダー(機関投資家)が必ずいる。どのトレードも機関投資家がかかわっているのだ。個人投資家による出来高の少ないトレードは、機関投資家が同じトレードを仕掛けないかぎり成立しない。あなたがある価格で買おうと思ったら、1つ以上の機関投資家が同じ価格で買おうとしないかぎり市場はその価格に達することはない。また、1つ以上の機関投資家が売る価格でなければあなたは売ることはできない。なぜなら、その価格で買

う機関投資家と売る機関投資家がいて初めて市場はその価格に達するからである。例えば、Ｅミニの現在価格が1264で、あなたが売りのプロテクティブストップを1262に入れて買ったとすると、1262で売りたい機関投資家が存在しないかぎり、あなたのプロテクティブストップが執行されることはない。これはほぼすべてのトレードに対して言えることである。

　例えばＥミニを200枚トレードしたとすると、それは機関投資家の取引量に当たり、あなたは事実上機関投資家と同じ立場にあるため、市場を１～２ティック動かすことができるかもしれない。しかし、ほとんどの個人投資家はどんなに頑張ってトレードしたとしても、市場を動かすことはできない。市場はあなたのストップに達することはない。市場はあなたがプロテクティブストップを置いた価格を試してくるかもしれないが、それはあなたがストップを置いたという事実とは無関係だ。１つ以上の機関投資家がそこで売ることが経済的に理にかなっていると信じ、別の機関投資家がそこで買うことが利益につながると信じるときのみ、市場はその価格を試してくるのである。どのティックでも機関投資家による買いと売りが存在し、どの機関投資家もそれらのトレードを仕掛ければ利益の出ることが分かっている実証されたシステムを持っている。市場の方向を支配するのは機関投資家だ。だから、あなたは機関投資家と同じ方向にトレードしなければならないのである。

　１日の終わりにその日のチャートを見て、機関投資家がその日何をしたかが分かるだろうか。答えは簡単だ。市場が上昇したのであれば、機関投資家の大半が買ったことを意味し、市場が下落したのであれば、機関投資家の大半が売ったことを意味する。市場が上昇または下落した部分を見て、すべての足を研究すれば、繰り返し形成されるパターンがあることに気づくはずだ。やがて、それらのパターンがリアルタイムで認識できるようになる。そうなれば自信をもってトレード

を仕掛けられるようになる。プライスアクションは小さなものもあるため、どんな可能性にも常に心をオープンにしておくことが重要だ。例えば、ある足が前の足を下回るが、トレンドは上昇トレンドを続けているときがある。そんなときは、ビッグマネーがその前の足の安値かそれを下回る価格で買っていると思わなければならない。これは経験豊富なトレーダーの多くがやっていることである。彼らは弱小トレーダーたちが損切りに引っかかって損失を出す価格で、あるいは市場が下落すると思って売っている価格で買うのである。強いトレンドは押すことが多く、そんなときビッグマネーは売るのではなく買うというアイデアに慣れてくれば、以前は間違ったことだと思っていたビッグトレードにありつけることになる。それほど深刻に考え込むことはない。市場が上昇しているのなら、機関投資家は買っているのだ。あなたがロングを損切りしたほうがよいと思うときでも買っているのだ。あなたの仕事は彼らの動きに従い、あなたの目の前で起こっていることを受け入れることである。直観に反するかどうかなど問題ではない。重要なのは、市場が上昇している、だから機関投資家たちの大部分は買っている、だからあなたも買う、ということなのである。

　機関投資家たちは一般にスマートマネーだ。つまり、彼らはトレードで生計を立てられるほど賢明で、毎日大きく売り買いしているということである。テレビは投資信託会社、銀行、ブローカー、保険会社、年金ファンド、ヘッジファンドなどの伝統的な機関投資家を機関投資家と呼んでいる。彼らは出来高の大部分を占め、ファンダメンタルズでトレードする。日足チャートや週足チャート、あるいは日中の大きなスイングの方向性を決めるものは彼らの売買である。10年前までは、トレードの意思決定や大部分のトレードは賢明なトレーダーによってなされていたが、今ではコンピューターがその役割を担うようになった。彼らは人間を介することなく経済データを瞬時に分析し、その分析に基づいてすみやかにトレードを仕掛けるプログラムを持って

いる。プライスアクションの統計分析に基づいてトレードを仕掛けるコンピュータープログラムを使って大量に売買を行う会社もある。今ではコンピュータートレードは売買の70％を占めるようになった。

　コンピューターは意思決定が得意で、チェスもやる。ゲイリー・カスパロフは長年にわたりチェスの世界チャンピオンだったが、1997年にコンピューターとの対戦に負けた。また、『ジェパディ！』（アメリカのクイズ番組）で勝つことは株のトレードよりもはるかに難しいと言われているが、『ジェパディ！』で過去最高の勝ち抜き記録を持つケン・ジェニングスは2011年にコンピューターに打ち負かされた。コンピューターが機関投資家のトレードの最高の意思決定者となる日はそう遠くはないだろう。

　プログラムは客観的な数学的分析を使っているので、支持線や抵抗線はより明確に決定される。例えば、正確な数学的ロジックによる取引が増えれば、メジャードムーブの予測は以前よりも正確に行えるようになるはずだ。また、プログラムが日足チャート上の浅い押し目で買えば、狭いチャネルは長期化するだろう。しかし、多くのプログラムが同じキー水準でロングを手仕舞ったり、売ったりすれば、市場はより速くそして大きく下落するかもしれない。物事は劇的に変化するのだろうか。おそらくはそうはならないだろう。なぜなら、すべてが手動で行われているとき、従来と同じ一般的な力が働いているからだ。しかし、トレードから感情が排除されるにつれて数学的完全性へと近づいて行くことは確かだ。プライスアクションの統計分析に基づいてトレードを仕掛けるコンピュータープログラムを使って大量に売買を行う会社が市場の動きに対する関与をより増大させ、コンピューターを使って市場を分析しトレードを仕掛ける伝統的な機関投資家たちがますます増えている今、機関投資家という言葉はあいまいになってきている。個人トレーダーとしては、機関投資家は多くの売買を行いプライスアクションに重大な貢献をする別の実体ととらえたほうが

よいだろう。

　こうした売り・買いのプログラムは出来高の大部分を占めるので、どのチャートもこれらによって作られているといっても過言ではなく、また個人投資家にトレード機会を提供してくれるのもこうしたプログラムだ。シスコシステム（CSCO）の決算発表が良かったため株価が上昇しているとする。もしあなたが株を長く保有したいと思う投資家なら、伝統的な機関投資家がやっていることをやる必要がある。つまり、シスコを買え、ということである。しかし、デイトレーダーなら、ニュースは無視して、チャートを見なければならない。なぜなら、プログラムは純粋に統計をベースとするファンダメンタルズとは無関係なパターンを作りだすが、大きなトレード機会を提供してくれるからだ。次の数カ月にわたる株価の方向性とおおよその目標水準を決めるのはファンダメンタルズをベースにトレードを仕掛ける伝統的な機関投資家だが、その目標価格までに達する道筋とその動きの高値・安値を決めるのは、統計分析をベースにデイトレードや短期トレードを仕掛ける会社である。マクロレベルでも、ファンダメンタルズは良くても概算値しか分からない。1987年と2009年の株価大暴落を振り返ると、どちらも株価の大幅な下落と急騰を招いた。しかし、ファンダメンタルズはその短期間のうちにそれほど大きく変わってはいない。どちらのケースも、月々のトレンドラインを若干下回る程度に落ち込み、そこから大きく反転した。市場が下落したのは認識されたファンダメンタルズによるところが大きいが、下落の程度を決めたのはチャートだったのである。

　どの時間枠でも、どの市場でも繰り返し現れる大きなパターンがある。例えば、トレンド、トレーディングレンジ、クライマックス、チャネルなどがそうだ。また、直近の2～3本の足のみに基づく小さなトレード可能なパターンもたくさん存在する。本シリーズはトレーダーがチャート上に現れるあらゆることを理解するための包括的なガイ

ドであり、利益の出るトレード機会を増やし、負けトレードを避けることを目的とするものだ。

　私からの最も重要なメッセージは、絶対的に優れたトレードに集中し、絶対的に最悪のセットアップを避け、少なくともプロテクティブストップ（リスク）と同じ大きさの目標値（リワード）を設定し、トレードする株数を徐々に増やしていくことである。各セットアップの背景にある理由は私の意見にすぎず、なぜそのトレードがうまくいくのかについての理由は完全に間違っているかもしれないが、そんなことは関係ない。重要なのは、プライスアクションを読むことはトレードの非常に効果的な方法であるということである。物事がなぜそうなるのかについてこれまでいろいろと考えてきたが、私は自分の説明が正しいと思っているし、その説明によって自信をもってトレードを仕掛けることができる。しかし、そういった説明はトレードの仕掛けとは無関係で、正しいかどうかは私にとっては重要ではない。私は市場の方向性についての意見を瞬時に変えることができるし、もっとロジカルな理由が見つかれば、あるいは自分のロジックに欠点を発見すれば、なぜ特定のパターンがうまくいくのかについての意見を変えることもできる。私が意見を提供するのは、それが理にかなっているように思えるからであり、読者が特定のセットアップを自信をもってトレードする手助けになると思うからであり、それらが知的刺激を与えてくれるものだからである。しかし、プライスアクショントレーダーにとって私の意見など不要だ。

　本シリーズは非常に細かく書かれており、読むのは若干難しいため、価格チャートの読み方をできるだけ多く学びたいと思っている真剣なトレーダー向きだ。しかし、本シリーズで提供する概念そのものはどういったレベルのトレーダーにも役立つものである。本シリーズにはロバート・D・エドワーズ、ジョン・マギーの『マーケットのテクニカル百科　入門編・実践編』（パンローリング）などによる標準

的なテクニックがたくさん含まれているが、より重点を置いたのはそれぞれの足である。それぞれの足に注目し、それらが提供する情報がリスク・リワード・レシオを大幅に向上させることができることを示していく。1つのチャートにつき3つか4つのトレードに注目する本が多いが、それはチャート上のほかのことは理解し難く、無意味でリスキーであることを意味する。その日に形成されるどのティックからも何かを学べるはずであり、各チャートには明らかに良いトレードだと分かる2～3のトレード以外にも偉大なるトレードがいくつも隠されているはずだ。ただし、これを発見するにはプライスアクションを理解する必要があり、どの足も無視できないほど重要である。顕微鏡が教えてくれるものは、最も重要なことのなかには非常に小さなこともあるということである。だから、私は何千という売買を実際に行うことでトレードを学んできた。

　私はチャートを足ごとに読み、それぞれの足が私に語りかけてくるいかなる情報にも耳を傾ける。なぜならすべてが重要な情報だからだ。足が引けるたびに、トレーダーは「今何が起こったのか」と自らに問いかける。ほとんどの足についてはトレードするに値するものは今のところは何もないので、理解する必要はないと結論づける。そして、もっと明確で大きなパターンが現れるのを待つ。彼らはまるで足が存在しないと思っているかのようだ。あるいはそれは機関投資家のプログラムなので、個人トレーダーにはトレード不可能なものとして無視してしまう。このとき、彼らは自分たちが市場の一部であることを忘れている。しかし、1日を構成するのはこの瞬間瞬間なのである。出来高を見てみると、彼らが無視している足は、彼らがトレードに用いる足と同じだけの出来高を示している。それらの足では明らかに多くの売買がなされているが、それがあたかも存在しないかのような振りをしている可能性があることに彼らは気づかないのである。これは現実を否定することにほかならない。売買は常に形成されているので

ある。トレーダーとしては、それがなぜ形成されるのかを理解し、そこからお金を稼ぎだす方法を見つけだすことが重要だ。市場が語りかけてくることを学ぶのは時間がかかるうえ難しいことではあるが、それこそが成功するトレーダーになるための基礎を与えてくれるのである。

　ローソク足について書かれた本はパターンを暗記させようとするものが大部分だが、本シリーズでは、特定のパターンがなぜトレーダーにとって信頼できるセットアップになるのか、その理由を説明する。用いる用語のなかにはテクニカルアナリストとトレーダーとではまったく意味が異なる言葉もあるが、私は本シリーズはトレーダーの視点に立って書いている。多くのトレーダーは本シリーズに書かれていることはほぼすべて理解していると思うが、プライスアクションを私のようにうまく説明できる人はいないのではないかと思っている。成功するトレーダーになるための秘訣などない。それぞれに名前の付いた一般的なセットアップを知ることだけである。彼らはほぼ同じときに売り買いし、同じスイングをとらえ、一つひとつのトレードには彼らなりの仕掛ける理由がある。彼らの多くは特定のセットアップがなぜ機能するのかを知る必要すら感じることなくプライスアクションを直観的にトレードする。彼らにはプライスアクションに対する私の理解と考え方を楽しみながら読んでもらいたい。そして、それがすでに成功しているトレードをさらに向上させる洞察を与えるものになればと願っている。

　トレーダーの目標は、それぞれの性格にあったスタイルでトレードの利益を最大化することである。性格に合ったスタイルでなければ、トレードで長期的に利益を出すのはほとんど不可能だと思う。トレーダーの多くは成功するまでにはどれくらいかかるのだろうと思い、たとえ数年であれ、しばらくの間は損をしても致し方ないと思っている。しかし私の場合、成功するまでに10年以上かかった。われわれに

は考えなければならないこともあれば、気を散らす誘惑も多い。したがって、人によって成功するまでにかかる時間は異なる。しかし、トレーダーは障害を乗り越えなければ、常に利益を出すトレーダーにはなれない。私にも解決しなければならない大きな問題がいくつかあった。その1つは3人の娘たちを育てあげることである。私の頭のなかは常に彼女らのことでいっぱいで、父親としてやらなければならないことを常に考える毎日だった。しかし、娘たちも成長し、独立したので悩みは1つ消えた。次の問題は、私のさまざまな人格的特徴を現実で不変のもの（少なくとも、変えないでおこうと決心した）として受け入れることだった。これには長い時間を要した。そして最後が自信の問題だ。私はあらゆることにおいて傲慢なほどの自信家だった。私を知る人はこの話を聞けば驚くだろう。実は私は心の底で、長年にわたって使える利益の出るアプローチなんて見つかりっこないと思っていたのだ。だから、私は多くのシステムを買い、無数のインディケーターやシステムを検証し、多くの本や雑誌を読み、セミナーにも通い、家庭教師を雇い、チャットルームに参加したりした。成功したトレーダーだと言う人と話をしたこともあるが、彼らは口座報告書を見せてくれることはなかった。おそらく彼らは教えることはできても、自らトレードしたことはないのではないかと思っている。トレードの世界では、知る者は語らず、語る者は知らない、というのが一般的だ。

　これらは非常に役立った。なぜなら、これらは成功するためにやってはならないことを教えてくれたからだ。トレーダーでない人はチャートを見てトレードは簡単だと思うはずであり、これはトレードの魅力の1つでもある。1日の終わりにチャートを見れば、仕掛けポイントと手仕舞いポイントが手に取るようにはっきりと分かるが、これをリアルタイムでやるとなるとそれほど簡単ではない。安値で買いたいと思うのは自然な傾向だが、安値で買ってもそれっきり上昇しないこともある。そんなとき、初心者は大きな損失を避けるために損切りす

るが、それは次から次へと負けトレードを誘発し、口座を破産へと導く。損切りの幅を広げることでこれはある程度解決できるが、すぐに大きな損失を被ることになり、口座は破産し、そのアプローチは怖くて使えなくなってしまう。

　本シリーズが提供する情報を使えば偉大なプライスアクショントレーダーが数多く生まれ、彼らは同じことを同時に行うので、市場をあなたの目標値にまで到達させるのに必要な遅い参入者は排除されてしまうと考えるべきだろうか。答えはノーだ。なぜなら、市場を支配しているのは機関投資家であり、彼らは世界で最も賢明なトレーダーを擁しており、そういったトレーダーは本書に書かれていることは少なくとも直観的に知っているからだ。どの瞬間でも、賢明なベア派の機関投資家が仕掛けるトレードと逆サイドで仕掛ける賢明なブル派の機関投資家が必ずいる。重要なプレーヤーのほとんどはプライスアクションのことをすでに知っているため、プライスアクションを知るプレーヤーたちが増えても情勢は変わらない。だから私の書くことによってプライスアクションが機能しなくなっても、私は何も心配などしない。この均衡状態によって、だれかが持っているエッジは極めて小さくなる。そして、チャートを読むのがいかにうまくても、小さな過ちを犯せばそれは損失につながる。プライスアクションのことを理解することなくトレーダーとしてお金を儲けることは非常に難しいが、この知識だけでは不十分だ。チャートの読み方を学んだとしても、トレードの方法を学ぶにはこれまた時間がかかる。トレードはチャートを読むのと同じくらい難しいのだ。本シリーズを書いたのは、人々がチャートをもっとよく読むことができるようになり、トレードがもっとうまくできるようにするためであり、この両方がうまくできるようになれば、他人の口座から自分の口座へとお金を移動させることができるようになる。

　無数のトレーダーたちが効率的市場でそれぞれに異なる理由で注文

を出す。これによってパターンが形成される。しかし、取引量は健全なロジックによって制御されている。これがパターン形成のメカニズムであり、これは永遠に変わることはない。どの時間枠でも、世界中のどの市場でも同じパターンが形成される。多くの異なるレベルで瞬時にしてパターンを操作することは不可能だろう。プライスアクションは人間の振る舞いを具現化したものであり、それゆえに遺伝的基盤を持っている。われわれが進化するまで、それはほぼ不変だ。チャートの80年の歴史のなかでもそれは変わることはなかった。プログラムトレードによってパターンは若干変わったかもしれないが、その変化を裏付ける証拠はない。しいて言えば、プログラムトレードによって感情が排除され、出来高が大幅に増えたため、チャートは平滑化されたかもしれない。今や売買のほとんどはコンピューターによって自動的に行われ、売買量は非常に多いため、非理性的で感情的な振る舞いは市場にとって取るに足りない要素にすぎない。チャートは人間の傾向を純粋に表現したものなのである。

プライスアクションはわれわれのDNAから生まれたものであるため、われわれが進化するまでそれは変わらない。図I.1の2つのチャートを見てみよう。一見すると普通のチャートのように思えるが、下の日付に注目してもらいたい。大恐慌後と第二次世界大戦中のダウ平均の週足チャートは今日のチャートと同じパターンを持つ。今日の売買のほとんどがコンピューターによって行われているにもかかわらずにである。

すべての人が突然プライスアクションスキャルパーになったとすると、小さなパターンはしばらくの間は若干変化するかもしれないが、やがては効率的市場が勝利を収め、全トレーダーによる投票結果は標準的なプライスアクションパターンに集約されるだろう。なぜなら、これが無数の人々が論理的に振る舞った結果だからである。しかし、うまくトレードするのは非常に難しい。また、プライスアクションに

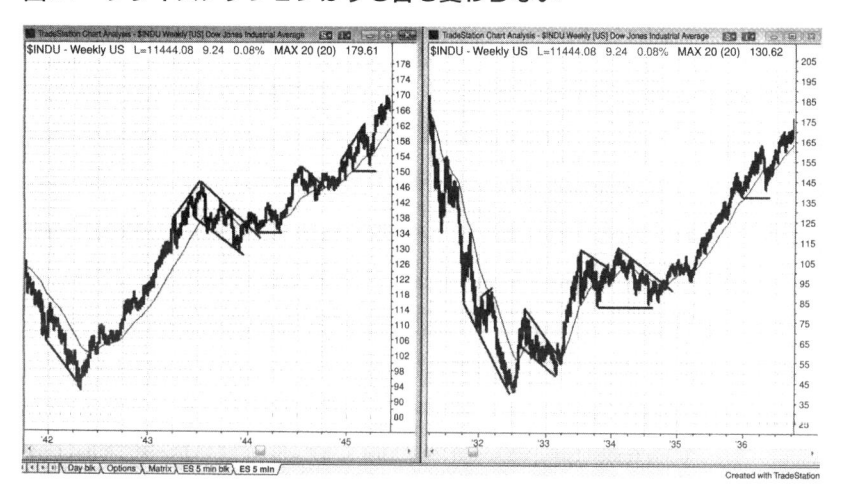

図I.1　プライスアクションは今も昔も変わらない

よるトレードは健全なアプローチだが、リアルタイムでうまくやるのは非常に難しい。トレードをうまくやれるトレーダーはそれほどいないため、パターンに長期的に重大な影響を及ぼすことは不可能だろう。世界で最高のトレーダーであるエドワーズとマギーは何十年にもわたってこのアイデアを使ってきたが、今でもうまくやっている。理由は同じだ――チャートが今も昔も変わらないのは、それがいろいろなアプローチと時間枠を使ってできるかぎりのお金を儲けようとする賢明な多くの人々でいっぱいの効率的市場の不変の指紋だからである。例えば、タイガー・ウッズは彼がゴルフでやっていることを何一つ隠さない。だから、だれでも自由にまねできる。しかし、生計を立てられるほどゴルフをうまくプレーできる人はほとんどいない。トレードでも同じことが言える。トレーダーがあらゆることを知り尽くしても損をするのは、常にお金儲けできる方法にそれらすべての知識を適用することは非常に難しいからである。

　エドワーズとマギーの本は基本的にシンプルで、トレードには主としてトレンドライン、ブレイクアウト、押しや戻りを使っているにす

ぎないにもかかわらず、多くのビジネススクールが彼らの本を読むことを推奨し続けるのはなぜだろうか。それは、彼らのテクニックが機能するからである。これまでも機能してきたし、これからも機能し続けるだろう。ほぼすべてのトレーダーがコンピューターを持ち、日中データにアクセスできる今、これらのテクニックの多くはデイトレードに適用できる。また、ローソク足チャートはだれが市場を支配しているかについての追加的情報を提供してくれるため、小さなリスクでタイミングよく仕掛けることが可能だ。エドワーズとマギーが注目するのは全体的なトレンドだ。私が使うテックニックも同じだが、私はリスク・リワード・レシオを上げるためにチャートの個々の足により注目し、日中チャートに重点を置く。

　チャートをうまく読むことができ、動きが始まりそのまま動き続けるときに絶好のタイミングで仕掛けることができれば、そのトレーダーはかなり有利になる。勝率は高く、損失も２～３の小さな損失で済む。私はこれを出発点にすることにした。あとにも先にもこれだけだ。余計なものは加えない。余計なものを加えれば気が散り、勝率を下げることになる。でもあまりにも明確で簡単なことなので、ほとんどの人には信じてもらえないかもしれない。

　私はＥミニS&P500先物チャートのプライスアクションのみを見てトレードするデイトレーダーだ。プライスアクションをうまく読むことはすべてのトレーダーにとって非常に有益なスキルだと思っている。初心者は何かもっと必要なものがあるのではないかと思っている。例えば、複雑な数式はエッジを与えてくれるのではないかと思っている。でも、そんな数式なんて使う人はほとんどいない。ゴールドマンサックスはバランスシートを大きく使えるし、経験も豊富だ。そのトレーダーはスーパーコンピューターや高性能のソフトウェアを持っており、そのため人よりも優位に立てる。その一方で、個人トレーダーたちは失敗する運命にある。彼らはあらゆる種類のインディケー

ターを見る。そしてパラメーターを変えてカスタマイズする。どのインディケーターもときには機能するときもあるが、私にとってインディケーターは何かをはっきりさせるというよりも、むしろ混乱を招くものでしかない。事実、チャートなんて見なくても買い注文を入れることはでき、50％の確率で成功する。

　インディケーターやシステムを否定して、その繊細さを無視せよと言っているのではない。事実、私は長年にわたってインディケーターやシステムを開発してきた。検証を含めれば優に１万時間以上は費やしている。おそらくはほかの人よりも経験ははるかに豊富なはずだ。私がトレーダーとして成功できたのは、インディケーターやシステムのこの豊富な経験によるところが大きいと思っている。インディケーターは多くのトレーダーにとって非常に役立つものだが、トレーダーとして成功するか否かはそれぞれの性格に合ったアプローチを見つけられるかどうかにかかっている。インディケーターやシステムに対する私の唯一最大の問題は、それらを完全に信用できなかったことである。どのセットアップも検証を必要とする例外に出くわした。私は市場から最後の１ペニーまで絞り取りたかった。だから、システムをより良くするためにいじくってはみたものの、そのシステムから得られるリターンには満足しなかった。絶えず最適化することはできるが、市場は強いトレンド相場から狭いレンジ相場に変わったかと思ったら、またトレンド相場に変わるといった具合に絶えず変化しており、あなたの最適化は直近で起こったことに基づくため、市場が新たなフェーズに移行すれば最適化はすぐに失敗に終わる。私はインディケーターや自動化したシステムから長期にわたってお金を稼ぐために、自分を制御しすぎるし、強迫観念にとらわれ、落ち着きがなく、観察力が鋭く、何事も疑いやすい。私はいろいろな意味で極端であり、ほとんどの人は私のような問題は抱えてはいない。

　トレーダーの多く、特に初心者は、インディケーター（あるいは自

分たちよりも力を持った人、グル、テレビに出てくる評論家、ニュースレター。これらは自分たちを守ってくれると信じており、彼らに多くのお金を与えることで人間として認めてくれ愛を示してくれると思っているのだ）に魅力を感じる。インディケーターは仕掛ける時期を教えてくれると信じているからだ。しかし、大部分のインディケーターは単純なプライスアクションをベースにしていることを分かっていない。私はトレードを仕掛けるとき、インディケーターが語ることを処理できるほど速く考えることはできない。例えば、上昇トレンドにあるとき、押したあと、再び上昇して高値を更新するとする。しかし、上昇するとき、多くの足がオーバーラップし、多くの陰線が形成され、何回か小さく押し、それらの足の上ヒゲが長いとき、経験豊富なトレーダーならそれはトレンドの高値への弱い試しであり、上昇トレンドが依然として強いときにはこういったことは起こらないと思うはずだ。このとき市場はほぼ確実にレンジ相場へと移行しており、下降トレンドになるかもしれない。こういったことはオシレーターがなくても分かる。また、オシレーターは反転に注意を向けさせる傾向があり、価格チャートはおざなりになる。オシレーターは1時間以上続く反転が2つか3つあるときには効果的なツールではあるが、市場が強いトレンド相場になったときは問題だ。あまりにもインディケーターに注目しすぎると、それらは1日中ダイバージェンスを形成しているように見え、カウンタートレンドで何回も仕掛けて損をすることになる。トレンド相場であることが分かったときには時すでに遅く、損失を取り戻すことはできない。インディケーターを見るのではなく、一つひとつの足やローソク足チャートを見れば、トレンド相場であることは明白で、インディケーターにトレンドの反転を探すようにそそのかされたりはしないだろう。成功する反転は強いモメンタムでまずトレンドラインをブレイクし、次に極値を試すために押したり戻したりするというのが一般的だ。しかし、ダイバージェンスにとらわれすぎれば、

この基本的な事実を見逃すことになる。ダイバージェンスが存在するからといって、その前にトレンドラインをブレイクするほど勢いのあるカウンタートレンドがないときに仕掛ければ、それは負ける戦略だ。トレンドラインをブレイクするまで待ち、極値への試しから反転するのか、あるいは前のトレンドが再び始まるのかを見極めることだ。強い反転が高勝率トレードになるのかどうかを知るのにインディケーターは必要ではない。少なくともスキャルピングの場合はそうだ。それに、インディケーターではほぼ確実にダイバージェンスが存在する。それなのになぜインディケーターなど見て思考を複雑化する必要があるのか。

　専門家のなかには、時間枠、インディケーター、波の計数、フィボナッチリトレースメントとフィボナッチエクステンションを組み合わせることを推奨する者もいるが、仕掛けるときになると、良いプライスアクションのセットアップが存在するときにのみ仕掛ける。そして、良いプライスアクションのセットアップを見つけると、それを確認するために、ダイバージェンスを示すインディケーターを探したり、移動平均線の試しを探すために異なる時間枠を見たり、波を数えたり、フィボナッチのセットアップを探し始める。彼らは実際には1つのチャートのプライスアクションのみでトレードするプライスアクショントレーダーなのだが、それを認めたがらない。彼らはトレードを複雑化して多くのトレード機会を逃している。つまり、分析しすぎて注文を入れるタイミングを逃し、次のセットアップを待たざるを得ない状況に追い込まれるのである。単純なものを複雑にする必要などないのである。情報を追加することは優れた意思決定につながることもあり、トレードを仕掛けるべきかどうかを判断するのに役立つこともある。単純な信念だけでデータを無視することは愚かなことだ。目標はお金を儲けることであり、トレーダーは利益を最大化するためにできることはなんでもやるべきである。私は複数のインディケーター

と時間枠を処理しながら正確に注文を出すことはできない。1つのチャートを注意深く読むことのほうが私にとってははるかに有意義だ。また、インディケーターに依存すれば、プライスアクションを読むことはなおざりにし、明白なことを見逃すおそれがある。プライスアクションはほかのどんな情報よりもはるかに重要だ。もし何かほかの情報を得るためにプライスアクションがあなたに語っていることを無視すれば、悪い意思決定をしてしまうおそれがある。

　トレードを始めたばかりのころ、最もイライラすることの1つは、あらゆることが主観的であることだった。初心者は利益を保証してくれる明確なルールを見つけたがり、パターンが機能する日としない日があることを嫌う。市場では無数の賢明な人々がゼロサムゲームをするため、市場は非常に効率的だ。トレーダーがお金儲けをしようと思ったら、ほかのトレーダーの半数よりも一貫してうまくやらなければならない。競争相手は利益を出している機関投資家だ。だからトレーダーは優秀でなければならない。エッジはすぐに発見しなければ消えてしまう。あなたのトレードと逆サイドのトレードを仕掛けているだれかがいることを忘れてはならない。彼らがあなたの魔法のシステムを発見するのにそれほど時間はかからず、発見されてしまえば、彼らはあなたに儲けさせることはしないだろう。トレードの魅力の1つは、非常に小さなエッジを持ったゼロサムゲームであるということであり、その小さくてはかない機会を見つけて利用することは知的興奮に満ちた作業であり、経済的にも報われる。これは可能だが、とてつもない努力を必要とし、過酷なほどの規律を求められる。規律とはやりたくないことをやることを意味する。われわれはみな知的好奇心が強く、何か新しく違ったことをやりたがる傾向があるが、最も賢明なトレーダーはその誘惑に打ち勝つことができる。自分のルールに従い、感情を排すことが重要であり、最良のトレードが現れるまで忍耐強く待たなければならない。1日の終わりにプリントアウトされたチ

ャートを見ると、これはいとも簡単なことのように思えるが、足が刻々と形成されるのを忍耐強く待つことはリアルタイムでは非常に難しい。素晴らしいセットアップが現れたとき、注意散漫だったり自己満足に陥れば、その素晴らしいセットアップを見落とすことになり、また長時間待たなければならない。しかし、健全なシステムに従う忍耐力と規律を身につければ、潜在的利益は計り知れない。

　株式やＥミニのトレードでお金を儲ける方法は無数にあるが、どの方法を使っても、動きがなければならない（オプションの売りは例外）。チャートの読み方を習得すれば、機関投資家がトレンドをスタートさせた理由を知ることなく、インディケーターが何を示しているのかさえも知ることなく、毎日、利益の出るトレードをたくさんとらえることができる。機関投資家のソフトウェアや分析など必要ない。なぜなら、彼らは何をやっているのかをチャートであなたに示してくれるからだ。あなたのやるべきことは彼らのトレードに便乗することである。そうすれば儲けられる。プライスアクションは彼らが何をやっているのかを教えてくれるものであり、狭い値幅の損切りで早めに仕掛けることを可能にしてくれるものなのである。

　トレードを仕掛けるときに考えることを最小化すれば、はるかに多くのお金を稼げることを私は発見した。必要なのはラップトップコンピューターと、20EMA（20期間指数移動平均線）を重ね書きした１つのチャートだけである。EMAはそれほど多くの分析を必要とせず、毎日良いセットアップを生みだす。下降トレンドの終わり近くでは出来高が大きく突出することがあり、次のスイングローやその次のスイングローは利益の出るロングのスキャルピングの機会を提供してくれることがあるため、トレーダーのなかには出来高も見る人もいる。突出した出来高は、下落が行きすぎたときに日足チャート上に現れることもある。しかし、これはあまり信頼できる指標ではないため、私はあまり注目しない。

トレーダーの多くはダイバージェンスやトレンドからの押しや戻りをトレードするときにだけプライスアクションを見る。事実、インディケーターを使っているトレーダーのほとんどは強いシグナル足がなければトレードを仕掛けることはなく、ダイバージェンスがなくても、前後関係を見て正しければ強いシグナル足で仕掛ける。彼らが探しているのは大きな反転足の終値が大きく上昇することだが、実際にはこんなことはほとんど起こらない。プライスアクションを理解するうえで最も役立つツールは、トレンドラインとトレンドチャネルライン、前の高値と安値、ブレイクアウトと失敗したブレイクアウト、ローソク足の実体とヒゲの長さ、そして現在の足とその前の何本かの足との関係だ。特に、現在の足の始値、高値、安値、終値とその前の何本かの足の動きとの関係は、次に何が起こるかについて多くを教えてくれる。チャートは市場を支配しているのがだれなのかについて、トレーダーが認識するよりもはるかに多くの情報を与えてくれる。市場がこれからどこへ行こうとしているのかについては、一つひとつの足が重要な手掛かりを与えてくれる。そういった動きをノイズとして無視するトレーダーは毎日利益の出る多くのトレードを見逃していることになる。本シリーズに登場する観察のほとんどはトレードの仕掛けと直接的な関係があるが、トレードを仕掛ける際のベース足りうる十分な信頼性がなければ、シンプルで興味深いプライスアクションとはほとんど無関係だ。

　Eミニや先物、株式のトレードでは私は主としてローソク足を使うが、ほとんどのシグナルはどのタイプのチャート上にも現れ、その多くは単純な折れ線グラフでも顕著に現れる。基本的な原理を説くのに私は主として5分ローソク足チャートを使うが、日足チャートや週足チャートにも注目する。私は株式やFX、Tノート先物、オプションもトレードするため、プライスアクションがこうしたもののトレードにも使えることを示していく。

あらゆるものはグレーゾーンに属するという考えの下、私は物事は常に確率で考える。あるパターンが現れるとする。それは完璧ではないが、信頼できるセットアップに似ているとすると、私はそれをそのように扱う。似ているものは大概はそれと同等に扱うことができる。教科書に出てくるセットアップに似たものが現れたとすると、大概は教科書のセットアップと同じようにトレードできる。これはトレードのアートであり、グレーゾーンでのトレードをうまくこなせるようになるには何年もかかる。みんなは具体的で明確なルールやインディケーターを欲しがり、チャットルーム、ニュースレター、ホットラインや、いつ仕掛ければリスクを最小化し利益を最大化できるかを教えてくれる家庭教師を欲しがるが、こうしたものは結局はうまくはいかない。あなたはあなたの意思決定に責任を持たなければならないが、まずは意思決定の仕方を学ぶ必要がある。つまり、グレーゾーンでトレードすることに慣れる必要があるということである。白黒をはっきりさせられるものは何もない。私は長年グレーゾーンでやってきたため、起こりそうにないことでも起こる可能性のあることが分かるようになった。それは量子物理学のようなものだ。あらゆる出来事は確率を持つ。ゆえにあなたがまだ考えも及ばない出来事でも確率を持つ。そこに感情はなく、何が起ころうと理由など関係ない。FRB（連邦準備制度理事会）が今日金利を下げるかどうかをかたずをのんで見守るのは時間の無駄である。なぜなら、FRBが何をやっても強気の解釈と弱気の解釈があるからだ。重要なのは、FRBが何をするかを見ることではなく、市場が何をするかを見ることである。

　トレードはゼロサムゲームである。しかし、ルールが支配するところではゼロサムゲームは不可能だ。ルールが支配するところでは、だれもがそれを使うだろうし、そうなれば逆サイドにはだれもいなくなる。したがって、トレードなど存在しなくなる。ガイドラインは非常に便利なものだが、信頼できるルールなど存在しない。これはトレー

ドを始めたばかりの人にとっては厄介だ。なぜなら、彼らは正しいルールさえ手に入れれば、トレードは儲かるゲームだと信じているからだ。どういったルールでも機能するときはある。だから、ちょっとばかり手を加えれば常に機能すると思いこんでしまうのである。あなたはあなたを守ってくれるトレードの神様を作ろうとしているにすぎない。必死に努力してのみ解決策が得られるにもかかわらず、あなたは自分をだまして簡単な解決策を見つけようとしている。あなたの相手は世界で最も賢明な人々だ。もしあなたが絶対確実なルールを見つけられるほど賢いのであれば、彼らがそんなルールを見つけるのは朝飯前であり、だれもがゼロサムゲームのジレンマに陥ることになる。柔軟性がなければトレードでお金を儲けることは不可能だ。なぜなら、あなたは市場が行くところに行かなければならないからであり、市場は高い柔軟性を持っているからだ。市場はいかなる方向にも進みうるし、ほとんどの人の想像をはるかに超えて長期にわたってその方向に進むこともある。市場はまた数足ごとに反転し、それを長い間繰り返すこともある。そして、市場はこれらの間のあらゆることをする可能性もある。これに腹を立ててはならない。現実として受け入れるしかなく、ゲームの美としてそれを認めなければならない。

　市場は不確実性という引力に引き寄せられる。1日の大半を通じて、すべての市場は上昇する確率と下落する確率は半々だ。これは、たとえチャートを見なくても、買って、仕掛け価格からXセント上に利食いの指値を入れ、仕掛け価格からXセント下にプロテクティブストップを置いてOCO注文を出せば、勝つ確率はおよそ50％あるということである。同様に、チャートを見ずにどの価格水準ででも売って、仕掛け価格からXセント下に利食いの指値を入れ、仕掛け価格からXセント上にプロテクティブストップを置けば、勝つ確率と負ける確率はそれぞれ50％あるということである。Xが株価に対して大きすぎる場合は例外だ。例えば、50ドルの株価に対してXを60ドルにすること

はできない。なぜなら、これでは60ドル失う確率が０％になってしまうからだ。また、Xを49ドルにすることもできない。なぜなら、49ドル失う確率が前と同様に極めて小さくなるからだ。しかし、Xの値をあなたの使っている時間枠で妥当な範囲内にすれば、さきほどの原理は通用する。市場が上昇する確率と下落する確率が五分五分のとき、市場は不確実であり、どちらの方向に動くかは分からない。これはトレーディングレンジの顕著な特徴だ。だから、方向性がはっきりしないときは、市場はレンジ相場にあると見るべきである。どちらの方向に進むかがはっきりするときがほんの短時間発生することがある。強いトレンド相場のとき、60％から70％の確率で方向性ははっきりするが、それは長くは続かない。なぜなら市場は不確実性という引力に引き寄せられるからであり、上昇すると思うブル派と下落すると思うベア派が拮抗するからだ。トレンドがあり、方向性に一定の確実性があるときでも、市場は支持線と抵抗線に引き寄せられる。支持線と抵抗線は通常はメジャードムーブだけ離れた領域にあり、不確実性が戻ってきて、少なくとも短時間だけトレーディングレンジが形成される領域だ。

　トレード日の間はニュースを見てはならない。ニュースイベントの意味を知りたければ、目の前のチャートを見るとよい。それが教えてくれるはずだ。リポーターはニュースは世界で最も重要なものと信じており、起こることはすべてその日最大のニューススト−リーによって形成されると思っている。リポーターはニュースビジネスに身を置く人々なので、ニュースは宇宙の中心であり、金融市場で起こるあらゆることの原因でなければならないのである。2011年３月中旬に株式市場が大暴落したとき、それは日本で起こった地震が原因であると彼らは言った。市場が買いのクライマックスのあと３週間前から下げ始めていたことなど彼らにはどうだってよいのだ。２月下旬、私はチャットルームのメンバーに、上げ相場が長く続いたあと、日足チャート

で陽線が15本連続して形成されたとき、大きな修正に入る可能性が高い、と言った。これはたぐいまれな強い買いのクライマックスで、市場からの重要なメッセージだった。数週間以内に地震が起こるなんてことは知らなかったし、知る必要もなかった。トレーダーたちがやっていること —— ロングを手仕舞い、ショートを開始する —— をチャートは如実に物語っていたのだ。

テレビに出てくる専門家たちも当てにならない。市場が大きく動くと、リポーターたちはそれを予測した専門家を探し、彼（彼女）にインタビューし、この同じ専門家が行ったその前の10の予言がすべて間違っていたにもかかわらず、この専門家は市場を予測する神秘的な力を持っているのだと視聴者に思わせる。その専門家はまた将来を予測し、何も知らない視聴者たちはそれを重要視し、彼らのトレードはその影響を受ける。常に百パーセント強気の専門家もいれば、常に百パーセント弱気の専門家もいて、またホームランを狙ってとんでもない予測をする専門家もいることを視聴者たちは知らない。リポーターはその日のニュースに一致する見解を示す専門家に飛びつく。その日のニュースなどトレーダーにとっては何の意味もなさず、実際には有害ですらある。なぜなら、それは彼らのトレードに影響を及ぼし、彼ら自身の手法に疑問を抱かせ、逸脱させてしまうからである。予測を60％を超える確率で言い当てた人などいない。専門家たちが説得力を持っているからといって、予測が信頼できるものであるとは限らない。彼らと同じくらい賢明で説得力があり、彼らとは逆のことを信じている人々がいるが、彼らの意見に耳が傾けられることはない。これは裁判で被告側の意見にだけ耳を傾けるのと同じだ。一方の側の意見だけを聞けば、納得はするが必ず誤解を招き、50％を超える信頼性を持つことはない。

機関投資家のブル派とベア派は絶えずトレードを仕掛けている。市場の方向性が常に不確実なのはこのためだ。最新ニュースがないとき

でも、ビジネスチャンネルは１日中インタビューを流し、リポーターたちは１人の専門家を選んでリポートを書く。次の１時間前後の市場の方向性に関して、そのリポーターが正しい人を選ぶ確率は五分五分だ。あなたがその専門家の言うことを頼りにトレードの意思決定をしようと思い、その専門家は昼ごろから市場は下落すると言ったが、市場は依然として上昇し続けているとすると、あなたは売る気になるだろうか。ウォール街のトップ企業のこの説得力のあるヘッドトレーダーの言うことを信じるべきだろうか。彼は明らかに年100万ドル以上は稼いでいる。もし彼が市場の方向性を常に正しく予測することができなければ、会社は彼にそれほど多くの報酬を支払わないはずだ。彼はおそらくは市場の方向性を常に正しく予測することができ、おそらくは素晴らしい銘柄選択者だろうが、彼がデイトレーダーでないことは明らかだ。彼が資金を運用して年にその15％の報酬を得ることができるからと言って、彼が次の１時間か２時間の市場の方向性を正しく予測できると信じることほど愚かなことはない。計算してみるとよい。もし彼がそんな能力を持っているとすれば、彼は１日に２～３回１％稼ぐことができる。これは年間で言えば1000％になる。でも彼にはそんな能力はない。彼の時間枠は月であるのに対し、あなたの時間枠は分だ。彼はデイトレードでお金を稼ぐことはできないのだ。デイトレーダーとして失敗することが証明された人の言うことを頼りに、なぜトレードしなければならないのか。彼は成功するデイトレーダーではないという単純な事実をもって、デイトレードではお金を稼ぐことはできないことをあなたに示したわけである。それはすなわち、彼がデイトレードすれば、損をすることを意味する。もし彼がデイトレードで成功できるのなら、彼はデイトレードすることを選んだはずであり、そうすれば今よりもはるかに多くのお金を稼ぐことができるはずだ。たとえあなたが彼のファンドをまねしようと思って、ポジションを何カ月も保有し続けていたとしても、彼のアドバイスに従うのは

愚かなことだ。なぜなら、彼は翌週には考えを変えるかもしれず、あなたがそれを知ることはないからだ。トレードを管理することは仕掛けと同じくらい重要だ。その専門家に従って、彼と同じように年に15％儲けたいと思ったら、あなたは彼の管理方法に従う必要がある。しかし、あなたにはそんな能力はないため、その戦略を採用すればそのうちに損をするだろう。あなたはときどきは素晴らしいトレードを行うが、それはただランダムに選んだ銘柄を買っているからにすぎない。重要なのは、そのアプローチが最初の１つか２つのトレードだけではなく、100のトレードでお金を儲けられるかどうかである。あなたは子供によく言うはずだ――どんなに優れ説得力があるように思えても、テレビに出てくることは本当のことではないと。トレードもまさにそのとおりなのである。

　前にも述べたように、専門家には常にブル派の専門家と常にベア派の専門家がいる。そして、リポーターはそのうちの１人を選んでリポートを行う。こんなリポーターにあなたのトレードの意思決定を任せる気になるだろうか。これほど愚かなことはない。もしそのリポーターがトレードできるのなら、彼女はトレーダーになって今よりも何倍ものお金を稼ぐだろう。なぜ彼女にあなたの意思決定を左右させなければならないのか。おそらくあなたは自分の能力に自信がないからだろう。あるいはあなたを愛してくれ守ってくれる父親のような存在を求めているのかもしれない。もしリポーターの意思決定に影響される傾向があるのなら、トレードなんてするべきではない。彼女が選んだ専門家はあなたの父親ではないし、その専門家はあなたやあなたのお金を守ってはくれない。リポーターが方向性を正しく予測する専門家を選んだとしても、その専門家はあなたのトレードを管理してはくれない。あなたは押しや戻りでストップに引っかかって損失を出すだけである。

　金融ニュース専門局は公共サービスを提供するために存在するので

はない。彼らはお金を儲けるためにビジネスをしているのであって、広告収入を最大化するためにはできるだけ多くの視聴者を集めなければならないのだ。彼らは正確に報道をしようとは努めるが、彼らの主な目的はお金儲けである。彼らは視聴者が喜ぶような報道をしさえすれば、視聴者の数を最大化できることが十分に分かっている。つまり、視聴者が興味を持つようなゲストを招くということである。とっぴな予測をする人、学者、あるいは肉体的魅力を持つだけの人もいるだろう。とにかく、エンターテインメントとしての価値を持つ人たちを招くわけである。もちろん、ゲストのなかには偉大なトレーダーもいるかもしれないが、彼らはあなたの手助けにはならない。例えば、世界で最も成功している債券トレーダーにインタビューしたとしよう。彼が話すのは次の数カ月にわたるトレンドの一般的な話にすぎず、彼は自分のトレードを仕掛けた数週間後にそれを話すのだ。もしあなたがデイトレーダーなら、これは何の助けにもならない。なぜなら、彼の時間枠はあなたの時間枠とは異なり、彼のトレードはあなたがやっていることとは何も関係もないからだ。リポーターはウォール街の大会社のテクニカルアナリストによくインタビューする。そのテクニカルアナリストは資格的には十分だが、彼の意見は週足チャートがベースになっている。しかし、視聴者たちは数日以内に利益を出したいと思っている。テクニカルアナリストにとっては、市場が次の数カ月で10％下がろうと、彼が買いを推奨する上昇トレンドは依然として有効なのだ。しかし、視聴者はとっくに損切りしているため、3カ月後にやってくる高値の更新など何の役にも立たない。テクニカルアナリストがあなたの目標や時間枠について語らないかぎり、彼が何を言おうと役には立たないのだ。デイトレーダーにインタビューした場合はどうだろう。彼はすでに仕掛けたトレードについて話すだろう。つまり、その情報は古く、あなたがお金を稼ぐのには役には立たないということである。彼がテレビに出るころには、市場は逆方向に動きだしてい

るかもしれないのだ。インタビューされているときにまだデイトレードを保有していれば、2分のインタビューが終わってもそのトレードを管理し続けるだろうが、インタビューが放送されるころにはもうすでにそのトレードは持っていない。あなたが彼と同じポジションを取っても、市場が逆行したので手仕舞いについて、あるいは順行したので利食いについて重要な意思決定をしなければならないときには彼はもうそこにはいない。いかなる場合でもテレビにトレードのアドバイスを求めるのは、たとえ重要な報道がなされたあとでも、これほどお金を失う確かな方法はない。これは絶対にやってはならない。

　あなたがやるべきことはチャートを見ることである。チャートだけを見るのだ。チャートはあなたの知りたいことを教えてくれる。チャートはあなたにお金を与えてくれるかもしれないし、あなたからお金を奪うかもしれない。だから、トレードするときに唯一見るべきものがチャートなのである。フロアにいるときにはあなたの親友がやっていることさえ信用できない。彼はオレンジジュースのコールをたくさん売ってはどうかと勧めてくるかもしれないが、その裏で密かに現在の市場価格より安い値段でその10倍も買おうとしているかもしれないのだ。あなたの友だちははるかに良いレートで増し玉することができるように、市場を下落させてパニックを引き起こそうとしているにすぎないのだ。

　友だちや同僚はあなたにいろいろな意見を提供してくるが、それは無視すべきだ。時として、トレーダーたちから素晴らしいセットアップがあるのでそれについて議論したいと言ってくるときがある。興味がない、と言うと彼らは決まって怒る。彼らは私のことを自分勝手で頑固で心の狭い人間だと思うかもしれないが、トレードに関しては私は自分勝手で頑固で心の狭い人間だ。あるいはそれ以上かもしれない。あなたにお金を稼がせてくれるスキルは素人には欠点に見えるものだ。トレードについての本や論文をなぜ読まなくてはならないの

か。ほかのトレーダーに彼らのアイデアについてなぜ話をしなければならないのか。前にも述べたように、チャートは私の知りたいことをすべて教えてくれる。ほかの情報はガラクタでしかない。私の態度に気を悪くする人もいた。なぜなら、彼らが私に有益だと思うものを提供してくれようとしているときに私が却下したからだ。しかし、彼らが何かを提供してくるときは、私の教えを期待しているときだ。他人のトレードテクニックなど聞きたくないというと、彼らはイライラを募らせ怒り狂う。私は自分のテクニックさえマスターしていないし、おそらくは完全にはマスターできないだろうが、プライスアクションを使わないアプローチを自分のトレードに取り入れるよりも、自分がすでに知っていることを完全なものにすることのほうがはるかに多くのお金を稼ぐことができると私は確信している、と私は彼らに言う。そして、彼らに問う。ジェームズ・ゴールウェイがヨーヨー・マに素晴らしいフルートを与え、大金を稼ぐことができるからヨーヨー・マもフルートを練習すべきだと言ったとすると、ヨーヨー・マはそれを受け入れるだろうかと。明らかにノーである。ヨーヨー・マはチェロを続けるべきであり、そうすることでフルートをやるよりもはるかに多くのお金を稼ぐことができるはずだ。私はゴールウェイでもヨーヨー・マでもないが、考え方は同じだ。私がプレーしたいのはプライスアクションだけであり、ほかの成功したトレーダーのアイデアを取り入れるよりもプライスアクションをマスターしたほうがはるかに多くのお金を稼ぐことができることを私は確信している。

　機関投資家たちがニュースをどのように解釈しているかを教えてくれるものはチャートであって、テレビに出てくる専門家たちではないのである。

　昨日、コストコ（COST）の決算が発表された。この四半期の伸びは32％で、アナリスト予測を上回った（**図I.2を参照**）。コストコはギャップアップで寄り付いたあと、最初の足でそのギャップを試し、20

図I.2　ニュースは無視せよ

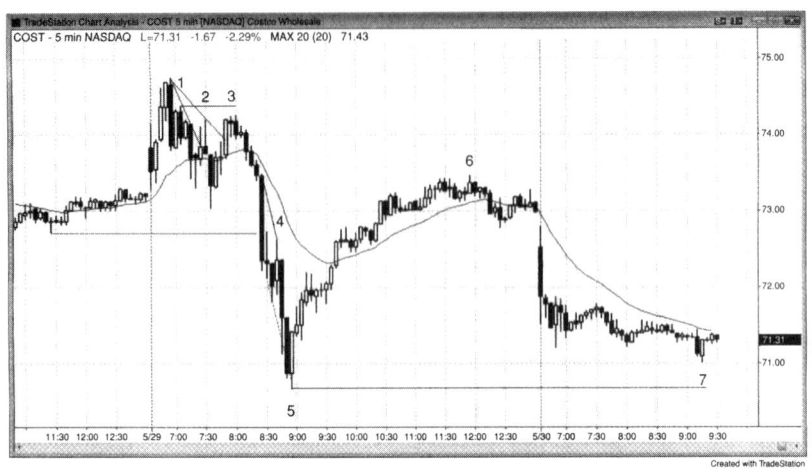

分間で１ドル以上上昇した。その後、下落して昨日の終値を試した。下降トレンドラインをブレイクする上昇が２回あったが、いずれも失敗した。これによってダブルトップ（足２と足３）ベアフラッグ、あるいはトリプルトップ（足１、足２、足３）が形成されたあと、前日の安値を下回って３ドル下落した。この決算発表を知らなければ、足２や足３でダマシになった下降トレンドラインのブレイクで売り、昨日の安値を下にブレイクしたあとの戻りである足４の下でもさらに売り、大きな反転足の足５でドテン買いにしていただろう。足５は昨日の安値の下へのブレイクアウトからの２回目の反転の試しであり、急激な下降トレンドチャネルラインの底をブレイクしたあとのクライマックス的な反転だった。

　あるいは、強気の決算発表を受けて、寄り付きで買ったかもしれない。そして、テレビのアナリストの予測どおりに株価が上昇せず、逆に下落したのはなぜなのだろうと疑問に思い、足５への２回目の下落でロングを手仕舞い、２ドルの損失を出していたことだろう。

　わずか数本の足で大きく動くトレンドは、長大線がほとんどオーバ

ーラップすることなく形成されたことを意味し、このあとは押したり引いたりするのが普通だ。こうしたトレンドは大きなモメンタムを持つため、押したり引いたりしたあと元のトレンドに戻り、トレンドの極値を試す可能性が高い。押しや戻りが逆方向の新しいトレンドに発展し、最初のトレンドのスタート地点を超えて伸びていかないかぎり、極値は突破されるのが普通だ。一般に、押しや戻りが75％以上のリトレースメントであれば、その押しや戻りが前のトレンドの極値に戻る可能性は大幅に減る。そうした戻りが下降トレンドで形成された場合、戻した時点で、その戻りはその下降トレンドにおける単なる戻りではなく、新たな上昇トレンドとみなしたほうがよいかもしれない。足6はおよそ70％のリトレースメントで、そのあと市場は翌日の寄り付きでクライマックス的な下降トレンドの安値を試した。

　市場がニュースを受けてギャップアップで寄り付いたとしても、そのまま上昇し続けるわけではない。そのニュースがいかに強気だったとしてもである。

　図I.3を見てみよう（左側が日足チャートで、右側が週足チャート）。足1で寄り付く前、マイクロソフトが1株31ドルでヤフーを買収するというニュースが流れたため、市場はその価格までギャップアップした。トレーダーの多くはこの話はすでに決まったものと思い込んだ。なぜならマイクロソフトは世界でも有数の企業であり、ヤフーを買いたいと思えば買えるだけの資金力を持っているからだ。そればかりではない。マイクロソフトは多額のキャッシュを持っているので、買収条件を有利にすることができる。ヤフーのCEO（最高経営責任者）はヤフーは1株40ドル以上の価値のある会社だと言ったが、マイクロソフトは反論しなかった。結局はこの取引は立ち消えになり、ヤフーの株価は暴落した。10月にはヤフーの株価は買収が発表される以前の価格よりも20％下落し、発表当日の株価よりも50％下落して、そのまま下落し続けた。強いファンダメンタルズも、真剣な求婚者からの買

図I.3　強気のニュースでも市場は下落することがある

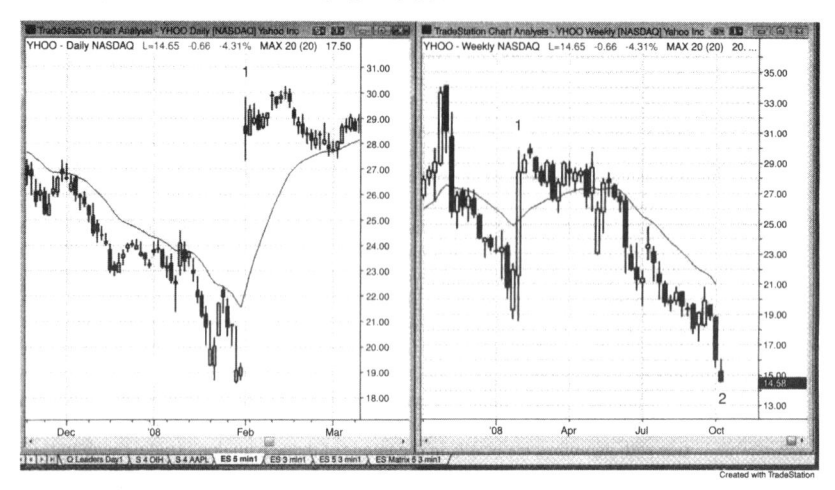

収の申し入れももはやこれまでだった。プライスアクショントレーダーにとって、下落相場における大きな上昇は、安値の切り上げと高値の切り上げが連続して起きなければ、ベアフラッグにすぎない。もちろん、ブルフラッグになりさらなる上昇が続く場合もあるが、上昇トレンドが確認されるまでは、週足チャートの大きなトレンドのほうが重要であることを認識すべきである。

　見かけと中身が同じ唯一のもの——それがチャートだ。チャートが何を語っているのか分からない人は、トレードすべきではない。物事が明らかになるまで待つのだ。物事は必ず明らかになる。しかし、いったん物事が明らかになれば、トレードを仕掛け、リスクをとり、プランに従わなければならない。チャートを１分足にして、損切り幅を狭めてはならない。そんなことをすれば敗者になる。１分足チャートの問題点は、小さな足で多くの仕掛けの機会を提供してくれることである。つまり、リスクも小さく思えてしまうということである。しかし、あなたは１分足チャートが提供してくれるトレードをすべて受け入れるわけではなく、そのなかから良さそうなものを選択する。し

かし、それは口座を破産へと導くことになる。なぜなら、あなたは悪いトレードばかりを選ぶからだ。5分足チャートで仕掛けるとき、あなたのトレードは5分足チャートの分析結果に基づき、1分足チャートとは無関係だ。したがって、あなたは5分足チャートの損切りや目標値に従わなければならない。一方、1分足チャートはあなたに逆行し、損切りにも頻繁に引っかかる。1分足チャートに気を取られれば、5分足チャートに全神経を注ぐことはできず、あなたの口座のお金は良いトレーダーに奪い取られてしまうだろう。競争力を高めたいのであれば、目の前のチャート以外の雑音と入力は極力減らすことだ。そうすれば必ず大金を稼ぐことができるだろう。非現実的に思えるかもしれないが、これは非常に現実的なことである。これに疑問を抱くのはやめよう。物事はシンプルに、そしてあなたのシンプルなルールに従うことである。物事をシンプルに保つのは非常に難しいが、私の考えによれば、それがトレードを行う最良の方法である。プライスアクションへの理解が深まっていくにつれ、ストレスを感じなくなり、実際には非常に退屈なものに思えるかもしれないが、利益は確実に増える。

　私はギャンブルはやらない（確率、リスク、リワードが不利であり、数学に逆らって賭けるのは嫌いだから）が、ギャンブルに似たようなものはある。特にトレードをやらない人々の心のなかにはそれがある。ギャンブルは確率のゲームだが、私はこの定義をもっと狭めて、あなたにとって若干分が悪く、長期的にみると損をする状況と定義することにする。なぜ定義をこのように狭めるのかというと、定義をこのように狭めなければ、不動産を買っても、家を買っても、ビジネスを始めても、ブルーチップ銘柄を買っても、Tボンド（政府は国の負債を減らすためにドル安を選ぶかもしれないが、そうすることで、ドルの購買力は最初にTボンドを買ったときよりも減少することになる）を買っても、いかなる投資も若干の運とすべてを失うリスクから

なるギャンブルになってしまうからである。

　トレーダーのなかには簡単なゲーム理論を使って、１〜２回負けトレードを喫したあとでトレードサイズを増やす人もいる（これをマルチンゲール戦略という）。ブラックジャックのカードカウンターはトレーディングレンジトレーダーに似ている。カードカウンターは数学が一方の方向に偏りすぎたときを判断するツールだ。特に彼らが知りたいのは、残りのカードのなかに絵札がたくさん含まれているかどうかである。残りのカードに強いカードがたくさん含まれていることがカードカウントで判明した場合、絵札が多く出る確率に基づいて賭けを行うため、勝つ確率は増す。トレーデングレンジトレーダーは市場が一方の方向に行きすぎたとき、逆方向に仕掛ける（逆張りする）。

　私は実際のお金を使わずにオンラインポーカーを何回かプレーしたことがある。トレードとの類似点と違いを探るためだ。ポーカーには私にとって難しい点があることは初期の段階で気づいた。運によって左右されるため本来的にフェアではないことが常に気がかりだったし、勝つ確率が運によって左右されるというのが気に入らなかった。これがギャンブルとトレードの大きな違いであり、世間一般の通念とは異なり、ギャンブルとトレードは基本的に違うものなのだと思った。トレードではだれもが同じカードを配られるため、ゲームは常にフェアであり、利益を手にするかペナルティーが取られるかはひとえにトレーダーとしてのスキルによる。ときには正しくトレードしても負けるときはあり、すべての可能な結果を示した確率曲線によれば、これが何回か続けて起こることもある。うまくトレードしても10回あるいは100回以上続けて負ける確率は、非常に少ないかもしれないが実際には存在する。しかし、良いシグナルが最後に４回続けて失敗に終わったのがいつだったか思い出せない。だからトレードは賭けるだけの価値のあるゲームである。トレードをうまく行えば、やがては儲かるはずだ。なぜならトレードはゼロサムゲームだからである（ただ

し、手数料は除く。適切なブローカーを選べば手数料は少なくて済む)。ほかのトレーダーよりも優れていれば、彼らのお金を奪い取ることができる。

純粋に運が左右するゲームとは異なるギャンブルは2種類あり、どちらもトレードに似ている。スポーツくじとポーカーでは、ギャンブラーがお金を奪う相手はハウスではなくほかのギャンブラーだ。だからほかのギャンブラーよりも優れていれば勝算がある。しかし、彼らが支払う「手数料」はトレーダーが支払う手数料よりもはるかに大きい(特に、スポーツくじの場合は手数料が高く、利息は通常10%)ため、ビリー・ウォルターズのようにスポーツくじで成功する人はほとんどいない。ブレークイーブンにもっていくのでさえ相手よりも少なくとも10%は優れていなければならない。テレビのポーカー番組で見られるように、ポーカープレーヤーとして成功する人はもっと多い。しかし、最良のポーカープレーヤーでも最良のトレーダーほど稼ぐことはできない。なぜなら取引サイズが小さく制限されているからだ。

私は個人的にはトレードはストレスのない活動だと思っている。なぜなら、運の要素が非常に小さいため、考える必要がないからだ。しかし、トレードとポーカーの共通点が1つだけある。それは忍耐の精神だ。ポーカーでは、最良の手が出るまで辛抱強く待って、そこで賭ければ多くのお金を稼ぐことができ、トレーダーは最良のセットアップが現れるまで辛抱強く待てば儲けは増える。トレーダーの私にとって、待つ時間が長引いても耐えることは簡単だ。なぜなら、この間もほかの「カード」をすべて見ることができ、小さなプライスアクション現象を探すことに知的刺激をかきたてられるからである。

ギャンブルには重要な格言がある。それは、良い手が現れるまで賭けてはならない、というものだ。トレードでも同じことが言える。良いセットアップが現れるまで仕掛けてはならない。規律も健全な手法も持たずにトレードすれば、運に頼ることになり、あなたのトレード

は間違いなくギャンブルになる。

　1つ残念なことは、トレーダーでない人は、すべてのデイトレーダーは、ついでに言えば、すべてのマーケットトレーダーはギャンブル依存症であり、したがって精神的な疾患があると思っていることである。確かに、利益というよりも興奮を求めてトレードをやっているという意味では彼らは依存症にかかっていると言えるだろう。彼らは低確率の賭けをやっては、多額のお金を失う。彼らは勝ったときの快感が忘れられないのだ。しかし、成功するほとんどのトレーダーは、商業用不動産を買ったり小さな会社を買ったりする投資家と同じように、基本的に投資家だ。トレードがほかのタイプの投資と唯一違う点は、時間枠が短く、レバレッジが大きいことである。

　初心者がギャンブルをすることは時折あり、それには必ずコストが伴う。成功するトレーダーはルールに基づいてトレードする。どういった理由であれ、そのルールから外れれば、彼らはロジックではなく期待でトレードしていることになる。つまり、ギャンブルをしているわけである。初心者は何回か損失を出したあと、初めてギャンブルをしていたことに気づく。彼らはすべてを取り戻したくて、賭けに出る。普段はやらないトレードをやる。なぜなら、失ったものを取り戻したくてたまらないからだ。彼らが今やっているトレードは低確率トレードであり、彼らがこういったトレードをするのは損をしたことに対する不安や悲しみのためだ。彼らが今やっていることはトレードではなく、ギャンブルだ。ギャンブルで負けると、気分は最悪だ。その日は落ち込むだけでなく、悲しみに襲われる。規律は成功するうえで重要な要素の1つであることを知っていながら、自分のシステムに従うという規律を守れなかったという現実に向き合わなければならないからだ。

　興味深いことに、神経経済学のリサーチャーによれば、トレーダーがトレードしようとしているときの脳のスキャン画像は麻薬依存症患

者が大麻を吸うときの脳のスキャン画像と区別ができないそうだ。彼らはトレーダーと麻薬依存症患者に共通する現象を発見した。雪だるま効果である。これは、振る舞いの結果がどうなろうと続けたいと思う願望が強くなる現象をいう。残念ながら、損失を被ったトレーダーはリスクを減らすことよりも、もっとリスクを取りたいと思う。その揚げ句、口座は破産する。ウォーレン・バフェットは神経科学のことは知らないが、この問題をはっきりと認識していた。彼は次のように言った――「普通の知能を持っているのであれば、人を問題のある投資に駆り立てようとする衝動を制御しようとすることが必要だ」。偉大なトレーダーは自らの感情を制御し、常に自分のルールに従う。

　ギャンブルについて最後に一言――永遠に続くものは何一つなく、すべての振る舞いは平均に回帰すると考えるのが自然だ。3回か4回損失を出せば、次のトレードは勝ちトレードになる確率が高い。これはコイン投げと同じだ。しかし残念ながら、市場はそういった振る舞いはしない。市場がトレンド相場のとき、反転しようとする試みのほとんどは失敗する。レンジ相場のとき、ブレイクアウトしようとする試みのほとんどは失敗する。これは確率が五分五分のコイン投げとは異なる。トレードでは、今起こったことが繰り返し起こる確率は70％以上ある。コイン投げのこのロジックのために、ほとんどのトレーダーはある時点でゲーム理論を考え始める。

　マルチンゲールテクニックは理論的には機能するが、実際にはうまくいかない。なぜなら、数学と感情の間には対立があるからである。これをマルチンゲールの逆説という。損をするたびにポジションサイズを2倍（あるいは3倍）にしてドテンすれば、理論的には儲かる。トレードを注意深く選べばEミニの5分足チャートで4回続けて損失を出すことはめったに起こることではないが、それでも実際に起こる。そんなことは見たことはないが、実際に起こるのだ。しかも何回も。たとえ10枚トレードすることに不安はなくても、最初は1枚から

始めて、損をするたびにポジションサイズを2倍にしてドテンすれば、4回続けて損失を出せば、次のトレードは16枚になり、8回続けて損失を出せば、次のトレードは256枚にもなる。4回以上続けて損失を出した場合、安心ゾーンをはるかに超える枚数でトレードすることになる。1枚から始めた人が16枚あるいは256枚もトレードしようとは思わないだろうし、256枚トレードしようとしている人がこの戦略を1枚から始めたいとも思わないだろう。これはこのアプローチに内在する克服できない数学的な問題だ。

　トレードは楽しく、競争が激しいものなので、それをゲームに例えようとするのは自然だ。トレードには賭けが含まれるので、最初に頭に浮かぶのはギャンブルだ。しかし、もっとふさわしい例えはチェスである。チェスは相手のカードを見ることができないカードゲームとは違って、対戦相手がやっていることをすべて見ることができる。ポーカーでは与えられるカードは偶然あなたのものになるが、チェスでは駒の位置は完全にあなたの意思決定によって決まる。チェスでは何も隠すことはできず、結果を決めるのはあなたのスキルであって、あなたの対戦相手のスキルではない。あなたの目の前にあるものを読み、次に何が起こるのかを判断する能力は、チェスプレーヤーにとってもトレーダーにとっても貴重な財産である。

　普通の人々もまた大暴落が起こりはしまいかと心配し、そうしたリスクがあるため、彼らはトレードをギャンブルと同一視する。日足チャートでは大暴落はめったに起こらない。トレーダーでない人たちは極端に感情的なイベントが形成されたときに効果的に機能することができないことを不安に思っているのだ。「大暴落」という言葉は日足チャート用のもので、1927年や1987年のように、短時間において形成される20％以上の下落相場に対して適用されるが、それは別のチャートパターンと考えたほうがよい。なぜなら、これによって感情が排除され、トレーダーたちはルールに従うようになるからだ。チャートか

図I.4　大暴落は日常茶飯事

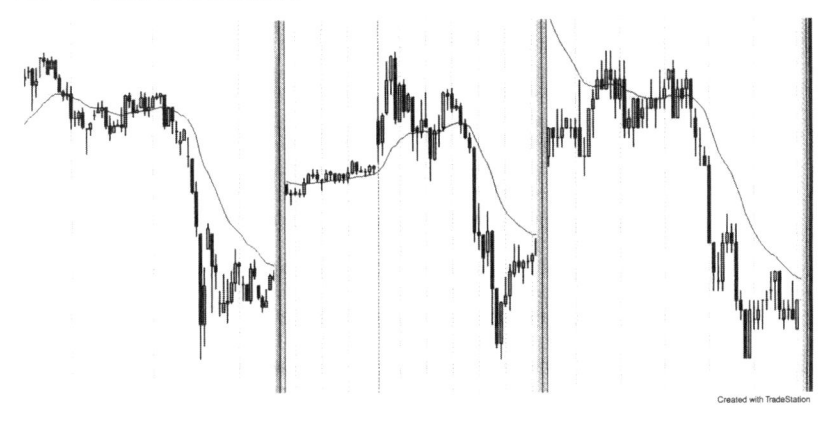

ら時間軸と価格軸をなくし、プライスアクションにのみ注目すれば、日中チャートで頻繁に形成され、典型的な大暴落のパターンと見分けがつかない動きがあるはずだ。感情を排除できれば、大暴落からだってお金を儲けることができる。なぜなら、大暴落はすべてのチャートでトレード可能なプライスアクションを示すからだ。

図I.4（トレードステーションで作成）はどういった時間枠でも大暴落が形成され得ることを示したものだ。左側のチャートは1987年の大暴落のときのGEの日足チャートを示したもので、真ん中のチャートは良い決算発表のあとのCOSTの5分足チャートを示したもので、右側のチャートはEミニの1分足チャートを示したものである。「大暴落」という言葉は日足チャートで短時間のうちに20％以上下落することを意味し、過去100年でその言葉が使われたのは2回しかないが、プライスアクショントレーダーは形を見る。そして、同じ大暴落パターンが日中チャートでよく形成されていることに気づく。大暴落は日中でもよく起こるため、トレードの観点から言えば、大暴落はトレード可能なプライスアクションを伴う下降スイングにすぎない。

ついでに言えば、どの時間枠でも同じパターンが現れるということは、トレードシステムの設計ではフラクタル数学の原理が使えることを意味する。言い換えるならば、どういったパターンも短い時間枠では標準的なプライスアクションパターンに細分化されるということであり、それゆえにプライスアクション分析に基づくトレードの意思決定はどの時間枠でも機能するのである。

本シリーズの読み方

本シリーズのテーマを出てくる順にグループ分けしてみた。

ブック1 ── Trading Price Action Trends : Technical Analysis of Price Charts Bar by Bar for the Serious Trader（本書）

- プライスアクションとローソク足の基本 ── 市場は常にトレンド相場かレンジ相場のいずれかにある。これはどの時間枠にも、どの足（陽線や陰線、あるいは同時線）にも当てはまる。
- トレンドラインとトレンドチャネルライン ── トレンド相場にあるのか、レンジ相場にあるのかを確認するのに使うことができる基本的なツール。
- トレンド ── どのチャートでも最も明確で利益を生む要素。

ブック2 ── Trading Price Action Trading Ranges : Technical Analysis of Price Charts Bar by Bar for the Serious Trader

- ブレイクアウト ── レンジ相場からトレンド相場への移行を表す。
- ギャップ ── ブレイクアウトは日中ギャップを生みだすことが多

く、それはトレーダーにとって非常に役立つが、これらのギャップがはっきりそれと分かるのは、広い定義を使っているときのみである。
- マグネット、支持線、抵抗線 —— 市場はいったんブレイクアウトし、その方向に動き出すと、ある価格水準に引き寄せられることが多い。こうしたマグネット水準からは反転することが多い。
- 押しや戻り(プルバック) —— トレンド相場から一時的なレンジ相場への移行を意味する。
- トレーディングレンジ —— 主として横ばいの値動きをする領域だが、それぞれのレッグは小さなトレンドを形成し、全体的なトレーディングレンジは長い時間枠のチャートではトレンドの最中の押しや戻りであることが多い。
- 注文とトレード管理 —— トレーダーはできるだけ多くのツールを持ち、スキャルピング、スイングトレード、スケールイン(段階的に仕掛ける)とスケールアウト(段階的に手仕舞う)、および逆指値と指値による仕掛けと手仕舞いの方法を知っておく必要がある。
- トレードの数学 —— どういったトレードも数学の上に成り立っている。物事がなぜそのようになるのかを理解できれば、トレードはストレスの少ないものになる。

ブック3 —— Trading Price Action Reversals : Technical Analysis of Price Charts Bar by Bar for the Serious Trader

- トレンドの反転 —— どういったタイプのトレードにとっても最良のリスク・リワード・レシオを与えるものであるが、ほとんどは失敗するので、トレーダーには選択眼が必要になる。
- デイトレード —— プライスアクションが理解できたら、それをトレードに利用することができる。デイトレード、最初の1時間のト

レード、詳細な実例の章ではそのやり方を示す。
- 日足チャート、週足チャート、月足チャート――これらのチャートは非常に信頼できるプライスアクションのセットアップを提供してくれる。
- オプション――プライスアクションはオプションのトレードにも効果的に使うことができる。
- 最良のトレード――プライスアクションのセットアップのなかには非常に優れたものがあり、初心者はこれらに集中すべき。
- ガイドライン――トレーダーが注目すべき多くの重要な概念がある。

　分からない用語に出くわしたら、本書の冒頭にある用語リストを参照してもらいたい。

　チャートに市場の位置する時間帯を示している本もあるが、今やトレードは電子取引に移行しグローバル化しているため、時間帯を示す必要はないが、私はカリフォルニアに在住しているので、本書に登場するチャートはすべて太平洋標準時間（PST）で示している。チャートはすべてトレードステーションで作成した。どのチャートにも本編では説明しきれないが注目に値するプライスアクションイベントがいくつか含まれるため、「このチャートのより深い議論」と題して基本的な議論の直後に説明している。最初に読んだときは理解できないかもしれないが、２回読めばきっと理解できるはずだ。標準的なパターンの変化形に多く接するほど、リアルタイムで形成されている最中にうまく見つけることができるようになるものだ。それぞれのチャートでは重要な１つか２つのトレードに焦点を当てている。最初は補足的な説明（「このチャートのより深い議論」）は飛ばして、読み終えたあとで読んでもよいだろう。「このチャートのより深い議論」に出てくるセットアップの多くは重要な概念の優れた実例なので、しっかり読

んで理解してほしい。

本シリーズの出版と同時に、http://www.brookspriceaction.com/のサイトではEミニの毎日の終わりに行う分析と、トレード日の最中のリアルタイムのチャートの読み方を提供しているので、ぜひとも利用してもらいたい。

本書に登場するチャートはすべてジョン・ワイリー＆サンズのサイト（http://www.wiley.com/WileyCDA/Section/id-612800.html）で大きなフォーマットで提供している（本書の最後に出てくる「ウェブサイトについて」を参照）。このサイトでは、細部の拡大図を見ることができ、チャートのダウンロードや印刷もできる。説明が複数ページにわたるチャートを印刷するときは、コメントに従ってもらいたい。

強さのサイン —— トレンド、ブレイクアウト、反転足、反転

強いトレンドでよく見られる特徴は以下のとおりである。

- 大きなギャップを空けて寄り付く。
- 高値と安値がトレンドを形成する（スイング）。
- 足のほとんどはトレンド方向のトレンド足（陽線や陰線）。
- 連続する足の実体がほとんどオーバーラップしない。例えば、上昇スパイクでは、足の多くは安値が前の足の終値と同じか1ティックだけ下回る。足のなかには安値が前の足の終値と同じだがそれを下回らないものもあるため、前の足の終値で指値で買おうとした場合は執行されず、もっと高い価格で買わざるを得ない。
- ヒゲがまったくないか、上か下に短いヒゲのある足が存在する。これは緊急性を示している。例えば、上昇トレンドで、陽線が安値で寄り付いたあと上昇したとすると、トレーダーは前の足が引けたら

すぐに買えばよかったと思うだろう。その陽線が高値かその近くで引けた場合、足が引けたらすぐに新たな買い手が参入することを期待して、トレーダーは買い続ける。彼らは引け前に買おうとする。なぜなら、足が引けるまで待てば1～2ティック高く買わなければならないおそれがあるからだ。
- 実体間にギャップが形成されることがある（例えば、上昇トレンドで、ある足の始値が前の足の終値を上回る場合）。
- トレンドが始まるとき、強力なトレンド足を伴ってブレイクアウトギャップが形成される。
- メジャーリングギャップが形成される（ブレイクアウトへの試しがブレイクアウトポイントとオーバーラップしない）。例えば、上にブレイクアウトしたあと押した場合、その押しはブレイクアウトが形成された足の高値を下回ることはない。
- ミクロメジャーリングギャップが形成される（強いトレンド足が形成され、その前の足とそのあとの足との間にギャップが形成される）。例えば、上昇トレンドにおける強い陽線のあと形成される足の安値が、その陽線の高値と同じかそれを上回れば、これがギャップであり、ブレイクアウトへの試しであり、強さのサインとなる。
- 大きなクライマックスは形成されない。
- 大きな足はそれほど多く形成されない（大陽線も大陰線もそれほど多く形成されない）。大陽線や大陰線はカウンタートレンドであることが多いため、トレーダーたちはカウンタートレンドトレードを仕掛けることに気を取られ、トレンド方向のトレードを見逃す。カウンタートレンドのセットアップはトレンド方向のセットアップよりもよく見えるのが普通。
- トレンドチャネルラインの大きなオーバーシュートは形成されない。小さなオーバーシュートが形成されても、それは横ばいの修正でしかない。

- トレンドラインがブレイクされたあと、横ばいの修正が形成される。
- ウエッジや反転が失敗する。
- 連続した20本の移動平均線のギャップ足（移動平均線に到達しない20本以上連続した足）が形成される。
- 利益の出るカウンタートレンドトレードは形成されたとしてもごくわずか。
- 小さな、ほぼ横ばい状態の押しや戻りがごくたまに形成される。例えば、Ｅミニの平均レンジが12ポイントだとすると、押しや戻りは３～４ポイントを下回ることが多く、押したり戻したりすることなく５本以上の足を形成することも多い。
- 緊急性がある。トレンド方向の良い押しや戻りは待てど暮らせど現れることはなく、ゆっくりとしたペースでトレンド相場が続く。
- 押しや戻りが強いセットアップになる。例えば、上昇トレンドにおける高値１や高値２の押しは強い強気の反転足を伴い、これがシグナル足になる。
- 強いトレンド相場では、押しや戻りは通常弱いシグナル足を伴う。このため、トレーダーはトレードを仕掛けることなく、市場を追い続けることになる。例えば、下降トレンドにおける安値２の売りのシグナル足は、２～３本の足の上昇スパイクにおける小さな陽線であることが多く、仕掛け足が陰線包み足になることもある。終値、高値、安値、あるいは実体がトレンドを形成する。
- ツーレッグの押しや戻りが繰り返し形成されると、トレンドで仕掛けるチャンス。
- 移動平均線の反対側で陽線や陰線が２本続けて引けることはない。
- トレンドが続き、移動平均線、前のスイングハイ、トレンドラインといった抵抗線をかなりのティック数を伴ってブレイクアウトする。
- トレンドと逆方向のスパイクの形で形成される反転の試みはフォロ

ースルーを伴うことなく失敗に終わり、トレンド方向のフラッグになる。

上方へのブレイクアウトが次のような性質を持つほど、そのブレイクアウトは強い。

- ブレイクアウト足が大陽線の実体を持つ。ヒゲは短いか、まったくない。この足が長大線であるほど、ブレイクアウトは成功する確率が高い。
- 長大線のブレイクアウト足の出来高が直近の足の平均出来高の10倍から20倍であれば、フォロースルーの買いと上方へのメジャードムーブが形成される確率は高い。
- スパイクの足が5～6本続き、移動平均線、前のスイングハイ、トレンドラインといった抵抗線をかなりのティック数を伴ってブレイクアウトする。
- ブレイクアウト足の最初の足が形成されているとき、その足は高値近くに滞在する時間が長く、押しは小さい（形成されつつある足の高さの4分の1を下回る）。
- 緊急性がある。今すぐ買わなければならないような気がするが、押しを待ちたい。でも、押しが形成されることはない。
- その次の2～3本の足は陽線で、少なくとも直近の陽線や陰線の平均的な大きさと同じ大きさの実体を持つ。実体が比較的小さく、ヒゲが長くても、フォロースルーの足（最初のブレイクアウト足のあとで形成される足）が大きければ、トレンドが継続する可能性が高い。
- 1本の足以上の押しを伴わずに、スパイクの足が5～10本続く。
- そのスパイクのなかの1本以上の足の安値は、前の足の終値と同じか1ティックだけ下回る。

- そのスパイクのなかの1本以上の足の始値は、前の足の終値を上回る。
- そのスパイクのなかの1本以上の足の終値は、その足の高値と同じか、それを1ティックだけ下回る。
- 陽線のあとで形成される足の安値が、その陽線の前の足の高値と同じかそれを上回れば、ミクロギャップが形成される。これは強さのサイン。これらのギャップは時としてメジャーリングギャップになることもある。これはトレードにとっては重要ではないが、エリオット波動理論では、エリオット波1の高値と波4の押しとの間のスペースを表す（エリオット波1の高値と波4の押しは接触することはあってもオーバーラップすることはない）。
- 例えば、押しのあとトレンドが再開するように、下降トレンドラインを上方に強くブレイクアウトしたあと、安値の切り上げや下降トレンドでの安値への試しが見られるといった具合に、全体的にブレイクアウトしそうな雰囲気がある。
- 最近、強い上昇トレンド日が数日続いた。
- レンジ相場で買い圧力が強まる。これは、長大陽線がたくさん形成されるといった形で現れる。そのレンジ相場では陰線よりも陽線が目立つ。
- 最初の押しはブレイクアウト後の3本かそれ以上の足で形成される。
- 最初の押しが1～2本の足でしか継続せず、強い弱気の反転足ではない足のあとで形成される。
- 最初の押しがブレイクアウトポイントに達しないため、ブレークイーブンストップ（仕掛け価格）は執行されない。
- ブレイクアウト足が直近の多くの足の高値や終値を上回って引ける。例えば、下降チャネルのなかで長大陽線が形成された場合、このブレイクアウト足の高値と終値は、直近の5～20本以上の足の高

値と終値を上回る。終値がこの陽線の終値を下回る足と、高値がこの陽線の高値を下回る足の数がほぼ同数の場合、終値がこの陽線の終値を下回る足のほうがブレイクアウトのより強力なサインとなる。

下方へのブレイクアウトが次のような性質を持つほど、そのブレイクアウトは強い。

●ブレイクアウト足が大陰線の実体を持つ。ヒゲは短いか、まったくない。この足が長大線であるほど、ブレイクアウトは成功する確率が高い。
●長大線のブレイクアウト足の出来高が直近の足の平均出来高の10倍から20倍であれば、フォロースルーの売りと下方へのメジャードムーブが形成される確率は高い。
●スパイクの足が5〜6本続き、移動平均線、前のスイングロー、トレンドラインといった支持線をかなりのティック数を伴ってブレイクアウトする。
●ブレイクアウト足の最初の足が形成されているとき、その足は安値近くに滞在する時間が長く、戻りは小さい(形成されつつある足の高さの4分の1を下回る)。
●緊急性がある。今すぐ売らなければならないような気がするが、戻りを待ちたい。でも、戻りが形成されることはない。
●その次の2〜3本の足は陰線で、少なくとも直近の陽線や陰線の平均的な大きさと同じ大きさの実体を持つ。実体が比較的小さく、ヒゲが長くても、フォロースルーの足(最初のブレイクアウト足のあとで形成される足)が大きければ、トレンドが継続する可能性が高い。
●1本以上の足の戻りを伴わずに、スパイクの足が5〜10本続く。

●そのスパイクのなかの1本以上の足の高値は、前の足の終値と同じか1ティックだけ上回る。
●そのスパイクのなかの1本以上の足の始値は、前の足の終値を下回る。
●そのスパイクのなかの1本以上の足の終値は、その足の安値と同じか、それを1ティックだけ上回る。
●下方へのブレイクアウトが前の重要なスイングローを下回る場合、その下回り分が大きければ、スキャルパーはそのスイングローより1ティック下で逆指値を置いて仕掛ければ利益になる。
●陰線のあとで形成される足の高値が、その陰線の前の足の安値と同じかそれを下回れば、ミクロギャップが形成される。これは強さのサイン。これらのギャップは時としてメジャーリングギャップになることもある。これはトレードにとっては重要ではないが、エリオット波動理論では、エリオット波1の安値と波4の戻りとの間のスペースを表す（エリオット波1の安値と波4の戻りは接触することはあってもオーバーラップすることはない）。
●例えば、戻りのあとトレンドが再開するように、上昇トレンドラインを下方に強くブレイクアウトしたあと、高値の切り下げや上昇トレンドでの高値への試しが見られるといった具合に、全体的にブレイクアウトしそうな雰囲気がある。
●最近、強い下降トレンド日が数日続いた。
●レンジ相場で売り圧力が強まる。これは、長大陰線がたくさん形成されるといった形で現れる。そのレンジ相場では陽線よりも陰線が目立つ。
●最初の戻りはブレイクアウト後の3本かそれ以上の足で形成される。
●最初の戻りが1～2本の足でしか継続せず、強い強気の反転足ではない足のあとで形成される。

●最初の戻りがブレイクアウトポイントに達しないため、ブレークイーブンストップ（仕掛け価格）は執行されない。
●ブレイクアウト足が直近の多くの足の安値や終値を下回って引ける。例えば、上昇チャネルのなかで長大陰線が形成された場合、このブレイクアウト足の安値と終値は、直近の5～20本以上の足の安値と終値を下回る。終値がこの陰線の終値を上回る足と、安値がこの陰線の安値を上回る足の数がほぼ同数の場合、終値がこの陰線の終値を上回る足のほうがブレイクアウトのより強力なサインとなる。

　最もよく知られるシグナル足は反転足だ。強気の反転足は、終値が始値よりも高い（陽線）か、中間点よりも高く引けなければならない。最良の強気の反転足は次に示す特徴を2つ以上持つ。

●始値が前の足の終値に近いかそれを下回り、終値は始値を上回るとともに前の足の終値も上回る。
●下ヒゲの長さがその足の値幅の3分の1から2分の1で、上ヒゲは短いか、ない。
●前の足とのオーバーラップは少ない。
●シグナル足のあとの足は同時はらみ足ではなく、強い仕掛け足（実体が比較的大きく、ヒゲが短い陽線）。
●2本以上の足の終値と高値を上回って引ける。

　弱気の反転足は、終値が始値を下回る（陰線）か、中間点よりも安く引けなければならない。最良の弱気の反転足は次の特徴を持つ。

●始値が前の足の終値に近いかそれを上回り、終値は前の足の終値を大幅に下回る。

- 上ヒゲの長さがその足の値幅の3分の1から2分の1で、下ヒゲは短いか、ない。
- 前の足とのオーバーラップは少ない。
- シグナル足のあとの足は同時はらみ足ではなく、強い仕掛け足（実体が比較的大きく、ヒゲが短い陰線）。
- 2本以上の足の終値と極値を下回って引ける。

強い強気の反転によく見られる特徴。

- 大陽線の実体を持つ強い強気の反転足が形成される。ヒゲは短いか、ない。
- その次の2～3本の足は、少なくとも直近の陽線や陰線の平均的な実体を持つ陽線。
- 2本以上の足で形成される押しを伴わずに、スパイクの足が5～10本続き、前の下降トレンドの多くの足やスイングハイやベアフラッグを上回る。
- そのスパイクのなかの1本以上の足の安値は、前の足の終値と同じか1ティックだけ下回る。
- そのスパイクのなかの1本以上の足の始値は、前の足の終値を上回る。
- そのスパイクのなかの1本以上の足の終値は、その足の高値と同じか、それを1ティックだけ下回る。
- 例えば、下降トレンドラインを上方に強くブレイクアウトしたあとと、安値の切り上げや下降トレンドの安値への試しで安値が切り下げられるといった具合に、全体的にブレイクアウトしそうな雰囲気がある。
- 最初の押しは3本以上の足が形成されたあとで起こる。
- 最初の押しは1～2本の足しか継続せず、強い弱気の反転足ではな

い足のあとで形成される。
- 最初の押しはブレークイーブンストップ（仕掛け価格）に達しない。
- スパイクが長く続き、移動平均線、前のスイングハイ、トレンドラインといった抵抗線をかなりのティック数を伴ってブレイクアウトする。
- 反転の最初の足が形成されているとき、その足は高値近くに滞在する時間が長く、押しは形成されつつある足の値幅の4分の1を下回る。
- 緊急性がある。今すぐ買わなければならないような気がするが、押しを待ちたい。でも、押しが形成されることはない。
- 直近2～3本の足のうちで反転しようとする2回目の試みがシグナルになる（2番目のシグナル）。
- 反転は、前のトレンドのトレンドチャネルラインのオーバーシュートからの反転として始まる。
- 重要なスイングハイやスイングロー領域で反転する（例えば、前の強いスイングローを下にブレイクしたあと反転する）。
- 高値1と高値2の押しは強い強気の反転足を伴い、それがシグナル足になる。
- 終値、高値、安値、または実体がトレンドを形成する。
- 押しは浅く、横ばい状態になる。
- 前の下降トレンドラインを以前ブレイクしている（これは強気の強さの最初のサインではない）。
- 下降トレンドの安値を試す押しはモメンタムに欠ける。オーバーラップする足が多く、そのほとんどが陽線であることからも明らか。
- 安値を試す押しは、移動平均線や前の下降トレンドラインの直前で反転する。
- ブレイクアウト足が直近の多くの足の高値や終値を上回る。例えば、下降チャネルのなかで大陽線が形成された場合、このブレイク

アウト足の高値と終値は、直近の5～20本以上の足の高値と終値を上回る。終値がこの陰線の終値を下回る足と、高値がこの陰線の安値を下回る足の数がほぼ同数の場合、終値がこの陰線の終値を下回る足のほうがブレイクアウトのより強力なサインとなる。

強い弱気の反転でよく見られる特徴。

- 大陰線の実体を持つ強い弱気の反転足が形成される。ヒゲは短いか、ない。
- その次の2～3本の足は、少なくとも直近の陽線や陰線の平均的な大きさと同じ大きさの実体を持つ陰線。
- 2本以上の足で形成される戻りを伴わずに、スパイクの足が5～10本続き、前の上昇トレンドの多くの足やスイングローやブルフラッグを下回る。
- そのスパイクのなかの1本以上の足の高値は、前の足の終値と同じか1ティックだけ上回る。
- そのスパイクのなかの1本以上の足の始値は、前の足の終値を下回る。
- そのスパイクのなかの1本以上の足の終値は、その足の安値と同じか、それを1ティックだけ上回る。
- 例えば、上昇トレンドラインを下方に強くブレイクアウトしたあと、高値の切り下げや上昇トレンドの高値への試しで高値が切り上げられるといった具合に、全体的にブレイクアウトしそうな雰囲気がある。
- 最初の戻りは3本以上の足が形成されたあとで起こる。
- 最初の戻りが1～2本の足しか継続せず、強い強気の反転足ではない足のあとで形成される。
- 最初の戻りはブレークイーブンストップ（仕掛け価格）に達しない。

● スパイクが長く続き、移動平均線、前のスイングロー、トレンドラインといった支持線をかなりのティック数を伴ってブレイクアウトする。
● 反転の最初の足が形成されているとき、その足は安値近くに滞在する時間が長く、戻りは形成されつつある足の高さの4分の1を下回る。
● 緊急性がある。今すぐ売らなければならないような気がするが、戻りを待ちたい。でも、戻りが形成されることはない。
● 直近の2～3本の足のうちで反転しようとする2回目の試みがシグナルになる（2番目のシグナル）。
● 反転は、前のトレンドのトレンドチャネルラインのオーバーシュートからの反転として始まる。
● 重要なスイングハイやスイングロー領域で反転する（例えば、前の強いスイングハイをブレイクしたあと反転する）。
● 安値1と安値2の戻りは強い弱気の反転足を伴い、それがシグナル足になる。
● 終値、高値、安値、または実体がトレンドを形成する。
● 戻りはわずかで、横ばい状態になる。
● 前の上昇トレンドラインを以前ブレイクしている（これは弱気な強さの最初のサインではない）。
● 上昇トレンドの高値を試す戻りはモメンタムに欠ける。オーバーラップする足が多く、そのほとんどが陰線であることからも明らか。
● 高値を試す戻りは、移動平均線や前の上昇トレンドラインの直前で反転する。
● ブレイクアウト足が直近の多くの足の安値や終値を下回る。例えば、上昇チャネルのなかで大陰線が形成された場合、このブレイクアウト足の安値と終値は、直近の5～20本以上の足の安値と終値を下回る。終値がこの陰線の終値を上回る足と、安値がこの陰線の安

値を上回る足の数がほぼ同数の場合、終値がこの陰線の終値を上回る足のほうがブレイクアウトのより強力なサインとなる。

足のカウントの基本 ── 高値１、高値２、安値１、安値２

現在の足の高値が前の足の高値を少なくとも１ティック上回ったとき、上昇トレンドやトレーディングレンジにおいて押しが終わったことを示す信頼できるサインになる。これが形成される回数を数えることを足のカウントと呼ぶ。上昇トレンドやトレーディングレンジで横ばいや下落が形成されるとき、高値が前の足の高値を上回る最初の足を高値１と呼び、これは横ばいや下落の最初のレッグの終焉を意味する。このレッグは深い押しでは小さなレッグになることもある。市場が上昇スイングになることなく、横ばいや下落が続いたとき、次に形成される高値が前の足の高値を上回る足を高値２と呼び、これは２つ目のレッグの終焉を意味する。

上昇トレンドにおける高値２と下降トレンドにおける安値２は、ABCの修正と呼ばれることが多く、最初のレッグがA、高値１または安値１での仕掛けを形成する方向転換がB、Bから押しや戻りのCまでが最後のレッグだ。Cからのブレイクアウトは、ABCの上方への修正では高値２の仕掛け足になり、ABCの下方への修正では安値２の仕掛け足になる。

３番目のレッグのあと上昇トレンドにおける押しが終わると、それが高値３の買いのセットアップになる。これは通常ウエッジ型ブルフラッグになることが多い。３番目のレッグで戻りが終わると、それが安値３の売りのセットアップになり、これは通常はウエッジ型ベアフラッグになる。

上昇トレンドにおける押しのなかには、成長して高値４を形成する

ものもある。高値4は時として高値2から始まることもあるが、この高値2はあまり上昇することはなく、そのあと2つの下降レッグと2番目の高値2が形成される。長い時間枠では高値2が全体的な動きになる。高値4は小さなスパイク・アンド・チャネルの下降トレンドになることもある。このとき、最初あるいは2番目のプッシュダウンが下降スパイクで、次のプッシュダウンが下降チャネルだ。高値4がトレンドの再開に失敗し、市場がその安値を下回ると、上昇トレンドではもはや押しは形成されず、下降スイングになる。こういう場合は、プライスアクションのさらなる展開を待って仕掛けたほうがよい。

　下降トレンド相場や横ばい相場が横ばいあるいは上方に修正するとき、安値が前の足の安値を下回る最初の足が安値1で、これは修正（足1本からなる短いものもある）の最初のレッグの終わりを意味する。これに続いて形成されるのが安値2、安値3、安値4だ。安値4が失敗する（安値4の売りシグナルが形成されたあと、安値4のシグナル足の高値を上回る足が形成される）と、ベア派が主導権を失い、ブル派とベア派が交互に主導権を握る二方向相場になるか、ブル派が再び主導権を握るかのいずれかになる。そして、上昇トレンドラインを強いモメンタムでブレイクすれば、ベア派が主導権を取り戻したことになる。

第1部
プライスアクション
Price Action

　プライスアクションの定義は実にシンプルだ——いかなるタイプのチャートや時間枠でも価格に何らかの変化があれば、それをプライスアクションという。値動きの最小単位はティックで、これは市場ごとに値が異なる。ちなみに、ティックには2つの意味がある。1つは、値動きの最小単位である。株式の場合、ほとんどが1セントだ。もう1つは、1回の売買が成立するごとに示される値動きだ。したがって、タイム・アンド・セールスの各約定はティックである（たとえ前の価格と同じであっても1ティックになる）。価格が変化すれば、その変化がプライスアクションである。プライスアクションの広く一般に認められた定義はない。市場が提供してくれる一見重要とは思えない情報にも常に注意する必要があるため、定義は広いほうがよい。最初は大したことがないように思える情報でも、素晴らしいトレードに導いてくれるものは多い。だから、どんなに些細なことも無視してはならない。

　定義だけではトレードの仕掛けについては何も分からない。どの足も売りと買いのシグナルになり得る。1ティックも上昇しないだろうと思い、次のティックで売ろうと思っているトレーダーがいるし、1ティックも下落しないだろうと思い、次のティックで買おうと思っているトレーダーもいる。彼らが見ているのは同じチャートだが、強気

のパターンと見るトレーダーもいれば、弱気のパターンと見るトレーダーもいる。ファンダメンタルズデータを意見の拠り所とするトレーダーもいれば、ほかの理由を拠り所とするトレーダーもいる。一方の側は正しくて、他方は間違っている。市場がどんどん下落すれば、買い手は自分たちの信念は間違っていたかもしれないと思い始める。そしてある時点まで行くと損切りする。つまり、彼らはもはや買い手ではなく、新たな売り手になるわけである。そうなると市場はさらに下落する。売り手は、新たに売る人か、新たな買い手が参入してくるまでロングを手仕舞いのために売る人からなる。買い手は、新たに買う人、ショートを買い戻して利食いする人、ショートを買い戻して損切りする人からなる。買い手が増えると市場は上昇する。そしてこのプロセスが永遠に繰り返される。

　トレーダーが1日を通して繰り返し直面する問題は、市場がトレンド相場か否かを判断することである。1本の足を見ているときも、その足がトレンド足なのかどうかを判断している――その足は一方の端で寄り付いて、他方の端で引ける陽線や陰線なのか、それとも実体が小さく、ヒゲ（上ヒゲ、下ヒゲ、あるいは両方のヒゲ）が長いトレーディングレンジの足なのか。足を集合的に見るときは、市場がトレンド相場なのかレンジ相場なのかを判断しようとしていることになる。例えば、上昇トレンドのときは、高値または安値で、あるいは値動きの高値からのブレイクアウトで買う。レンジ相場のときは、レンジの安値で買い、レンジの高値で売ろうとする。トライアングルやヘッド・アンド・ショルダーズや逆ヘッド・アンド・ショルダーズといった伝統的なパターンのとき、市場はレンジ相場にある。パターンをトライアングルだの、ヘッド・アンド・ショルダーズだのと呼ぶのはナンセンスだ。なぜなら、重要なのは市場がトレンド相場かどうかであって、よくあるパターンを見つけて、それがどのパターンなのか特定することではないからである。トレーダーたちの目的はお金を儲け

ることであり、唯一最も重要な情報は、市場がトレンド相場にあるのかどうかである。トレンド相場にある場合、トレンドは継続すると見て、トレンドの方向に仕掛ける（トレンドトレード）。トレンド相場でない場合、直近の動きと逆方向に仕掛ける（逆張り。カウンタートレンドトレードとも言う）。トレンドは1本の足しか続かない短いもの（短い時間枠では、その足が強いトレンドを示す）もあれば、5分足チャートでは、1日以上続くこともある。トレーダーはこれをどうやって判断するのだろうか。それは、目の前のチャートのプライスアクションを読んで判断するのである。

　次のティックが上昇する確率と下落する確率は大概の場合は五分五分であることを理解することは重要だ。事実、トレード日のほとんどの時間帯では、市場がXポイント上昇する確率は50％で、Xポイント下落する確率も50％だ。ときには、ほんの短時間だが、上昇する確率が60％で、下落する確率が40％になる場合もあり、この間は良いトレード機会がもたらされる。しかし、市場はすぐにブル派とベア派が均衡する元の不確実性（五分五分）へと戻る。

　多くのトレーダーたちが無数のアプローチを使ってトレードする市場は非常に効率的だ。例えば、その日のどこかの時点でチャートを見ることなく成り行きで買い、仕掛け価格よりも10ティック上に目標値を設定し、10ティック下にOCOでプロティクティブストップを置いたとすると、利益の出る確率は50％だ。逆に、売って、同じく10ティックのプロテクティブストップと目標値を使ったとすると、10ティック失う確率と10ティック儲かる確率もやはり五分五分である。Xの値として20ティックや30ティックを使おうと、どういった値を使おうと確率は同じである。Xの値として非常に大きな値を選んだときは例外だが、直近のプライスアクションに基づいてXの値として適切な値を選べばこの法則が成り立つ。

　強いトレンドのスパイクフェーズの間は、トレンドが次の足2～3

本も続く確率は70％以上になることもあるが、これが形成されるのはごく短時間であり、1日に2回も3回も形成されることはない。一般に、ブレイクアウトから強いトレンドが形成されるとき、Xの値としてそのブレイクアウトの高さを下回る値を選べば、Xティックのプロテクティブストップに達する前にXティックの利益を得られる確率は60％を上回る。したがって、例えば、上方に4ポイント（16ティック）ブレイクアウトし、そのブレイクアウトが非常に強く、Xの値として8を選んだとすると、8ティックのプロテクティブストップに達する前に8ティックの利益を得られる確率はおよそ60％ということになる。

　そもそも市場は不確実性の高いものだ。そこで私は確率が60％を上回るとき、「通常」「たぶん」「おそらく」という言葉を使う。これは読者にとってはイライラすることかもしれないが、トレーダーとして生計を立てたいのであれば、これを受け入れるしかない。確実なものは何一つなく、あなたは常にグレーゾーンのなかにいるのだ。最良のトレードは常にこうしたあやふやな言葉で表現される。なぜなら、そうしたあやふやな言葉こそがトレーダーが直面する現実を最も正確に表現するものだからである。

　あらゆるものは相対的であり、あらゆるものは急に逆方向に変化する場合もある。たとえ、価格に動きがなくても。例えば、トレンドラインが突然現在の足の高値を5～6ティック上回ることもあり、そんなときは売るのではなく、トレンドラインの試しを待って買おうと思うはずだ。バックミラーを見ながらトレードすることほどお金を失う確かな方法はない。犯したばかりの過ちを気にすることなくしっかりと前を見据えることが重要だ。犯した過ちは次のティックとは無関係だ。だから、そんなものは無視して、その日の損益（P&L）などは気にせず、しっかりとプライスアクションを見直すことである。

　チャートが時間をベースにするものであれ、出来高、ティック数、

ポイント・アンド・フィギュアをベースにするものであれ、プライスアクションはティックごとに変化する。ティックチャートから1分足チャート、月足チャートに至るまで、どの時間枠のチャートでもプライスアクションはティックごとに変化する。月足チャートでは1ティックの動きが無意味なこと（例えば、あるポイントから1ティックブレイクアウトした直後に反転しないかぎり）は明らかだが、短い時間枠のチャートでは重要になる。例えば、Eミニの1分足チャートの平均的な足の高さが3ティックであれば、1ティックの動きは平均的な足の大きさの33％であり、これは大きな動きになる。

　プライスアクションが最も有用な点は、市場が前の足やトレンドラインを上回った（ブレイクアウトする）あとに何が起こるかが分かる点だ。例えば、市場が前の重要な高値を上回り、そのあとに続く足の安値が前の足の安値を上回り、高値が前の足の高値を上回ったとすると、このプライスアクションは近いうちに2〜3本の足で押すことはあっても、市場は上昇することを示している。あるいは、市場が上方にブレイクアウトし、次の足が小さなはらみ足（高値が大きなブレイクアウト足の高値を上回らない）で、その次の足の安値がこの小さなはらみ足を下回れば、ブレイクアウトが失敗し、反転する確率は大幅に高まる。

　小さなパターンが大きなパターンに発展すると、それは同じ方向あるいは逆方向へのトレードにつながる。例えば、市場が小さなフラッグをブレイクアウトしてスキャルパーの目標値に達したあと押すことはよくあることで、このパターンはやがて大きなフラッグへと発展する。そしてこの大きなフラッグは同じ方向にブレイクアウトするかもしれないし、逆方向にブレイクアウトするかもしれない。パターンというものは同時に違うものに見えることがある。例えば、少しだけ切り下げられた高値は大きなトライアングルの2番目の切り下げられた高値に見えることもあるし、さらに大きなヘッド・アンド・ショルダ

ーズの右側のショルダーに見えることもある。足を正しく読めば、どういった名前を使うかは関係ない。また、レンジ相場では、小さなベアフラッグと大きなブルフラッグのように、同時に逆のパターンに見えることもよくある。どのパターンでトレードするかとか、それを記述するのにどういった名前を使うかは問題ではない。重要なのは、プライスアクションを読むことであり、うまく読むことができれば、うまくトレードできる。最も道理にかなったセットアップを受け入れればよいのであって、はっきりしなければ、はっきりするまで待てばよい。

時間がたつにつれ、ファンダメンタルズが株価を支配するようになり、その価格は、長期的にトレードしているトレーダーのなかでほかのトレーダーに比べ取引量がはるかに多い機関投資家によって決められる。高頻度トレード（HFT）会社は取引量は多いが、彼らは日中のスキャルパーで、おそらくは日足チャートの方向性には重要な影響は及ぼさない。プライスアクションは機関投資家が価値をさぐる過程で形成される動きだ。どの時間枠においてもすべての足の高値は何らかの抵抗線であり、すべての足の安値は何らかの支持線だ。そして、終値はコンピューターがある理由をもって設定する値に落ち着き、それより1ティックも高くも安くもならない。支持線や抵抗線ははっきりしないことがあるが、コンピューターがすべてを支配し、それらはロジックを使うので、すべては理にかなっていなければならない。しかし、理解できないことも多い。道筋とスピードを決めるのは短期コンピューターアルゴリズムとニュースだが、行き先を決めるのはファンダメンタルズであり、ファンダメンタルズ分析も最近ではコンピューターで行うことが多くなった。機関投資家は価格が高すぎると感じれば、手仕舞うか売り、価格が安すぎる（良い価格）と感じれば、買う。陰謀論者は信じないかもしれないが、機関投資家は疑うことを知らない善意の個人トレーダーからお金を盗みとろうとたくらんで、ど

ういった価格になるのが適切なのか投票する秘密の会議を開くわけではない。彼らの投票は独立した無記名投票で、買ったり売ったりといった形で行われるが、結果は価格チャートとなって現れる。彼らはやっていることを隠しだてすることはない。例えば、買う機関投資家が多ければ価格は上昇し、あなたも彼らに従って買わなければならない。短期的には機関投資家は株価を操作することはできる。特に、薄商いの株式の場合はそうだ。しかし、株価を操作してもほかのトレード方法で稼ぐよりも稼ぎは少ないはずであり、小利を稼ぐために彼らは時間を無駄にしたくないと思っている。そのため、Eミニ、大型株、債券類、通貨といった出来高の大きい市場の操作に対する関心は薄れる。

　それぞれの機関投資家は互いに独立しており、ほかの機関投資家が何をやっているのかは知らない。実際、大きな機関投資家は互いに競争する多くのトレーダーを抱えている。彼らは気づかずに互いに逆サイドを取っていることが多いが、それを気にすることはない。それぞれのトレーダーは自分のシステムに従うだけであり、9階の連中がやっていることなどに興味はないのである。チャートの動きは売買全体の複合物だ。各トレーダーのモチベーションは異なり、すべての時間枠でトレードしているトレーダーもいる。チャートを使わないトレーダーもいる。彼らが売買の拠り所とするものはファンダメンタルズだ。市場が何かをするのには理由があるが、ただ1つの理由で何かをすることはない。私が挙げる理由は、無数の理由の1つにすぎず、大きなトレーダーの一部がやっていることを説明するためにその理由を上げるだけだ。例えば、市場が少しばかりギャップアップで寄り付いたあと、すぐに移動平均線まで下落し、その日はそのあとずっと上昇し続けたとすると、その理由として、機関投資家が安く買おうと思って市場が支持線に下がるまでサイドラインに下がって待っていたが、もうそれ以上下がらないと思って大量に買った、と言うかもしれな

い。事実、これは一部の機関投資家が使うロジックだが、別の理由で買う機関投資家もいるだろう。そしてこうした理由の多くはあなたの目の前のチャートとは何の関係もないのである。

　私はチャートを見るとき、ティックごとに、足ごとに、そしてスイングごとに、上昇する場合と下落する場合を考える。1日の大半は、1つのトレードで一定のティック数を稼ぐ確率と損をする確率はほぼ同じだ。ブル派とベア派が安心してポジションを取れるように、市場が常に平衡状態を保とうとするのはこのためだ。時として、一方の側に60対40で傾くこともあり、非常に強いトレンド相場では、一時的だが80対20以上になることもあるが、1日の大半は五分五分で、不確実性、つまり平衡状態が保たれている。アラン・グリーンスパンはFRB（連邦準備制度理事会）議長のときに、自分は70％の確率で正しい、と言った。彼は自分が正しいかどうかに対して大きな影響力を持っていたため、これは極めて示唆的だが、彼が正しかったのはせいぜい70％にすぎない。十分大きな取引量で取引することができないために勝率を上げることができないにもかかわらず、勝ちトレードの確率が70％であれば、かなりうまくいっていることになる。

　テレビで専門家が市場は絶対に上昇すると言い、別のパネリストを個人攻撃するとき、その専門家は間抜けということになる。傲慢にも彼は自分の予測は少なくとも90％の確率で当たると言っているわけだが、もしそれが本当なら、彼は大金持ちになり、わざわざテレビになど出る必要はないはずだ。スキャルピングのほとんどはおよそ60％の確率でしか正しくないため、残りの40％に注意を払う必要がある。逆のことが起こる確率は非常に高いため、そういった場合に備えたプランは必ず必要だ。逆のことが起こったときは手仕舞うのが普通だが、ドテンしたほうがよいこともある。あなたが信じていることと逆のことが起こる確率はおよそ40％あることを認識することは重要だ。トレーダーによってはチャートを読むのが非常に得意で、トレードを仕掛

けたり管理する能力にも長けているため、90％の勝率を誇る人もいるが、これは非常に珍しいケースである。

　テレビに登場するアナリストは印象的な肩書を持ち、説得力のある議論を展開し、プロのように聞こえる話しぶりで、彼らの人生はあなたの手助けをするために捧げているのだと言わんばかりだが、そのすべてはごまかしであり、それがテレビであることを忘れてはならない。テレビの目的は、その番組やテレビ系列のネットワークの所有者（会社）がお金を儲けることである。その会社の株主にとって、あなたがその番組の推奨でお金を儲けたかどうかなど、どうでもよいことなのである。ネットワークはアナリストを人気度で選ぶ。彼らは広告を売り込むために、視聴者にとって魅力的に映る人々を出したがる。彼らが選ぶ人々は、誠実そうに見え、あなたの経済的な問題に関心があるかのように見えるカリスマを持った人々であり、あなたにその番組を見たいと思わせ、信頼できると思わせるような人々である。彼らは確かに誠実かもしれないが、だからと言ってあなたを助けてくれるわけではない。実際には、あなたの経済的な問題を解決してくれ、家族を養っていくうえで感じるストレスを軽減してくれると信じ込ませることであなたを惑わすだけである。彼らは間違った期待を売っているにすぎない。それは彼らの利益のためであって、あなたのためではないのである。テレビを見てお金持ちになった人などいないのである。

　テレビに出てくるアナリストの多くはファンダメンタルズ分析に基づいて推奨を行い、そのトレードをテクニカル用語で解説する。これは特にFXトレーダーに当てはまる。彼らは、どこかの国で中央銀行の会議が開かれるといったイベントを持ちだして結果を予測し、その予想される結果に基づいて推奨を行う。彼らがトレードを解説するとき、彼らはそのトレードは完全なるテクニカルなものであって、ファンダメンタルズとは一切関係がないと言う。例えば、ユーロ／米ドルが上昇トレンドにあったとすると、その会議によってユーロがドルに

対して強くなると結論づけ、押しで買って、直近のスイングローの下にプロテクティブストップを置き、そのストップの２倍の位置に目標値を入れることを勧める。トレードを仕掛けるのにその会議のことなど知る必要はない。彼らは上昇トレンドの押しで買うことを勧めているだけであって、そのトレードは彼らの分析とも、来るべき会議とも一切無関係なのである。政府や銀行のように、取引量が多いため市場の方向性に影響を及ぼす人々は、来るべき会議や何らかの発表がもたらす影響についてはほかの人々よりもはるかによく知っており、それはすでに価格に織り込み済みだ。また、こうした機関投資家はその会議とは無関係な多くの変数を気にし、テレビに登場する専門家たちはファンダメンタルズを分析できる能力で視聴者に印象付けようとしているにすぎない。彼らは自分たちのことを賢明で洞察に富んでいる人物だと思いたいのだ。しかし現実は、エキスパートの振りをするのを楽しんでいるだけであって、話の内容はナンセンスなことばかりだ。彼らのファンダメンタルズに基づく予想能力は純粋なる当てずっぽうにほかならず、正しい確率は50％だ。しかし、彼らのテクニカル分析はまだまともなほうで、トレードが成功すれば、それは彼らのチャートを読む能力のおかげであり、彼らのファンダメンタルズ分析とはまったく無関係だ。株の専門家はファンダメンタルズに対してときどきバカげた解釈をする。例えば、過去６カ月間にわたり下げ相場であるにもかかわらず、CEO（最高経営責任者）が強いから明日買え、と言って、下げ相場を終わらせるアクションを取る。そのCEOは先週もそこにいたし、先月も、６カ月前もそこにいた。しかし、ゴールドマンサックス（GS）はどんどん下げ続けたではないか。なぜ、明日になったら、あるいはこれからの数週間にわたって上昇するというのか。テレビではカーニバルでバカ騒ぎするような連中が学者然としてしゃべっているが、そこにはファンダメンタルズ的な理由は何もない。彼らの目的は広告を売り込むことであって、あなたがお金を稼ぐ

のを助けるためではない。また別の専門家は、アフリカは急速に開発が進み、アフリカ人の生活の質が向上したため、農産物に対する需要が高まるかもしれないとして、ADMやPOTを推奨するかもしれない。でも、アフリカは先月も6カ月前も急速に開発が進んでおり、今日になって何かが変わるということはない。専門家がテレビで彼の深い洞察力とやらに基づいて推奨をしているときは、彼はバカ者であって、テレビネットワークに広告収入をもたらすためだけにテレビに出ていると思ったほうがよい。彼らのことなど気にせず、チャートを見るのだ。市場が上昇していれば買い、下落していれば売る。テレビのアナリストたちは、市場の方向性を支配するのは彼らのファンダメンタルズに関する情報だけであるように言うが、市場はそれよりもはるかに複雑であり、テレビのアナリストたちが知りようもないいろいろな理由で動く。ファンダメンタルズはプライスアクションにすでに織り込み済みだ。あなたがやらなければならないことは、チャートを見て、テレビの道化師たちよりもはるかに賢明で、市場の方向性を支配するほど大量の売買を行う機関投資家がファンダメンタルズをどう見ているのかを理解することである。彼らはすべてのデータを分析し、気まぐれで単純なサウンドバイトではなく、完全なる数学的分析を基にトレードする。テレビの専門家たちに従うのではなく、彼らに従うことだ。彼らは彼らが信じることを隠すことなく明確に示してくれる。それはあなたの目の前のチャートとなって現れる。ちなみに、ファンダメンタルズ分析は基本的にはテクニカル分析の一種だ。なぜなら、ファンダメンタルズトレーダーはチャートに基づいて意思決定を行うからだ。しかし、それらのチャートは、収益成長グラフであり、負債成長グラフであり、収入や利益率を表すグラフだ。彼らはモメンタム、傾き、トレンドラインを学習するため、テクニカルトレーダーのように見えるが、彼らは自分たちをテクニカルトレーダーとはみなさない。彼らの多くは価格のみのテクニカル分析は信用しないのであ

る。

　価格はなぜ上昇するのだろうか。それは現在価格での買いのほうが売りよりも取引量が多いからである。買い手の多くは注文が執行されるためなら必要なら現在価格よりも多くを支払うこともいとわない。この状態を、売り手よりも買い手が多い状態、あるいは買い手が主導権を握っている、あるいは買い圧力が強いと表現することもある。これらの買い注文がすべて現在価格（最後の取引価格）で執行されれば、残りの買い手は1ティック高く買うかどうかを決めなければならない。1ティック高く買うことを決めたら、彼らはさらに高い価格で買い続ける。価格が高くなると、すべての市場参加者は市場に対する考え方を見直し始める。売りよりも買いの取引量が依然として大きければ、買い手の注文に対して売り手によって提供される枚数が不十分なので、価格は上昇し続ける。ある時点までいくと、買い手は利食いするために彼らの持っているものを売り始める。同時に、売り手は現在価格を売りに適した価格とみなし、買い手が買うよりも多くを売り始める。売り手（ロングを売る人、あるいは新たな売り手）によって提供される枚数が多くなると、買い注文はすべて現在価格で執行されるが、売り手のなかには買い手が見つからない人も出てくる。すると価格は下落する。売り手が下がった価格で売ることをいとわなければ、これが新たな最後の取引価格になる。

　市場の方向性を支配するのは出来高だ。したがって、トレードの初心者はマーケットデプスはエッジを与えてくれるものと考える。タイム・アンド・セールスを見て仕掛ける場合、ティックごとの出来高を見て、現在価格よりも数ティック上がったか下がったかをチェックする。情報はそこにあるので、それを使ってエッジを手に入れる方法があるはずだと彼らは思う。市場はコンピューターアルゴリズムによって支配されていることを、そしてプログラマーもまた想像できるかぎりのエッジを探し求めていることを、彼らは忘れているのだ。わずか

55％の勝率で1日に1000回1～2ティック稼ぐために大量の情報を素早く処理することに重点がおかれれば、個人トレーダーはいつも負けてしまうだろう。トレーダーたちにとって、自分たちが見ているものが本物なのかどうか、あるいはほかのコンピューターをワナにはめるために1台のコンピューターによって仕掛けられたワナなのかどうかを知る手立てはない。多くのプロトレーダーたちはマーケットデプスを意思決定に取り入れるという話をするが、そんな話に耳を傾けてはならない。なぜならそれは役に立たないからだ。たとえトレーダーが情報を素早く処理できたとしても、チャートを読むことから得られるエッジに比べると、わずかなエッジしか手に入らない。心をかき乱され、リスクは同じだがリワードも勝率も高い多くのトレードを仕掛け損ない、結局は損をするだけである。勝てる戦いにのみ挑むべきである。

　市場のほとんどは機関投資家の注文によって動かされている。したがって、機関投資家たちはプライスアクションを仕掛けの拠り所にしているのか、それとも彼らの行動がプライスアクションを起こしているのかを考えてみるのは理にかなっている。機関投資家たちは全員がアップル（AAPL）やSPDR S&P500（SPY）をティックごとに見て、1分足チャートでツーレッグの押しを見たら買いのプログラムを発動させるわけではない。彼らは1日で執行されなければならない大量の注文を抱え、その大量の注文が最良価格で執行されるように尽力しているのである。プライスアクションは考慮すべき多くのことの1つにすぎず、それに依存する会社もあれば、あまり依存しないかまったく依存しない会社もある。会社の多くはいつどのように売買を行えばよいかを決定する数学モデルやプログラムを持っており、どの会社も顧客からは1日中新たな注文が入り続ける。

　トレーダーたちが日中見るプライスアクションは、機関投資家の活動結果であって、その活動を起こす原因ではない。利益の出るセット

アップが現れると、トレードの最中に予見できない影響が複合的に形成される。そのため、そのトレードは勝ちトレードになったり負けトレードになったりする。セットアップはすでに進行中の動きの最初のフェーズであり、プライスアクションによって仕掛ければトレーダーはその波に早く乗ることができるだけである。プライスアクションがさらに展開していけば、より多くのトレーダーが動きの向きに仕掛け、チャート上にはモメンタムが発生し、仕掛けるトレーダーはさらに増える。機関投資家を含め、トレーダーは想像できるかぎりの理由で買いや売りの注文を出すが、大概の場合、理由は重要ではない。しかし、ときには理由が重要なときもある。なぜなら、その理由によって、賢明なプライスアクショントレーダーが落とし穴にはまったトレーダーから恩恵を受けることができるからだ。例えば、プロテクティブストップがある足の1ティック下に置かれ、それによって買ったトレーダーは損をしたとすると、あなたは同じ価格に逆指値を置いて売りポジションを建てなければならない。なぜなら、それによって落とし穴にはまり手仕舞いせざるを得ないトレーダーから利益を奪い取れるからだ。

　機関投資家の活動は動きを支配し、彼らの取引量は大きく、彼らはほとんどのトレードを数時間から数カ月保有する目的で仕掛けるため、スキャルピングではなく、ポジションを保持することを旨とする。バンガードやフィデリティの投資信託が株を買わなければならない場合、顧客はその日の終わりにファンドがその株を保有していることを望むはずだ。顧客はファンドがデイトレードして、引けまでにキャッシュにすることを期待して投資信託を買うわけではない。ファンドは株を保有しておかなければならないのだ。つまり、買ってスキャルピングするのではなく、バイ・アンド・ホールドしなければならないということである。例えば、彼らは最初に買ったあと、浅い押しで増し玉していく。押しがなければ、市場の上昇とともに買い続ける。

トレードの初心者は、市場が上昇しているときに一体だれが買うのだろうと思う。なぜ押しを待たずに買わなければならないのかと思うのだ。答えは簡単だ。それは機関投資家が注文のすべてをできるだけ良い価格で執行したいからであり、彼らは市場が上昇しているときに小刻みに買い続ける。このトレードの多くは機関投資家のコンピューターアルゴリズムによって行われ、プログラムが終了したときに終わる。プログラムでトレードする会社はほかにもあり、彼らはモメンタムが強いときに買い、モメンタムが弱まると買うのをやめる。トレードが失敗に終わった場合、それは機関投資家が心変わりしたり、プログラムを起動して数分以内に2～3ティックの利益を稼ごうとするからではなく、トレーダーがプライスアクションを読み間違えたからである。プログラムは統計学に基づいて作成されている。トレンドが続くことは統計的にあり得ることであり、トレンドはあるテクニカルポイントに達するまで続く。しかし、そこまで達すると行きすぎた可能性が高い。そこにはトレンドラインがあるわけではなく、すべてのソフトウェアライターが同意するメジャードムーブの価格目標があるわけでもない。チャート上に実際にあるのは無数の鍵となるテクニカルポイントである。多くのテクニカルポイントが同じ領域で形成されると市場は反転する。会社のプログラムによって、使うテクニカルポイントは異なる。多くの会社が同じ一般的な領域の反転に賭ければ、反転は起こる。その時点で数学は反転することを選ぶのだ。そこで機関投資家は一部を利食いし、クオンツは逆方向にポジションを取る。クオンツのアルゴリズムは市場が再びオーバーシュートするまで逆方向にポジションを取り続ける。オーバーシュートすると市場は反転し、クオンツはまた逆方向にポジションを取る。

　機関投資家が賢明で利益を出し、すべてのティックを支配しているのなら、なぜ上昇トレンドで高いティックで買う（下降トレンドでは低いティックで売る）のだろうか。それは彼らのアルゴリズムが市場

が上昇しているときにそのようにして利益を上げてきたからであり、上昇トレンドではなくなったことがはっきりするまでそうし続けるように設計されたアルゴリズムもある。最後の買いでは損をするが、その前のトレードで十分な利益を出しているので最後の損失は補える。彼らのシステムが負ける確率は30％から70％だ。最後の買いはその1つにすぎない。また、上昇トレンドで1ティックのスキャルピングを目指すHFT会社もある。高値は常に抵抗線になり、HFT会社の多くは、彼らのシステムがそれが利益の出る戦略であることを示していれば、その抵抗線よりも1ティックか2ティック安い位置で買い、最後の1ティックをとらえようとする。また、機関投資家のなかには、リスク・リワード・レシオの向上を目指して、別の市場（株式、オプション、債券、通貨市場など）でヘッジ目的で買う者もいる。小さな個人トレーダーは大きな転換期では取引量のわずか5％程度を占めるにすぎない。

　プライスアクションを左右するのは機関投資家であることを認識するうえで唯一重要なことは、彼らがプライスアクションに基づくトレードをより信頼性の高いものにしているということである。機関投資家たちはデイトレードをやって、仕掛けるたびに市場を反転させるといったことはしない。あなたがプライスアクションに基づいて仕掛けても、それは彼らの行動に便乗したトレードにすぎない。しかし、あなたは彼らとは違って、トレードのすべてあるいは一部をスキャルピングする。

　ちなみに、スキャルパーが目標値よりも大きな損切りを使えば、彼らのトレードの70％以上は勝ちトレードになる。70％の勝率を持つトレーダーはめったにいない。したがって、トレーダーのほとんどは目標値より大きな損切りは使っていないことになる。しかし、潜在的利益が少なくともリスクと同程度であり、60％の確率でそのセットアップに自信があれば、彼らはそのトレードを行うだろう。トレーダーは

まずは利益が少なくともリスクの2倍あるスイングトレードから始めるのがよい。勝率は通常は40%から50%にすぎず、機会は少ないが、長期的に儲かる確率は高い。スイングトレードの勝率が60%以上のときもあるが、これは大概は強いブレイクアウトのときである。そのトレードや大きな足、したがって大きなリスクを分析する時間がないため、こうしたトレードを行うのはほとんどのトレーダーにとっては難しいが、数式的にはベストであることが多い。

会社のなかには、大量のデイトレードを行うところもある。しかし、彼らのトレードが利益を生むには、市場は彼らの方向に何ティックも動かなければならない。そうした動きをいち早くとらえるのがプライスアクショントレーダーだ。彼らは動きをいち早くとらえ、早々に仕掛けるため、高い勝率でスキャルピングすることができる。こうした会社が4ティックから8ティックスキャルピングしようと思えば、15ティックもの逆行は許容範囲を超える。したがって、彼らが仕掛けるのは逆行リスクが小さいときのみである。彼らの動きをチャートで見れば、あなたも自分のトレードに自信を持つかもしれないが、読みが間違っていた場合に備え、あるいはほかの機関投資家が逆方向のトレードで現在の動きを支配する場合に備え、損切りは必ず入れておくことだ。

仕掛け足の極値を試す押しや戻りが形成されることがよくある。例えば、ロングを仕掛けた場合、トレーダーは損切りのプロテクティブストップを、その仕掛け足が引けた直後にその仕掛け足の安値の1ティック下に置くことが多い。その仕掛け足の安値まで押すことはよくあるが、それよりも1ティック下がることはめったにない。つまり、損切りは執行されないということである。おそらくは、機関投資家が莫大な取引量で損切りを守っているということだろう。それはチャート上では明確な価格なので、機関投資家はプライスアクションに基づいてその買いを行っていることになる。

Ｅミニの５分足チャートでは、賢明なトレーダーの考え方を変える確かなプライスアクションイベントが存在する。例えば、上昇トレンドでツーレッグの押し（ABC）が形成され、そのあとで市場が前の足の高値を上回った場合、多くの買い手が前の足の高値の１ティック上で買う（高値２のロング）だろう。そのあと、市場がそのツーレッグの押しの安値を下回ったら、少なくとももう１回下降レッグが形成されるとだれもが思うはずだ。あなたが機関投資家で、その高値２で買ったとすると、それを失敗させたくないために、その鍵となるプロテクティブストップ価格の１ティック上までの下落で増し玉するだろう。そのとき、あなたは買いポジションを守るためにプライスアクションを利用していることになる。

高頻度トレード

　日々の株式、先物、ETF、通貨、商品、オプションの取引は、クオンツと呼ばれる定量アナリストによって設計されたアルゴリズムを持つ高頻度トレード（HFT）会社によるものが増えている。プログラマーたちは数学や定量的分析、エンジニアリング、プログラミング、あるいは物理学の修士号や博士号を持つ者が大半で、年に100万ドル稼ぐ者もいる。アルゴリズムによっては１秒の数分の１の間しかポジションを保有しないものもあるし、１～２時間保有するものもある。このアルゴリズムでは、大量のデータの複雑な金融分析に基づくモデルから、単純な統計分析まで、ありとあらゆる戦略が使われる。どういったアイデアも健全なロジックを持ち、バックテストでその有効性が確認されなければならない。日中にプログラムをいじり、次の数時間のためのエッジを得ようとするプログラマーもいる。プログラムはナノセカンド（10億分の１）の世界であり、データを受け取ってから注文を出すまでの待ち時間を減らすハードウェアやソフトウェアの開

発が進められている。また、この時差を短縮するために、最も速いプログラミング言語やオペレーティングシステムが使われている。彼らのエッジは非常に小さく、何百万ドルというお金がリスクにさらされているため、HFT会社は秘密主義の頭脳集団だ。

2010年10月、CBSの『60ミニッツ』という番組がHFTを特集した。彼らのリポートによれば、1日の取引の70％に相当する10億株以上の株式がHFTのプログラムによって取引されているという。しかし、HFT会社はアルゴリズムトレードの世界のほんの一部にすぎないため、これにはいささか誤解があるようだ。長期トレードのために設計されたプログラムもあり、それも70％のなかに含まれる。高頻度トレードのソフトウェアも、長期プログラミングトレードのソフトウェアも、作成しているのはクオンツだ。これらのクオンツは数学的能力に長け、チャートやファンダメンタルズは一切気にすることはない。彼らが関心があるのは統計分析に基づく短期的な市場の傾向だけである。彼らの大部分は5分足チャートも気にしない。彼らのトレードはあなたが見るどういったチャートとも無関係だ。

『60ミニッツ』はそのリポートのなかで、4500のバスケットで1日に4000万株トレードする数学者とクオンツを抱える小さなHFT会社であるトレードワークス（Tradeworx）の代表をインタビューしていた。彼らは1日に1銘柄当たり、およそ1万株トレードする。儲けは1セントか1セントの数分の1にすぎないため、ポジションの保有時間は数秒から数分で、ポジションサイズもおそらくは小さいだろう。彼ら自身がトレードする機会は1秒の数分の1にすぎず、人間は機会をとらえるのが遅いため、大部分のトレードはコンピューターによって行われる。彼らがトレードするのは4500銘柄だ。したがって、サイズ的に、そしておそらくは1日の平均的な取引量が4500番目にランキングされているものがあるということである。つまり、彼らがトレードしている会社のいくつかは1日の取引量が数百株を下回ること

になる。トレードワークスのトレーダーはどの銘柄も１万株トレードしているわけではないことは明らかだが、4500のバスケットで4000万株トレードしているので、それは平均値である。１日の取引量がもっと多い会社もあれば、もっと少ない会社もたくさんあるはずだ。１トレード当たり、保有時間が数秒から数分の、１セント以下のスキャルピングというのがほとんどだろう。

　彼らのプログラムは統計学に基づくものだ。エッジは非常に小さいが、数学的確率が高く、それを１日に何千回も行えば、理論的には一貫して利益を生みだす。これはカジノがお金を稼ぐ原理と同じだ。ほとんどのゲームでは、カジノのエッジはわずか３％以下だが、そのエッジが偶然ではなく本物である確率は99％以上だ。もしカジノに客が１人しかおらず、彼が１つの賭けで10億ドル賭けたとすると、カジノがその１つの賭けで廃業に追い込まれる確率は47％だ。しかし、何千万人というギャンブラーが毎日小さな賭けをするため、カジノが一貫してお金を儲けられる確率は限りなく百パーセントに近い。HFT会社もこれと同じである。

　このクオンツが語った１つの仮説的戦略は、4500のバスケットで、過去１週間で５％下げたすべての株を５ドルだけ買い、過去１週間で10％上昇したすべての株を10ドルだけ売るというものだった。勝ちトレードの数は負けトレードの数をわずかに上回るだけだが、小さなエッジのシステムで何回もトレードすれば、カジノのように一貫して儲けることができる。彼の会社は時として２～３日続けて損をすることもあるが、負ける月はない、と彼は言った。インタビューに出たある人は、ある会社は４年続けて毎日稼いでいる、と言った。おそらくその会社は、スプレッド、出来高、関連市場、市場全体を含む入手できるかぎりのデータを使って、想像できるかぎりの戦略を一つひとつ検証し、その検証により彼らにエッジがあることが示されれば、検証がうまくいかなくなるまでそれをトレードし続けるということだろう。

こうした会社は人よりも数ミリ秒早くオーダーフローについての情報を得、情報を取引所と同じくらい早く得るために毎月何万ドルものお金を使い、最も速いコンピューターを使う。1ミリ秒早く情報を得ることができるたびに、彼らのエッジは増える。彼らのコンピューターは、近い将来の市場の方向性をつかむために、1秒のうちに何千という注文を出したりキャンセルしたりする。彼らはその情報を使ってできるだけ早く仕掛けたり手仕舞ったりするのだ。テクノロジーは今急速に変化し、コンピュータートレードが売買の大部分を支配しているため、プライスアクションを支配するのもコンピュータートレードだ。個人トレーダーにとっての唯一の恩恵は、大量の売買によって流動性が高まり、小さいスプレッドで仕掛けたり手仕舞ったりできるようになることであり、これによってトレードコストは減少する。

　ダウ・ジョーンズはレキシコン（Lexicon）というニュースサービスを開始した。これは機械で読める金融情報を購読者に配信するというものだ。レキシコンはダウ・ジョーンズの株についての記事をリアルタイムでスキャンし、その情報をアルゴリズムが1秒の数分の1で投資の判断を下せる形に変換する。もっと長い時間枠で、ニュースフィードに加え株価実績と損益計算書を分析し、投資判断を下すアルゴリズムもある。微分展開を使ってソフトウェアを最適化し、別のデータを作りだすためのデータを作成するアルゴリズムもある。アルゴリズムはある程度の数学的確実性に達するまでデータを改良し続け、その結果が株式の自動売買に使われる。発注に時間がかかる大きな注文はアルゴリズムを分割し、トレンドの始まりを利用しようとするトレーダーにトレードを知られないようにする。侵略型アルゴリズムはアルゴリズムトレードプログラムが隠そうとしていることを解明する。だれもがエッジを見つけようと必死で、そのエッジを見つけるのにコンピューターを使う会社は増えている。

　トレーダーは5分足チャートでトレードを仕掛けるとき、リポート

やそれが意味するものは分析できない。それに対して、コンピューターはリポートが発表されたとき、個人トレーダーよりもはるかに速く情報を処理できるし、注文を出すこともでき、これがコンピューターにとっての大きなエッジになる。相手が大きなエッジを持つとき、それは個人トレーダーにとって大きな弱点になる。なぜなら彼らにはエッジがないからだ。彼のエッジは小さく、それがあるときにのみトレードすべきであり、それがないときにはトレードは控えなければならない。特に、競争相手が大きなエッジを持っているときはなおさらだ。しかし、個人トレーダーはリポートをもとにお金を儲けることはできる。今や多くの会社がリポートを素早く分析し、その分析に基づいてトレードを仕掛けるコンピューターを持っているため、トレーダーがやるべきことは、チャートを読んで、その分析からどういったコンセンサスが導き出せるのかを考えることである。コンピューターはそのリポートが市場にとって何を意味するのかを教えてくれる。あなたがやるべきことは、コンピューターと同じ方向にトレードすることである。ちなみに、コンピューターは１日の終わりにさらなるエッジを持つ。トレーダーは何時間もトレードすると疲れて、動作が鈍くなり、トレードを仕掛けるのがおっくうになるが、コンピューターは疲れ知らずで、１日の最後の瞬間まで朝と同じように効率的だ。トレーダーがベストな状態でないとき、特に１日の最後の１時間はそうだが、彼らのエッジは減少するか、エッジがまったくない状態になる。トレードを仕掛けるのは彼ら自身もセットアップも強靭なときでなければならない。

こう考えると、HFT会社の内在的な問題点が見えてくる。彼らは目先の利益に目がくらみ、将来の大きな利益をふいにする。彼らのトレードは統計学に基づいている。長年にわたって検証したトレードでも、過去数週間の動きにしか目がいかなくなる。多くの会社が直近のプライスアクションに基づいてトレードを調整すれば、彼らのトレー

ドと逆サイドを取る取引は減り、その結果、彼らのアルゴリズムが意図する方法でトレードすることはできなくなり、お金もあまり儲からなくなる。儲からないどころか、損をすることもある。この不均衡はプライスアクションの変化を引き起こす。例えば、直近の日のレンジが長期的な平均レンジの3分の1に縮小すれば、あまり長くそのレンジを保つことはできなくなる。結局、だれもがレンジの小さな日から利益を得ようとし、みんな同じことをやってしまう。そして、ある時点まで行くと、彼らのトレードと逆サイドを取る十分なお金はなくなる。その結果、彼らの注文は執行されないか、悪いレートを受け入れるしかなくなる。いずれにしても、これは市場の振る舞いを変える。

　顧客のために大きな注文を執行しようと尽力している多くの機関トレーダーたちは高頻度トレーダーたちに対して怒りをあらわにするが、私はそれは嫉妬だと思っている。機関トレーダーたちはこれまで食物連鎖のトップにいた人物であり、市場の動きを牛耳ってきた。だが、それはもう不可能なのだ。彼らはクオンツたちが一貫してお金を儲けるのを目の当たりにしながら、ウォール街の基盤を形成すると彼らが考えるファンダメンタルズを完全に無視したやり方でトレードしている。彼らはこうした新興企業がゲームに参入し、彼らのルールや大切にしているものを無視し、はるかに優れた実績を持ち、畏怖の念を抱かせ、若い新人トレーダーにとってより望ましい職場になろうとしているのが妬ましいのである。彼らの顧客のお金の一部はHFT会社やほかのプログラムトレード会社へと流れることは必至だ。そしてこれは彼らの収入を脅かすものでもある。しかし、目的はお金儲けだ。私としては、流動性が増すことは好ましいことであり、最近よく見られる強いスイングが大好きだ。また、クオンツたちのおかげで形成される狭いトレーディングレンジも気にいっている。ただし、トレードするのはストレスにはなるが。

　流動性とは適正な価格で株式をすぐに入手できることを意味する。

つまり、高頻度トレーダーたちは実は機関トレーダーたちが良い価格を得る手助けをしていることになる。流動性は昔は値付けを行い、常に売り気配と買い気配を提示して投資家の注文に応じる者たち（マーケットメーカー）によって提供されていたが、彼らの役目は大部分がHFT会社に取って代わられた。ちなみに、HFT会社に対する文句は多いが、マーケットメーカーの不公正なやり方についても不満はあった。大きな不満のひとつは、市場が大暴落したとき、ほとんどのトレーダーが逆サイドのポジションを取ってほしいのに、逆サイドのポジションを取れないことである。このほかにも、ダークプール、フラッシュトレード、クロスオーバーネットワーク、フロントランニング、コンピューター化されたトレードのあらゆる側面に関する不満もあるが、こうした不公正な慣行は連邦政府によって規制される傾向にあるため、個人トレーダーにとっては問題ではない。

　クオンツは市場に流動性を提供し、スプレッドを縮小させてくれるが、彼らのプログラムが同時に同じことをやると、時として瞬時のうちに大きな動きを形成させることがある。こうしたスキャルピングプログラムはおそらくは、機関投資家の顧客のための注文が執行されることで形成される日中のスイングにはあまり大きな影響は及ぼさない。長期的にはファンダメンタルズが市場を支配するが、次の数秒から数分は、プログラムトレードが市場を支配し、それはおそらくは対象となる市場のファンダメンタルズとは無関係だ。次の数カ月にわたる市場の方向性と目標価格はファンダメンタルズが決定するが、市場がその目標価格に達するまでの道筋を決定するのは数学者たちだ。市場はほかの力が働かないかぎり、今の動きを続ける傾向がある。したがって、プログラムライターは繰り返し形成される動きを見つけ、それを利用するプログラムを書く。トレンドは継続する傾向があるため、プログラムはトレンドの方向にポジションを取り続ける。これによってトレンドはより確かなものになり、押しや戻りは小さくなる。

トレーディングレンジからのブレイクアウトはほとんどが失敗するが、ブレイクアウトが失敗することに賭けた取引が多いときはより一層その傾向は高まる。

　市場は慣性を持っているが、ある時点で現在のプライスアクションはその慣性を超えて行きすぎてしまうことがある。例えば、日々のSPYが上昇チャネルにあり、45日間移動平均線に到達せず、移動平均線に達したのは過去10年で１回しかないとき、現在の市場の振る舞いは極めて異常だ。極端なものは長続きしないのが普通だ。なぜなら、極端なものは最終的には行きすぎを測る想像できるかぎりの測度のうえで行きすぎとなって表れるからだ。行きすぎは機会なのである。どれくらい行きすぎれば行きすぎと言えるのかについては市場は判断することはできないが、行きすぎればすぐに行きすぎと分かる。多くの会社が市場は行きすぎていると判断すれば、彼らはそれをエッジと見て、平均への回帰に賭ける。市場が今までやっていたことに戻ることに彼らは賭けるのだ。前出の上昇チャネルにあるSPYの場合、自信のあるベア派は売り、移動平均線に達しない日数が極端に増え、さらに上昇すれば増し玉する。また、自信のあるブル派はこの独特の振る舞いを見て利食いを始め、市場が少なくとも移動平均線まで押すまでは再び買うことはない。市場はいろいろな振る舞いで極端な状態に達する。例えば、陰線が続いたり、レンジが平均の半分か２倍の日が続いたり、安値、高値、あるいは終値が前の安値、高値、あるいは終値を上回る足が続いたりといった具合だ。どういった形であれ、機関投資家は極端な振る舞いに注目し、こうした極端な振る舞いを見つけると逆張りする。また、極端な振る舞いは想像できるかぎりのインディケーターでも極端な動きとして現れるため、トレードの意思決定をインディケーターに依存するトレーダーは、その振る舞いが終わることに賭ける。極端な動きは最終的には終わるが、読みに自信がないかぎり、逆張りはやめておいたほうがよい。なぜなら、市場はあなたが口座を

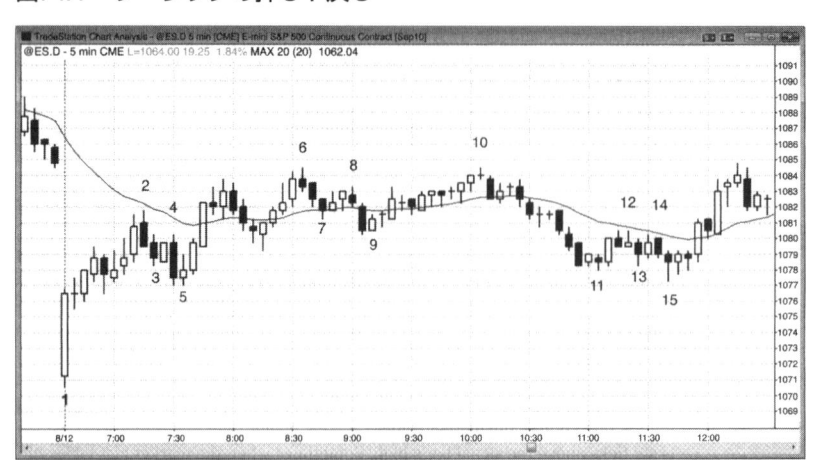

図PI.1　ツーレッグの押しや戻し

持続できるよりも長くその異常な振る舞いを持続することもあるからだ。

　ツーレッグの修正は、トレンド方向に仕掛けるトレードの信頼できるセットアップになる。ABCパターンはほほどのチャートでも現れるため、ここで簡単に説明しておくことにしよう。**図PI.1**を見ると、足3は、足2まで勢いよく上昇したあとの最初の下降レッグだ。これがABCの戻りのレッグAになる。そのあと足4まで若干上昇するが、これがレッグBで、足5までの下落がレッグCだ。ほとんどの上昇や下落は明確なABCパターンになることはなく、レッグが1つのものもあれば、3つや4つのものもあるため、何が起こっているのかを記述する別の方法を知っておくのがよいだろう。フォーレッグの上昇や下落をABCDEパターンと呼ぶのはあまりにもぎこちない。それよりむしろ、足3のように上昇レッグから押した場合、前の足の高値を上回る最初の足が高値1の買いになると考えたほうがよい。足4や足7

のあとの足がこの例だ。足5のように、押しが続いて2番目のレッグを形成した場合、前の足の高値を上回る足5のあとの足が高値2の買いになる。高値2の買いの例はこのほかにもあり、足9のあとの足がそうである。つまり、足5と足9は高値2の買いのセットアップ（シグナル足）ということになる。ブルフラッグで3番目の下降レッグが形成される場合は、高値3の買いになり、そのあと4番目の下降レッグが形成され、そのあと市場が反転すれば、高値4の買いになる。足10からの下落のように市場が下降レッグにあるとき、最初の上昇レッグがABCの修正のレッグAになる。足12またはその前の足がレッグAである。この小さな上昇レッグからの下落がレッグBで、この図では足13がそれに当たる。そして、2番目の上昇レッグがレッグCで、これは足14の前の足で終わっている。これは横ばいのABCパターンで、この場合、レッグCはレッグAを上回らないのが普通だ。足13はベアフラッグの前の足の安値を下回る最初の足なので、安値1の売りだ。足15は安値2の売りの仕掛け足である。

　大きなレッグは基本的にはとめられないが、小さなプライスアクションは、ティックごとを観察したり、小さな値動きで仕掛けるように設計されたプログラムを持っている機関トレーダーによって微調整される。例えば、Eミニトレーダーのなかにはスキャルピングで1ポイント（4ティック）の利益を得ようとする者もいる。彼らが買うと、市場はシグナル足の高値を6ティック上回って上昇することが多い。彼らはおそらくはシグナル足の高値を1ティック上回った位置に買いの逆指値を置き、利食いの指値を仕掛け価格から4ティック上回った位置に置いているはずだ。これは市場が指値を1ティック上回らなければ、つまりシグナル足の高値を6ティック上回らなければ執行されることはない。ときには市場は5ティックまでは上昇するが、6ティックまでは上昇しない（5ティックの失敗）ことがあり、そのときEミニ250枚のトレードが突然形成され、価格が下がることはない。一

般に、100枚を超える取引は今日のEミニ市場では機関投資家の取引とみなすべきである。たとえそれが大口の個人トレーダーであったとしても、彼は機関投資家の視点を持っており、機関投資家の取引量で取引しているので、機関投資家とは見分けはつかない。価格は依然として5ティック辺りをうろついているので、250枚の注文はほぼ確実に機関投資家の買いと思って間違いない。なぜなら、機関投資家が神経質な買い手でいっぱいの市場で売れば、市場はすぐに下落するからだ。市場が5ティック上昇したときに機関投資家が買い始めれば、市場は1ティック以上上昇し、通常は1分前後で6ティックを突破してさらに上昇する。その機関投資家は高値で買ったことになるが、それは彼らが市場はもっと上昇すると思うからであり、上昇すれば増し玉する。4ティックのスキャルピングはうまくいくことが多いため、機関投資家もスキャルピングする可能性が高く、それによってその日のほとんどのスキャルピングは大きな影響を受ける。

　トレーダーは鍵となる時間枠——特に3分足、5分足、15分足、60分足——が終値を付ける前の数秒に注目する。出来高チャートの鍵となる出来高でも同じことが言える。例えば、多くのトレーダーが10年物Tノート先物の1万枚足チャートを見ているとすると、足が引けようとするとき（足の始まりから少なくとも1万枚トレードされた最初のトレードで引けるため、きっかり1万枚になることはめったにない）、活動が活発化してその足の最終結果に影響を及ぼすことがある。これは一方の側がその足をもっと強気に、あるいは弱気に見せたいという意欲の表れかもしれない。簡単に言えば、強い陽線はブル派がその足を支配していることを意味する。強いトレンド相場では、反転足が5分足が引ける前の最後の数秒で完全に様相を逆転させることは珍しいことではない。例えば、強い下降相場のとき、非常に強い強気の反転足で買いのセットアップが形成されたとする。すると、その足が引ける残りの5秒で、価格が急落し、その足は結局安値で引け、

強気の反転足を期待していた多くのロングを落とし穴にはめる。強い
トレンド相場でカウンタートレンドするときは、必ず注文を出す前に
シグナル足が引けるのを待たなければならない。そして、その足があ
なたのトレードの方向に引けたら、その足より1ティック上で逆指値
で仕掛ける（買う場合は、前の足の高値の1ティック上に逆指値を置
いて買う）。

　プライスアクションの読み方を学ぶ最良の方法はどんな方法だろう
か。それは、チャートを印刷し、利益の出るすべてのトレードを探す
ことである。AAPLのスキャルピングで50セント儲けたい場合、ある
いはグーグル（GOOG）の5分足チャートのスキャルピングで2ドル
儲けたい場合、その利益が出そうな日中の動きをすべて見つけるので
ある。数週間もすれば、同じ額だけリスクにさらしながら、それらの
トレードを仕掛けられるいくつかのパターンが見えるようになるはず
だ。リスクがリワードと同じであれば、60％よりはるかに高い確率で
勝てるはずだ。しかし、多くのパターンは70％以上の勝率を持つため、
目標値に達するのを待つ間、損切りをシグナル足の極値の下から、仕
掛け足の極値の下まで切り上げることができ、そのためリスクは減少
する。また、目標値以上に利が伸ばせる可能性のあるトレードを仕掛
けるようにすることも重要だ。したがって、利食いは一部のみに限定
すべきである。最初はこうした仕掛けにのみ集中したほうがよい。損
切りをブレークイーブンに動かし、残りは利を伸ばす。反転の仕掛け
パターンのセットアップが形成される前に、最初の目標値の4倍以上
利が伸ばせるトレードが毎週少なくとも2つは見つかるはずだ。

　フィボナッチリトレースメントとフィボナッチエクステンションも
プライスアクションの1つだが、ほとんどがおおよその値にすぎず失
敗することが多いため、トレードではあまり役に立たない。例えば、
新しいトレンドが形成されたあと、最初の押しや戻りは最初のレッグ
のおよそ62％だが、そこに指値注文を入れられるほど頻繁に62％押し

たり戻したりするわけではない。また、その指値注文は市場とは逆方向に仕掛けることになる。例えば、市場が下落し、安値を切り上げたときに買おうとした場合、リスク・リワード・レシオはそれほど高くはなく、それを定期的に行うとなるとものすごいストレスを感じる。しかし、合理的な戦略の場合は例外もある。フィボナッチの数字が良い数字ならば、それはフィボナッチの測定やインディケーターとは無関係に、信用のおけるトレード可能なチャートパターンと関連づけることができる。

　エリオットの波動理論もプライスアクション分析の一種だが、これもあまり役には立たない。理想的な仕掛けポイントから何本も足が過ぎなれば波は明確にならず、瞬間瞬間で逆の解釈がなされる場合もあるため、多くの思考が要求され、アクティブデイトレーダーにとっては不確実性が多すぎる。

第1章
プライスアクションのスペクトル――極端なトレンドから極端なトレーディングレンジまで
The Spectrum of Price Action：Extreme Trends to Extreme Trading Ranges

チャートを見ると、価格が斜めに動く領域と横ばいの領域があることに気づくはずだ。市場はティックごとに高くなったり安くなったりする極端なトレンド状態になったり、1～2ティックの上昇と1～2ティックの下落を繰り返す極端なトレーディングレンジ状態になったりする。市場がこうした極端な状態になることはごくまれで、なったとしても短期間だが、小さな押しや戻りを伴いながら長時間にわたってトレンドが続いたり、数時間にわたって狭いレンジで上下動を繰り返すといったことはよくある。トレンドは確実さと緊急性を生み、トレーディングレンジは市場が次にどこに行こうとしているのかはっきりしないため、トレーダーは困惑する。どのトレンドにも狭いトレーディングレンジが含まれ、どのトレーディングレンジにも小さなトレンドが含まれている。また、長い時間枠（HTF）のチャートでは、ほとんどのトレンドはトレーディングレンジの一部にすぎず、トレーディングレンジもまたトレンドの一部にすぎない。1987年と2009年の株価の大暴落さえも、月次の上昇トレンドラインへの押しにすぎなかった。このあとの章は強いトレンドから狭いトレーディングレンジまでのスペクトルに沿って解説し、そのあとトレンドからトレーディングレンジへの移行である押しや戻り、そしてトレーディングレンジからトレンドへの移行であるブレイクアウトについて解説する。

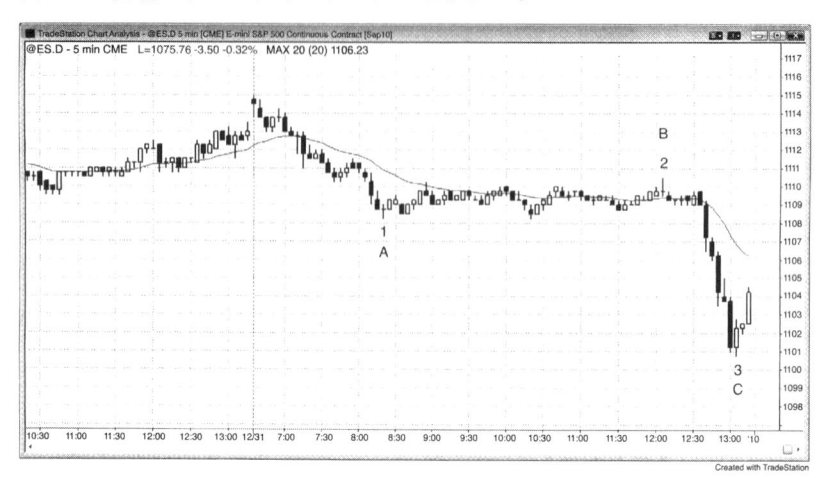

図1.1　極端なトレーディングレンジとトレンド

　市場には常に慣性が働いている。市場は外部から力を与えられなければ、それまでと同じことを続ける傾向がある。トレンド相場のときは、反転させようとする試しはほとんどが失敗するし、レンジ相場にあるときは、トレンドを形成しようとするブレイクアウトの試しはほとんど失敗するのはこのためだ。

　図1.1では、2つの極端なトレンドと1つの極端なトレーディングレンジが形成されている。この日は足1まで下落する強い下降トレンドで始まり、そのあと極端に狭いトレーディングレンジに移行したあと、足2で1ティック上方にブレイクアウトし、そのあと下方にブレイクアウトし、足3まで極端に強い下降トレンドを形成している。

　ツーレッグの動きはよく発生する。ツーレッグの動きがトレンドの最中の押しや戻りとして形成された場合、ABCパターンと呼ばれることが多い。2つのレッグがトレンドの最初の2つのレッグの場合、

エリオット波動のテクニカルアナリストはそれらの足を波1および波3と呼び、波1と波3の間で生じる押しを波2と呼ぶ。メジャードムーブを測定しようとするトレーダーのなかには、2番目のレッグが最初のレッグと同じ大きさだけ進めば、そこを目標値とする者もいる。これはAB＝CDの動きと呼ばれることが多い。この図では、最初の下落のレッグは点Aで終わり（図1.1では足1。ABCの動きでは点A）、2番目のレッグは点Bから始まり（図1.1では足2。ABCの動きでは点B）、点Cで終わる（図1.1では足3。ABCの動きでは点C）。

　修正に相当するのは3番目のレッグで、場合によっては4番目のレッグの場合もあるため、別の命名法が必要で、これについてはあとで説明する。最も簡単なのは、押しや戻りのなかのレッグの数を数えるというものだ。例えば、上昇トレンドやトレーディングレンジのなかに下降レッグが形成され、そのあとある足が前の足の高値を上回ったとすると、このブレイクアウトが高値1だ。そのあと、2番目の下降レッグが形成され、次にある足が前の足の高値を上回ったとすると、そのブレイクアウト足が高値2になる。次に形成されるのは高値3で、その次が高値4だ。下降レッグやトレーディングレンジでは、ワンレッグ後に市場が反転して下落したとすると、仕掛け足は安値1になる。2つの上昇レッグのあと反転して下落すれば、仕掛け足は安値2になり、その前の足が安値2のセットアップ（シグナル足）になる。

　メジャードムーブはトレードにおいて重要な要素であり、AB＝CDはABCパターンに一致しないため、AB＝CDという言葉は使うべきではない。私はレッグを数えるのが好きで、数字で表現するのが好きだ。したがって、それぞれの動きは、レッグ1あるいは最初のプッシュ、そのあとのレッグはレッグ2……といった具合に、レッグと呼ぶことにする。

このチャートのより深い議論

　この日は昨日の高値を上回って寄り付いたが、ブレイクアウトに失敗したため、寄り付きからの下降トレンド日になった。この日は下降トレンドが再び始まった日とも言える。寄り付きで強いトレンドが形成され、そのあと数時間にわたって狭いトレーディングレンジが形成されたときは、トレンドが再び始まる可能性が高い。午前11時から昼の間にはダマシのブレイクアウトがよく形成され、トレーダーを間違った方向に導く。そのブレイクアウトのダマシは引けにかけてスイングトレードの絶好のセットアップになる。

第2章

トレンド足(陽線や陰線)、同時線、クライマックス
Trend Bar, Doji Bars, and Climaxes

　市場はトレンド相場にあるか、そうでないかのいずれかだ。トレンド相場でない場合、トレーディングレンジにあると言える。トレーディングレンジは短い時間枠で見るとトレンドで形成されている。2本以上の足がオーバーラップすれば、トレーディングレンジが形成される。トレーディングレンジにはいろいろな形があり、それぞれの形にはフラッグ、ペナント、トライアングルといった名前が付けられているが、名前は大して重要ではない。重要なのは、トレーディングレンジではブル派とベア派が均衡状態にあり、通常は一方の側が若干強いということである。それぞれの足で見ると、トレンド足とトレーディングレンジ足がある。ブル派かベア派のいずれかがその足を支配しているか、ほぼ平衡状態(1本の足のトレーディングレンジ)にあるかのいずれかだ。

　トレードにおいて最も重要な2つの概念は、すべてのものには数学的基盤があるということと、市場の方向性を確信したときには、同じくらい賢明で逆を信じる者がいるということである。確かなものは何もない。市場はあなたが信じていることとまったく逆のことをする可能性があることを常に心にとどめておくことだ。時として市場は均衡を失い、多くの足にわたって力強く上昇したり下落したりすることがあるが、ほとんどの場合は比較的均衡状態を保っている。ただし、初

心者にはこう見えないこともある。

　すべてのティックはトレードが行われた結果だ。つまり、その価格が売りに適した価格だと思う者もいれば、買いに適した価格だと思う者もいるということである。市場を支配しているのは機関投資家であり、彼らは賢明だ。彼らは合理的に動き、検証して利益が出ることが確認された戦略を持っている。トレーダーが身につけることのできるスキルで最も重要なものの1つは、陽線や陰線が動きの始まりなのか終わりなのかを理解する能力だ。強い陽線を強気としか見なければ、あるいは強い陰線を弱気としか見なければ、ビッグプレーヤーがやっていることの半分を見落とすことになる。陽線の高値付近には、その強さを買うブル派がいるし、押しを待って市場がそこに到達したらその足の安値近くで買うブル派もいる。しかし、重要なのは、強さが失敗すると思っているブル派もいるということである。彼らはその強さを、ロングを売って利食いする機会と見るのである。一方、その陽線がどんなに強くても、ブル派による失敗したクライマックス的な動きと見て、その足の高値付近で売るベア派もいる。さらに、サイドラインに下がって強い陽線が形成されるのを待つ者もいる。上昇が行きすぎたところで売るためだ。その足の安値の下で売るベア派もいる。彼らはこれを弱さのサインと見て、トレード可能な反転が起こる兆候と見ているのだ。あるいは、陰線が形成されるたびに、その足がどんなに強く見えても、その底で利食いするベア派や、新たに買うブル派もいる。あるいは、その高値付近で売るベア派や、その高値の上で売るブル派もいる。

　どの足もトレンド足（陽線や陰線）かノントレンド足（トレーディングレンジ足）のいずれかであると考えるのがよい。後者は言葉としてはぎこちないが、ほとんどが同時線に似ているため、ノントレンド足はすべて同時線と思ったほうが簡単だ。実体が小さいか存在しないとき、その足を同時線という。同時線はブル派もベア派も主導権を握

っておらず、基本的には１本の足のトレーディングレンジだ。Ｅミニの５分足チャートでは、足の大きさにもよるが、同時線は実体がないか、わずか１～２ティックの大きさだ。しかし、グーグルの日足チャートや週足チャートでは、実体は100ティック（１ドル）以上になることもある。これは完全なる同時線と同じくらい重大な意味を持つため、同時線と呼ぶにふさわしい。同時線かどうかは相対的で主観的なものであるため、その判断はその市場と見ている時間枠とに依存する。トレードでは、似ていればそれで十分であり、完全なものはほとんどない。例えば、あるパターンに非常によく似ているものがあったとすると、そのあとに起こることは完全なパターンのあとで起こることに近いものが形成される可能性が高い。

　小さな実体を持つ足を首吊り足、ハンマー、はらみ足といった具合に分類するのはトレーダーにとってはあまり意味をなさない。重要なのは、その足や市場がトレンドを形成しようとしているのかどうかであって、ほとんどの時間帯ではその中間だ。もっと重要なのは、特定の足がどういう名前なのか悩むことに時間を費やすことではなく、トレンドがあれば、その強さを確認することである。トレードを仕掛けてお金を稼ぐのであって、無意味でカラフルな名前について思い悩むことでお金を稼ぐのではないことを忘れてはならない。

　足が実体を持ち、終値が始値よりも高いか安い場合、そういった足をトレンド足（陽線または陰線）という。足が大きくて、実体が小さい場合、トレンドが形成されなかったのは明らかだ。１本の足のなかには（短い時間枠で見られるように）、いくつかのスイング（多くは横ばいの動き）があった可能性もあるが、注目するのは１つのチャートだけなので、これは気にする必要はない。一般に、大きな実体は強さを表すが、動きが長く続いたあとやブレイクアウトのあとで形成される極端に大きな実体は、トレンドが息切れしてクライマックス的な終焉を迎えたことを意味し、このような場合、さらなるプライスアク

ションが展開するまでトレードは控えるべきだ。強い陽線や陰線が連続して形成された場合、それはトレンドが形成されるサインであり、すぐに押しや戻りが形成されたとしても、そのトレンドはさらに続くのが普通だ。どの陽線や陰線も、①スパイクであり、②ブレイクアウトであり、③ギャップ（すべてのブレイクアウトは機能的にはギャップと同じであり、したがって陽線や陰線もギャップと同じ）であり、④全体または部分的な真空およびクライマックス（ポーズ足や反転足は１本以上続く陽線や陰線のあとでクライマックスを終焉に導く）だ。陽線や陰線にはこれら４つの特徴の１つ以上が当てはまり、それぞれの特徴がトレード機会を生む。その足がクライマックスで反転の始まりだった場合、それは真空効果による。例えば、買いのスパイクのあと反転した場合、急上昇する可能性が高い。なぜなら、ブル派とベア派の両方が売るのを待つ領域に達するまで、自信のあるベア派はサイドラインに下がり、ブル派はロングを手仕舞いしないからだ。一方、フォロースルーの買いが起こった場合、その買いは真空効果によるものではなく、自信のあるブル派の買いと自信のあるベア派が市場はさらに上昇すると信じることによるものだ。トレーダーたちは全体的な状況を見てどちらが形成されるかを判断する。その判断によって、買うか、売るか、待つかを決める。反転を導くどのスパイクも真空効果を表すものだが、私はこういったスパイクのことを、明確な支持線や抵抗線で反転するスパイクと呼ぶ（デューアリングライン）。ちなみに、大暴落は真空効果の一例だ。1987年の大暴落のときも、2009年の大暴落のときも、月次トレンドラインを割り込んだ。そこで自信のあるベア派は損切りしたが、強い買い手が再び登場したため、市場は反転して急上昇した。また、株式トレーダーたちは上昇トレンドのなかの強い下降スパイクで買うことが多い。なぜなら、彼らはそのスパイクをバリュープレーと考えるからだ。彼らは買う前に強いプライスアクションを見つけようとするが、まだ上方へと反転していな

いにもかかわらず、特に上昇トレンドライン領域への急落の底で買うことが多い。その株はニュースイベントによって一時的に間違って安値を付けているが、そのままずっと安値が続くはずがないと思うからだ。それよりもさらに少しばかり下がっても気にすることはない。なぜなら、押しの底につかまるはずがないと信じているからだ。市場はすぐにその過ちを正し、株価はすぐに急上昇すると思って買うのである。

　押しや戻りは強いスパイクであることが多いため、トレーダーたちはトレンドが反転したのではないかと思う。例えば、上昇トレンドで1本か2本の大陰線が形成されることがあるが、それは移動平均線を下にブレイクし、トレーディングレンジを数ティック下回る。するとトレーダーたちは、オールウエーズインの方向は下方に反転しつつあると思う。これを確信するには、もう1本陰線が形成されてフォロースルーの売りが起こることが必要だ。だれもが次の足に注目する。それが大陰線だった場合、ほとんどのトレーダーは反転を確信し、押しで成り行きで売り始める。しかし、その足が陽線だった場合、反転は失敗し、下落は一時的なものにすぎないと思い、それを買いの機会ととらえる。トレード初心者は強い下降スパイクを見ると、それが強い上昇トレンドのなかで形成されているにもかかわらず、それを無視し、その陰線の引けや、その安値の下、次の2〜3本の足にわたる小さな反発、安値1や安値2の売りのセットアップの下で売る。賢明なブル派は彼らとは逆のことをやる。なぜなら、彼らは何が起こっているのかを理解しているからだ。市場は常に反転しようとするが、その80％は失敗してブルフラッグになる。市場が反転を試みようとしているとき、2〜3本の陰線は非常に説得力があるが、フォロースルーの売りが起こらなければ、ブル派はその下落を一時的な売りのクライマックスの底近くで再び買う絶好のチャンスと見るのである。経験豊富なブル派やベア派はそうした強い陰線が形成されるまでサイドライン

に下がって待つこともある。そして強い陰線が形成されると、それを売りのクライマックスと見て買う。ベア派は売ったものを買い戻し、ブル派は再び買う。これは自信のあるトレーダーたちが1つの大きなトレンド足の形成を待っているトレンドの終わりで形成されることもある。例えば、支持線近くの強い下降トレンドでは、長大陰線という形で遅いブレイクアウトが起こることがよくある。それが起こるまでブル派もベア派も買いを控える。そしてそれが起こると、どちらも売りのクライマックスで買う。なぜなら、ベア派はそれをショートを利食いする絶好の価格と見て、ブル派は安い価格で買う瞬間的な機会と見るからだ。

時としてその下降スパイクはその安値で引けることもある。そのあと市場が上方に反転すると、トレード初心者はショックを受ける。安値で引けた長大陰線に続いて短い陰線はらみ足が形成され、そのあと市場は上方に反転してその日の高値を更新するのはなぜなのか、というわけだ。短い時間枠では、その強い陰線は、例えばEミニの100ティックチャートにおけるスリープッシュパターンのように、明らかな反転パターンであることを彼らは理解していないのだ。しかし、たとえ彼らが短い時間枠を見てトレードしたとしても、パターンは彼らが正確に分析できるスピードを上回って急激に形成されるため、彼らは損をするだろう。すべてのパターンはコンピューターアルゴリズムのなせる業であり、コンピューターはスピードが速いという強みを持つことを忘れてはならない。わずかなミスも許されないゲームでは、エッジを持った相手と戦うことほど愚かなことはない。スピードが重要な意味を持つとき、コンピューターには大きなエッジがある。だから、トレーダーはコンピューターと戦ってはならないのだ。彼らがやるべきことは、情報を正しく処理する時間を持てる時間枠（例えば5分足チャート）を選ぶことである。

トレンド足はクライマックスを構成する重要な要素であり、クライ

マックスは反転を構成する重要な要素だが、トレーダーたちは「クライマックス」という言葉を間違って反転の同意語として使うことが多い。すべてのトレンド足はクライマックス、またはクライマックスの一部であり、クライマックスは最初のポーズ足で終わる。例えば、陽線が3本続き、次の足が長い上ヒゲを持つ小さな陽線やはらみ足、同時線、あるいは陰線だったとすると、クライマックスは3本の陽線で終わったことになる。この3本の足の買いのクライマックスは、市場が急速に行きすぎたため、トレーダーたちの買う意欲が急速に減退し、横ばいになったことを意味する。ブル派のなかには利食いして、もっと安い価格でさらに買いたいと思っている者もいるし、ベア派のなかには売り始める者もいる。ブル派がベア派を圧倒すれば、市場は再び上昇し始めるが、ベア派がブル派を圧倒すれば、下方へのブレイクアウトとなる陰線で下方に反転する。このときの反転パターンはクライマックスリバーサルトップだ。買いのクライマックスは上昇の動きで、クライマックスリバーサルトップもまた上昇の動きで、このあと下落する。陽線がクライマックスとして働き、陰線がブレイクアウトとして働き、この2つが組み合わさるとクライマックスリバーサルトップ（買いのクライマックスに続いて反転が形成される）になる。

　強い上昇トレンドでは必ず強い陽線（あるいは運続する陽線）が形成され、各足は買いのクライマックスになるが、そのほとんどはクライマックスリバーサルの最初のレッグになることはない。反転するには買いのクライマックスとそれに続く下方へのブレイクアウト（強い陰線）が必要だ。陽線や陰線は連続して形成される必要はなく、分断されているのが一般的だが、いずれもクライマックスリバーサルには不可欠だ。事実、上昇相場の天井での反転は、チャート上でそう見えようと見えまいと、すべてがクライマックスリバーサルだ。5分足チャートで上昇していた市場が強い下方への反転足を伴って反転してもクライマックスリバーサルだが、これは短い時間枠上でのみクライマ

ックスリバーサルになる。完全な上昇スパイクとそれに続く下降スパイクを探すために短い時間枠を調べる必要はないが、これは必ずそこに存在する。多くの足にわたってクライマックストップが形成されるときには、長い時間枠では1本の反転足になるが、完璧なリバーサル足を見るために完璧な時間枠を探す必要はない。トレーダーたちは常にエッジを探している。そして、コンピューターのチャート作成ソフトのおかげでトレーダーたちはどんな間隔のチャートもすぐに作成することができる。トレーダーたちは想像できるかぎりのものを使って投資判断を行う。例えば、時間のみならずティック数に基づくチャート、売買した枚数・株数、そしてこれらのあらゆる組み合わせを使って投資判断を行う。また、その足を完全なる反転足と見る者もいるし、上昇スパイクとそれに続く下降スパイクと見る者もいる。しかし、こんなことはどうでもよいことだ。重要なのは、目の前のチャートがあなたに語りかけることを理解することである。クライマックスボトムも同じだ。これは、売りのクライマックスに続いて上方への反転が形成されることを言う。クライマックスリバーサルについては第5章と第6章のシグナル足のところでもっと詳しく説明する。

　理想的なトレンド足は適度な大きさの実体を持つ。つまり、この足の寄り付きから引けにかけてトレンドが形成されたということである。陽線は終値が始値を上回らなければならない。これは本シリーズでは白いローソク足を意味する。実体が直近5〜10本の足の実体の中央値と同じ大きさかそれよりも大きいということは、ブル派が主導権を握っていることを意味する。強さを示す別のサインについてはほかの節で書くが、始値が安値かその近くに位置する、終値が高値かその近くに位置する、終値が前の何本かの足の終値と高値と同じかそれを上回る、高値が1本以上の前の足の高値を上回る、ヒゲが短いなどがこれに相当する。足が非常に長くて、トレンドを伴えば、それはエグゾースチョンを意味する。つまり、1本の足のダマシのブレイクアウ

トである。これは新たなブル派を落とし穴にはめ、次の1～2本の足で反転して下落する。陰線はこの逆である。

すべてのトレンド足はブレイクアウトしてトレンドを形成しようとする足だが、次章で述べるように、ほとんどのブレイクアウトは失敗する。また、すべてのトレンドは、実体が直近の足の実体よりも少し大きいトレンド足で始まる。これは非常に大きい場合もある。また、同じ方向にトレンド足が何本か続いて形成されることもあるが、これはより強いトレンドを表し、フォロースルーが形成される可能性が高い。

市場がトレーディングレンジか下降トレンドにあるときに、陽線がたくさん形成され始めると、それは買い圧力のサインだ。つまり、ブル派が市場を支配し、上昇トレンドにしようとしているということである。このとき、トレーダーたちはその足のなかの浅い押しで買う。なぜなら、市場はすぐに上昇し、それよりも深い押しは起こらないだろうと思うからだ。その足が引ける前の数秒で買ったとき、次の足がその安値近くで寄り付き、さらに上昇するのではないかと不安になる。彼らは緊急性を感じ、起こるか起こらないか分からない押しを待つよりも、今買うべきだと思う。それで彼らは前の足の安値の下やスイングローで買う。すると、市場は上昇レッグ、つまりトレンドへと移行する。ベア派は新安値ではこれ以上売ることはなく、利食いする。そして、ブル派は新安値を買いの絶好の機会と見て買う。

上昇トレンドやトレーディングレンジで陰線が増え始めると、それは売り圧力のサインであり、ベア派によって市場は下降トレンドへと変わる。例えば、市場は今上昇トレンドにあるが、長大陰線で何回か押し、トレーディングレンジに入ったが、長大陰線によるスイングが何回か形成されたとすると、売り圧力が強まっていることを意味し、ベア派によって市場はすぐに下降レッグや下降トレンドへと移行する。売り圧力が勢いを増し、陰線が増えれば増えるほど、そしてその

大きさが大きいほど、その圧力は臨界点に達し、ブル派を圧倒し、市場を下落させる。買い圧力はこの逆だ。トレーディングレンジか下降トレンドにあるとき、陽線が次第に大きくなり、その数も多くなれば、買い圧力が強まっていることを意味し、市場は上昇する可能性が高い。

　買い圧力を生むのは自信のあるブル派であり、売り圧力を生むのは自信のあるベア派だ。自信のあるブル派や自信のあるベア派は機関トレーダーたちであり、こうした自信のあるトレーダーたちの累積的影響が市場の方向性を決めるのである。例えば、下降トレンドにおける買い圧力のサインとしては、足に下ヒゲがある、下降スイングの底で２本の足の反転や強気の反転足が形成される、陽線が増えるなどがある。これは安値を更新するたびに、そして安値より終値の高い足の底で、自信のあるブル派が買っていることを意味する。こうなるのは、自信のあるベア派がこうした安値で売ることにもはや価値はないと感じているときのみである。市場がさらに下落すると、自信のないブル派が損切りしているのをよそに、自信のあるブル派はさらに買い続ける。この時点では、自信のあるベア派が売りたいのは上昇しているときのみである。これはどうすれば分かるのだろうか。多くのベア派が足の底で売れば、彼らはブル派を圧倒し、足は真ん中や高値近くではなく安値で引けるはずだ。

　トレーダーは買い圧力のサインを見ると、自信のあるブル派が安値で買って、自信のあるベア派は安値では売らず、上昇でのみ売ると考える。自信のあるブル派が底で買い、自信のあるベア派が上昇しているときにのみ売れば、どういったことが起こるのだろうか。それは、市場はトレーディングレンジに入るということである。トレーディングレンジでは、自信のあるベア派は底ではなく天井で売り、自信のあるブル派は天井ではなく底で買う。自信のないトレーダーはいつもこれとは逆のことをする。つまり、自信のないブル派は安値で売り続けてストップに引っかかり、新たな上昇トレンドを見逃すのではないか

という不安から高値で買う。一方、自信のないベア派はブレイクアウトを期待して安値で売り、市場は上昇トレンドになるのではないかと不安になり、ショートを高値で買い戻して損をする。

あらゆるものは相対的で、絶えず再評価されるため、あなたは市場の方向性について意見を完全に変えてしまうこともある。市場の方向性について60％の確率で当たることはめったになく、いきなり逆方向に変わることも50％、あるいは60％の確率で起こり得る。

すべての足はトレンド足か同時線である。同時線はブル派とベア派が均衡している状態だ。同時線が形成されるとき、十分に小さい時間枠を見ると、市場は下落したあと上昇して売りのクライマックスが起こるか、上昇したあと下落して買いのクライマックスが起こるかのいずれかだ。クライマックスは市場の反転を意味するわけではない。それは、あまりにも急激に一方の方向に行きすぎたため、今逆方向に行こうとしていることを意味するにすぎない。クライマックスでは、ブル派は上方へのフォロースルーを狙って買い続け、ベア派は下降トレンドを狙って売り続け、その結果、市場は横ばいになる。横ばいは1本の足だけの短期的なものから、何本もの足にわたって続くこともあるが、それは二方向の相場を意味する。つまり、レンジ相場ということである。すべての同時線は二方向の相場を含み、通常は少なくとも短期的なさらなる二方向相場が続くため、同時線は1本の足のトレーディングレンジとみなすべきである。

しかし、時として同時線が連続的に形成されることもある。それはトレンドが形成されたことを意味する。例えば、同時線が連続的に形成されると、終値は切り上がり、そのほとんどは高値が前の足の高値を上回り、安値も前の足の安値を上回る。つまり、終値も高値も安値もトレンドを形成するわけであり、したがってトレンドが形成されたことになる。

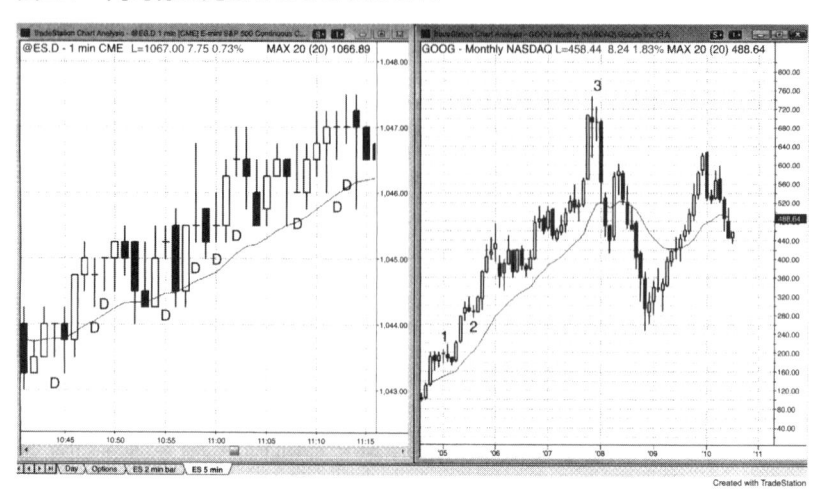

図2.1 同時線は完璧であることはまれ

　図2.1は終値が始値と同じ足のみを同時線とした場合の欠点を示したものだ。プライスアクションの基本的な分析はどんな時間枠でも機能するため、同時線を完璧なパターンにのみ限定するのは無意味だ。左側のEミニの1分足チャートでは、上昇トレンドにもかかわらず同時線は10本形成され、右側のグーグルの月足チャートでは同時線は1本もない。何本かの足は同時線に似ているが、実体が最も小さい足3でさえも、終値が始値よりも47セント高い。どちらのケースでも従来の定義ではトレーダーには大して役に立たない。グーグルのチャートでは、足3は同時線と同じような振る舞いをする重大なシグナル足なので、そのようにトレードすべきである。トレードでは、似ていればそれで十分であり、完璧を目指せば損をするだけである。

このチャートのさらに深い議論

　図2.1の右のグーグルのチャートでは上昇トレンドで長大陽線が形

図2.2　日中の同時線

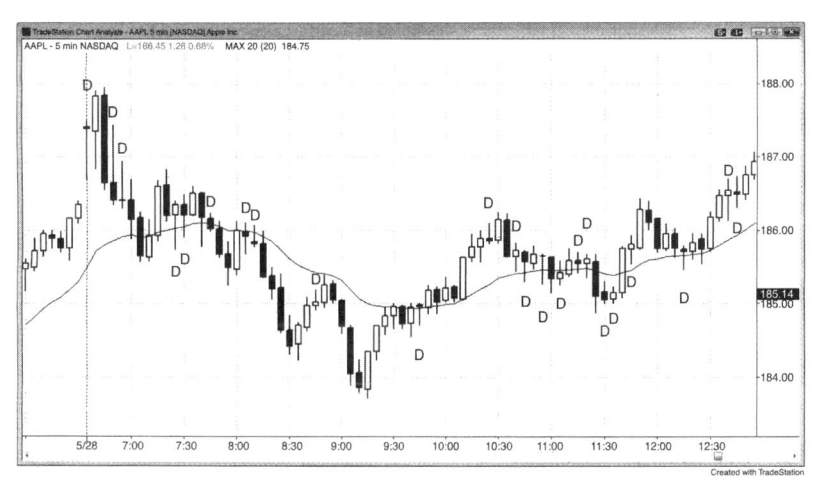

成されているが、これは損切りしたショートによる買い戻しか、強い上昇トレンドの最後で必死に買っている様子を表すものだ。これは買いのクライマックスであり、このあとでは買う人はだれもおらず、市場はベア派に支配される。それに続く長大陰線は反転の２番目の足である。もっと長い時間枠では、これは完璧な２本の足の反転として現れるはずだ。さらに長い時間枠では、これは大きな下方への反転足になる。上昇スパイクと下落スパイクが形成されたあと、ブル派もベア派も自分たちの方向にチャネルを形成しようと、彼らはトレードし続ける。これによってトレーディングレンジが形成される。このトレーディングレンジは１本の足からなる短いものから、何本もの足にわたって続く長いものまでいろいろだ。ここでは、二方向の相場によって３本の足による高値の切り下げが起こっている。しかし最終的には、どちらかが勝つ。

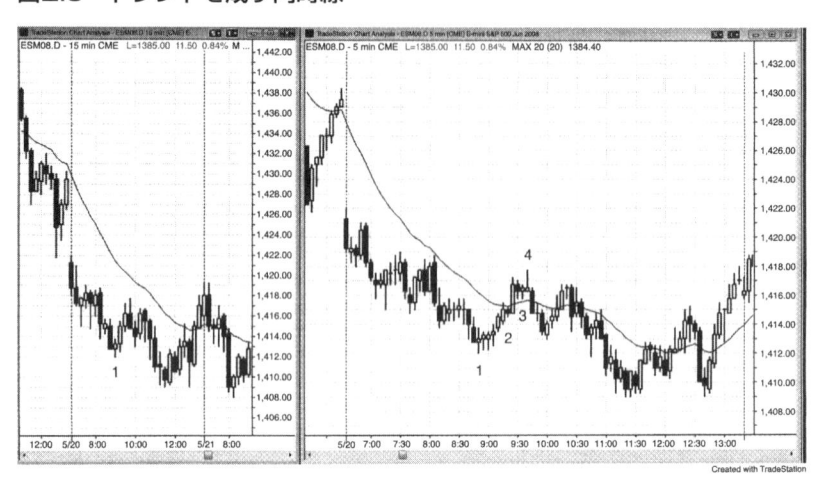

図2.3　トレンドを成す同時線

トレードでは、すべての足はトレンド足か同時線（ノントレンド足。図2.1および図2.2のDで示したもの）のいずれかであると考えるのがよい。しかし、トレンド足なのか同時線なのかの境界線はあいまいだ。実体の小さな足はプライスアクションのある領域においては同時線になることもあるが、別の領域では小さなトレンド足になることもある。区別をはっきりさせる唯一の目的は、ブル派とベア派のいずれがその足を支配しているのか、あるいはブル派とベア派は拮抗状態にあるのかを素早く判断するためである。図2.2の足のなかには、トレンド足とも同時線とも取れる足が何本かある。

同時線とは、ブル派とベア派のどちらも市場を支配していないことを意味するが、同時線がいくつか組み合わさってトレンドを形成することもある。上昇トレンドにある同時線は買い圧力が強まっているサ

インであり、したがって市場は上昇することが予測される。図2.3を見てみよう。右側の５分足チャートは同時線が足１から４本連続して形成されており、終値、高値、安値はトレンドを形成している。左の15分足チャートでは、これらの足は新たなスイングローでの強気の反転足として現れている。

このチャートのさらに深い議論

　図2.3を見ると、この日は大きなギャップダウンで寄り付いた。これは下方へのブレイクアウトで、最初の足が長大陰線なので、この日は下降トレンド日になる可能性が高く、トレーダーたちは売ろうとした。その日の４番目の足（右側の５分足チャート）は陽線で、これはブル派が反転を試みた証拠だが、失敗に終わり、ブル派は仕掛け、ベア派は手仕舞って落とし穴にはまった。失敗したブレイクアウトは失敗し、その陽線の下で売るセットアップが整った。足４の移動平均線（20期間指数移動平均線）のギャップ足は強い下降トレンドにあり、その日の安値を試す絶好の売り機会になった。しかし、試しは強い押しや戻り、あるいは反転につながることが多いため、トレーダーたちは新安値と、そのあとのその安値への試しで買おうと思っている。

　図2.3のいずれのチャートでも、足１はトレンドチャネルライン（トレンドラインは前の２つのスイングローをつないだライン）のオーバーシュートだ。市場は下降チャネルの底からのブレイクアウトを試して、下方への動きを加速させるが、ブレイクアウトは失敗に終わる（ほとんどのブレイクアウトは失敗する）。トレンドチャネルラインへのブレイクアウトの失敗はよくあることだ。なぜなら、市場はトレンドを加速しようとするが、大概は失速するからだ。

　足４は同時線（１本の足のトレーディングレンジ）だが、状況によっては良いセットアップになり得る足である。足４はファイナルフラ

ッグの反転のシグナル足（ⅱフラッグの失敗したブレイクアウト）で、下降トレンドにおける移動平均線のギャップ足の売りのセットアップでもある。したがって、下降トレンドの安値を試す信頼できるシグナルになる。移動平均線のギャップ足までの戻り（ベアラリー）は通常は下降トレンドラインをブレイクし、それに続く下降トレンドの安値を試す下落は、市場が反転を試みる前の最後の下降レッグになることが多い。下降トレンドの足１の安値への試しは安値を切り下げているので、少なくとも２つの上昇レッグが期待できる。もしその試しが安値を切り上げていれば、足４までの上昇が最初の上昇レッグになるため、安値の切り上げから少なくとももう１つ上昇レッグが期待できたはずだ。

　同時線は、トレンドがないことを必ずしも意味するわけではないように、トレンド足も必ずしもトレンドがあることを意味するわけではない。**図2.4**の足６は強い陽線で、連続して形成された同時線をブレイクアウトしている。しかし、フォロースルーは起こらなかった。次の足はその陽線を１ティック上回り、安値近くで引けた。買い手は、これを上方へのブレイクアウトの失敗と見て、この弱気ポーズ足の１ティック下で手仕舞い、新たな売り手もそこで売った。もっと強気なプライスアクションが形成されなければ、買いに興味を持つ者はおらず、このため市場は下落した。このあと、ブル派は小さな陽線を形成（足８はブレイクアウトからの押しの買いのセットアップだったが、シグナルは出なかった）させることで、上方へのブレイクアウト足の安値を守ろうとしたが、市場はその安値を抜けて下落した。早めに仕掛けたブル派はそこで再び手仕舞い、新たな売り手が参入した。ブル

図2.4　トレンドを持たないトレンド足

派の試みは２回失敗したので、そのあとのプライスアクションが彼らに有利なものでないかぎり、買おうとはしないはずであり、ブル派もベア派も少なくとも２つの下降レッグが形成されるのを待つことになる。

　トレンド足はトレーダーに語っていると思われることとは逆の意味を持つ場合もある。初心者は足３の前の陽線を新たな上昇トレンドへのブレイクアウトと見たかもしれない。一方、経験豊富なトレーダーは２番目や３番目の陽線が現れてフォロースルーが起こらないかぎり、オールウエーズイントレードが上方に転換したとは思わないはずだ。経験豊富なトレーダーは足３の終値や、その足の上、あるいはその足の下で売った。ブル派はロングをスキャルピングして、ベア派は新たな売りのスイングトレードを仕掛けた。これと同じ強気の落とし穴（上にブレイクアウトした直後に下落すること）が、足７と足17の前のベアフラッグを終わらせた陽線で起こっている。これと逆のことが足19で起こり、その日最大の長大陰線の１本が下降トレンドの終焉

の始まりとなっている。大きな戻りを伴わずに30本以上の足が続く下降トレンドのなかで長大陰線が形成されると、それは売りの真空やエグゾースティブな売りのクライマックスを表すことが多い。時として、それは下降トレンドの安値になることもあるが、もう2～3本の足を伴って下落して反転することもある。自信のあるブル派とベア派はある支持線を見て、それが試されると思った場合、サイドラインに下がって長大陰線が形成されるのを待つ。それが形成されたら、どちらもアグレッシブに買い始める。ベア派はショートを買い戻すためであり、ブル派は新たな買いを仕掛けるためだ。そのあと、どちらも少なくともツーレッグを持ち、少なくとも10本の足が続き、移動平均線をわずかに上回る大きな修正を期待する。市場は反転するかもしれないが、どこまで続くのかを判断するためには上昇の強さを見る必要がある。

このチャートのさらに深い議論

図2.4を見ると、この日は昨日の高値を上回ってブレイクアウトしたが、そのブレイクアウトは失敗し、下方に反転し、寄り付きの下降トレンドが続いた。最初の数時間はトレーディングレンジにあったが、この日は基本的には下降トレンドが再び始まる日である。この日の最も重要なトレードは午前11時に始まった大暴落だった。足12からブレイクアウトが始まると、下降トレンドが再び始まる可能性が出てくる。次の足がさらに長大陰線であれば、トレーダーたちは売る必要がある。あるいは、その次の足（足13。強い陰線）を待ってもよい。横ばい期間のあとの大暴落で売るのは非常に難しい。なぜなら、この時点では彼らは横ばいが続くと思い、無関心になるからだ。しかし、これは非常に高勝率の売りである。足12から足13までは長大陰線が続き、オーバーラップはしていない。これらの足はフォロースルーを

伴う強い下降スパイクを形成している。このような場合、そのスパイクの最初の足の高値または始値から最後の足の終値または安値まで、下方へのメジャードムーブが形成される可能性が高い。これらの足は大きく、市場の動きが速かったため、トレーダーたちは大きな反転が起こるかもしれないと不安になる。最も良いのは、足13あるいはその前の足の終値で売って、このシグナル足の高値の上にプロテクティブストップを置くことだ。不安なら、小さく売って、とりあえずポジションを建てておくとよい。足14のように再び強い陰線が現れたら、ストップをブレークイーブンかその足の高値の上に移動させて、引けまで持つ。

　図2.5の右側のチャート（Ｅミニの５分足チャート）では、強い下降トレンドが形成されたが、長大陰線（足８）のあといきなり上方に反転した。足９は足３から足４までの下方へのメジャードムーブの目標値で２本の足で反転を形成している。もっと短い時間枠のチャートを見れば、小さな反転パターンで買うことができたかもしれない。左側のチャートは100ティックのティックチャートだ（各足は100ティック）。つまり、100回売買が成立するごとに１本の足が形成されて、新しい足が始まるということである。右側の５分足チャートでは足８は午前11時20分に形成されているが、ティックチャートでは足８はその５分足の最後の100ティックからなる。ティックチャートの足９は、５分足チャートでは足９の安値に相当する。ティックチャートではダブルボトムが形成され、それは足９で下方にブレイクアウトしているが、下方へのブレイクアウトは失敗し、上方に反転している。このときのストキャスティックスを見ると、ダイバージェンスが起こってい

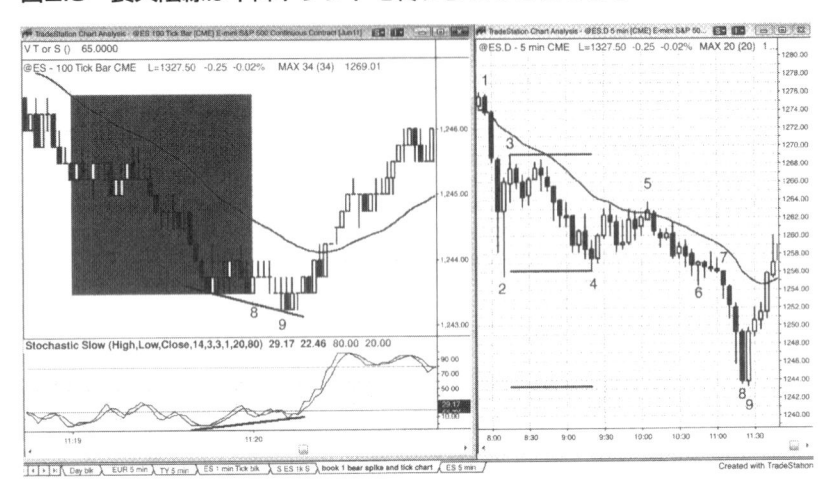

図2.5　長大陰線は下降トレンドを終わらせることもある

　る。これは非常に秩序正しい伝統的な反転のセットアップだが、トレードできない問題が発生した。左側のチャートのグレーのボックスは右側の5分足チャートでは最後の1分に当たるが、このボックスには33本もの足が含まれている。これでは情報が多すぎるため、人間がきちんと処理して、タイミングよく正確に注文を出すことはできない。市場はコンピューターによって支配されているため、時として価格が急激に動くこともある。スピードが重視されるとき、利益の出るようにトレードするのは難しく、実質的には不可能だ。なぜなら、ミクロ秒のスピードはコンピューターだけが持つことのできるエッジだからだ。相手が明らかに有利なときは、トレードでお金を儲けることはできない。経験豊富なトレーダーなら、足8が引けたときに成り行きで買ったり、足9の上で買ったりといった具合に、5分足チャートで買う方法はたくさんあったはずだ。

　足7から足9までの下降スパイクでは何が起こったのだろうか。足の実体は徐々に大きくなっているので、これは下降の動きが強まるサ

インである。しかし、それと同時に、売りのクライマックスのサインでもある。30本以上の足で下降トレンドが続き、支持線に達すると、ブル派もベア派もサイドラインに下がって大陰線の形成を待ち、それが現れたらアグレッシブに買う。足9の安値でメジャードムーブの価格目標に達しているが、トレンドが反転するときには多くの支持線が存在する。もちろんこれは初心者には見えない。自信のあるブル派もベア派もこの例のように異常に強い下降トレンドが形成されるのを待ってから買うため、市場が支持線に近づくとき買いが不在になる。これが売りの真空と長大陰線を生む。長大陰線が形成されると、ベア派はすぐにショートを買い戻して利食いし、ブル派は新たに買う。どちらも何が起こっているのかを理解しており、どちらも大きな修正や反転が起こることを期待しているため、市場が少なくとも数レッグで10本の足が上昇し、少なくとも移動平均線を上回るまではベア派は売らないし、ブル派もロングを売って利食いしようとはしないだろう。その結果、市場は急上昇する。そして、この急上昇は非常に強い陰線から始まる。

　新安値を、ベア派が新たな下降レッグで売る絶好の機会とみなすのではなく利食いの絶好の機会とみなし、ブル派が買う絶好の価格とみなすとき、市場は強いトレンド相場から二方向の相場へと移行する。**図2.6**に示したように、足2からの下降トレンドでは、市場が直近のスイングローを下回るたびに、1～2本の足のうちに陽線や長いヒゲを持った足が形成される。これは買い圧力のサインであり、徐々に強まっていく。買い圧力が十分に強まれば、ブル派が市場を支配し、大きな戻り（ベアラリー）や、場合によってはトレンドの反転が起こる。
　足13からは陰線が増え始めている。この売り圧力は間もなく押し始

図2.6 トレンドからトレーディングレンジへの移行

めるサインである。

第3章
ブレイクアウト、トレーディングレンジ、試し、反転
Breakouts, Trading Ranges, Tests, and Reversals

　どの足もトレンド足かトレーディングレンジ足かのいずれかであるように、チャートの各部分も、ブル派かベア派のいずれかが支配しているトレンド相場と、ブル派とベア派が交互に支配する二方向の相場に分けられる。市場がトレンド相場へとブレイクアウトするとき、そこには大概の場合、サイズの大小こそはあれトレンド足が存在し、そのあと市場がトレーディングレンジから急上昇か、急下落するのに伴ってトレンドを持つ多くの足が続く。トレーダーが身につけることのできる最も重要なスキルの1つは、成功したブレイクアウトと失敗したブレイクアウト（反転）を確実に見分けることのできる能力である。ブレイクアウトはブレイクアウトの方向のスイングにつながるのだろうか、それとも逆方向のスイングにつながるのだろうか。薄商いの市場では、ブレイクアウトはトレンド足というよりもギャップの形で現れることが多い。トレンド足が一種のギャップとみなされるのはこのためだ。ある時点まで行くと、市場は押したり戻したりし始め、トレンドの傾きは緩くなり、トレンドラインとトレンドチャネルラインとによって形成されるチャネルへと変わる。トレンドが続いた場合、トレンドラインとトレンドチャネルラインは発展するプライスアクションを含むように引き直さなければならない。このとき、ラインの傾きは緩くなり、チャネルは広くなるのが一般的だ。

スパイク・アンド・チャネルは毎日どの市場でもある程度は発生する。普通、チャネルの始まりは、初期のトレーディングレンジの始まりになる。例えば、数本続く上昇スパイク（上方へのブレイクアウト）が起こると、次に起こるのは押しだ。押しが終わり、再びトレンドが始まるとき、それは垂直スパイクではなく、チャネルになるのが普通で、そのとき足はオーバーラップし、浅い押しやヒゲを持った足、何本かの陰線が形成される。トレンドが再び始まるときのチャネルの底は1～2日のうちに試されることが多い。この押しが始まり、市場がチャネルのスタート地点に向けて下落するとき、トレーダーはトレーディングレンジが形成されつつあると思うが、それは正しい。プライスアクショントレーダーは、スパイクが終わりチャネルが始まるとすぐにトレーディングレンジを予期し、ベア派のなかにはスパイクのあとの最初の押しでショートを増し玉する者もわずかながらいる。チャネルの安値がすぐに試されることを彼らは確信しているので、市場が上昇し続ければ、別の押しや前の足の高値の上でもショートを増し玉する。チャネルが終わりに近づくにつれ、ショートを増し玉するベア派は増えていく。そのチャネルの底を試す深い押しが形成されると、あとで仕掛けたショートは利食いし、最初に仕掛けたショートはブレークイーブンで手仕舞う。チャネルの底ではショートを買い戻すトレーダーが多いため、彼らの買い戻しとブル派が再び買う（彼らは上昇スパイクのあとの最初の押しの底でも買っていた）ことによって、市場は再び上昇し、トレーディングレンジは拡大する。この上昇のあと、スパイク・アンド・チャネル効果は消えるため、トレーダーたちは別のパターンを探し始める。

　チャネルでは結局は跳ね返されることが多いため、上昇チャネルはベアフラッグと見て、下降チャネルはブルフラッグと見るのがよい。しかし、トレンドが強いとき、ブレイクアウトは横ばいになったあと、さらに強いトレンドになることもある。トレンドの方向にブレイクア

ウトし、トレンドがさらに加速することはまれだ。例えば、上昇スパイクが発生したあと、上昇チャネルが形成されたとすると、市場がトレンドチャネルラインを上にブレイクアウトし、上昇トレンドが加速することはめったにない。通常、ブレイクアウトは5本前後の足で失敗し、市場は反転する。

長い時間枠のチャートではほとんどのトレーディングレンジはフラッグになり、トレンドの方向にブレイクアウトするが、ほぼすべての反転はトレーディングレンジとして始まる。

試しとは、市場がトレンドラインやトレンドチャネルライン、メジャードムーブの目標値、前のスイングハイやスイングロー、陽線の仕掛け足の安値や陰線の仕掛け足の高値、陽線のシグナル足の高値や陰線のシグナル足の安値、昨日の高値、安値、終値、始値のような支持線や抵抗線まで戻ることを言う。トレーダーたちは試しの値動きに基づいてトレードを仕掛けることが多い。例えば、市場が高値を付けたあと押して、そのあと再びその高値まで上昇したとすると、ブル派は強いブレイクアウトが形成されると見る。そしてブレイクアウトが起こりそうだと思ったら、前の高値の1ティック上で買うか、ブレイクアウトしたあとの押しを待って、ブレイクアウトが再び始まるのを期待して、前の足の高値の1ティック上で買う。一方、ベア派は反転を期待する。前の高値までの上昇にモメンタムがなく、前の高値辺りで反転足が形成されると、彼らはその反転足の下で売る。その試しによって高値が切り上げられようと、ダブルトップが形成されようと、高値が切り下げられようと、彼らは気にすることはない。彼らとしては、ここでは高すぎるという考えの正しさを実証するために、この領域の価格を市場が拒絶するのを見たいだけである。

反転とは市場がある振る舞いから別の振る舞いに変わることを言うが、上昇トレンドから下降トレンドに、あるいは下降トレンドから上昇トレンドに変わることを記述する言葉として使われることが多い。

しかし、トレーディングレンジはトレンドの逆であり、トレンドのあとトレーディングレンジに変わると、これは反転だ。トレーディングレンジからトレンドに変わると、市場の振る舞いも反転するが、これはブレイクアウトと呼ばれる。これは形のうえでは二方向の相場から一方向の相場への反転だが、これを反転と呼ぶ者はいない。

　ほとんどのトレーダーは、上昇トレンドから下降トレンドに、あるいは下降トレンドから上昇トレンドに変わることを反転と思っているが、反転によって逆方向のトレンドに変わることはほとんどなく、上昇トレンドや下降トレンドからトレーディングレンジに一時的に移行するだけである。市場には慣性が働いているので、変化に対する抵抗は強い。強い上昇トレンドにあるとき、市場は変化に抵抗し、反転の試みのほとんどはブルフラッグになり、そのあとトレンドが再び始まる。連続するブルフラッグは徐々に大きくなる傾向がある。なぜなら、ブル派は新高値で利食いすることに関心を持ち、買うことには興味を失い、ベア派はますますアグレッシブにトレードし始めるからだ。ある時点まで行くと、ベア派がブル派を圧倒し、トレーディングレンジは下方にブレイクアウトし、下降トレンドが始まる。しかし、これが起こるのは何回か反転が試みられたあとにブルフラッグが次第に大きくなるときであり、このときブル派がベア派を圧倒する（下降トレンドは形成されない）。ほとんどの反転は単なるトレーディングレンジになることが多いとはいえ、その動きは大きく、スイングトレードの機会を与え、大きな利益になることが多い。最終的にはトレンドとは逆の値動きになったとしても、反転が単なるトレーディングレンジになったときに備え、トレーダーたちは最初の妥当な目標値に達すると少なくとも一部を利食いする。

　使っているチャートごとに反転は異なる様相を見せる。例えば、月足チャートで大きな弱気の反転足を見たら、それは週足チャートでは2本の足による反転になり、日足チャートでは3本の足による上昇ス

パイク(買いのクライマックス)のあと、10日間のトレーディングレンジに入り、最後に2本の足での下方へのブレイクアウトになるといった具合だ。そのパターンを反転と認識できさえすればどのチャートを使うかは問題ではない。これらのパターンはすべて反転パターンである。

図3.1のEミニの5分足チャートは、ブレイクアウト、トレーディングレンジ、試しの例を示したものだ。どのスイングも何らかの試しだが、トレーダーは何が試されているのかは分からない。試しの多くはほかの時間枠やほかのタイプのチャートのプライスアクションと関係がある。例えば、別のタイプの移動平均線、バンド、フィボナッチ水準、ピボット……の試しといった具合だ。

図3.1を見ると、市場は昨日の安値を試すも、ブレイクアウトは失敗して、安値を切り下げたあと、足4までの上昇スパイクで上方に大きく反転した。すべてのブレイクアウトは、成功するしないにかかわらず、ここに示したように、そのあとトレーディングレンジが続く。新安値へのブレイクアウトが失敗したということは、ブル派もベア派も価格が安すぎると思っている証拠である。両者が市場は新たな均衡状態(トレーディングレンジ)に達したと信じるまで、こうした安い価格では、ベア派は利食いして、大きく売ることはなく、ブル派はアグレッシブに買い続ける。

足1は寄り付きからの下落のシグナル足で、ベア派がまだ市場を支配しているかぎり、市場はこの足の高値を上回ることはない。

足4は足1の高値への試しで、高値を切り上げた。上昇モメンタムが非常に強いため、ブル派がギブアップする前に少なくともあと1回は上を試しそうな雰囲気だ。ダブルトップ(ダブルトップやダブルボ

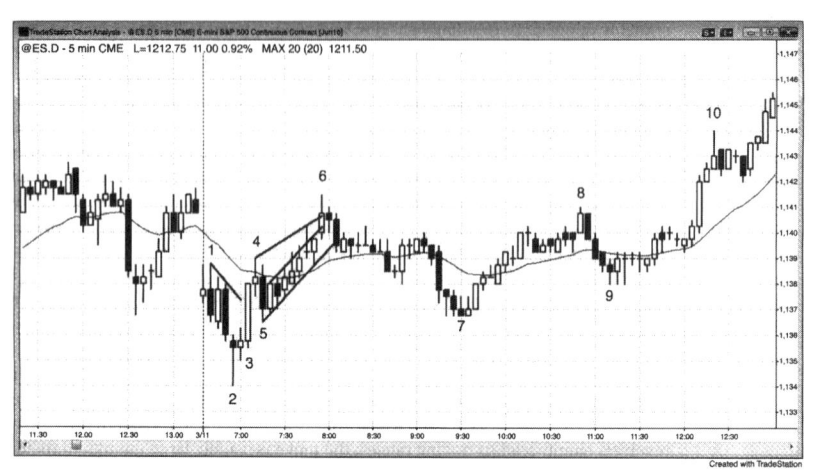

図3.1　ブレイクアウト、トレーディングレンジ、試し

トムは厳密に形成されることはまれ）は結局は1本の足による押しになり、そのあと足1を上方にブレイクアウトした。

　足5は足2（シグナル足）の高値を試し、安値を切り上げた。

　急上昇や急下落、あるいは強い反転は、何かのブレイクアウトとみなすべきである。足2からの急上昇を、足1から引いた短い下降トレンドラインのブレイクアウトと見るか、足2の反転足のブレイクアウトと見るかは問題ではない。重要なのは、この上昇スパイクの間、市場は価格が安すぎると判断し、ブル派とベア派の両方が安心してトレードを仕掛けられる領域を模索するために急速にトレンドを形成したということである。これによって足5から足6までチャネルが形成され、そのチャネル内では前後の足とオーバーラップする多くの足が形成された。この足のオーバーラップはブル派のためらいを表しており、市場は数分間にわたって数ティックだけ下落したあと上昇する可能性が高い。市場が上昇すると、ブル派のなかには利食いする者もおり、ベア派は売り始める。市場の上昇に伴って、ベア派の多くはショートを増し玉（スケールイン）し、ブル派の多くは利食いする（スケ

ールアウト）。このチャネルはブル派の動きが弱くなっていることを表し、通常はそのままトレーディングレンジへと移行する。チャートを見ると分かるように、市場は足7でチャネルのスタート地点近くまで下げている。

足7は足5（スイングロー）への試しで、安値を切り上げている。これはまた昨日の安値への2回目の試しであり、このあと市場はダブルボトムを付けて上方に反転した。

足8は足6の高値と昨日の終値への試しで、高値を切り下げ、ブレイクアウトすることなくダブルトップを形成している。これはまた足6のあとの陰線はらみ足の高値を試し、足8から起こった下落のシグナル足でもある。

足9への下落は移動平均線への試しで、結局は足9はブレイクアウトに見せかけた単純な押しだった。そのあと、ブレイクアウトは成功し、その日の新高値を付けた。足9は足7のあとの陽線の上での買いの仕掛けも試したが、1ティックの差でブレークイーブンに置いたストップは執行されなかった。ブル派がブレークイーブンストップが執行されるのを阻止するとき、ブル派は強く、新高値を付けることが多い。

このチャートのさらに深い議論

チャートの議論が複数ページにまたがるときは、ウェブサイト（http://www.wiley.com/WileyCDA/Section/id-612800.html）でチャートを見るとよい。そうすれば、説明を読んでいるときにページを前にめくってチャートを見る必要はない。また、このチャートは印刷も可能（パスワードは、iiページのコピーライトの下に明記）。

図3.1を見ると、足3は上昇トレンドが始まる長大陽線で、ブレイ

クアウトあるいはブレイクアウトギャップと見るべきだろう。

　市場は上昇チャネルを下方にブレイクアウトし、昨日の終値に達した。上昇チャネルはベアフラッグだ。ブレイクアウトのあと若干のフォロースルーが発生したが、陽線がたくさんあり、オーバーラップしている。これはブル派がアクティブであることを示している。そのあと市場は昨日のスイングローを下方にブレイクアウトしたが、そのブレイクアウトは失敗し、その日の安値を付ける。昨日の安値からの上方への反転足である足2で買わなかった場合、強い陽線である足3はオールウエーズインポジションは買いであることを示しているため、成り行きで買うか、足5の押しで買う。「オールウエーズイン」について、ここで少し説明しておこう。常にロングかショートのポジションを取らなければならない場合、オールウエーズインポジションは現在のポジションを意味する。これは非常に重要な概念で、トレーダーたちはオールウエーズインの方向にのみ仕掛けなければならない。足7のダブルボトムプルバックは、引けにかけて再び上昇レッグが期待できるため、買いの新たな機会になる。

　このパターンはスパイク・アンド・チャネルの上昇トレンドだ。これは市場が一方向の相場（強いトレンド）から二方向の相場（トレーディングレンジ）に移行しようとしていることを示している。足3のみをスパイクと見るか、足2から足4までの急上昇をスパイクと見るかは問題ではない。市場は足5で押してから再び、今度は前よりも少し緩い傾きで上昇する。このときの足はほとんどがオーバーラップしており、ほぼすべての足を含むチャネルを引くことができる。高値を結べばトレンドチャネルラインを引くことができ、このときチャネルはウエッジ型チャネルになる。これについてもあとで議論する。トレーダーのなかには足4の安値の下で売り、市場の上昇に伴って押すたびに増し玉した人もいれば、ウエッジが天井を付けるまで待ち、そこでロングを利食いしたり、新たに売る人もいた。スパイクのあと足5

まで押し、そのあとチャネルが形成され始めると、トレーダーたちはこの上昇チャネルはベアフラッグになる可能性があると見て、チャネルの底が試されることを期待する。こうした小さなパターンでの試しはその日の遅くに形成されるのが普通だが、大きなパターンでの試しは１～２日後に形成される。

　市場は予想どおり、ウエッジの天井からチャネルの底にかけてツーレッグの修正に入った。そこでベア派はすべてのポジションを利食いする。最初に仕掛けたトレードはほとんどがブレークイーブンに終わるが、あとで仕掛けたトレードは利益になるはずだ。また、ブル派は最初は最初の押しの終わりで買ったが、今度はチャネルの始まりである足５の安値で買うだろう。ブル派の買いとベア派によるショートの買い戻しによって市場は通常上昇する。この場合、ダブルボトム（足５と足７）ブルフラッグからの上昇がその上昇になる。そのあと、トレーディングレンジや下降トレンドが形成されることもある。

　足２の安値は３番目のプッシュダウンなので、ウエッジ型の反転になる。

　足６はダブルトップベアフラッグ（前のトップは昨日の最後の足）で、足５と足７はダブルボトムブルフラッグだ。このあと、足９によるダブルボトムプルバックが起こる。足５から足９までのプライスアクションはどちらかの方向にブレイクアウトする可能性のあるトライアングルと見ることもできるが、そう見た場合、市場が示している強気の傾向を見落とすおそれもある。

　足７は、足６の高値からの３番目のプッシュダウンなので、ウエッジ型のブルフラッグになる。

　足８は６本の足によるブルフラッグに続くファイナルフラッグの反転である。

第4章

ローソク足の基本 —— シグナル足、仕掛け足、セットアップ、ローソク足パターン

Bar Basics : Signal Bars, Entry Bars, Setups, and Candle Patterns

　トレーダーは1日中セットアップを探している。セットアップとは、1～2本の足からなるチャートパターンで、利益につながるトレードを仕掛けられる可能性があるものを言う。実際には、チャート上のどの足もセットアップになる。なぜなら、次の足はどちらかの方向への強い動きの始まりになる可能性が常にあるからだ。今までのトレンドの方向に仕掛けるトレードをトレンドトレードと言い、逆方向に仕掛けるトレンドをカウンタートレンドトレードという。例えば、今までのトレンドが上昇トレンドで、そこで買ったとすると、そのセットアップはトレンドセットアップになる。逆に売ったとすると、そのセットアップはカウンタートレンドセットアップで、そのトレードはカウンタートレンドトレードになる。

　シグナル足は、その足が形成されたり、トレードを仕掛けたあとで、それと分かることが多い。仕掛けた注文が執行されたら、その1本前の足は単なるセットアップ足ではなくシグナル足になり、トレードを仕掛けた今の足が仕掛け足になる。仕掛け足のあとで発生するのはフォロースルーの足だ。仕掛けたあと、仕掛けた方向と同じ方向の足が形成されるほうが好ましいが、それがフォロースルーの足だ。フォロースルーの足の前には1～2本の足で横ばいを形成することがあるが、こういうフォロースルーの足の場合にはより多くの利益につなが

る可能性が高い。

　買いの逆指値を前の足の高値の上に置くブル派がいれば、売りの逆指値を同じ足の安値の下に置くベア派がいる。また、買いの指値を前の足の安値かその下に入れるブル派がいれば、売りの指値を同じ足の高値かその上に入れるベア派がいる。つまり、どの足も買いと売り両方のシグナル足になり得るということである。また、どの足も1本の足のトレーディングレンジとみなすことができる。次の足が1本の足のトレーデングレンジ足を上回るか下回れば、ブレイクアウトトレーダーはこのブレイクアウトが少なくともスキャルパーに利益をもたらすフォロースルーにつながることを期待する。しかし、ブレイクアウトがダマシになることを期待し、逆方向に仕掛ける同じくらい賢明なトレーダーもいる。市場が前の足を1ティック上回れば、逆指値で買うブル派が現れる。そのとき、その前の足が買いのシグナル足になる。同様に、ブレイクアウトがダマシになることを期待して、前の足の高値に指値を入れて売るベア派もいる。彼らは売ったあとの足で市場が仕掛け足の安値を下回ることを期待しており、そのときその仕掛け足が売りのシグナル足になる。トレードにおいて最も重要なことの1つは、自分のアイデアがどんなに正しいと確信しても、逆を信じる同じくらい賢いトレーダーが存在することを知っておくことである。

　トレーダーが身につけるべき唯一最も重要なスキルは、前の足の上や下で買い手が売り手よりも、あるいは売り手が買い手よりも多くなるときを判断する能力である。シグナル足はそうした不均衡が発生するときを表すものだ。例えば、上昇トレンドの押しで陽線のシグナル足が形成されたとすると、その足の上ではおそらくは売り手よりも買い手のほうが多いため、売りよりも買いを考えたほうがよい。不均衡が発生すると信じるとき、そのトレーダーはエッジを持つことになるが、そのエッジは非常に小さい。なぜなら、その逆を信じる同じくらい賢明なトレーダーが必ず存在するからだ（だれかがあなたと逆方向

に仕掛けてくれなければ、あなたの注文は執行されない)。トレーダーであるあなたのエッジはプライスアクションを読み取る能力であり、この能力が高まるほどエッジは大きくなり、トレードで生計を立てられる可能性も高まる。よくあるシグナル足とセットアップは以下のとおりだ(これらについては次のいくつかの節で詳しく議論する)。

上昇トレンドのスパイクフェーズにおけるコンティニュエーションシグナル

コンティニュエーションシグナルは、上昇トレンドの高値での買いや下降トレンドの安値での売りを意味する。

- 上昇スパイクにおける強い陽線
- 下降トレンドにおける強い陰線

反転シグナル

反転パターンとは、トレンドの反転や押しや戻りが終わって元のトレンドの方向に戻ることを言う。

- 反転足
- 2本の足による反転
- 3本の足による反転
- 短小線
    - はらみ足
    - ii(またはiii)パターン
    - 長大線の高値や安値、あるいはトレーディングレンジの高値や安値近くの短小線
    - ioiパターン
- 包み足とooパターン(包み足のあとで、それよりも大きな包み足

が形成されるパターン）
- ダブルトップやダブルボトム
- 反転の試しの失敗（反転足の失敗など）
- コンティニュエーションの試しの失敗（安値を付けるかに見える下降トレンドの安値1のシグナル足の下で買ったり、高値を付けるかに見える上昇トレンドの高値1のシグナル足の上で売るなど）
- 坊主（上ヒゲや下ヒゲのない足）
- トレンド足（陽線や陰線。陽線は強い下降トレンドにおける上昇や、トレーディングレンジの高値近くで売りのセットアップになることがあり、陰線は強い上昇トレンドにおける押しやトレーディングレンジの安値近くで買いのセットアップになることがある）
- 強いトレンドのスパイクフェーズにおけるポーズ足や押し・戻り足
- チャネル内のすべての足（前の足かその下で買うか、前の足かその上で売る）
- 上昇トレンドにおける安値の切り上げや、下降トレンドにおける高値の切り下げ

　トレード初心者はシグナル足がそのトレードの方向の陽線や陰線のときのみ仕掛けるべきである。つまり、トレンドの方向にトレードせよ、ということだ。例えば、売るのであれば、シグナル足が下降トレンドにおける陰線のときのみ売る。なぜなら、市場にはすでに売り圧力があり、シグナル足の終値が始値よりも高いときよりもフォロースルーが発生する確率が高いからだ。逆に買うのは上昇トレンドのときで、シグナル足の終値が始値よりも高いとき（陽線）のみ買う。
　一般に、トレンドの押し・戻りやトレーディングレンジでの仕掛けよりも、トレードの反転で仕掛けるときのほうがシグナル足は強くなければならない。なぜなら、ほとんどのカウンタートレンドトレードは失敗するため、勝率を高めるためにはできるかぎりのことをやる必

要があるからだ。非常に強いトレンドでは、シグナル足はあまり良く見えないことが多いが、素晴らしいトレードになる。セットアップがあまりにも明らかなときは、市場はすぐにそれを是正する。そのときの動きはスキャルピングするときのように速く小さい。一方、スイングトレードのセットアップは勝率は50％以下である。ここで少しだけ述べておくと、それは通常、多くの足で形成されるトレーディングレンジの一部のように見える。強いトレンドはトレーダーたちに仕掛けを断念させるためにありとあらゆることをやり、トレーダーたちに市場を追っかけさせる。トレーディングレンジの高値における2番目の仕掛けの反転のセットアップは、陽線のシグナル足を持つことが多く、トレーディングレンジの安値における買いのセットアップは陰線のシグナル足を持つことが多い。しかし、トレンドを反転させようという多くの試みは失敗するため、反転トレードを考えるのはシグナル足を含めすべてのものが完璧に見えるときのみにすべきである。初心者は非常に強いカウンタートレンドトレードを除き、カウンタートレンドトレードは控えるべきであり、どのトレーダーもカウンタートレンドトレードはチャートのすべてのパターンが反転を裏付けるときにのみ行うべきある。最低でも、トレンドラインを大きくブレイクアウトしたあとの押しや戻りを待つべきであり、強い反転足が現れたときにのみトレードすべきである。なぜなら、成功する反転トレードは強いシグナル足から始まることが多いからである。さもなくば勝率は低く、やがてはお金を失うことになる。ちなみに、トレンドラインのブレイクアウトからの押しや戻りは、上昇トレンドの終わりでの高値の切り上げや、下降トレンドの終わりでの安値の切り下げのように、新たな極値に達する可能性が高い。カウンタートレンドトレードは低確率トレードなので、最良のトレーダーはトレンドが反転するという確かな証拠がないかぎり、カウンタートレンドトレードを仕掛けることはない。

トレンドはトレーダーが考えているよりも長く続く傾向がある。その結果、逆方向に仕掛けたほとんどのトレードは失敗し、結局はトレンドの最中に押しや戻りが再び起こり、またトレンドの方向に仕掛けることになる。

　同様に、トレンドの方向に仕掛けたいと思っているトレーダーは、早く仕掛けたくてたまらず、強いシグナル足を待とうとはしない。例えば、強いトレンドのとき、移動平均線までの浅い押しで買いたいと思っている場合、その押しが前のスイングローやトレンドライン、あるいはフィボナッチリトレースメントを試せば、そのシグナル足が陰線でも買うだろう。要するに、強いトレンドのとき、成功するシグナル足のほとんどは悪く見えることが多いのである。一般に、トレンドが強くなるほど、シグナル足がどう見えるかは重要ではなくなり、仕掛ける方向がカウンタートレンドの場合は、シグナル足が強いことが重要になる。

　どの足もシグナル足になり得るが、そのほとんどは仕掛けにはつながらず、シグナル足にならないことが多い。デイトレーダーの場合、多くの注文を出すが、執行されないことが多い。前の足の1ティック上か下に逆指値を置いて仕掛けるのが一番であり、執行されない場合は、注文をキャンセルし、新たな仕掛け位置を探すことである。株式の場合、シグナル足になりそうな足の数ティック上に逆指値を置いて仕掛けるのが良い。というのは、市場は1ティックだけブレイクアウトしたあと反転することが多く、そのため逆指値で仕掛けたトレーダーたちは全員落とし穴にはまることになるからだ。1ティックのダマシは株式ではよくあることなのだ。

　逆指値が執行された場合、あなたは前の足に基づいて仕掛けたわけだから、その前の足がシグナル足（トレードを仕掛けよという合図の足）になる。足はどちらの方向のセットアップ足になるか分からないため、両側の極値を超えたところに逆指値を置き、ブレイクアウトし

た方向に仕掛ける。

　ローソク足のパターンについて書かれた本は多い。ちょっと変わった日本語の名前からは神秘な力を連想させ、古代の英知から導きだされたような印象を与える。初心者のトレーダーが求めているのはまさにこれなのだ。彼らは努力することなく、やるべきことを教えてくれる神の力を求めているのだ。トレーダーにとって唯一最大の問題は、市場がトレンド相場なのかトレーディングレンジ相場なのかを判断することである。それぞれの足を分析する場合でも、最大の問題はそれがトレンド足なのかノントレンド足なのかということである。ブル派とベア派のいずれかが市場を支配している場合、その足は実体を持つトレンド足になる。ブル派とベア派が均衡状態にあり、実体が小さいかない場合を同時線という。実体の上と下の部分を「芯」と呼ぶ者がいるが、「影」と呼ぶ者もいる。われわれは常に反転足を探している。反転足はおたまじゃくしのように見えることが多いため、この部分は「ヒゲ」と呼ぶのが最もふさわしいように思える。

　足はプライスアクションを表すものとしてとらえるべきであり、無意味で誤解を生む（神秘の力をイメージさせる）ローソク足の名前にとらわれるべきではない。それぞれの足はプライスアクションとの関連付けにおいてのみ重要なのであって、ローソク足パターンのほとんどは役には立たない。なぜなら高勝率の予測能力を持たないからだ。ローソク足パターンの名前はあなたに多くのことを考えさせることであなたのトレードを複雑にし、トレンドから気持ちをそらしてしまうおそれがある。

　シグナル足は良い仕掛け位置になる領域で形成され始めることが多い。5分足が始まって3分後、それはファイナルベアフラッグからブレイクアウトしたあとの強気の反転足のような素晴らしい形になる。そして、その足が形成される5秒から10秒前、その足の大きさは4ティック以上急激に増大する。その足が形成されるときにはまだ良い強

気の反転足の形をしているが、今ではその高値はベアフラッグの高値近くに位置する。ベアフラッグの高値で買うことになることを認識したうえで、それでもその高値の上で買いたいのかどうかを決めるまでにはあと数秒しかない。一貫して利益を出し、プライスアクションを素早く読むことができるようになるまでは、トレードは仕掛けるべきではなく、2番目の仕掛けの機会を待ったほうがよい。しかし、落とし穴にはまったベア派がたくさんいることを確信したのであれば、そのトレードは仕掛けてもよいだろう。ただし、大きなレンジの足がオーバーラップした状態で続いて発生すればリスクは高まる。

　すべての反転はクライマックスを伴うが、クライマックスという言葉はトレーダーによってとらえ方が異なる。すべてのトレンド足はクライマックスかその一部であり、クライマックスは最初のポーズ足で終了することを思い出してもらいたい。例えば、陽線が3本続いて、その次の足が長い上ヒゲを持つ小さな陽線、あるいははらみ足、あるいは同時線、あるいは陰線だったとすると、そのクライマックスは3本の連続する陽線で終了したことになる。

　図4.1はビザ（V）の15分足チャートである。下降トレンドラインを上方にブレイクしたあと、ツーレッグの下落によって、安値が切り下げられている。この安値は昨日の安値をも下回っている。このチャートはシグナル足とは何か、仕掛け足とは何かを示すためのものであり、特殊なセットアップパターンについては本書でこのあと説明する。最初のレッグは足2で終わるｉｉｉパターンで完成している。足3は強い強気の反転足だ。これは昨日の安値も下降トレンドラインの試しも上回っているため、おそらくは買いのセットアップになる。この足の1ティック上に置かれた買いの逆指値は執行されたはずなの

図4.1　典型的な買いのシグナル足

で、足3は（単なるセットアップ足ではなく）シグナル足になり、トレードを仕掛けた足なので仕掛け足でもある。仕掛けから2本あとの足に適度な大きさの陽線が発生しているが、これはフォロースルーの足だ。これはカウンタートレンドトレードなので、買うためには足3のような強い強気の反転足が必要だ。これが発生しなければ勝率は大幅に減少しただろう。

　足4はｉｉのセットアップ（これについてはあとで説明する）の仕掛け足で、このあと2番目の上昇レッグが続く。

　足5は、ブレイクアウト後の押しで形成されたはらみ足であり、仕掛け足だ（市場は足2のｉｉｉをかろうじて上方にブレイクアウトしている）。2本のポーズ足の実体ははらみ足なので、このセットアップは事実上、ｉｉパターンと同じである。

第5章

シグナル足 ── 反転足
Signal Bars : Reversal Bars

　反転足は最も信用できるシグナル足の1つで、前の足の向きを反転させる足のことを言う。短い時間枠のチャートを見ると、どの強気の反転足も陰線とそれに続く陽線からなることに気づくはずだが、この2本の足は必ずしも連続している必要はない。この場合、売りのクライマックスのあとで強気のブレイクアウトが発生したわけである（すべてのトレンド足はスパイクであると同時にブレイクアウトであり、クライマックスでもあるわけだが、その時点でどの性質が強いかはそのときによって異なる）。弱気の反転足はこの逆である。短い時間枠のチャートでは陽線（買いのクライマックス）が発生し、それに続いて陰線（市場が下方にブレイクアウト）が発生する。

　トレーダーは反転足は元のトレンドと逆方向の実体を持つと思っているが、必ずしもそうでなければならないことはない。反転の要素として考慮すべきことはほかにもたくさんある。

　最もよく知られるシグナル足は反転足であり、強気の反転足の条件は、終値が始値を上回る（陽線）か、終値が中間点を上回って引けるかのいずれかだ。最良の強気の反転足は次に示す特徴の少なくとも1つを持つ。

●始値が前の足の終値に近いかそれを下回り、終値がその足の始値と

前の足の終値を上回る。
- 下ヒゲが実体の3分の1から2分の1、上ヒゲは短いか、ない。
- 前の足とのオーバーラップは少ない。
- シグナル足のあとの足は同時はらみ足ではなく、強い仕掛け足（比較的大きな実体と短いヒゲを持つ陽線）。
- 終値が1本以上の足の終値や高値を上回って引ける。

　弱気の反転足の条件は、終値が始値を下回る（陰線）か、終値が中間点を下回って引けるかのいずれかだ。最良の弱気の反転足は次の特徴を持つ。

- 始値が前の足の終値に近いかそれを上回り、終値が前の足の終値を大きく下回る。
- 上ヒゲが実体の3分の1から2分の1で、下ヒゲは短いか、ない。
- 前の足とのオーバーラップは少ない。
- シグナル足のあとの足は同時はらみ足ではなく、強い仕掛け足（比較的大きな実体と短いヒゲを持つ陰線）。
- 終値が1本以上の足の終値や安値を下回って引ける。

　最後の特徴は、強いブレイクアウト足、強いシグナル足、強い仕掛け足などの強いトレンド足に当てはまる。例えば、下降レッグの底で強気の反転足が発生し、その終値が直近8本の足の終値を上回り、その高値が直近5本の足の高値を上回る場合、この足は状況にもよるが、終値が前の足の終値のみを上回り、直近の足の高値を上回らない反転足よりも強い。

　どの足のあとでも市場は上昇トレンドになることもあれば下降トレンドになることもあるため、どの足も買いと売り両方のセットアップになる。セットアップ足がシグナル足になるのは、トレードがその次

の足で仕掛けられたときのみであり、この場合その次の足が仕掛け足になる。セットアップ足はそれだけではトレードを仕掛ける理由にはならず、その前の足との関係で見なければならない。それがコンティニュエーションパターンや反転パターンの一部になっているときのみ、トレードが仕掛けられる。初心者にとって最も難しいことの1つは、シグナル足がその足が形成される直前にどこからともなく現れ、なぜそのときその場所に現れたのか、数本あとの足にならないと分からないときもあることだ。トレードで重要なのは、市場は次の足でスイングアップやスイングダウンする可能性もあるということを忘れないことである。最良のチェスプレーヤーが動きを先読みするように、最良のトレーダーも次の足や次の何本かの足にわたって市場が上昇したり下落したりする理由について常に考えている。これによってシグナル足が予測できるようになり、良いセットアップが現れたらすぐに注文することができるようになる。

　トレンドの方向に仕掛けるのが最も賢いやり方だ。したがって、シグナル足がトレンドの方向の強いトレンド足のとき、成功する可能性が高い。あなたが探しているのは、前の足の上や下で買い手と売り手が不均衡な状態になるときだ。反転足はそうした不均衡な状態が発生するときであり、これがトレーダーにエッジを与える。1本の足のトレンドのあとでのみ仕掛けようとするときでも、自分の方向にさらなるトレンドが形成されることを期待するはずだ。シグナル足を超えたところに逆指値を置いて仕掛けるには、市場がさらにあなたの方向にトレンドを形成する必要があり、こうなれば勝率は高まる。しかし、逆方向のトレンド足もチャート上のほかのプライスアクションによっては妥当なシグナル足になることもある。一般に、シグナル足があなたのトレードと逆方向の同時線やトレンド足である場合、失敗する可能性が高い。それは、あなたが制御しなければならない側がどちらなのかはっきりしないからだ。しかし、強い上昇トレンドでは、十分に

余裕をもった損切りを置けば、強い陰線の高値の上で買うといった具合に、どういった理由でも買うことができる。トレンドが強ければ、トレンドトレードのシグナル足はそれほど強い必要はないが、カウンタートレンドトレードの場合は強いシグナルが重要になってくる。仕掛けるのは、正しい側（ブル派かベア派）が少なくともシグナル足を支配したあとのほうがよい。そのトレンド足によってトレーダーは仕掛けに対して自信を持ち、損切りは余裕を持って置き、取引量も増える。これによって、少なくともスキャルパーの利益は達成できる。

　反転足は強さを示す特徴を持つことが多い。最も馴染みのある強気の反転足は陽線（終値が始値を上回る）で、長い下ヒゲを持つ。これは市場がいったん下落したあと、その足の終値まで上昇したことを示しており、ブル派がその足を支配し、最後の1ティックまでアグレッシブにトレードしていることを示している。

　強いトレンドでのカウンタートレンドトレードを考えるとき、トレンドラインがブレイクされ、極値を試して強い反転足が形成されるのを待たなければならず、そうでなければ利益の出る可能性は少ない。また、1分足の反転足では仕掛けてはならない。なぜなら、そのほとんどは失敗し、トレンドトレードのセットアップになるからだ。損失は少ないかもしれないが、5つのトレードで4ティック損をすれば、その日に損失を取り戻すのは難しいだろう（紙で1000回も手を切れば、出血多量で死ぬ）。

　なぜ極値への試しが重要なのだろうか。例えば、下降相場の終わりに買い手が市場を支配し、市場が上昇したとする。そのあとその最後の安値の領域まで市場が下落したとき、買い手がその価格の近くで再びアグレッシブに買うのかどうか、あるいは売り手が圧倒し、その前の安値まで価格を再び下げようとするのかどうかを試していることになる。価格を再び下げようとする売り手の試しが失敗すると、市場は少なくともしばらくは上昇する。市場が何かを2回やって失敗したと

きには、次はその逆のことをやろうとするのが普通だ。ダブルトップやダブルボトムが機能するのはこのためであり、トレーダーたちが元のトレンドの極値が試されるまで反転を確信できないのはこのためだ。

　反転足がその前の1本以上の足と大きくオーバーラップするか、ヒゲが前の足を数ティック超えて伸びるとき、それはトレーディングレンジに入った証拠だ。市場は横ばいになり、トレンドは形成されていないので、反転することはない。この場合、この反転足はシグナル足として使うべきではなく、多くのトレーダーが落とし穴にはまれば逆方向のヒットアップになる可能性もある。その足が完璧な強気の反転足の形をしていても、ベア派は落とし穴にはまっていないので、フォロースルーの買いが発生する可能性はなく、新たな買い手は市場が仕掛け価格まで下落してブレークイーブンで手仕舞いできることを願いながら、数本の足ができるのを見守る。

　シグナル足が大きくて、前の2本か3本の足とオーバーラップしている場合、それもトレーディングレンジに入った証拠である。これはブルフラッグやベアフラッグではよくあることであり、仕掛けたくてたまらないトレンドトレーダーたちを落とし穴にはめる。例えば、トレーディングレンジ内で動いていたマーケットが、移動平均線の上まで大きく上昇した場合を考えてみよう。市場はこのあと3本だけ足が横ばいになって強い強気の反転足を形成する。ブルフラッグの高値の1ティックかその付近で仕掛けるとするならば、それは買いになる。しかし、これはおよそ60％の確率で強気の落とし穴にはまり、市場は仕掛けたあとすぐに反転して下落する。

　オーバーラップはどれくらいまでなら許容できるのだろうか。おおよその目安としては、強気の反転足の中間点が強気の反転が期待されるなかで前の足の安値を上回れば（あるいは、弱気の反転足の中間点が弱気の反転が期待されるなかで前の足の高値を下回れば）、オーバ

ーラップは過剰で、トレード可能な反転ではなくトレーディングレンジが形成されつつあることを示している。これは押しや戻りの終了を見越してトレンドトレードするよりも、カウンタートレンドでの仕掛け（トレンドの反転を選ぼうとする）を探すほうがより重要で、完璧なセットアップにはあまりこだわらなくてもよい。

　実体が小さい同時線だが、足自体は大きいとき、それは反転トレードには使えない。長い同時線は基本的に1本の足のトレーディングレンジなので、下降トレンドにおけるトレーディングレンジの高値で買ったり、上昇トレンドにおけるトレーディングレンジの安値で売ったりするのは賢明とは言えない。このような場合は次のシグナルを待ったほうがよい。

　強気の反転足が長い上ヒゲを持つか、弱気の反転足が長い下ヒゲを持つ場合、カウンタートレンドトレーダーはその足が形成されるにつれ自信がなくなる。こんなときは、カウンタートレンドトレードを仕掛けるのは、実体がまあまあ強く、（2番目の仕掛けのように）プライスアクションによってそれが裏付けられたときのみにすべきである。

　反転足が前の何本かの足よりもはるかに小さく、特に実体が小さい場合、それはカウンタートレンドトレードができるほどの強さはなく、リスクの高いシグナル足になる。しかし、その足が大きな実体を持っている場合は、トレードリスクは小さい。

　強いトレンドでは、反転足が形成されると思っても、その足が引ける直前に反転が失敗するといったことはよく起こる。例えば、下降トレンドにあるとき、長い下ヒゲを持ち、最後の価格（この足はまだ形成されていない）がその足の始値と前の足の終値を大きく上回り、安値が下降トレンドチャネルラインを下回る（オーバーシュート）強い強気の反転足が形成されたが、この足が形成される直前に、価格は急落し、その足は結局は安値で引けるといったケースが発生したとす

る。このとき、市場はトレンドチャネルラインのオーバーシュートから強気の反転足を形成させる代わりに、強い陰線を形成させたわけであり、強い強気の反転を期待して早めに仕掛けたトレーダーはみんな落とし穴にはまり、損切りすることで市場のさらなる下落に貢献することになる。

小さな実体を持つ長い強気の反転足もまた前のプライスアクションと関連づけて考えなければならない。下ヒゲが長いということは、売りが拒絶され、買い手がその足を支配していることを意味する。しかし、その足が前の何本かの足と過度にオーバーラップしていれば、短い時間枠のチャートではトレーディングレンジに入ったことを意味し、その足の高値での引けはトレーディングレンジの高値での引けと同じで、1分足チャートでブル派が利食いすれば、今度は売り圧力が強まる。こういった状態では、カウンタートレンドトレードを仕掛けるにはさらなるプライスアクションが必要になる。下降トレンドのフラッグの高値で買ったり、ブルフラッグの安値で売ったりはしたくないはずだ。

コンピューターが発達したおかげで、トレーダーたちは今やプライスアクションのさまざまな特徴に基づくチャート手法を使うことができる。トレーダーたちはあらゆる時間枠のチャートを使えるし、1本の足がティック数(どういったサイズのトレードも1ティックになる)や売買した枚数や株数に基づくチャートなど、いろいろなチャートが使える。このため、5分足のローソク足チャートでは完璧な反転足に見えるものでも、ほかのチャートでは反転足に見えないこともある。もっと重要なのは、どんなチャートのどの反転も、別のチャートでは完璧な反転足になるということである。反転はセットアップされつつあるが、反転足がない場合、完璧な反転を見つけようといくつものチャートを物色して時間を浪費することはない。あなたの目標は市場がやろうとしていることを理解することであって、完璧なパターンを見

つけることではない。市場が反転しそうなのを見つけたら、仕掛ける方法を見つけることが先決だ。完璧な反転足を見つけようとほかのチャート探しで時間を無駄にすれば、目標を見失い、いざトレードするときになると精神的な準備がおろそかになる。

　日足チャートの反転足のほとんどは、日中チャート上のトレンドを伴うトレーディングレンジ日（第22章で詳しく議論する）から発生するが、クライマックス的な日中の反転から発生するものもある。トレンドを伴うトレーディングレンジ日を見つけたら、その日の遅くに強い反転が発生するかもしれないので注意が必要だ。

　図5.1を見てみよう。反転足１は前の４本の足とオーバーラップしている。これはトレーディングレンジになることを示唆しており、反転することはない。したがって、これは買いのセットアップにはならない。反転足２は素晴らしい弱気のシグナル足だ。なぜなら、これは反転足１のブレイクアウトを上回っている（強気の反転足のブレイクアウトで落とし穴にはまった買い手がいる）だけでなく、その日の高値からの下降トレンドラインを上方にブレイクアウトしたあとに反転しているからだ。落とし穴にはまった買い手は売って手仕舞いせざるを得ず、これによって売り圧力はさらに高まる。目先の利くトレーダーは足２の安値の下には買い手よりも売り手のほうがたくさんいることを知っていたため、少なくともフォロースルーの売りが発生してスキャルパーに利益が得られることを期待して、そこで売った。市場が下降スイングのトレーディングレンジに入ると、ベアフラッグが形成される。賢明なトレーダーは高値近くで売り、セットアップが強ければ安値近くで売るだろう。昔ながらの諺にあるように、「安値で買って、高値で売れ」は今でもトレーダーたちにとっては最高の言葉だ。

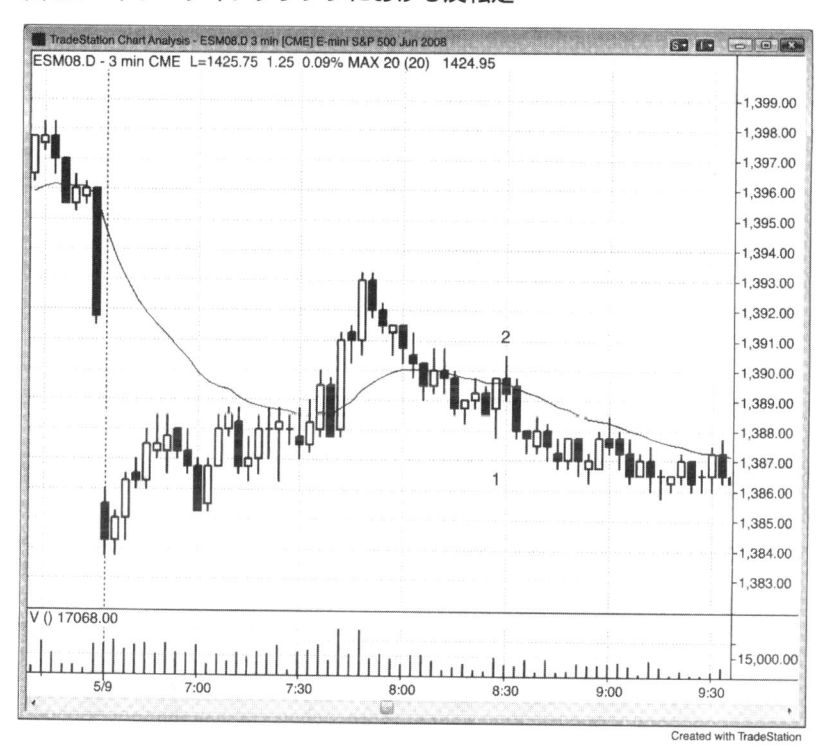

図5.1　トレーディングレンジにおける反転足

私が安値で買えというときは、売ったら安く買い戻し、強い買いシグナルがあったら買え、ということを意味する。同様に、市場がレンジの高値に向かって動いているときは高く売る。これは、買っている人にとっては利食いのチャンスである。あるいは良い売りのセットアップがあれば、売ってショートポジションを建てることができる。

このチャートのさらに深い議論

　図5.1では市場は昨日の安値を下方にブレイクアウトしたが、ブレイクアウトは失敗し、反転して寄り付きからの上昇トレンド日になった。午前７時48分の強い上方へのブレイクアウトはダマシに終わっ

て上昇トレンドは終了し、移動平均線のギャップ足の売りのセットアップが形成される。足1までの下落は狭い下降チャネルを形成している。狭いチャネルからの上への最初のブレイクアウトは1〜2本の足で反転するのが普通だ。ブレイクアウトのあとは、①安値の切り下げや高値の切り下げによる下落が起こり、そのあと再び上昇し始めるか、②ブレイクアウトがダマシに終わって、再び下降トレンドが始まるか——のいずれかだ。

　ヒゲが長く、実体が小さい反転足は前のプライスアクションとの関連で評価しなければならない。**図5.2**では、反転足1は売られ過ぎのなかで前の重要なスイングローを下方にブレイクアウトした（しかし、前の8本の足からなる急激なトレンドチャネルラインを下にブレイクアウトしたあと、上方に反転）。その日の早い時間帯では非常に強い上昇の動きもあったので、ブル派が戻ってくる可能性もある。利食い者は売ったものを買い戻し、行きすぎが緩和されるのを待ってから再び売り始めるだろう。

　翌日、反転足2は前の足や、その前の何本かの足とほぼ半分オーバーラップし、前の安値を下回るスパイクにはならなかった。1分足チャートではトレーディングレンジになっていると思われるので、さらなるプライスアクションが展開するまでトレードは控えたほうがよい。

　典型的な反転足は最も信頼できるシグナル足の1つだが、ほとんどの反転はこうしたシグナル足が不在の状態で発生する。信頼できるシグナルを生む足のパターンはほかにもたくさんある。ほとんどのケースでは、シグナル足はあなたのトレードの向きのトレンド足の場合は

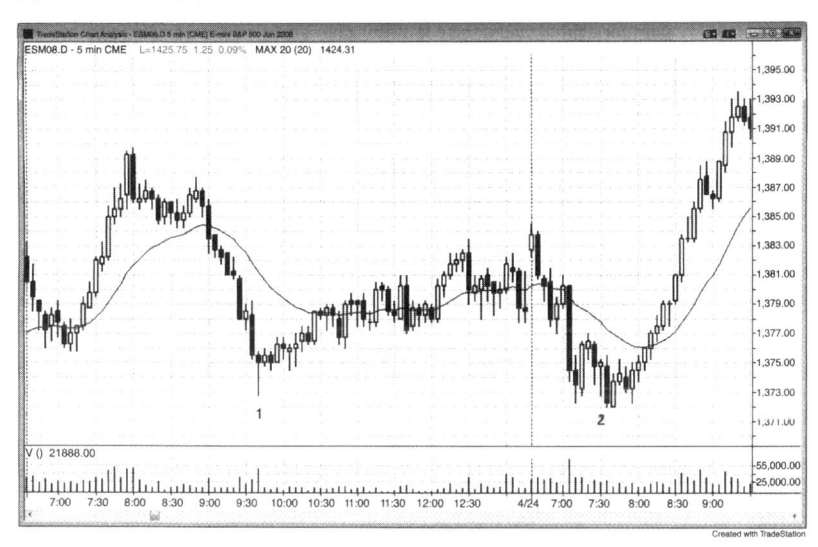

図5.2 ヒゲが長く、実体が小さい反転足

強い。例えば、下落トレンドの底の反転で買おうと思っている場合、そのシグナル足の終値がその始値をはるかに上回り、その高値近くに位置している場合、トレードが成功する確率は高い。

このチャートのさらに深い議論

　図5.2を見ると、今日（チャート上で最も最近の日）は昨日のトレーディングレンジを上にブレイクアウトしたが、ブレイクアウトはダマシになり、寄り付きから下降トレンドに入った。昨日の安値を下方にブレイクアウトする2回目の試しも失敗し、ここが今日の安値になった。

　市場が急上昇したあと下落すると、そのあとはトレーディングレンジに入るのが普通で、トレーディングレンジではブル派とベア派が市場の支配権を巡って戦いを繰り広げる。しかし、昨日は新安値への動きが加速した。何本かの大陰線が発生し、売りのクライマックスが連

続的に起こっている。通常はこのあと、少なくともツーレッグで10本の足が上昇するのが普通だ。新安値への下落はフォロースルーを伴わなかったため、これは自信のあるベア派のせいではなく、単に売りの真空によるものだ。自信のあるブル派は市場がその日の安値の下を試すことを予想して、目標値に達するまで買うのをやめた。数本の足にわたって買われなかったために足1まで下落し、これによって市場は急落した。市場が安値を下回って下落すると思っているときに安値の上で買うのはナンセンスだ。もう数分待てばもっと安く買えるのである。いったん買いゾーンに達すると、彼らはアグレッシブに買い始め、市場は引けにかけて上昇チャネルで上昇した。

　弱気の反転足は高値が前の足の高値を上回る必要はないが、前の足や前の何本かの足のプライスアクションの何かを上回る必要はある。図5.3を見ると、足29は上昇レッグのなかの長大陰線で、これによって市場は反転した。その終値は前の13本の足の終値を下回り、前の12本の足の安値も下回った。これは珍しいことだが、強さを示すサインになる。足24の終値で買ったり、次の12本の足のいずれかで買ったトレーダーはいきなり負けポジションを抱えることになり、足29の形成途中で手仕舞わなかった場合は、その終値、または次の足がその安値を下回ったときに手仕舞いしたはずだ。自信のあるブル派は下落の間もポジションを持ち続け、トレンドが反転すると思うまで持ち続けるだろう。足29のように、多くの足の終値と安値を下回る強い反転足は、それだけでそれまでのオールウエーズインの方向を反転させる可能性がある。これはまた自信のあるブル派に、市場は大幅に下げる可能性があるので今持っているロングを売って、もっと安い位置——おそ

図5.3　従来とは異なる反転足

らくは足29の高さと同じ距離の下へのメジャードムーブ——で買い直させようとするだろう。落胆したブル派はロングの手仕舞い機会を探すことになる。この時点では損切りになるが、損失をできるだけ小さくしたいので、足29の終値の上と前の足の高値の上に指値を入れるはずだ。トレーダーのなかには前の足を高値1の買いのセットアップと見る者もいるが、これはオールウエーズインの方向が下方に反転した状況だ。したがって、高値1や高値2で仕掛けても、スキャルパーとしての利益さえ得られないだろう。そこで、ブル派もベア派も高値1や高値のシグナル足の上で売りの指値を入れる。ブル派は少ない損失で手仕舞いできたことに胸をなでおろし、ベア派はこれを新たな下降トレンド（下降チャネルの場合もある）における前の足の高値の上で売る絶好のチャンスと見るだろう。しかし、市場が高値2の買いシグナル足の安値を下回れば、けっしてあきらめないブル派もギブアップし、市場は下降スパイクにブレイクアウトしたあと、少なくとも下へのメジャードムーブまで下落する。

　足29から足数本以内に、落とし穴にはまったブル派が損失を減らす

ことができる戻りがなければ、彼らは成り行きで手仕舞うか、陰線の終値で手仕舞うか、あるいは前の足の安値の下で損切りするだろう。ベア派は何が起こっているのか理解しており、売りの機会を探すが、彼らの売りは買いポジションの手仕舞いではなく、新たな売りだ。足29のあともポジションを保有するブル派は、下落してもポジションを保有するつもりなのでスイングトレーダーだ。スイングトレーダーは、豊富な資金を持ち、逆行にも耐えられる体力を持つ機関投資家なので、最も強力な参加者だ。こうした強力なブル派が市場はさらに下落すると判断したら、買う者はいなくなり、ツーレッグでおよそ10本の足にわたって支持線まで下落し、彼らはそこで再び買い始める。彼らは強い買いのセットアップが現れるまで買うことはない。もしそういったセットアップが現れなければ、彼らは待ち続ける。しかし、この日は買いの機会を探すほど時間は多くは残っていない。十分な買い手不在のなか、この日は引け前には上昇しなかった。

　足29はシグナル足で、多くのトレーダーはこの足の安値の下で売った。これはまた仕掛け足でもあるため、多くのトレーダーはその足が前の足の安値を割り込んで下落している途中で売った。なぜなら直近12本の足によるトレーディングレンジからの上方へのブレイクアウトは失敗すると思ったからだ。これは、そのトレーディングレンジを下方にブレイクアウトしたので、ブレイクアウト足でもある。この足は足27とともに、あるいは足26から足29までの上昇スパイクとともに反転を形成した。15分足チャートを見れば、これは大きな反転足の一部であったことが分かる。

　足21は前の3本の足の終値を上回っているが、急な下降チャネルのなかにあるため、ブレイクアウトの戻りで買うのは、市場がそのチャネルを上にブレイクアウトするまで待ったほうがよい。またこの足は前の2本の足とオーバーラップしているため、反転ではなくトレーディングレンジを形成することが予想される。足23はブレイクアウトプ

ルバックのシグナル足だ。なぜなら、市場は2回下落を試す（足11と足23の前の足）が、2回とも失敗しているからだ。この日は最初の数時間は勢いよく上昇したため、押したあと再び上昇する可能性が高い。市場はオープニングレンジの上方への最初のブレイクアウト（足1の高値）を試したあと、上方へ反転したため、足21の上で買ったトレーダーの勝率は上がった。

　足21はシグナル足だが、そのあとの足は同時線になっている。これはブル派が緊急性を感じていないことを示している。足25もシグナル足で、その次の足は同時はらみ足だ。シグナル足の次の足が短い同時線の場合、反転の緊急性がないことを示している。足25の次の足のように、その足がはらみ足であれば、強いセットアップが現れるまでトレードは控えたほうがよい。足21の次の足のように同時線が仕掛け足の場合、選択肢がいくつかある。ブレークイーブンで手仕舞うか、1ティックの損切りをするか、あるいはセットアップが良ければ、シグナル足の下に損切りを維持するかのいずれかだ。このケースの場合、良いセットアップのようなので、シグナル足の下に損切りを置いたままポジションを持ち続けるのが最良の策と思われる。

　足19の次の足は同時線だが、足19は弱いシグナルだ。弱いシグナルの次の仕掛け足も弱いときは、ブレークイーブン辺りで手仕舞うのが妥当だ。

　一般に、損切りを同時仕掛け足の下まで切り上げるのは良い選択肢ではない。なぜなら、その損切りが執行される確率は五分五分だからだ。その場合はブレークイーブンで手仕舞ったほうが良い。反転から2～3本の足のうちに同時線が発生するとき、市場がそれを下回る確率はおよそ50％だ。また、反転をトレードするとき、それはカウンタートレンドトレードになり、その場合、押したり戻したりする可能性が高い。そのセットアップが強いと思えるときは、押したり戻したりしてもポジションを持ち続けることだ。でなければ、トレードしない

ほうがよい。逆に、そのセットアップが弱いときは、非常に強い仕掛け足が必要で、もし強い仕掛け足が発生しないときには、ブレークイーブンか１～２ティックの損失で手仕舞うのがよい。

　足13の２本あとに大陽線がある。それは反転足なので、シグナル足とみなすことができる。そのあとにはらみ足が続いているが、これはブレイクアウトプルバックとみなすことができる。しかし、この強い強気のシグナル足は前の２本の足と大きくオーバーラップしているため、強気の落とし穴（上にブレイクアウトした直後に下落すること）にはまる可能性が60％あり、実際にそうなっている。移動平均線の上のブルフラッグは３本以上の大きな足を持ち、ほとんどがオーバーラップしているが、これは大概は落とし穴だ。移動平均線の下のベアフラッグも同じだ。このベアフラッグは３本以上の大陰線を持ち、ほとんどがオーバーラップしている。強い陰線がシグナル足の場合でも、その下での売りは失敗する可能性が高い。

　足10と足15の間には大陰線が何本かあるが、これは売り圧力が強まっているサインだ。この圧力は次第に強まり、市場はやがては下落する。

第6章
ほかのタイプのシグナル足
Signal Bars : Other Types

　シグナル足は仕掛けへとつながるセットアップ足だ。しかし、そのすべてがトレードを行う価値のあるものとは限らない。逆指値の注文が通り、それによって前の足がシグナル足になったとしても、そのトレードが仕掛ける価値のあるものとは限らないのである（例えば、狭いトレーディングレンジで発生する多くのシグナルは、避けるのがベストだ。詳しくはこのあと説明する）。すべてのシグナル足は、その足のブレイクアウトが少なくともスキャルパーに利益をもたらしてくれるほど順行することを示すプライスアクションがなければ、無意味なのである。

強いトレンド足

　重要なシグナル足は強いトレンド足で、特にトレンドのスパイク段階で発生するものは重要だ。例えば、その後の数日間にわたって市場に影響を及ぼす大きなニュースが発表されたときの重要な支持線の底から上方にブレイクアウトした場合、トレーダーはいかなる理由があったとしても買うはずだ。最もよく行われる方法は、足が形成されるのを待ち、その足が強い陽線だったら、その足が形成されると同時に成り行きで買うというものだ。多くはその足の終値に指値を入れて注

文を出すが、もし注文が数秒以内に執行されなければ、成り行き注文に変える。あるいは、その足の高値の1ティック上に逆指値を置くトレーダーもいる。こうしたトレードの緊急性によって、そのあと陽線が連続的に形成され、上昇スパイクはますます強まる。

反転パターン

　トレーダーたちは市場の方向転換には常に目を凝らしている。彼らが市場の方向転換を見極める早期のサインとして用いるのが反転パターンだ。リスクはその足の反対側の端だが、リワードは通常その何倍にもなる。例えば、8ティックの長さの強気の反転足の1ティック上に逆指値を置いて買う場合、その足の1ティック下にプロテクティブストップを置く。したがって、トータルリスクは10ティックになる。しかし、トレーダーは仕掛けから20ティック以上も上で利食いすることを見込んでいるはずだ。

　強いトレンドがトレーディングレンジや逆方向のトレンドに反転する可能性があるとき、トレーダーたちは強い反転のセットアップ――つまり反転――が形成されることを期待する。トレンドは変化に抵抗するため、トレーダーが逆の向きの動きに賭けようとするとき、彼らには市場が反転するという強力なサインが必要になる。しかし、強いトレンドで押しや戻りが起こると、彼らは再び元のトレンドに戻ることを確信するため、押しや戻りの終わりでの強い反転のセットアップは必要ではなくなる。事実、押し・戻りトレードのシグナル足の大半は弱く見える。押しや戻りのセットアップが完璧で簡単そうに見える場合、それはトレンドが強くないことを意味する。したがって、トレーダーの多くはそれがファイナルフラッグになり、やがては大きな修正になると予測する。トレンドが強いと、トレーダーたちは仕掛けの機会を逃し続けるため、トレーダーたちは仕掛けに強い願望

を抱きながら常に緊張した状態が続く。強いトレンドのときに仕掛けを成し遂げる1つの方法は、弱いシグナル足が形成されることだ。例えば、強い上昇トレンドで移動平均線までのツーレッグの押しが発生したとすると、前の足が陰線で強い強気の反転足ではなくても、その高値の上で買おうとするだろう。彼らが恐れているのは、押しから元の上昇トレンドに復帰し、急速に上昇していくことだ。彼らはより安く買えることを期待して押しを待っている。そして押すと、ブルフラッグからブレイクアウトになる前に買おうとする。すべてのトレーダーは緊急性を感じている。新高値に向けての上昇速度が速いのはこのためだ。シグナルが弱いと思ったため買わなかったトレーダーは買いたくてたまらず、彼らの多くは上昇に伴って小さく買い続ける。落とし穴にはまった売り手は修正がさらに深まり、売りポジションを少ない損失で手仕舞うための明確な買いシグナルの発生を待つが、そういった修正が起こることはなく、トレンドがさらに上昇を続ける間、売りポジションを買い戻し続けなければならない。ほとんどのトレンドは、深い修正が起こる前に少なくとも小さなクライマックスに達する。このクライマックスは、自信のないトレーダーが遅くに参入し、間違った側の最後のトレーダーが最終的には手仕舞わざるを得ないことによって起こる。間違った側のトレーダーたちがいなくなると、緊急性は消え、市場は少なくともしばらくの間はトレーディングレンジに入る。

　従来の反転足のほかにもよく見られる反転のセットアップがあるが、それは以下のとおりである（2本足のパターンや3本足のパターンもある）。

2本の足による反転

　2本の足による反転は最もよくある反転のセットアップのひとつ

で、非常に重要なものだ。どの反転も2本の足による反転と考えるのがよい。なぜなら、市場は一方の方向に強く動いたあと、逆の方向に強く動くのが普通だからである。強い動きは反転足か2本の足による反転から始まるのが普通だ。強い動きが起こったときにすぐに仕掛けられるように準備しておくのが重要なのはこのためだ。2本の足による反転には多くの変化形があり、それは反転の一部であるが、あなたが使っているチャートには現れないこともある。しかし、市場が反転しようとしていることを理解していれば、2本の足による完璧な反転や完璧な反転足を見つけるのにいろいろなチャートを見る必要はない。

　最もよく知られた2本の足による反転は、5分足チャートでほぼ同じ大きさで向きが逆のトレンド足が2本続くというものだ。買いのセットアップは、まず陰線が形成され、その直後に陽線が形成されるというもので、売りのセットアップは、まず陽線が形成され、その直後に陰線が形成される。これら2本の足は10分足チャート上では反転足となるが、10分足チャートで反転足が見られるのはわずか50％の確率だ。なぜなら、5分足チャートの2本の足による反転の半分のみが10分足チャートの足と同時に終わるからだ。残りの半分は10分足チャートではあまりはっきりしない反転になる。

　すべてのクライマックス的な反転、すべての反転足、すべての2本の足による反転はすべて同じものであり、すべてはどの反転のなかでも存在し、いろいろな異なるチャートを見れば、これらを見ることができる。典型的な反転足でも短い時間枠のチャートやほかの種類のチャート（例えば、ティックチャートや出来高チャート）では実際には2本の足による反転だ。2本の逆方向の足は連続している必要はなく、実際にはほとんどは連続していないのが実情だ。しかし、長い時間枠のチャートでは、セットアップが完璧な2本の足による反転からなるものもある。セットアップが1本の反転足からなるチャートは常

に存在する。あなたが理解できるより多くのセットアップが見つかるかもしれないので、あらゆる可能性に常に心をオープンにし、確信を持ってトレードできるようにすることが重要だ。重要なのは、反転が起こりつつあることを認識することであり、どういった形で発生するのか常に注意を怠らないことである。弱気の反転は必ず買いのクライマックスとして働く陽線を伴い、次に下方へのブレイクアウトとなる陰線が形成される。強気の反転はこの逆だ。つまり、売りのクライマックスとして働く陰線が形成されたあと、上方へのブレイクアウトになる陽線が形成される。

　反転足は2本の足による反転では2番目の足になることが多い。この足が前の足と75％以上オーバーラップしていれば、その2本の足は2本の足による反転のセットアップと見たほうがよい。そうすればこの反転トレードが成功する確率は増す。例えば、市場が上昇しているときに、安値が前の足の安値よりも1ティック高い弱気の反転足が形成されたとすると、これは弱気の落とし穴（下方へのブレイクアウトの直後に上昇方向へ価格が反転することをいう）になることが多い。市場は通常、弱気の反転足から1ティック下げるが、その前の陽線を下回ることはなく、そのあと数本の足のうちに新高値まで上昇する。弱気の仕掛け足が弱気の反転足の安値を下回るばかりでなく、これら2本の足の安値を下回ったときにはこうならないことが多い。反転足が前の足と大きくオーバーラップしたとき、これら2本の足は2本の足でトレーディングレンジを形成し、ブレイクアウトの仕掛けはこのトレーディングレンジを超えた位置になる。トレーディングレンジはわずか2本の足による長さなので、仕掛けは2番目の足でなく、これら2本の足の外側になる。

　その弱気の反転足が前の陽線を下回ったときは、反転足の高値がその陽線の高値を下回っていても、それは包み足と考えるべきである。こういった場合は一般に、売る前に戻すのを待ったほうがよい。そう

でなければ、上昇レッグの高値のはるか下で売ることになり、形成されつつあるトレーディングレンジの安値のような支持線で売るリスクが高まり、そのあと市場は上昇する可能性が高い。

　逆方向のトレードのシグナルになる特殊なタイプの2本の足による反転もある。移動平均線上にあるか、それに接触する2本の足による反転が発生し、その2本の足がほぼ完璧に前の1本か2本の足とオーバーラップしたとすると、ブレイクアウトは失敗に終わることが多い。しかし、市場が強いトレンド相場であれば、そのシグナルは機能する。なぜなら、ほとんどのトレンドトレードは強いトレンド相場でうまくいくことが多いからだ。強いトレンドがないとき、たとえ完璧な2本の足による反転であっても、そのシグナルは失敗することが多い。例えば、移動平均線の真上で2本の足による強気の反転が発生し、その足は比較的大きく、3番目か4番目の足とほとんどオーバーラップしている場合、そのシグナル足の高値の上で買ってはならない。このような場合、市場は狭いトレーディングレンジを形成するので、プライスアクションの読みに自信のあるトレーダーは強気のシグナル足の上で売って、スキャルパーとしての利益を確保することが多い。

3本の足による反転

　3本の足による反転は2本の足による反転の変化形で、連続する3本の足からなる。1番目の足と3番目の足が2本の足による反転の足で、2番目の足は小さな足か同時線であまり目立たない。これは、5分足チャートの3番目の足が15分足チャートの足と同時に形成されれば、15分足チャート上では反転足になる。これは15分足チャートでトレードしているトレーダーたちを引きつけることになるので、信頼できるセットアップになる。3回のうち2回はこうならないが、そのときは5分足チャートのシグナルは15分足チャートの反転パターンにな

ることが多い。5分足チャートで反転で仕掛けようとしている場合、15分足チャート上で反転足を形成する連続する3本の足が5分足チャート上にあるかどうかを見るのがよい。もしそうなら、長い時間枠のチャートのシグナルは大きな動きを伴うことが多いため、トレードに対してより自信がつき、より大きな目標値でスイングトレードを行うことができる。一般に、連続する3本の足は単なる2本の足による反転と見るべきであり、15分足チャート上でも反転足を形成しているかどうかは気にする必要はない。

短い足

前の足に比べて値幅の小さな足は反転シグナル足になることが多い。よくある例としては以下のようなケースがある。

- 高値が前の足の高値よりも安く、安値が前の足の安値と同じかそれよりも高いか、安値が前の足の安値よりも高く、高値が前の足の高値と同じかそれよりも安いはらみ足。小さくて、実体が現在のトレンドと逆方向のときは信頼性が高いが、長い同時線の場合は信頼性が低い。実際、長い同時線はたとえそれがはらみ足でも、良いシグナル足にはならない。また、これは1本の足によるトレーディングレンジなので、そのあと二方向相場になることが多い。
- ii（またはiii）パターン。これははらみ足が2本続くもので、2番目の足は1番目の足にすっぽり包まれる（iiiパターンははらみ足が3本続く）。
- 長い足（トレンド足か包み足）やトレーディングレンジの高値か安値の近くにある短い足（特にトレードの方向と同じ実体の場合、それはあなたの側が支配権を握っていることを示している）。
- ioiパターン。はらみ足に続いて包み足が発生し、そのあと再び

はらみ足が発生するパターン（inside-outside-inside）。ブレイクアウトしそうな領域で発生すると、3本目のはらみ足のブレイクアウトで仕掛けることができる。これはブレイクアウトモードのセットアップであることが多い。つまり、どちらの方向に動くか分からないということである。売りの逆指値を3本目のはらみ足の下に置き、買いの逆指値を3本目のはらみ足の上に置き、ブレイクアウトの方向に仕掛けるのがよい。執行されなかった注文がプロテクティブストップになる。

同時線は1本の足によるトレーディングレンジなので、良いシグナル足になることはまれだ。市場がトレーディングレンジにあるとき、その高値の上で買ったり、その安値の下で売ったりしてはならない。トレーディングレンジの高値や安値の近くで同時線が形成された場合や、強いトレンド相場におけるトレンドトレードのセットアップである場合は、反転トレードの優れたシグナル足になることもある。トレーデングレンジでは、同時線がそのレンジの高値にあれば、その同時線の下で売ってもよい。特に、2番目の仕掛けである場合はなおさらだ。同時線に代表される狭いトレーディングレンジよりも広いトレーディングレンジのほうが優れており、同時線の下で売るということは、広いトレーディングレンジの高値で売ることを意味し、これは良いトレードになることが多い。

包み足

包み足は高値が前の足の高値を上回り、安値が前の足の安値と同じかそれを下回るか、安値が前の足の安値を下回り、高値が前の足の高値と同じかそれを上回る足のことを言う（第7章を参照）。

ミクロダブルボトム

ミクロダブルボトムとは、安値がまったく等しいかほぼ等しく、連続しているかほぼ連続している足のことを言う。下降スパイクのなかで発生し、安値かその近くで引ける陰線と、それに続いて安値かその近くで寄り付く陽線からなる場合、これは1本の足によるベアフラッグになる。安値がほぼ等しい場合はその安値の1ティック下で売る。そのほかのときは反転パターンになる可能性が高い。なぜなら、小さな強気の反転のほとんどはミクロダブルボトムから発生するからだ。

ミクロダブルトップ

ミクロダブルトップとは、高値がまったく等しいかほぼ等しく、連続しているかほぼ連続している足のことを言う。上昇スパイクのなかで発生し、高値かその近くで引ける陽線と、それに続いて高値かその近くで寄り付く陰線からなる場合、これは1本の足によるブルフラッグになる。高値がほぼ等しい場合はその高値の1ティック上で買う。そのほかのときは反転パターンになる可能性が高い。なぜなら、小さな弱気の反転のほとんどはミクロダブルトップから発生するからだ。

反転足の失敗

反転足の失敗とは、反転足のあとの足が反転とは違った方向にブレイクアウトすることを言う(例えば、上昇トレンドで弱気の反転足が形成されたとして、次の足がその安値を下回るのではなく高値を上回るような場合)。

坊主

上か下のいずれかにヒゲがないか、上ヒゲも下ヒゲもない足。強いトレンドで発生したときのみセットアップとなる（例えば、強い上昇トレンドで、上ヒゲも下ヒゲもない陽線が発生した場合、それは買いのセットアップになる）。

エグゾースチョン足

トレンドの方向の異常に大きなトレンド足（大陽線または大陰線）は、そのトレンドの向きの感情が枯渇してきたことを示す場合が多い。すべてのトレンド足はスパイクであり、ブレイクアウトであり、ギャップであり、クライマックスやエグゾースチョン足だが、エグゾースティブな要素が主要な要素になることがある。

トレンド足（陽線または陰線）

トレンド足は、強いトレンドにおけるトレンド方向の仕掛けのためのシグナル足になるだけでなく、押しや戻りのあと元のトレンド方向に戻ったりといった反転トレードや、トレーディングレンジにおける反転トレードのシグナル足になることもある。例えば、強い上昇トレンドで、少なくとも20本の連続する足が移動平均線を上回り、上昇する移動平均線のほうへ市場が横ばいでドリフトしている場合、終値が移動平均線よりも１～２ティック下回る最初の短い陰線の終値で買う。または、その高値の上で買う。なぜなら、横ばいから下方への修正が一段落し、市場が元のトレンドの方向に戻ることが予想されるからだ。

複数の反転を伴う明確なトレーディングレンジが存在し、その日の

中盤にツーレッグの２本の足の陽線によるスパイクによって新高値を付けた場合、これは成り行きでの売りの良いシグナルになることが多い。特に、市場の上昇に伴って売りの増し玉をする場合や、小さなウエッジの高値に位置したり、下降トレンドラインの試しのように別のパターンの一部になっている場合はそうである。また、トレーディングレンジのなかでツーレッグの下落が発生し、その下落のなかでそのトレーディングレンジの下半分のなかで前に発生したスイングローの下で引ける陰線が形成された場合、これもまた成り行きでの買いシグナルになる。特に、市場の下落に伴って買いの増し玉をする場合や、ウエッジ型ブルフラッグの安値のように別のパターンの一部になっている場合はそうである。

チャネル内の足

強い上昇チャネルが形成された場合、ブル派は前の足の安値かその下に買いの指値注文を入れ、ベア派はすべての足の高値かその上や、すべてのスイングハイの上に売りの指値注文を入れる。またブル派は押した足の高値の上に買いの逆指値を置き、ベア派はチャネルの高値の足の安値の下に売りの逆指値を置く。下降チャネルの場合はこの逆である。

短い足にはいろいろな種類の足があり、それが発生する状況もさまざまだが、短い足はブル派もベア派も熱意がないことを示している。短い足はそのときの状況で評価しなければならない。短い足はあなたのトレード方向と同じ向きの実体を持っていれば良いセットアップになる（小さな反転足）。つまり、あなたの側がその足を支配しているということである。短い足が実体を持たない場合、トレードが成功する確率は低く、ちゃぶつきが発生する可能性が高いため、２番目の仕掛けの機会を待ったほうがよい。

はらみ足は必ずしも前の足にすっぽり包まれる（高値が前の足の高値を下回り、安値が前の足の安値を上回る）必要はない。安値または高値のうちの少なくとも一方が前の足の安値または高値に等しい場合もある。一般に、それが短い足で、終値があなたが行おうとしているトレードの向きに一致していれば、信頼できるシグナルになる（買おうと思っている場合は強気のシグナル足で、売ろうとしている場合は弱気のシグナル足であるのがよい）。

　はらみ足がトレーディングレンジをブレイクした大きなトレンド足のあとで発生した場合、それはトレンドトレーダーがトレードをためらっていることを意味するが、反転に対する確信が持てない場合のときもある（ブレイクアウトの失敗）。その短い足がはらみ足で、大きなブレイクアウト足の逆方向のトレンド足の場合は反転する可能性が高い。トレンド方向のはらみ足の場合、ブレイクアウトが継続する可能性は高まる。その日の早い時間帯に市場がその方向にトレンドを形成していた場合は特にそうである（例えば、これがあなたの期待する2番目のレッグのスタートとなる場合など）。

　ブレイクアウトのトレンド足のあとで発生する小さなはらみ足は少し感情を伴う。なぜなら、トレーダーたちは逆指値でどちらかの方向に仕掛けようとするため、多くの情報を素早く処理する必要があるからだ。例えば、下落している日に上方へのブレイクアウトが発生した場合、はらみ足の高値の1ティック上に買いの逆指値注文を置くことが多く、そのあとその安値の1ティック下に売りの逆注文を置く。どちらか一方の注文が執行されると、他方の注文はプロテクティブストップになる。注文（売り注文）がブレイクアウトの失敗で執行された場合、失敗したブレイクアウトがブレイクアウトプルバックになった場合に備え（逆方向の失敗は、ブル派もベア派も落とし穴にはまったことを意味し、これは信頼性の高いトレードをセットアップすることが多い）、買いの逆指値注文のサイズを2倍にしなければならない。

しかし、最初にトレンド方向の買い注文が執行された場合、プロテクティブストップでドテンすべきではないが、その日が下降トレンドの日ならこの限りではない。２番目の足または３番目の足が失敗することなく発生した場合、次に起こる失敗はトレード可能な失敗というよりも、新たなトレンドの方向へのブレイクアウトプルバックのセットアップになる可能性が高い。一般に、良いトレーダーは多くの小さな要素に基づいて素早く主観的な意思決定を下す。もしこのプロセスがあまりにも複雑で感情的になるようだったら、注文は控えたほうがよい。両方向のブレイクアウト注文やドテン注文といった複雑な注文はなおさらである。複雑なトレードにあまり感情移入すべきではない。なぜなら、そのあとで発生するかもしれない明確なトレードを仕掛ける準備ができないからだ。

　スイングのあとで発生するはらみ足は、そのスイングの終わりを告げるものだ。その終値がトレンドと逆方向であったり、トレンドラインやトレンドチャネルラインのオーバーシュート、ABCのツーレッグの修正（高値２または安値２）、あるいはトレーディングレンジにおける新たなトレンドハイといった要素が発生した場合には特にそうである。さらに、長い足（トレンド足、同時線、あるいは包み足）の安値や高値近くで発生する短い足は、それがはらみ足だろうとなかろうと、反転のセットアップになる場合が多い。その短い足が小さな反転足の場合は特にそうだ。トレーダーは「安く買って、高く売る」をモットーにすべきである。トレーディングレンジ（トレーディングレンジ日やトレンド日におけるトレーディングレンジ）では、短い足で仕掛ける場合は必ず高値や安値での逆張りのトレードにすべきである。例えば、短い足がスイングハイの場合、あるいは下降トレンドラインの試しのあとや、上昇トレンドチャネルラインをオーバーシュートして反転したあとで発生した場合は売りで、それがスイングローの場合ならば、買う。

トレンドが形成されている場合（トレーディングレンジ日のなかで発生するトレンドも含む）、短い足はどちらかの方向に仕掛けるセットアップとなる。例えば、強い上昇の動きが発生し、その前に重要な上昇トレンドラインのブレイクアウトがない場合、大陽線の高値近くにあるはらみ足や、その陽線の高値を上抜く短い足は買いのセットアップと見るべきである。それがはらみ足で、特に陽線の場合、素晴らしい買いのセットアップになる。短い足が単にその陽線の高値を上抜く短い足の場合、トレンドが十分に強ければそれは安全な買いのセットアップになる。一般に、短い足が弱気の反転足でなければ、押しを待つのがよい。短い足が弱気の反転足の場合、それはベア派を落とし穴にはめる。したがって、その高値の１ティック上に逆指値を置いて買うのもよいかもしれない。

　ｉｉパターンは、大きなはらみ足に続いて再びはらみ足が発生するパターンだ。つまり、はらみ足が２本続いて発生するわけであり、２番目のはらみ足が最初のはらみ足のなかにすっぽりと収まり、サイズは同じか２番目のはらみ足のほうが小さい（ｉｉｉパターンははらみ足が３本続くパターンで、ｉｉパターンよりも強いパターン）。ある動きが長く続いたあと、特にトレンドラインのブレイクが発生した場合、ｉｉパターンからのトレンド方向のブレイクアウトはスキャルピングにしかならない場合が多く、目標値に達する前か、あとで反転する可能性が高い（ファイナルフラッグ）。しかし、カウンタートレンドブレイクアウト（ファイナルフラッグからの反転）は大きな反転につながることが多い。このパターンは通常はファイナルフラッグのなかで形成される。なぜなら、このパターンは最終的にはブル派とベア派の均衡状態を示すからである。少なくとも一時的には弱い側の力が強い側の力に追いつく。もしトレンドサイドが支配権を握れば、カウンタートレンドサイドはトレンド方向のブレイクアウトのあと支配権を取り戻そうとするだろう。ｉｉパターンでの損切りは、両方の足（シ

グナル足となる2番目の足だけではなく）の逆サイドを上回った位置に置かれるが、それらの足が比較的大きい場合、損切りの位置を近くにすることもできる（両方の足を上回った位置ではなく、2本の足のうち2番目の足だけを上回った位置に置く）。仕掛け足が形成されたら、損切り幅を縮小し、仕掛け足の1ティック上でドテンする。ｉｉブレイクアウトした直後に失敗するのが普通なので、パターンがその日のレンジの真ん中辺りで形成されているときは、失敗したら次の何本かの足の範囲内でドテンするのがよい。

　5分足チャートのｉｉパターンは、1分足チャートでは上昇トレンドにおけるダブルボトムプルバック、あるいは下降トレンドにおけるダブルトッププルバックに相当する場合が多い。これらのパターンは反転パターンであり、小さなｉｉパターンがなぜ大きなカウンタートレンドの動きにつながるのかを説明してくれるものでもある。

　市場が強い上昇トレンドにあるとき、時として高値が同じで、短い上ヒゲのある足が2本続くことがある。これは2本の足によるダブルトップの買いのセットアップで、1分足チャートではダブルトップとして現れる。こんなときは、これらの足の高値の1ティック上に買いの逆指値を置く。なぜなら、あなたは失敗したダブルトップで買おうとしているわけであり、そこには売ったトレーダーのプロテクティブストップがあり、これが動きに拍車をかけるからだ。同様に、強い下降トレンドでは、2本の足によるダブルボトムの売りのセットアップの1ティック下に逆指値を置いて売る。

　2本の足による反転のセットアップにはいろいろな名称があるが、これは実体の大きさが同じで、逆方向のトレンド足（要するに、陽線と陰線）がオーバーラップするというパターンだ。2本の足によるリバーサルトップ（上にギャップを空けて放れたあと、再び同じくらいの幅のギャップを空けて元の水準に戻る値動きパターン）のセットアップは、最初の足が陽線で、2番目の足が陰線だ。これは市場がトレ

ーディングレンジにないときには売りのセットアップになる。2本の足によるリバーサルボトム（下にギャップを空けて放れたあと、再び同じくらいの幅のギャップを空けて元の水準に戻る値動きパターン）は最初の足が陰線で、2番目の足が陽線で、これは買いのセットアップになる。いずれも基本的には2本の足による反転パターンで、10分足チャートでは反転足として現れる（5分足チャートの2本の足は10分足チャートでは1本の足となって現れる）。

　2本の足による反転は状況によってコンティニュエーションパターン（1本の足によるフラッグ）だったり、反転パターンだったりする。例えば、強い下降スパイクにあるとき、陰線が発生し、そのあと安値が前の足の安値に近い小さな陽線が形成されたとき、これは2本の足による反転になる。しかし、市場は強いトレンド途上にあるので、その上で買ってはならない。この場合は、その陽線を1本の足によるベアフラッグと見て、その下で売るのがよい。逆に、同じ2本の足のパターンが移動平均線までのツーレッグの押しの終わりで上昇トレンドのなかで発生した場合、これは2本の足による反転で、優れた買いのセットアップになる。この押しはやがては終わり、市場は元の上昇トレンドに戻る。

　強いトレンドにおけるトレンド足が坊主（上か下のいずれにしかヒゲがないか、上と下の両方にヒゲがない）の場合、市場は強い一方向相場にあることを示している。しかし、ランナウエーの上昇トレンドにおける5分足チャートでの上ヒゲのない陽線は、下ヒゲのない足よりも強い。なぜなら、その足の引けにかけて強さが増し、5分前に発生したその強さが継続する可能性が高いからだ。したがって、上ヒゲのない足は買いの優れたセットアップになる。上に1ティックのヒゲを持つか、下ヒゲがない足も強い足になるが、一般に、それだけではその高値の上で買う十分な理由にはならない。また、足は状況を分析することが重要だ。その足がトレーディングレンジにあれば、その高

値の上で買うのは愚かなことだ。なぜなら、トレーディングレンジは高値や安値を何回も試す傾向があるため、その足がブレイクアウトする可能性よりも高値を試す可能性のほうが高いので、高値近くで買うべきではない。同様に、ランナウエーの下降トレンドにおける下ヒゲのない陰線は、その安値の1ティック下で売るセットアップになる。

市場に動きがなく、出来高が薄いとき、上ヒゲのない足や下ヒゲのない足が形成されやすく、これは強さを表すサインにはならない。寄り付きから1時間以内に上ヒゲのない足や下ヒゲのない足がたくさん形成され、それがトレーディングレンジにあるとき、トレードは選ぶことが大切だ。なぜならこれらの足は落とし穴であることが多く、強さがないにもかかわらず、あるとトレーダーたちに信じ込ませてしまうからだ。

短い足が優れた逆張りのセットアップになるとは限らない。シグナル足として使うべきではない特殊なケースがあるのだ。それは短い足が短い（直近の足に比べると小さい）同時線のときだ。特に、その足が実体を持たず、移動平均線の近くにあり、午前10時から午前11時の間に発生する場合がそうである。これは失敗する確率が非常に高いため、仕掛けるにはさらなるプライスアクションが必要になる。

トレンド方向の大きなトレンド足は強いが、足が異常に大きいとき、それはクライマックスエグゾースチョン（買いのクライマックス）を表すことが多い。例えば、上昇トレンドでは、それは最後の買い手がどういった価格でも買わざるを得ないためパニック買いしたか、どういった価格でも売ったものを買い戻さなければならなかったことを示している場合が多い。買い手がいなくなると、市場は下落する。標準的な反転のセットアップはシグナル足としての役割を果たすが、強い反転足での2番目の仕掛けはカウンタートレンドトレードにとっては最も安全なセットアップになる。

ブレイクアウトでの大きなトレンド足は次の足で失敗することが多

く、トレーダーたちを落とし穴にはめ、間違った方向に導く。これは静かなトレーディングレンジ日によく見られる現象だ。市場はレンジの高値と安値を行ったり来たりして、無知なトレーダーにブレイクアウトが成功するかに見せかける。

　短い足はトレンドトレードのセットアップにもなり得るし、カウンタートレンドトレードのセットアップにもなり得る。トレンド相場では、押しや戻りでの短い足はトレンド方向のトレードのセットアップになる。**図6.1**に示したように、足7、足9、足12、足14、足17、足21は戻りの短い足で、これらの足が示唆する唯一のトレードは、安値の1ティック下に逆指値を置いて売ることだ。これらのほとんどは同時線に近いが、トレンド方向の足なので、売るのが理にかなっている。強いトレンドでのシグナル足の多くは弱く見えるが、これがトレンドが下降し続けるひとつの理由だ。売りたいベア派も、少ない損失で損切りしたいブル派も、強い売りのセットアップを期待して待ち続けている。トレンドが下落し続けるのを見て、彼らは市場は絶対に上昇しないことを確信し、すぐに手仕舞う必要があることを確信する。完璧なセットアップが現れることはなく、ベア派もブル派も落とし穴にはまる。これが緊張と緊急性を生み、市場は下落し続ける。ベア派もブル派も、完璧なセットアップが現れないときのために、1日中小刻みに売り続ける。そして、完璧なセットアップは大概は現れない。セットアップは強くは見えないため、トレーダーたちは、下降トレンドは弱まっており、市場はすぐに上昇し、良い価格で売れることを期待する。市場は依然として移動平均線を下回ったままだが、パニックになるほど速く下落しているわけではないため、大きな戻りを期待し、大きく戻ったら売ろう、と彼らは思う。強いトレンド途上では弱いシグ

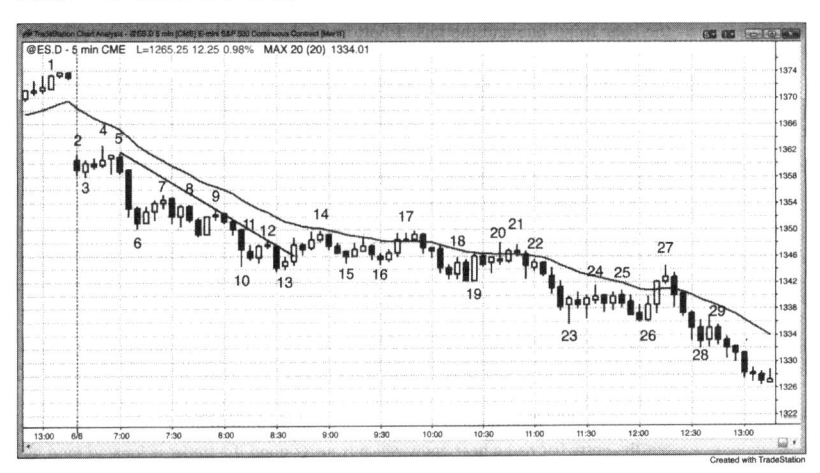

図6.1　小さなシグナル足

ナル足が重要なヒントになるのだ。

　短い足がスイングローで形成されれば、カウンタートレンドトレードのセットアップになる。カウンタートレンドでトレードする理由はほかにもある。例えば、前のトレンドラインをブレイクしたときなどがそうだ。足16は短い陰線で、下降トレンドラインと、足7から足13までの下降チャネルの高値4の安値を上方にブレイクしたあとの買いのセットアップになっている。足14で移動平均線を試したあとツーレッグの下落が発生しているため、2番目の上昇レッグが発生する可能性が高い。

　短い足の安値で売るべき唯一のときは、下降トレンドにあるときで、強い下降スパイクにあるときがより一層効果的だ。足29はそれほど短い足ではないが、はらみ足になっているため短い足として機能する。これは陰線なので、その日の安値で売れば安全だ。

　足13は3本の足による上方への反転における2番目の足で、足17は4本の足による下方への反転における2番目の足になっている。複数足の反転はすべて2本の足による反転の変化形だ。このほかにも反転

の種類はいくつかある。

このチャートのさらに深い議論

　図6.1を見ると、この日は大きなギャップダウンで寄り付いている。寄り付き後は上げるとも下げるとも分からない動きで、トレーダーたちはトレンドが形成されるのを待って、セットアップ探しに目を凝らしていた。足3は強気の反転足で、ブレイクアウトに失敗して上方に反転したため、良い買いのセットアップになったが、仕掛け足は陰線なので、上昇トレンドを探しているトレーダーにとってはあまりよいとはいえない。このブレイクアウトの失敗は失敗し、ブレイクアウトプルバックの売りのセットアップになり、下方へのブレイクアウトが再び始まった。買い手は足4を下回る下方への反転で手仕舞い、その多くはドテン売りにした。次の足もまた同時線で、このあと市場は狭いトレーディングレンジに入る。これは大きな上昇トレンドまたは下降トレンドにブレイクアウトしそうなパターンだ。足5はその前の同時線を1ティック上回り、足4の高値を上方にブレイクするのを待たなかった気の早いブル派を落とし穴にはめる可能性が高い。この日の最良のトレードは、足5の下か、狭いトレーディングレンジの安値を下方にブレイクアウトしたその次の足で売るか、オールウエーズインの売りが明確になったその終値で売るかだ。足6までの下降スパイクは3本の大陰線からなり、そのあと、おそらくは下降チャネルで下方へのメジャードムーブが発生するのが予想される。しかし、下降トレンドはメジャードムーブ以上に発展した。

　足13は新たなスイングローでの短い陽線はらみ足で、安値2のファイナルフラッグの売りから上方に反転した。また、これは2番目の下降レッグの最終地点でもあるため、高値4の買いのセットアップになる。またこれは、スパイク・アンド・チャネルの下降トレンドにお

ける下降チャネルでの３番目か４番目（プッシュの数え方によって異なる）のプッシュダウンでもあった。この場合のスパイクは足5から始まる３本の陰線からなる。チャネルは通常３番目のプッシュで終わり、そのあと、ここで見られるように、ツーレッグの横ばい状態から上昇へと続くことが多い。修正はチャネルの高値に達することが多いが、ここでは下降トレンドが強いため、修正は横ばいになるだけで、上昇することはなかった。つまり、下落がさらに続くということである。

足14までの上昇の動きは下落トレンドラインをブレイクするほど強く、足14まで比較的勢いよく上昇したあとトレーディングレンジに入るが、足16はそのトレーディングレンジにおける高値２の買いのセットアップである。足14までの上昇の動きが強いため、２番目の上昇レッグが形成される可能性が高い。

足14は、その前の20本以上の足の高値のすべてが移動平均線を下回っているため、20連続ギャップ足の売りのセットアップに近い。近ければそれで十分だ。このあと、下降トレンドの安値が試される可能性が高い。足14までの上昇は狭いチャネルからの最初のブレイクアウトだ。このため、そのあと少なくとも安値への試しが起こる可能性がある。

実際の20連続ギャップ足の売りのセットアップは足17だ。市場は足17を下回ったあと上回り、そのあとその日の新安値に向けて下落した。足17は同時線で、移動平均線のギャップ足の売りのセットアップだが、足16からの上昇が強い上昇スパイクになっているため、ほとんどのトレーダーは２番目のシグナルを待ってから売ったはずだ。仕掛けは、足17のあとで形成された陽線包み足の下である。仕掛け足は強い陰線のトレンド足で、市場はその足から強い下降スパイクで下落した。

どのチャートでもミクロダブルトップやミクロダブルボトムの反転パターンが多く発生する。このチャートでは、足20と足21がミクロ

図6.2　反転足はコンティニュエーション・セットアップになることもある

ダブルトップの反転パターンになっている。

　トレンドが強いとき、市場は強気の反転足を（上回るのではなく）下回るか、弱気の反転足を（下回るのではなく）上回ることが多い。**図6.2**に示したバイドゥ（BIDU）の５分足チャートでは、足３は強い強気の反転足で、市場を上方に反転させようとする３回目の試しだが、市場はそれを上回ることなく、下方にブレイクした。買いシグナルが出る前（次の足は足３の高値を上回っていない）に反転足で買った気の早い買い手がおそらくはいたと思われるが、はやる気持ちを抑えられなかったこうしたブル派は落とし穴にはまった。彼らはこの強気の反転足の１ティック下で損切りしたと思われるが、ここで賢明な売り手は売った。

　足６の弱気の反転足では逆のことが起こった。市場がこの足の安値

の下まで下げる前に売ったトレーダーは落とし穴にはまり、その弱気の反転足を上回る次の足で買い戻しをせざるを得なかった。反転足だけでは仕掛ける十分な理由にはならない。たとえそれが反転が起こりそうな領域で形成されたとしてもである。

10本以上の足で形成されるトレンドのなかで発生する異常に大きなトレンド足は、市場が息切れ状態になっていることを意味することが多く、そのあと10本以上の足にわたる修正局面に入り、そのあと反転する場合もある。

図6.3を見ると、足3は大陰線で、寄り付き付近の安値を下回っている。トレンドチャネルラインに沿って下落したあと、上ヒゲのない陽線はらみ足が続いている。上ヒゲがないということは、買い手がその足の引けにかけてアグレッシブに買ったことを意味する。これは優れた買いのセットアップになる。大陰線である足3は売りのクライマックスであり、そのあと陽線はらみ足から上方にブレイクアウトしている。これは下降スパイクのあと上昇スパイクが発生する反転パターンだ。長い時間枠のチャートを見ると、この底が完璧な2本の足による反転になっているものと、1本の足による反転足になっているものがあることに気づくはずだ。

足4は弱気の反転足だが、それに続く足5の売りの仕掛け足はすぐに足4の高値を上回って上方に反転したため、これらの売りが損切りに引っかかった。足4の弱気の反転足の下で売るのは賢明な選択ではなかったことを認識することは重要だ。なぜなら、上昇モメンタムが非常に強いからだ。陽線が11個連続したあと形成されたこの最初の陰線の下では売るべきではない。この弱気の反転足の上や足5の陽線包み足の上での買いはそこそこのトレードになった。なぜなら、損切り

図6.3　大きなトレンド足はエグゾースチョンを意味する場合がある

に引っかかったベア派が再び売りを仕掛ける前にさらなるプライスアクションを待っている状態だったからである。ベア派がまだ売る準備ができていない状態では、ブル派によって市場は上昇するしかない。

このチャートのさらに深い議論

　図6.3を見ると、この日はギャップダウンで寄り付いて、強い陽線で戻したが、すぐに下方に反転し、ブレイクアウトプルバックの売りのセットアップとなった。最初の2本の足は長いヒゲと大きな実体を持ち、寄り付きで小さくギャップダウンしたため、このあとは横ばいになる可能性が高く、売りは仕掛けないで待ったほうがよい。しかし、このあと2本の足による反転シグナルが発生し、ブレイクアウトのセットアップが失敗した。これはおそらくはこの日の安値になるはずだった。このあと、4本の足による上昇スパイクが形成されるがフォロースルーは発生しなかった。次の数時間のうちに、トレーダーたちは少なくとも一部を利食いし、ドテン売りにしないのであれば、残りは

そのあと発生する下落でブレークイーブンストップで手仕舞ったはずだ。

足3はスパイク・アンド・チャネルの下降トレンドの安値でもあり、ここからの反転はチャネルの始まりである足2を試すはずだ（実際にそうなっている）。この場合、足1までの5本の足による下落がスパイクで、下降チャネルは足2まで上昇したあと始まっている。足3までの下落はクライマックスだ。なぜなら、かなりたくさんの足の安値と高値が前の足の安値と高値を下回っているからである。足がいくつあるかは重要ではない。重要なのは、多くの足があったということである。足が多いほど持続不能になり、クライマックス的な振る舞いになる。強い下降トレンドのあとで形成される足3のような大陰線は売りのクライマックスだ。これが形成されると、そのあとはツーレッグの横ばいから上方への修正局面に入るのが普通だ。ここで見られるように、トレンドが反転することはまれだ。

失敗した反転足の足4は、失敗した安値2の買いのセットアップだ。安値2は、この反転足の下で売り、下落への強さが現れるのを待てなかった無知なトレーダーたちを落とし穴にはめた。市場が狭いチャネルにあり、上昇トレンドラインをブレイクしなかったときは、強い上昇トレンドでは売るべきではない。

午前7時5分の足までの4本の足による上昇スパイクのあとは上昇チャネルになることが予想されたが、足1までの下降スパイクによって下降チャネルになる可能性が高まった。このあと上昇スパイクが形成されることを期待して午前8時45分ごろ終わる押しで買い、そのあと、足2に続く陰線はらみ足の下でドテン売りにするとよい。

足1の前後の同時線は良いシグナル足にはならない。なぜなら、これらの足はその日のレンジのなかにあり、平坦な移動平均線の近くにあるからだ。

足1の5本前に付けたスイングハイは3本の足による反転を形成し

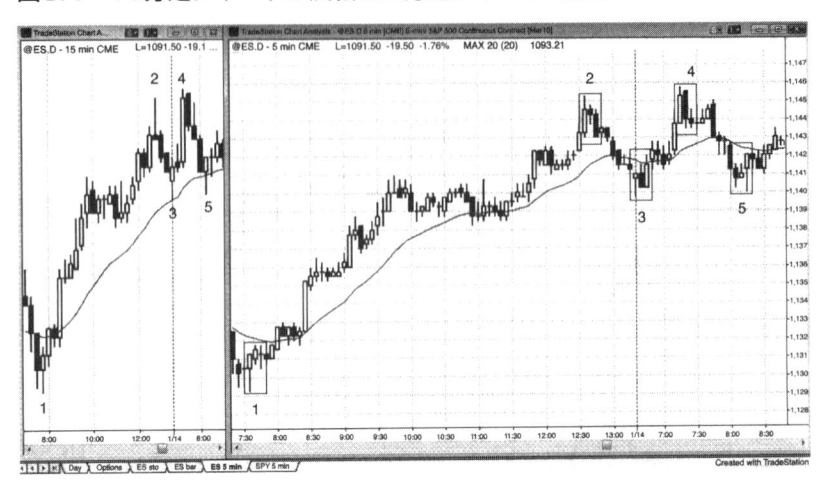

図6.4　15分足チャートの反転を5分足チャートで見る

ている。5分足での3番目の足の終値は15分足チャートの足の終値と同じになるため、これは15分足チャートでは1ティックの実体を持った陽線の反転足として現れるはずだ。

　15分足チャートの反転は、5分足チャートでも見られる。**図6.4**を見てみよう。左側の15分足チャート上ではいくつかの反転足が見られるが、これは右側の5分足チャートではボックスで囲んだ3本の足のパターンに相当する。一般に、15分足チャートでの反転は5分足チャートの反転よりも長く続くことが多い。5分足チャートでトレードしようと思った場合、15分足チャート上でも反転として現れる3本の足による反転パターンを確認することで、そのトレードに対する確信は高まるはずだ。

　一般に、トレンド足が形成され、そのときその次の10本くらいの足

のうちで、最初のトレンド足の始値付近で引ける逆方向のトレンド足が形成された場合、最初のトレンド足は反転足と見るのがよい。長い時間枠のチャートでは、その反転は２本の足による反転として現れ、さらに長い時間枠では１本の反転足として現れる。

このチャートのさらに深い議論

この日、移動平均線を下方にブレイクアウトしたが、そのブレイクアウトはダマシになって、再び寄り付きからの上昇トレンドに戻った。足３は強いトレンドにおける移動平均線のギャップ足で、足３までの下落は上昇トレンドラインをブレイクアウトしている。移動平均線のギャップ足は大きな修正に入る前のトレンドの最後のレッグになることが多い。足４は、高値を切り上げて、２本の足による反転の売りのセットアップになっている。

　５分足チャート上の３本の足によるパターンは、15分足チャート上では良い反転として現れないときもあるが、それでもそこそこの反転にはなる。**図6.5**では、右側の５分足チャートには、左側の15分足チャートでも完璧な３本の足による反転として現れそうな３本の足によるパターンが２つある。いずれのパターンでも３番目の足が、15分足チャートが形成される正時の30分あとではなく、25分あとに形成される足であるため、15分足チャートのパターンの強さは、５分足チャートのパターンほど強くない。15分足チャートで完璧な反転パターンが

図6.5　3本の足による反転

現れていれば、3本の足の高値の1ティック上で買うか、5分足チャートで早めに仕掛け足が形成されていれば早めに仕掛けることで、5分足パターンでもトレードできるはずだ。例えば、5分足チャートの2番目の例を見てみよう。この場合、2番目の足と3番目の足が2本の足による反転を形成している。したがって、3本の足の高値の2ティック上ではなく、2本の足による反転の1ティック上で仕掛けるのが無難だ。一般に、3本の足による反転を探すのに時間を費やすべきではない。なぜなら、3本の足による反転は1日に2～3回しか現れず、これに気を取られていてはほかのセットアップを見逃すおそれがあるからだ。

　足2は2本の足による反転の最初の足である。安値へと導く3本の大陰線と足2のあとの2本の大陽線を違う時間枠のチャートで見ると、2本の足による反転を形成するパターンや、これらの足が完璧に1つの反転足を形成する時間枠があるはずだ。つまり、すべての反転のセットアップは時間枠が違っても密接な関係にあるということである。細部にこだわりすぎて、目標を見失ってはならない。あなたのや

るべきことは、市場が反転しそうなときを見つけることである。そして、その反転がフォロースルーを伴うと思ったら、仕掛ける何らかの方法を見つけることだ。

このチャートのさらに深い議論

　図6.5を見ると、市場は昨日の安値を下回って小さなギャップダウンで寄り付いている。最初の足は、寄り付きの上昇トレンドが続くことを見込んでの失敗したブレイクアウトによる買いのセットアップだ。このように急な下降チャネルで反転したときは、上方への反転のあとの押しを待って買ったほうがよい。数本あとの足で安値が切り上げられているが、これらの足は横ばいになり、長いヒゲを持っている。したがって、ブル派はさらなる強さを待ったほうがよい。しかし、これは安値２の売りのセットアップ（ブレイクアウトプルバックの売り）になった。しかし、ほとんどのトレーダーは、オープニングレンジが平均的な日のレンジの３分の１に満たないほど狭いため、オープニングレンジのブレイクアウトを待つことにした。オープニングレンジの安値から下方にブレイクアウトした大陰線は、ほとんどのトレーダーがブレイクアウトを待ってから売ることを選んだことを示している。

　足２は、最初の陽線の反転の買いに対する２本の足による反転である。これは１本の足のファイナルフラッグのあとで発生しているが、その前に寄り付きの強い陽線で強く買われた。

　２本の足による反転は２本の足からなるセットアップで、これら２本の足の１ティック上で仕掛けるのがよい。**図6.6**では、足５は陰線

図6.6　2本の足による反転

だが、その安値はその前の足の安値よりも1ティック高い。反転足がその前の足とほぼ完璧にオーバーラップしている場合は2本の足による反転のセットアップとみなすべきである。例えば、このケースの場合は足5かその前の足の安値の下で売るのが最も安全だ。そのあと市場は足5を1ティック下回ったが、足5はその前の足の安値とともにダブルボトムを形成した。大陰線の下で売ったトレーダーは損切りに引っかかって損失を出した。

　足3も同じような状況だ。売りを考えているのなら、足3の下ではなく、その前の足の安値の下で売ったほうが無難だろう。いずれにしても、市場はその前の9本の足にわたって上昇トレンドにあるため、リスクの高い売りになる。ここは売るのではなく、足4の2本の足による反転の上のような押しで買ったほうがよいだろう。

　足1は2本の足による買いの反転の2番目の足で、この足は最初の足の高値を上回っている。このような場合は、2番目の足の高値の上で仕掛けるのがよい。

　足2は2本の足による反転で、2本の足の高値は同水準だった。

このチャートのさらに深い議論

　図6.6を見ると、この日は大きなギャップダウンで寄り付いて、最初の足は陽線だった。そのあと２本の足による下方への反転が発生したが、それは売りシグナルにはならず、そのあと２本の足による上方への反転に変わった。足１の上での買いはその２本あとの足でフォロースルーとして現れている。これは寄り付きの上昇トレンドからのトレンドであり、買いの強さを示すサインもあったため、安値が切り上げられるまで、最初のストップはその日の安値の下に置いておいたほうがよい。安値が切り上げられたあと強い陽線で上昇したら、その切り上げられた安値の下にストップを移動させて、その買いポジションは引けまで持つ。

　最初の１時間前後の反転には常に備えておく必要がある。昨日は下降トレンドにあったゴールドマンサックス（GS）は今日の寄り付きから急上昇したため、トレーダーたちは安値を切り下げる押しや安値を切り上げる押しを探して、トレンドが反転するのを待った。**図6.7**を見ると、足１で安値が切り下げられ、それは足３で試され、足１と足３によるダブルボトムが形成された。このあと、足５で安値が切り上げられたため、ブル派は新たな上昇トレンドを期待し、買いのセットアップを探した。足５ははらみ足で、そのあとの足も安値は足５の安値を上回り、高値は足５の高値を下回るはらみ足となった。これはｉｉのセットアップになる。したがって、トレーダーたちは２番目の足の１ティック上に逆指値を置いて買ったはずだ。足６ははらみ足で、その前の足もはらみ足なので、これは２番目のｉｉのセットアッ

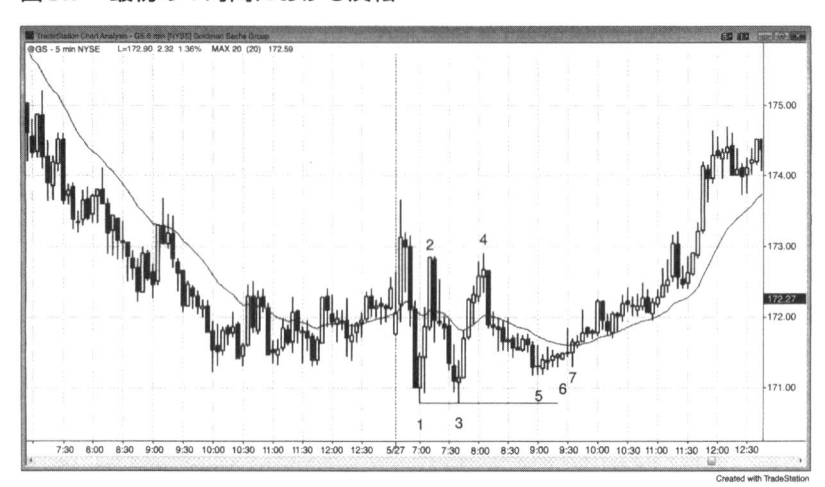

図6.7 最初の1時間における反転

プになる。

このチャートのさらに深い議論

　図6.7の寄り付きは微妙だ。不確かなときは仕掛けないほうがよい。市場は昨日の最後の数時間のトレーディングレンジを上にブレイクアウトしたが、そのブレイクアウトは3番目の足で失敗に終わった。そのあと市場は昨日のトレーディングレンジを下にブレイクアウトしたが、そのブレイクアウトもダマシになり、足1で今度は上方に反転した。足3はダブルボトムの買いのセットアップだが、少し待てば、ダブルボトムプルバックで足6の上で買えたはずだ。

　足6はダブルボトムプルバックの買いのセットアップだ。ダブルボトムプルバックは通常50％以上押して、ダブルボトムの水準まで下落することもよくある。このダブルボトムは非常に正確なものだった。安値の切り上げは鍋底を形成することが多く、従来の株式トレーダーはこれを買い集め（アキュミュレーション）領域と呼ぶ。名前は

ともかくとして、重要なのは、市場がこの２回目の下落の試し（足３が最初の下落の試し）で安値の切り下げに失敗したということである。市場が下落しなければ、ベア派はサイドラインに下がるため、市場は高い価格で売る売り手を探そうとして上昇する。しかし、市場が見つけたのは売り手ではなく、高い価格で買おうとする買い手だった。

　足７は下落への試しが続けて失敗したあとの３番目の仕掛けのセットアップだ。市場は足６の上へのブレイクアウトに失敗し、次の足では下へのブレイクアウトも失敗した。つまり、ブル派もベア派も落とし穴にはまったということである。足７は足６の上へのブレイクアウトからの単なる押しで、したがってブレイクアウトプルバックの買いのセットアップになった。

　足４はダブルトップベアフラッグの売りのセットアップだ。寄り付きからの上昇のあと、足２で高値が切り下げられ、足４によって再度試された。これによってダブルトップが形成された。ダブルトップは寄り付きの高値を下回ったため、このあとは下降トレンドになることが予想される。下降トレンドでの戻りはベアフラッグととらえるべきである。

　非常に小さく、重要ではないように思える足でも、非常に重要なことを語っているときがある。**図6.8**を見ると、足２（シグナル足）は非常に小さい（185ドルの株価に対して11セント）が、終値の折れ線グラフを見ると、点２では少しだけ安値が切り上げられている。

　足２は反転のセットアップの後半を形成し、足１の３本前の大陰線は下方への反転の始まりだった。これら10本の足を長い時間枠のチャートで見れば、２本の足による反転を形成していることが分かるはず

図6.8　短い足でも重要なことを意味する場合がある

だ。

このチャートのさらに深い議論

　この日は少しだけ上げて寄り付き、昨日の引けからの２本の足によるベアフラッグをブレイクアウトしたあと、２本の足による下降スパイクが発生した。市場は４番目の足で上方への反転を試みるが、買われることはなかった。なぜなら、それはフォロースルーを伴わない陽線包み足だったからだ。売り手は損切りをシグナル足の上か、この陽

線包み足の上に入れて売りポジションを維持するだろう。次の足は陽線はらみ足で、これは寄り付きからの下降トレンドにおける安値2の売りのセットアップになった。

　足2の3本前の強気の反転足は、前の7本の足が狭い下降チャネルを形成しているため、リスクの高い仕掛けだ。チャネルからのブレイクアウトを待って、ブレイクアウトプルバックで買ったほうが無難だ。このプルバックは横ばいの小休止で、安値を切り上げた足2の買いシグナルで終わっている。一般に、2回目の仕掛けのほうが安全だ。これはⅰⅰⅰパターンに非常に似ている。ⅰⅰⅰパターンはスイングの終わりで反転することが多い。

　足1はシグナル足が同時線なので、ファイナルフラッグのブレイクアウトからの上方への反転の良いセットアップにはならない。強い下降トレンドで安値をとらえるには、シグナル足として陽線を待ったほうがよい。また、足1の前の4本の足は陰線なので、下降モメンタムが強く、反転の最初の試みで買うのは避けたほうがよい。特に、シグナル足が同時線の場合はそうだ。なぜなら同時線は強い買いを表すものではないからだ。

　ⅰⅰパターンは短い時間枠のチャートでは常に明確な反転のセットアップを表すものなので、そのチャートをチェックして確認する必要はない。**図6.9**の右側の5分足チャートでは、2つのⅰⅰパターンが形成されている（最初のパターンはⅰⅰⅰパターン）。これらのパターンは、例えば左側の1分足チャートのように短い時間枠のチャートでは明確な反転パターンになることが多い。5分足チャートの足1のⅰⅰⅰパターンでは安値が切り上げられ、1分足チャートでは何回も

図6.9　ｉｉパターンは短い時間枠のチャートでは反転パターンになる

試されている。５分足チャートの足２のｉｉパターンは、安値が切り上げられたあと、すぐにまた安値が切り上げられている。これは安値の切り上げがトレンドになっている証拠であり、上昇トレンドには欠かせない要素だ。

いずれのケースも、ｉｉパターンの終わりの陽線は買いの優れたセットアップになる。短い足は方向性にはあまり関与しないとはいえ、最後の足があなたが仕掛けようとする方向のトレンド足であるほうがよい。

５分足チャートの足２は２本前の陰線とともに反転を形成している。

このチャートのさらに深い議論

図6.9の１分足チャートの足１のセットアップは、ダブルボトムプルバックの買いのパターンで、足２のセットアップは**失敗した安値２**

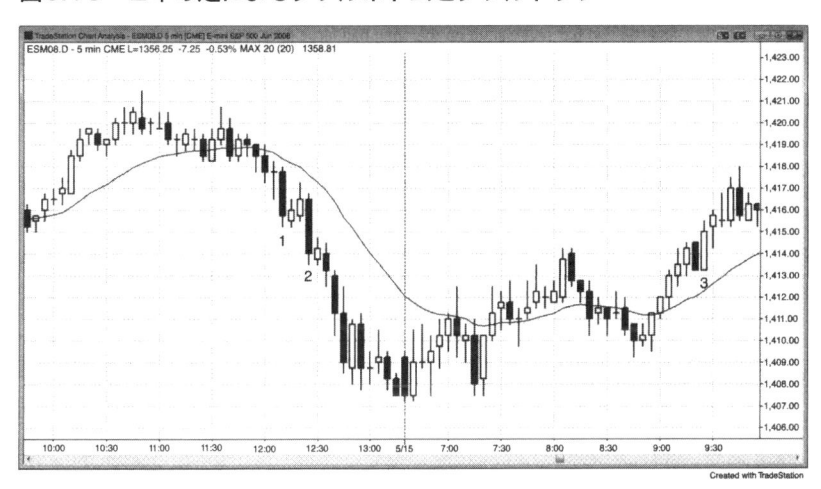

図6.10　2本の足によるダブルボトムとダブルトップ

である。

　ダブルボトムとダブルトップはわずか2本の足によるパターンのときもあるが重要だ。

　図6.10では、足1に続いて下降スパイクの過程で陽線が形成され、安値がほぼ同じなので、ミクロダブルボトムベアフラッグのセットアップになる。このような場合は、その安値の1ティック下で売る。あるいは、次の戻りの足の安値の下で売ることもでき、これによって早い仕掛けが可能になる。

　足2もこれと同じケースだ。

　足3は、その前の陰線が上昇スパイク過程における1本のブルフラッグなので、ミクロダブルトップの買いの仕掛け足になる（上昇スパイクにおける高値1の買いのセットアップ）。足3はまたミクロダブ

ルボトムでもあり、その前の足とともに2本の足による反転を形成している。足3の高値の上で買ってもよいが、4ティックも不利になっているので、リスクの高い仕掛けになる。また、3本のオーバーラップする足をブレイクアウトしたあとの長大線の上で買うのもリスクが高い。なぜなら、これら3本の足はトレーディングレンジの始まりになるかもしれないからだ。

このチャートのさらに深い議論

図6.10を見てみると、この日の最初の足は昨日の安値を下にブレイクアウトしたが、そのブレイクアウトはダマシになった。市場は依然として昨日の最後の1時間のトレーディングレンジのなかにあり、寄り付き付近での2本の足による上方への反転を形成する足は大きいので、トレーダーたちは長いヒゲを持つたくさんの足で形成されるトレーディングレンジの高値で買いたくなるかもしれないが、ここは待ったほうが得策だ。移動平均線までの上昇はベアフラッグであり、その上昇は午前7時15分にブレイクアウトしたが、ブレイクアウトはダマシになり、そのあとの2本の足による反転で上方に反転した。これは買いのセットアップだ。

午前8時50分にはダブルボトムプルバックの買いのセットアップが整った。

強い下降トレンドでは最初の反転の試しでは買わないのが賢明だが、強い2本の足による反転は売りのクライマックスのあとでは信頼できる買いのセットアップになることがある。図6.11に示したよう

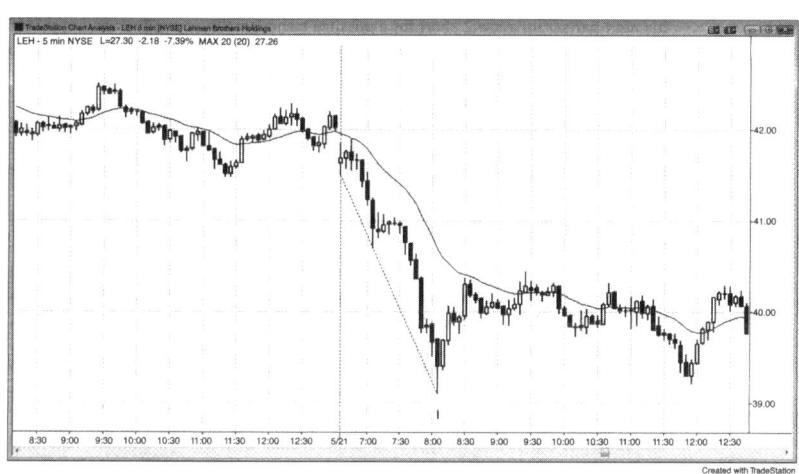

図6.11　強い2本の足による反転

に、リーマンブラザーズ（LEH）は連続する売りのクライマックスのあと、下降トレンドチャネルラインの試しで2本の足による反転の安値を形成している。この下落は持続不可能なのでクライマックスとみなすことができる。足1を含めた直近17本のうち16本の足の高値はその前の足の高値を下回っている。また、一連の短い陰線に続いて大陰線が形成されているのが3回発生している。クライマックスのあとにはツーレッグの修正が続くのが普通で、これは多くの足にわたって続く（5分足チャートでは最低1時間は続く）。

　足1は2本の足による反転の最初の足だ。強い下降トレンドの最初の反転で買うのは通常リスクを伴うが、クライマックスのサインが何回かあり、非常に強い2本の足による反転が発生したあとでは、これは良い買いのセットアップになる。足1は大陰線で、したがって売りのクライマックスであり、次の足は強い陽線だ。この大陽線で、安値で寄り付いて、高値で引けている。

このチャートのさらに深い議論

　この日は、昨日の終わりの90分にわたるベアフラッグのブレイクアウトで寄り付き、昨日の安値を試した。3本目の足は移動平均線を試し、その次の足が寄り付きからの下降トレンドに対する安値2の売りと、ブレイクアウトプルバックの売りのセットアップになっている。トレーダーの多くはその日の最初の足を下にブレイクアウトするのを待って売ろうと思っていた。そこで3本の足による下落スパイクの最初の足となる陰線が形成されたので売った。また、それに続くベアフラッグの下で売るのもよい。

　足1は値幅が広く、強い下降レッグのあとで形成された。したがって、これは売りのクライマックスだ。その3本前の足も同じく大陰線が形成されているが、これも売りのクライマックスである。トレンドが特に強いとき、2番目の売りのクライマックス、あるいはまれに3番目の売りのクライマックスが発生するまで修正局面に入ることはない。

　足1の2本前に形成された短いはらみ足は1本の足によるファイナルフラッグになった。

　寄り付きのあとからほとんどオーバーラップすることなく大陰線が3本続いているが、これは下降スパイクを形成している。強い下降スパイクのあとは下降チャネルが続き、そのあと戻して、時には反転することもある。この最初の下降スパイクのあとには横ばいの安値2が続き、そのあとさらに大きく下げた。このフォロースルーの下落はほぼ垂直だが、これは最初の下降スパイクに続く下降チャネルとみなすべきである。市場は戻す前にさらに下落したが、この安値2は一種のファイナルフラッグである。

　スパイク・アンド・クライマックスの下降トレンド（スパイク・アンド・チャネルの下降トレンドの一種）は1～2日中にチャネルの始

まりを試すのが普通だが、下落がこれほど強いと試さないこともあり、長い時間枠のパターンが市場を支配していることもある。例えば、足1までの下落は60分足のチャートでは大きなスパイクとなって現れ、それに続くトレーディングレンジは戻りになり、その戻りから広い下降チャネルになって価格はさらに下落するといった具合だ。

　強い上昇チャネルでの最初の反転の試しは、それが買いクライマックスの終焉で、2本の足による反転が強いとき、信頼できる売りのセットアップになる。

　図6.12を見ると、足4は昨日の高値と上昇トレンドチャネルラインを上方にブレイクアウトし、小さなフラッグ（足3）をブレイクアウトしたあと、2本の長大線による反転の天井を形成している。2本の足が大幅にオーバーラップするとき、一方の足（この場合、足4）の下ではなく、2本の足の安いほうの足の下で売れば利益につながる可能性が高い。また、2番目の足は大陰線だ。上昇トレンドが強いときには、強い陽線の下ではなく、強い陰線の下でのみ売るべきである。

　足1とその前の陰線は、良い2本の足による反転の買いのセットアップにはならない。なぜなら、高値を切り下げてブレイクアウトしたあとの2本の大陰線が大きな下降モメンタムを持つからである。これら2本の陰線はほとんどオーバーラップしておらず、ヒゲも短い。

　このあとすぐに別の2本の足による反転の買いのセットアップが形成される（パターンが連続して形成されることはときどきある）が、下降スパイクのあとの4つのオーバーラップする足がベアフラッグを形成している。下降トレンドのなかのトレーディングレンジの高値では買うべきではない。特に、移動平均線のすぐ下では買うべきではな

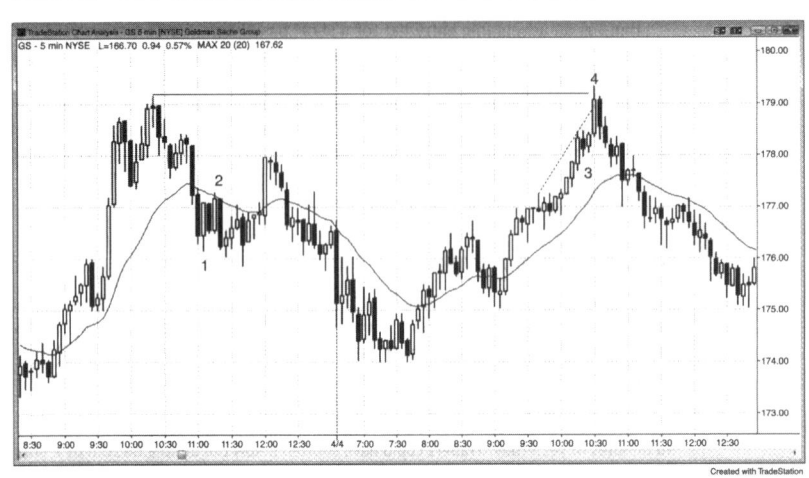

図6.12　２本の足による反転の買いのクライマックス

い。２本の足による反転がカウンタートレンドシグナルになるのは、反転が期待できる理由があるときだけである。

　足２は前の２本の足によって形成された２本の足による反転に基づいた売りのセットアップになる。これは移動平均線までのちょっとした上方への修正を反転させようとしている。しかし、移動平均線のすぐ下に２本の足による反転の売りのセットアップがあり、それらの足が比較的大きく、オーバーラップしているときは、そのシグナル足の安値かその下で買えばスキャルピングすることができる。これは狭いトレーディングレンジなので、通常はこの狭いトレーディングレンジの安値で買うのがよい。

　足４は２本の足による反転の最初の足である。

このチャートのさらに深い議論

　足４の２本の足による反転は足３の小さなファイナルフラッグのあとで発生し、午前９時10分に始まった上昇スパイクの３番目のプッ

シュアップだ。スパイク・アンド・チャネルパターンはスリープッシュアップのあと修正局面に入ることが多い。この場合、スパイクが最初のプッシュで、そのあと２つのスパイクが続き、そのあとで修正局面に入るのが普通だ。修正はチャネルの安値辺りを試すことが多い。

今日の最初の足は、昨日の終わりの90分のダブルボトムブルフラッグの下方へのブレイクアウトだった。したがって、ダブルボトムの下に逆指値を置いて売るか、３本の足のあとのｉｉのブレイクアウトプルバックのセットアップが整った下で売ることができたはずだ。

昨日の高値からの大きなツーレッグの下落は、今日の寄り付きのトリプルボトムで終わっている。寄り付きの高値を試した最初の強い上昇レッグのあと、午前９時５分の安値の切り上げで買うチャンスが再び訪れた。市場はまだ寄り付きの高値を上方にはブレイクしていないが、これはブレイクアウトプルバックの買いのセットアップでもあった。

足１は陽線で、このあと陰線が続き、そのあと移動平均線を試す陽線が再び現れる。これは移動平均線への小さなツーレッグの修正なので、安値２の売りのセットアップになる。繰り返し発生する２本の足による反転の安値への試しの上で買ったブル派は落とし穴にはまり、安値２で損切りした。新たなベア派の売りに加え、彼らが売ったため、売りのスキャルピングの勝率は高まる。彼らは損をしたばかりなので買うのは気が進まない。結局、彼らの損失によって売りのスキャルピングの勝率は高まるというわけである。

オーバーラップした足が連続的に発生すれば、それは狭いトレーディングレンジを形成する。ブレイクアウトの多くはダマシに終わり、市場は再びこの狭いトレーディングレンジに引き戻される。つまり、この狭いトレーディングレンジは磁石のように機能するわけである。ブル派もベア派もこのレンジに価値を見いだすのはこのためだ。**市場がこのレンジの安値に近づくと、ブル派はこのレンジにさらなる価値**

を見いだし、よりアグレッシブに買う。ベア派はレンジの真ん中か高値で売る。レンジの安値におけるベア派の不在とブル派によるアグレッシブな買いによって市場は再び上昇する。レンジの高値では逆のことが発生する。つまり、ベア派がよりアグレッシブになり、買い手は買うのをやめ、価格が安くなるのを待つというわけだ。この動きはブレイクアウトで増幅する。このときベア派がブル派を圧倒し、市場を下方へブレイクアウトさせる。しかし、市場を下落させる新たな売り手は見つからず、買い手は狭いレンジ内の価格よりも安い価格により大きな価値を見いだす。その結果、市場は再びレンジ内に引き戻される。

　このあと市場はレンジの高値からブレイクアウトしようとするが、再びレンジ内に引き戻される。しかし、最終的にはこのレンジからブレイクアウトする。

　強いトレンドにおける上ヒゲも下ヒゲもない足は強さのサインだ。したがって、ブレイクアウトでトレンドの方向に仕掛けなければならない。図6.13では、足8は強い下降トレンドのなかの陰線で、上にも下にもヒゲがない。つまり、これは強い売り圧力を示している（トレーダーたちは終始売った）。売り圧力はこれ以降も強まる可能性が高い。市場の動きが速いので、素早く売りの逆指値を置く必要がある。あるいは、成り行きで売るか、1～2ティックの戻りで指値で売ってもよい。

　足10の次の足は下降トレンドで形成され、上ヒゲがないが、この時点では市場は急落モードにはないので、これだけでは売る理由にはならない。

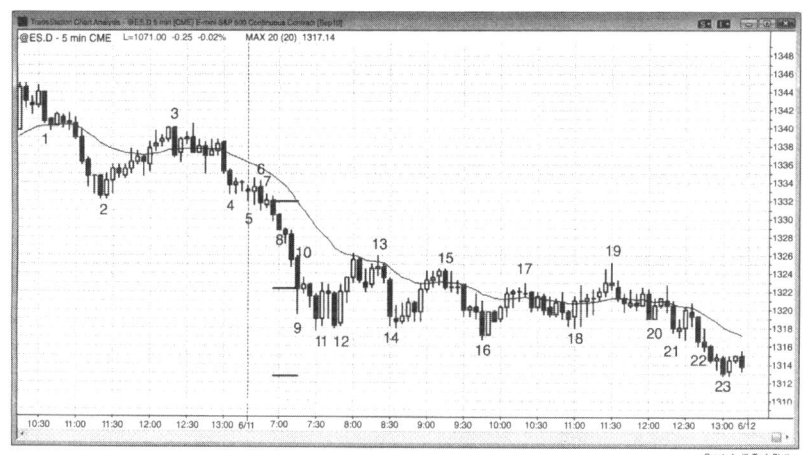

図6.13　ヒゲがないのは強さを意味する

足16の次の足は上にも下にもヒゲのない陽線だが、上昇トレンドにはないので、ヒゲがないだけでは買いのセットアップにはならない。

足17の次の足は上ヒゲがなく、足20の前の足は下ヒゲがないが、市場は急落モードにはないので売りのセットアップにはならない。

このチャートにも2本の足による反転のセットアップが随所に見られる。

このチャートのさらに深い議論

図6.13は比較的静かな寄り付きで、昨日の引けからの狭いトレーディングレンジで推移している。足8は2本の足によるブレイクアウトで、寄り付きでの下降トレンドのなかにあるので、トレーダーたちはこの足の終値や、最初のポーズ足である足10の下や、移動平均線を試す足13のダブルトップベアフラッグで売ったはずだ。

足11は2本の足による反転の2番目の足で、市場は売りのクライマックスのあとに上昇を試した。足11の次の足は同時はらみ足で、

安値1の売りのセットアップになる。しかし、ベアフラッグが形成され、シグナル足は前の2本の足とほとんどオーバーラップしており、市場はトレーディングレンジにあるので、売りは失敗し、弱気の落とし穴になる可能性が高い。こういった売りシグナルは受け入れないほうが賢明だ。

　足12からの3本の足による上昇は20連続ギャップ足の売りにつながるが、上昇モメンタムが強いので、2番目のシグナルを待ったほうがよい。2番目のシグナルは足13で発生している。

　足19は移動平均線のギャップ足の売りのセットアップで、このあと市場はこの日の新安値へと向かう。これはまた足15と足17のスイングハイの上方へのブレイクアウトの失敗でもあり、トレーディングレンジの高値への試しにもなっている。トレンド日は午前11時と昼の間にカウンタートレンドの動きが発生することがよくあるが、これはここで見られるように、トレーダーたちを間違った方向に導く。トレンド方向のトレード（この場合は売り）を行うためには、この点はよく認識しておくことが重要だ。

　足10の前の足はトレンドのなかにある長大なレンジの足なので、売りクライマックスであり、市場はすぐに横ばいの修正に入り、そのあと上昇する可能性が高い。強いトレンドにおける最初のポーズ足は、強い下降トレンドでも成功する売りのスキャルピングになるのが普通だが、ファイナルフラッグになって修正に入り、そのあと上昇する可能性もある（その安値の下へのブレイクアウトは1～2本の足のうちに上方へ反転することもある）。強い下降スパイクが発生したら、下方へのメジャードムーブが続くのが普通だ。このときのメジャードムーブの距離は、スパイクの最初の足の始値または高値から、最後の足の終値または安値までになる。この日の安値はスパイクの最初の足の始値から最後の足の終値までの完璧な下方へのメジャードムーブだった。少なくとも市場がこれらの目標値の領域に達するまでは売りポ

ジションは保持すべきだ。

　足16は大陽線のはらみ足で、その日の新安値から上方に反転し、そのあと市場はトレーディングレンジに入る。足16はトレーディングレンジ内の高値2でもあったため、買いのまあまあのセットアップになった。高値1は2本の足の前に形成されている。

　昨日の引けにかけての2本の足による下降スパイクは下降チャネルへと続き、下降チャネルは今日の足11の前の足で終わっている。しかし、チャネル全体が急なので15分足チャートや60分足チャートではスパイクになっている可能性が高く、市場は今日の引けにかけてチャネルで下降していく可能性がある。

　足21の強い陰線、あるいは足20の前の足は、小さな下降スパイクを形成し、市場は今日の引けにかけて下降チャネルで下落していった。

　図6.14に示すように、アップル（AAPL）の5分足チャートでは、よくあるシグナル足がたくさん形成されている。足1はスイングダウンの安値で発生した同時ハンマーで、今日の最初の足とともにダブルボトムを形成しているため、ローソク足崇拝者は買いたいと思うだろうが、プライスアクショントレーダーにとってはこれは良いセットアップではない。これはオーバーラップした3本目の同時線だ。つまり、市場はこれら3本の足にかけて上下動を繰り返すという意味である。これは二方向の相場、つまりトレーディングレンジだ。移動平均線のすぐ下にトレーディングレンジがあるとき、下方にブレイクアウトする可能性が高い。移動平均線の下からの試しには必ず売り手が存在し、その足の高値と移動平均線の間には十分なスペースがないため、スキャルパーの利益さえ危ういところだ。足1の上で買うときは、こ

図6.14　シグナル足の例

　れらの足の長さ（どれも比較的レンジが広い）に注意が必要だ。プロテクティブストップの位置は現在の足の大きさに依存するところもあるため、このトレードのリスクは高まる。すべてのトレードでリスクを同じにしたければ、売買する株数を減らさなければならない。

　足2は、適度に長い陽線で、昨日の安値の下からと、この日の新安値からの上方への反転の2回目の試しだった（最初の試しは足1）ため、良い反転足のセットアップになった。最初の2本の足は陽線だが、これは上昇の強さが残っていることを示している。上ヒゲがあるのは弱さの表れだが、これに続くトレンド足によってこの弱さは解消されている。

　足2は2本の足による反転の2番目の足で、もっと長い時間枠のチャートでは長い2本の足による反転の真ん中の足になる。長い時間枠のチャートでは、前後の足が2本の足による反転を形成したり、もっと長い時間枠のチャートになると、前後2本ずつの足が2本の足による反転を形成するケースもあり、さらに長い時間枠のチャートでは5

本の足が１本の強気の反転足になることもある。

　ポーズ足のあと発生した陽線包み足である足３は、その日の新高値へのブレイクアウトのあとに発生しており、その前の短い足の高値の上での買いの仕掛け足になっている。新たなトレンドにおける包み足は、急速に形成されるため、素晴らしいトレードを仕掛け損なう場合が多い。トレーダーたちは考え方を弱気から強気へと急には変えられず、市場を追っかけるしかない。足３の前の足は同時線で、市場はその日の新高値へのブレイクアウトのあとに下方に反転するかもしれないが、売りの強いセットアップにはならない。その安値の下で売るのは、これを上昇の強さが増しているサインと見たスキャルパーや確信のない売り手たちだけだろう。この同時線の前の足はこの日の最大の大陽線で、高値で引けている。これはまた３本連続して上昇した３本目の足でもある。これら３本の足はどれもそこそこ大きな実体を持ち、２番目と３番目の足のその前の足とのオーバーラップは半分以下である。したがって、トレーダーたちは押しでアグレッシブに買おうとしている可能性が高い。彼らは同時線の安値の下とその高値の上で指値で買った。買い圧力が非常に強く、どちらの買い注文も１本の足で執行された。

　足４は新高値で形成された陰線の同時線だが、上昇モメンタムが非常に強く、反転足が非常に弱いため、売りは２回目の仕掛けで行ったほうがよい。これは７本連続して陽線が続いたあとに初めて発生した陰線で、市場は最初の試しではあまり大きく反転しない。特に、シグナル足の終値が安値近くではなく足の真ん中辺りにあるときはそうだ。ベア派はその足を安値で引けさせるほど強くないため、市場を押し下げることはできず、ブル派が再びベア派を圧倒する可能性が高い。

　足５もまた陽線包み足で、移動平均線とオープンレンジからのブレイクアウトを試している。これは強い上昇における押しの最後の足だった。

足6は弱気の反転足で、足4のスイングハイと昨日の高値を上抜いたあとの2回目の仕掛け（最初の仕掛けは2本前の足）の売りのセットアップだった。ベア派は足5で移動平均線を試すほど強かったが、上昇トレンドはそれよりも強いため、ベア派は移動平均線かその下まで修正するはずだ。トレンドがだらだら続くと、ブル派はより深い押しを望むもので、深く押したあと再び買い始める。

足7は、移動平均線への試しを期待しているときに発生したｉｉの売りのセットアップにおける仕掛け足である。ｉｉの足はどちらも陰線だ。したがって、売りが成功する確率は高い。売りの仕掛け足が陽線というのはあまり良くなく、そのあとの足はそれを上回っているが、プロテクティブストップが置かれるｉｉパターンを構成する足は上回っていない。狭いトレーディングレンジでの仕掛けを考えているのであれば、少し余裕を与えることが必要だ。この仕掛け足は小さな強気の反転足だが、小さな反転足というのはあまり良くなく、それが狭いトレーディングレンジのなかで発生したときには反転足とみなすべきではない。なぜなら、反転はしないからだ。ｉｉのブレイクアウトは2～3本あとの足で上方に反転した。これはｉｉがその日のレンジの真ん中にあることから予想できる。そのあと市場は2回レッグダウンして、移動平均線を下抜くという目標を達成した。

足8は同時線で、トレーディングレンジのなかでダブルトップを形成している。同時線は強い上昇トレンドでは売りの良いシグナル足にはならないが、トレーディングレンジでは、文脈によっては売りのまあまあのシグナル足になる。市場は今レンジの高値を試しているので、次にレンジの安値を試せば、足8は売りのシグナル足になる。

足9は新たなスイングローのあとで発生した2本の足による反転で、足5の安値への試しでもある。2本の足のうち高いほうの高値の上で仕掛けるので、この場合は足9の高値の上で仕掛けることになる。しかし、市場が移動平均線を下から試すときは、移動平均線の近

くには売り手が常にいるので、これはリスクの高いトレードになる。また、これら2本の足は長い。したがって、買い手は下降レッグの安値の上といった高すぎる価格で買わされることになる。リスクがこれ以上大きくなったら、仕掛けずに強いセットアップを待ったほうがよい。

足10は、大きな実体と短いヒゲを持ち、ほとんどオーバーラップしていない4本の陰線のあとで発生した2本の足による反転で、強い下降トレンドでは売りの良いセットアップになる。

足11は3回目のプッシュダウンのあとの強気の反転足で、その日の安値をここで食い止めようという試みでもある。途中何回か戻しながら下降トレンドがかなり長く続いたため、移動平均線を試す可能性が高い。これはカウンタートレンドで、移動平均線までの上昇途中では何回か押すはずであり、したがって損切り幅はすぐに狭めてはならない。

このチャートのさらに深い議論

寄り付きで移動平均線を下にブレイクアウトするが、強い強気の反転足でブレイクアウトは失敗する。2番目の足は陽線だがヒゲが長く、移動平均線を上抜くことはできなかった。3番目の足も移動平均線を試すが上方へのブレイクアウトには失敗。ここでもフォロースルーの買いはなかった。市場は今、移動平均線の下で狭い範囲でトレードされており、足は長いヒゲを持っているため、ブル派は買いポジションを手仕舞って待ったほうがよい。移動平均線の下の狭いトレーディングレンジは下方にブレイクアウトするのが普通だが、信頼できる売りのセットアップは発生しなかった。こんなときはもっと良いセットアップを待ったほうがよい。足2は強い強気の反転足で、ファイナルフラッグになった狭いトレーディングレンジのブレイクアウトに失

敗したあと、買いのセットアップになる。

　寄り付きでの高値を上にブレイクアウトすれば、上へのメジャードムーブが発生する可能性が高い。

　足2は下降ミクロウエッジでもあり、前の3本の足の安値をつなぐトレンドチャネルラインをオーバーシュートした。足1のあとの足の下ヒゲがあることに注意しよう。これは買い手がこの足の安値辺りで買ったことを意味する。ベア派はこの足の安値の下方へのブレイクアウトで売り手が現れ、終値が安値をはるかに下回ることを期待していたが、期待に反して買い手が現れた。これはこの次の足でも発生し、足2でも発生しているが、足2の場合のほうがより顕著だ。ベア派は最終的には前の足の安値の下まで市場を押し下げることに成功したが、そのあとブル派がアグレッシブになり市場は反転し、足2は始値の上で、その足の高値近くで引けた。ミクロウエッジ自体は大きな反転にはつながらないが、そのほかの要素が働き、市場はその日の安値を付けた。

　足2はその前後の足とともに3本の足による反転を形成している。この足は15分足チャートでは反転足になっているが、それはその前の足の始値が15分足チャート上の足の始値と同じで、そのあとの足の終値が15分足チャート上の足の終値と同じで、終値が始値を上回っているからだ。次の足は15分足チャートでは買いの仕掛け足になっているはずだ。

　足4から足5までの下落はオーバーラップした何本かの足からなるが、ファイナルフラッグになる可能性が高い。足5とそれに続く足は大きな実体と短いヒゲを持つため、2本の足による買いのクライマックスである。クライマックスが多くの足にわたるトレンドのあとで発生した場合、ツーレッグの横ばいから最低10本の足が続く下方への修正が発生する可能性が高い。2本の足による買いのクライマックスのあとで発生した足は陰線はらみ足で、これは1本の足によるファイ

ナルフラッグになる。

　足6は、足2の安値からの2番目の上昇レッグであり、途中、足5で押している。2番目のレッグは大概が反転になる。これはまた安値4であり、ウエッジ（3本のプッシュは足4、足5のあとの足、および足6）も形成している。これはもっと大きなウエッジと見ることもできるが、その場合の3本のプッシュはその日の3番目の足、足4、および足6である。こうした諸々の状況を考えると、このあと少なくとも2つの下降レッグが発生する可能性が高い。足6の前には2本の買いのクライマックスが発生している。1つは足5とその次の足の2本の足によるクライマックスで、もう1つは足6の前の足である。2つ目の買いのクライマックスのあとは、移動平均線を下抜くツーレッグの修正が発生するのが普通で、この修正は少なくとも1時間続く。

　足6の売りに続くツーレッグの押しは移動平均線を下抜き、移動平均線のギャップ足で終わっている。これは強いトレンドのなかで形成されているため、このトレンドの高値が試される可能性が高い。これはまたウエッジ型ブルフラッグの買いのセットアップで、最初のプッシュダウンが足6の前の足、2番目のプッシュダウンが足6から3本目の足だ。移動平均線のギャップ足は、市場が大きく下落して反転する前に、そのトレンドの最後のレッグになることが多い。

　足8は移動平均線のギャップ足のあとに発生した高値の切り下げで、ダブルトップでもある。これは必ずトレンドラインをブレイクするため、トレンドが反転する可能性が高い。下降スイングで良いリスク・リワードのセットアップが整うため、売り手はポジションの一部をスイングトレードにしたほうがよい。足8はまた1本の足によるファイナルフラッグの反転を形成するとともに、ミクロダブルトップの反転も形成している（この足の前の2本の足のいずれかは上ヒゲがある）。

　足9は足8からスリープッシュダウンするウエッジ型ブルフラッグ

だが、比較的狭い下降チャネルで下落しており、下降トレンドになる可能性があるため、ブレイクアウトプルバックの買いのセットアップを待ったほうがよい。足9の5本あとには陽線包み足が形成されているが、これはトレーディングレンジにしても下降トレンドにしても買いの仕掛け足にはならないため、買い手はもう少し待ったほうがよい。足9は足5とともにダブルボトムブルフラッグを形成している。つまりその日の早い時間帯に買い手がいたということである（足5）。足9は最終的には足6の高値からの大きなツーレッグの修正が終了する地点なので、高値2の買いのセットアップになる。15分足チャートのような長い時間枠のチャートではおそらくは明確な高値2の買いのセットアップが整っているはずだ。

　足10は足9のウエッジ型ブルフラッグの安値から下方へのブレイクアウトからの戻りであり、失敗した高値2でもあり、足9のあと形成されるダブルトップベアフラッグの下へのブレイクアウトのあとで発生している。足10の前の4本の足によるブレイクアウトは下降スパイクで、そのあと市場は引けにかけて上昇し、チャネルの高値となる足10の高値を試している。足10の高値とその4本あとで発生する足とでダブルトップベアフラッグの売りのセットアップが形成されている。すべてのブレイクアウトはスパイクでありクライマックスだ。足11の2本前の足は2番目の売りのクライマックスである。売りのクライマックスが2本続いたとき、2回目の売りのクライマックスのあとではツーレッグの戻りが発生するのが普通だ。そして、ブレイクアウトスパイクのあとは、下方へのメジャードムーブが発生することが多い。足10の前の4本の足のうち最初の足の始値と4本目の足の終値の間のティック数を数え、最初の戻り（足10の高値）の高値からそのティック数だけ下に下げたところがメジャードムーブの目標地点である。

　足11は足1に似ている。足1の領域では買い手が現れたため、足

11でもまた買い手が現れる可能性がある。まだ下降トレンドラインはブレイクしていないため、大きな反転が発生するというよりもトレーディングレンジになる可能性が高い。足6からはチャネルで下落しており、下降チャネルはブルフラッグと見るべきなので、このあと強い上昇の動きが発生する可能性が高い。また、足6からの下落は複雑なツーレッグの動きで、2回目の下降レッグは足8から始まる。これは60分足チャートのような長い時間枠のチャートでは、単純なツーレッグの修正として現れるはずだ。

足11は、その前に発生した陽線の同時線のヒゲとともに、ミクロダブルボトムの反転を形成している。

下降スパイクにおける強気の反転足は、1本の足によるベアフラッグになることが多い。図6.15を見ると、足8は強い下降トレンドのなかで強気の反転足を下にブレイクアウト（失敗した反転足）しているため、優れた売りのセットアップになる。なぜなら、この前に買ったブル派は落とし穴にはまり、その安値の下で売らざるを得ないからだ。

長い時間枠のチャートで足8から足14までを見ると、2本の足による反転を形成し、さらに長い時間枠のチャートでは1本の反転足になる。

足9と足10は小さなダブルボトムを形成し、足11は買いの仕掛け足になるが、同時線は一般に強いトレンドに対するカウンタートレンドトレードの良いシグナル足にはならない。この激しい下落ではプルバックは発生しておらず、強いトレンドにおける最初のプルバックは失敗に終わることが多いので、賢明なトレーダーはこのダブルボトムは

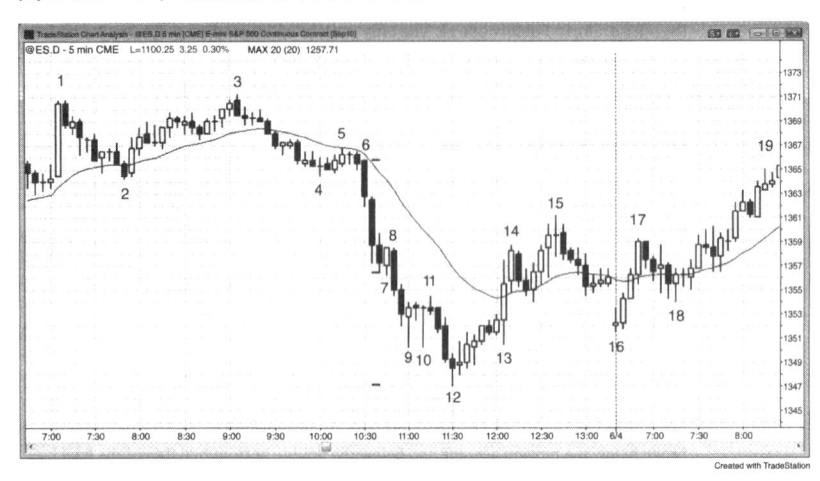

図6.15　1本の足による下降フラッグ

失敗すると踏んで、損をした買い手が損切りしたまさにその位置に売りの逆指値を置く。これが足11の1ティック下だ。

同時線は1本の足によるトレーディングレンジだ。足9と足10は長い同時線で、その間に短い同時線が形成されている。これら3本の足は強い下降トレンドで狭いトレーディングレンジを形成し、ベアフラッグになっているので、下方へのブレイクアウトが発生する可能性が高い。足11は上昇の2回目の試し（上昇の最初の試しは2本前の足だが、その1本前の陽線の同時足を上抜くことはできなかった）なので、買い手は足11の下でほぼ確実に損切りし、もう1～2本の足が下落するまでは再び買うことはないはずだ。買い手がポジションを売ったため、この安値は失敗すると踏んで足11の下で売った賢明なトレーダーたちによる売り圧力がさらに強まった。ここで買ったトレーダーは損をした。市場は一時的にトレーディングレンジに入り、そのあとすぐに下落した。

このチャートのさらに深い議論

　足7はその2本前の大陰線の下ヒゲとともにミクロダブルボトムを形成している（ボトムはきっちり同じ水準である必要はない）。市場は下降スパイクにあるため、足7のダブルボトムの安値の下方へのブレイクアウトで売るのは理にかなっている。これは足18の（2本前の同時線のヒゲとともに形成した）ミクロダブルボトムとは異なる。足18のミクロダブルボトムは下降スパイクのなかのダブルボトムではなく、その前の4本の足による上昇スパイクの押しである。このような場合は、足18の上で買うのがよく（小さな強気の反転は大概はミクロダブルボトムから発生する）、その下で売るのは良くない。足11はその2本前の足の高値とともにミクロダブルトップを形成し、安値2のベアフラッグの売りのシグナル足になっている。

　足15は下降トレンドラインを上にブレイクアウトし、足16のギャップダウンの寄り付きでは安値が切り上げられ、このあと2回目の上昇レッグが期待できるため、足16は買いのセットアップになる。そのあと市場は移動平均線と昨日の最後の1時間のダブルボトムブルフラッグを下にブレイクアウトしたが、ブレイクアウトには失敗した。

　足18は、足15から足16にかけてのブルフラッグのブレイクアウトプルバックの買いのセットアップだ。

　足6とその次の足は大陰線で、足2と足4によるダブルボトムを下方にブレイクアウトしている。ヒゲが短く、実体が大きいため、売り圧力が強まることが予想される。強力な弱気のブレイクアウトは売りのクライマックスになるが、だからと言って市場は必ずしも反転するとは限らない。このブレイクアウトは強力で、ブル派は売りのクライマックスのあと2本の足だけ小休止したが、再びベア派に圧倒された。ブレイクアウトはクライマックスだけではなくスパイクでもあるため、このようにブレイクアウトが強力な場合、トレード可能な安値

が形成される前にチャネルになることが多い。ベア派は安値を付けるまで小休止と少し戻るたびにアグレッシブに売り続けるだろう。底はメジャードムーブの価格目標になることが多い。スパイクの高値からスパイクの3番目（最後）の陰線の終値までの距離を下に伸ばした位置がメジャードムーブの価格目標で、下降トレンドはそこで底を付けている。メジャードムーブになりそうなほかの動きを探すのもよいかもしれない。市場がこれらの引き付けられる地点から数ティック以内で反転しようとすれば、トレードに対する確信が強まるからだ。しかし、メジャードムーブが発生したからと言って、それだけでカウンタートレンドトレードを行うことはできない。カウンタートレンドトレードを行っても大概は失敗に終わるからだ。しかし、トレンドチャネルラインのオーバーシュートやファイナルフラッグの反転といった具合に、トレードするほかの理由があれば勝率は格段に高まる。

　強い下降スパイクのあとは下降チャネルが形成される可能性が高く、最終的にはそのチャネルの高値を試す可能性が高い。下降チャネルの間中トレーダーは売り続け、安値を付けたら買い、そのあと市場はチャネルの高値まで上昇する。

　足8とそのあとの足は大陰線で、ほとんどオーバーラップしていないので、2番目の売りのクライマックスになる。2番目の売りのクライマックスのあとは通常ツーレッグの横ばいへと転じ、そのあと少なくとも足が10本上昇し続けるのが普通だが、足9への下落は非常に急なので、買い手は買い渋り、売り手は売り続ける。

　足11は4本の足によるバーブワイヤーパターンの最後の足だ。トレンドが長く続いたあとのバーブワイヤーは、ここで見られるようにファイナルフラッグになることが多い。トレーダーたちはこの小さく狭いトレーディングレンジの下方へのブレイクアウトがすぐに失敗し、再びレンジに戻されることを期待している。このため、この売りは下降スイングの間中保持されることなく、足11の下ですぐにスキ

ャルピングされた。足11のあとの２本の足は再び大陰線で、３番目の下降スパイクを形成する。スパイクは必ず何かのブレイクアウト（ここではバーブワイヤーをブレイクアウト。したがって、ファイナルフラッグをブレイクアウトすることになる）になると同時に、クライマックスにもなる。売りのクライマックスが３回続くことは珍しい。したがって、このあと少なくともツーレッグの横ばいから、少なくとも足が10本続く上方への修正に入る可能性が高い。これはファイナルフラッグのブレイクアウトとメジャードムーブのあとはより起こりやすい。

　安値を付けた足12（シグナル足）は陰線だが、終値が中間点よりも上で引けているため、買い手が現れた証拠である。この足はスパイクのブレイクアウトのあと発生した３回目のプッシュダウン（最初の２つのプッシュダウンは足７と足９）だ。スパイクに続くチャネルは３回目のプッシュで終わることが多い。ファイナルフラッグ、３回目の売りのクライマックス、ウエッジの底、メジャードムーブとくれば、これは買いの良いセットアップになる可能性が強い。まずは足11の高値当たりのバーブワイヤーの天井と移動平均線を試し、次にツーレッグの横ばいから足がおよそ10本か、１時間続く上昇が発生。最後に最初のスパイクのあとのチャネルの天井（足７の陽線の高値）を試した。足15までの上昇はツーレッグで上昇しているが、そのほとんどがチャネル内に入っていたため、足15は大きなツーレッグのパターンにおける複雑な最初の足になる可能性が高く、実際そうなった。２番目の上昇レッグは翌日の足16の始値から始まった。

　良いセットアップは毎日どのチャートでもたくさん現れ、それをう

まく見つけることができれば、利益機会は増す。

図6.16を見てみよう。足1は寄り付きでの安値を下抜いたあと、2本の足による反転の買いのセットアップになり、安値（昨日の安値）を切り上げている。

足2の前の小さな弱気の反転足は移動平均線を試し、2本の足による反転を試みるが失敗したため、足1の上方へのブレイクアウトプルバックになってしまった。市場が上昇しようとしているときは、押しの上で買うのがよい。

足3は、上昇トレンドチャネルラインと昨日の高値を上にブレイクアウトしようとする試しのあと発生した陰線はらみ足だ。これは売りのセットアップになる。なぜなら、市場がその安値を下回れば、トレーダーたちはブレイクアウトはダマシで、下落すると思うからだ。

足4は前の2本の同時線のあとに発生した同時線だ。実体が小さいため、ほかの同時線とともに形成したミクロウエッジトップは信頼できるセットアップにはならない。オーバーラップしている同時線は二方向相場にあることを示している。つまり、不確実だということである。しかし、3本の足の上ヒゲは、売り圧力が高まっているサインである。2回目の仕掛けのセットアップが現れたのはそれから2本あとの足で、これは2本の足による反転の形で現れている。2本の足の安値の下が売りの仕掛けの位置になる。その陰線の下の仕掛けは、その陰線とそれより2本前の同時線とによって形成されたミクロダブルボトムからの下方へのブレイクアウトでもあった。

足5はｉｉパターンからの上へのブレイクアウトの失敗だ。

足6は強気の反転足で、その日の安値を試して上昇しようという2回目の試みだった。

足7は同時線だが、陽線であり、強い上昇のあとの移動平均線への下落で、上昇への2回目の試みでもある（最初の試みはその1本前の足）。

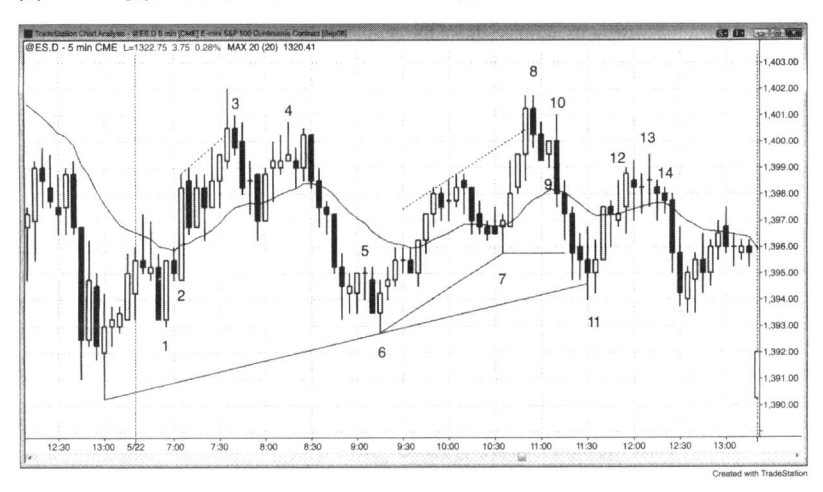

図6.16　良いセットアップはあちこちで発生する

　足8は陰線はらみ足だが、その前に3本の強い陽線があり、上昇モメンタムが非常に大きいので、売るには2番目の仕掛けの機会を待ったほうがよい。

　足8は2本の足による反転で、もっと長い時間枠のチャートで見ると、2本の足の間で反転が見られるはずである。長い時間枠の反転の上昇の部分は足8の前の3本の陽線によって形成され、下落の部分は足11で終わる一連の陰線によって形成されている。長い時間枠のチャートのなかには、これらの足全部をなかに含むものもあれば、これらの足の間で発生した変化を示すことになるチャートもある。

　足9は強気の反転足だが、直近の足に比べると比較的短いため、成功する買いにはならない可能性が高い。2番目の仕掛けの機会を待ったほうがよいが、そういった機会はやってこなかった。そのあと陰線包み足が発生したため、足9の上で買った買い手はすぐに落とし穴にはまった。足9の下での売りは、負けポジションを売らざるを得ない買い手を利用できるため許容範囲内にあるが、素早くやることが大事だ。

足11はｉｏｉパターンで、足7のスイングローを下回っているため２回目の買いのセットアップになった。トレーディングレンジ日では、ブレイクアウトは前のスイングポイントを上回ったり下回ったりするため、２回目のシグナルは信頼できるものになる。最初のシグナルは足11の２本前の足で発生しているが、その時点では下降モメンタムが非常に強いため、そこで買うのは賢い選択とは言えない。足13はリスクの高い買いだ。なぜなら、３本以上の足がオーバーラップし、比較的長大な足が移動平均線の上にあるときは、強気のブレイクアウトはダマシになることが多いからだ。

このチャートのさらに深い議論

　寄り付きでは、市場は昨日の大引けからの上昇がそのまま続き、移動平均線まで上昇して、移動平均線への上昇が売りのセットアップになった。しかし、上昇モメンタムが非常に強いため、最初の仕掛けでは売らないで、２回目の仕掛けの機会を待ったほうがよい。市場はそのあと寄り付きを下回って下落したが、新安値へのブレイクアウトは失敗した。ここからの上方への反転がおそらくはこの日の安値になると思われる。その日の最初の足と切り上げられた安値によってダブルボトムが形成された。

　足１は昨日の終値の前の安値を最初のプッシュダウンとする失敗した安値２の買いのセットアップである。

　足２は足１の上での買いの仕掛けを促す強いフォロースルーの足であり、失敗した安値２のあとに形成された大きなブレイクアウト足でもある。失敗した安値２のあとは、もう１つプッシュアップして、ウエッジ型ベアフラッグの売りのセットアップか、もう２つプッシュアップして、安値４の売りのセットアップになることが多い。ここで見られるようにブレイクアウトが強ければ、安値４の売りのセットアッ

プが整う可能性のほうが高い。これは強い上昇スパイクなので、上昇チャネルになる可能性が高い。この場合、チャネルはウエッジの形になる。ウエッジやチャネルから反転すると、パターンの始まりへの試しが最初の目標値になる。

　足３は、安値２が失敗したあと予想される安値４の売りのセットアップだ。これはまた２つのウエッジトップからの下への反転のセットアップでもある。小さいほうのウエッジは最初のプッシュが足２のあとの足で、２番目のプッシュはその３本あとの足で発生している。大きいほうのウエッジはその日の２番目の足から始まり、足２のあとの足が２番目のプッシュだ。どちらのウエッジも少なくともツーレッグの横ばいのあと下落して、ウエッジの始まりを試している。小さなほうのウエッジの始まりへの試しは、足３から３本あとの足で発生している。この試しは小さなレッグを２つ含み、足３の２本あとの足で発生した同時線のヒゲが最初の下降レッグだ。その足は引けにかけて上昇し、その次の足が２番目のプッシュダウンになっている。これは足２の３本あとの足で形成されたスイングローを含むダブルボトムブルフラッグで、チャネルやウエッジの底を試すときによく見られるセットアップだ。

　これら２つの小さなレッグは大きなほうのウエッジの高値からの最初の下降レッグであり、足６は２番目のレッグの終わりで、そのウエッジの安値への試しからの上方への反転であり、５ティックだけブレイクアウトしたダマシでもあった。

　足５は下落のあとの小さな横ばいの３番目の足だ。ここで見られるように、ある動きのあとの横ばいパターンはファイナルフラッグになることが多い。ファイナルフラッグは５ティックの失敗を伴うため、売りポジションを足６の上で買い戻したベア派は落とし穴にはまり、買い圧力をさらに加速させる。足６は、足１の安値とともにダブルボトムブルフラッグを形成したあと、予想どおり上昇した。これはまた、

ウエッジ型ブルフラッグからの買いのセットアップでもあり、足3の3本あとの足が最初のプッシュダウンで、足5の3本前の足が2番目のプッシュダウンだ。

足7は強い上昇の動きにおけるウエッジ型ブルフラッグだ。最初のプッシュダウンは午前10時の1本前の足で、2番目のプッシュダウンは足7の2本前の足で終わっている。一般に同時線は信頼できるシグナル足にはならないが、トレンド途上やトレーディングレンジでの強いレッグでは押しや戻りになる。

足8は陰線はらみ足で、トレーディングレンジ日の2つ目の上昇レッグの終わりであり、その日の高値への試しでもあった。これは反転につながることが多い。これは、トレンドチャネルラインのブレイクアウトと、上昇チャネルにおける3番目のプッシュアップのあとで形成されている（最初のプッシュアップは足5）。

足11は厳密に言えば高値3だが、足10の包み足は強気の落とし穴でダウンスイングの始まり（足8は実際にはスイングハイではない）とみなすべきなので、高値2と考えるべきだろう。

上昇トレンドにおける弱気の反転足は売るのに十分な理由にはならず、時としてブルフラッグになることもある。図6.17を見ると、足1のあとの足は強い弱気の反転足だが、5本の強い陽線のあとで発生している。その前にベア派の強さが見られないため、これは売りのセットアップにはならない。売りのセットアップとして考えられるのは2番目の仕掛けである足2の下で売ることだが、足2は同時線で、強い上昇トレンドのなかで4つの大きくオーバーラップした足が存在するため、ここは売りは控えて、押しを待って買ったほうがよい。4本

図6.17　弱気の反転足は上昇フラッグにつながることがある

あとの足の移動平均線から2本の足による反転が良い買いのセットアップになる。

　上昇スパイクにおける陰線の上での買いは良いトレードになることが多いが、ここでは陰線の上での買いやそれに続く強気の反転足の上での買いはリスクが高い。足1は4本の陽線のあとに形成された大陽線なので、これはクライマックスだ。買いのクライマックスのあとは横ばいから下方への修正に入る可能性が高い。足1までの上昇してきた足の高値を見ると、徐々に上昇していることが分かる。放物線状に湾曲していることもクライマックスのサインであり、これによって修正に入る可能性はさらに高まる。押しで買うか、売りの機会を探すほうが安全だろう。

　足4は、移動平均線近くの7本の足による水平なベアフラッグを下にブレイクアウトした足3と、2本の短い同時線を下にブレイクアウトしたあとに続く2本の足による反転だ。直近15本の足による下降トレンドでは小さな戻りしか起こっていないため、足4のあとに大陽線の包み足が形成されてはいるものの、これはよくてスキャルピングの

買いにしかならない。

　足5は終値が高値近くに位置する小さな強気の反転足で、直近6本の足における3番目のプッシュダウンなので、買い手がそろそろ参入し始めたことを示している。直近数時間はまだ下降チャネルにあるが、これは買いのスキャルピングの良いセットアップだ。

　足6は下ヒゲが長く、終値が中間点を上回って引けた大陰線だ。これはブル派が市場を反転させようという強さの現れだ。特に、下降トレンドの終わりで急落したときは市場が反転する可能性が高い。これはまたいくつかの下降トレンドチャネルライン（表示せず）のオーバーシュートでもあった。大陰線が4本連続して形成されているため、考えられる仕掛けは、足7の陽線包み足での2回目の買いのみである。足7の安値は少しだけ安値が切り上げられ、ここから2番目の上昇レッグが始まった。足6の上で買ってもよいが、足6のあとの陽線の高値の上で買ったほうがもっと良く、2番目のシグナルで買うのがベストだ。その2番目のシグナル足が足7だ。足7が陽線包み足になったらすぐに買うか（足6の次の強い陽線の高値を上回るため）、足7の高値の上で買うのがよい。

このチャートのさらに深い議論

　図6.17を見ると、この日はギャップアップして陽線で寄り付き、上昇スパイクを形成したが、そのあと2番目の足で少し押し、最初の足の中間点を下回った。これは市場が放物線状に上昇する前の唯一の押しで、ギャップで寄り付いたあとにスパイク・アンド・チャネルの上昇トレンドが発生し、寄り付きの上昇トレンドがそのまま続いた。放物線状というのは、すでに強いトレンドがさらに加速することを意味する。最初の3本の足の高値を結んでトレンドチャネルラインを引くと、トレンドの傾きがよく分かるはずだ。4本目の足がそのトレン

チャネルラインを上にブレイクアウトする。さらに続く足の高値を結んでトレンドチャネルラインを続けて引くと、ラインの傾きはさらに急になり、天井で平らになる。放物線的な動きは一種の買いのクライマックスである。市場はまだ寄り付きからの上昇トレンドのなかにあるため、最初の押しの試しでは売るべきではない。最初の押しのあとは必ずと言ってよいほど、2～3本の足のうちに高値が試されるからだ。

　上昇モメンタムが非常に強いため、市場はいつ反転してもおかしくない状態だ。特に最初の1時間以内はそうである。市場は目に見えないところに向かって引き付けられることが多く、いったんそれが試されると、あとは反転を含め何が起こってもおかしくない。

　何らかのクライマックスが発生した場合、いったん修正が始まると、ツーレッグで少なくとも10本の足をかけて修正するのが普通だ。

　足3の前には7本の足による水平なベアフラッグが形成され、10本以上の足で形成されたトレンドのあとで発生する狭いトレーディングレンジはファイナルフラッグになることが多い。陰線のシグナル足による安値2の売りのシグナルが発生したが、ファイナルフラッグの反転が発生する可能性が高いため、ここは売りのスキャルピングのみ行うのがよい。このベアフラッグをブレイクアウトしたのは大陰線の足3で、これはスパイクであり売りのクライマックスでもある。トレンドが長く続いたあと売りのクライマックスが形成されると、売りのクライマックスは失敗し、ツーレッグの横ばいから上方への修正に入る可能性が高い。この修正は足で見て、およそ10本続く。しかし、下降トレンドが強まる気配はなかったため、市場が反転しようとしているのであれば、スキャルピングのみ行うのがよいだろう。

　スパイクのあと、足3のあとの同時線と足4のあとの陽線包み足、その2本あとの短い同時線からなるウエッジ型ベアフラックが形成された。これは安値2の売りと見ることもできる。その場合、足4が最

初のプッシュダウンで、その４本あとの短い陽線はらみ足の下で売る。

　足６までの４本の強い陰線からなる動きもまたスパイクであり、したがって売りのクライマックスでもある。この動きは足３のスパイクのあとの３番目のプッシュダウンだった。スパイクに続くチャネルはスリープッシュで終わることが多いが、下降モメンタムが非常に強いときは、２番目のシグナルを待って買ったほうがよい。２番目のシグナルは足７で発生している。下降チャネルはブルフラッグなので、その下降チャネルを上にブレイクすると市場は上昇するはずだ。市場が上昇すると、足３の下降スパイクのあとのチャネルの始まりを試すはずであり、時として上昇は翌日まで続くこともある。

　反転足があまり強くないときでも、仕掛ける理由があれば良いセットアップになることもある。

　図6.18を見ると、足１は大陰線が大きなフラッグをブレイクアウトしたあと発生した比較的短い足で、これはそのフラッグのブレイクアウトの失敗になる可能性がある。この足はまた前に付けた安値を試している。足１がこれら２つの反転のセットアップを整えているトレーディングレンジ日では、特に次の足が２本の足による反転の買いのセットアップになっているので、これは良い買いのセットアップになる。足１からの上昇と、翌日の同じ価格水準への下落は、長い時間枠のチャートでは２本の足による反転の高値を形成し、さらに長い時間枠のチャートでは１本の反転足を形成する。

　足２は、狭いトレーディングレンジをブレイクアウトした大陽線のあとに発生した小さな弱気の反転足だ。これはブレイクアウトがダマシになったときの売りのシグナル足になる。

図6.18 弱い反転足はさらなるプライスアクションが必要

このチャートのさらに深い議論

　市場は昨日の高値を上方にブレイクアウトしているが、ブレイクアウトは失敗に終わり、寄り付きからの下降トレンドがそのまま続く。

　足2は狭いトレーディングレンジのブレイクアウトがダマシに終わったあとのファイナルフラッグの売りのセットアップだ。10本以上の足で形成された狭いトレーディングレンジはファイナルノラッグになることが多い。これはまた、午前7時30分に付けた高値とともに、ほぼダブルトップベアフラッグを形成している。近ければそれで十分である。足2に続く下降トレンドでは大きく下げて、市場は30ポイント下げて引けた。

　上ヒゲや下ヒゲのない足は常に強さを表すサインになるわけではな

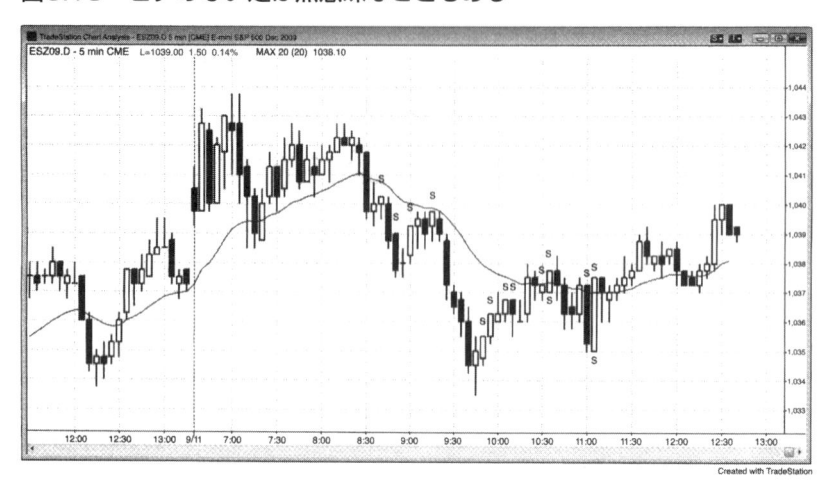

図6.19 ヒゲのない足は無意味なこともある

い。ヒゲのない足が密集して発生したときは、トレンドの強さを表すのではなく、トレーディングレンジでの出来高の薄さを表すこともあるので注意が必要だ。図6.19でヒゲのない足（「ｓ」の印）が初めて密集して発生したとき、下降トレンドがまだ強かった。しかし、２回目に密集して発生したとき、市場はトレーディングレンジにあり、出来高の薄さを表している。こういった状態でのトレードは注意が必要だ。

このチャートのさらに深い議論

　図6.19を見ると、市場はギャップアップで寄り付き、昨日の高値を上方にブレイクアウトしている。最初の足が陰線なので、ブル派が弱いというサインである。ブレイクアウトの失敗で市場は下落するかに見えたが、強い陽線が発生して上方にブレイクアウトした。このまま寄り付きの強さが継続して強いトレンドになるかと思われたが、そのあと大陰線が発生した。これは、失敗したブレイクアウトによる２本

の足による反転で、売りのセットアップだが、売りシグナルは出ず、買い手はポジションを保有したままだ。そのあと、ｉｉパターンから上方にブレイクアウトしたが、ブレイクアウトはまたダマシに終わり、失敗したブレイクアウトによる売りのセットアップとなった。おそらくここがこの日の高値になるはずだ。

　大きなレンジの足が何本かあり、それが狭い横ばいのトレーディングレンジを形成するとき、狭いトレーディングレンジのマグネット効果によってブレイクアウトはほとんどダマシに終わるため、ブレイクアウトでの仕掛けはリスクが高い。そのあと市場は上方にブレイクアウトしたあと、下方にブレイクアウトし、そのあと移動平均線を上回って上昇し、再びレンジ内に戻った。移動平均線までの下降スパイクのあと、少し上昇したが高値を切り下げて、そのあとダブルトップベアフラッグに発展する。この日の高値を試す上昇はモメンタムがない。これは多くの足がオーバーラップしていること、陰線が何本か形成されていること、多くの足にヒゲがあることでも分かる。強い上昇レッグではこうはならない。

第7章
包み足
Outside Bars

　高値が前の足の高値を上回り、安値が前の足の安値を下回る足を包み足という。包み足は解釈するのが難しい。なぜなら、ブル派とベア派がその足か、その前の足のなかのどこかの地点で支配権を握っていたことになり、分析も複雑だからだ。包み足の大きさが大きいということは、ブル派とベア派がよりアグレッシブになっていることを意味するが、終値が中間点の近くに位置していれば、それは1本の足によるトレーディングレンジになる。包み足は前の足と完全にオーバーラップするので、どの包み足もトレーディングレンジの一部である。また、包み足は反転足やトレンド足になることもある。トレーダーとしては包み足が形成される状況に注意する必要がある。

　従来のテクニカル分析では、包み足はどちらかの方向のブレイクアウトのセットアップになるため、仕掛けには逆指値をその包み足の上と下に置かなければならないとされている。どちらかの注文が執行されたら、執行されなかったほうの注文のサイズを2倍にし、ドテンする。しかし、5分足チャートの包み足のブレイクアウトで仕掛けるのは賢明とは言えない。その包み足が大きい場合は特にそうだ。なぜなら、離れた位置に置いた逆指値が大きなリスクをもたらすからだ。包み足は大きな反転を探しているときに形成されることがある。大きくて強い反転が発生したら、その足が前の足の高値や安値を上抜いた

り、下抜いたらすぐに仕掛けるのが賢明だ。確信が持てなければ、その包み足が形成されるのを待って、ブレイクアウトで仕掛ければよい。包み足のブレイクアウトで仕掛けて、プロテクティブストップを離して置いた場合、マネーストップ（Ｅミニでは２ポイント）を使うか、サイズを小さくする。包み足は１本の足によるトレーディングレンジなので、その高値で買ったり、その安値で売ったりするのはやめたほうがよい。また、そのブレイクアウトで仕掛けるのもやめたほうがよい。

　包み足は、その前の足が良いシグナル足の場合は信頼できる仕掛け足になる場合もある。例えば、下降スイングの安値で買おうと思っているときに、強い強気の反転足が形成されるが、次の足がその足を下回る場合、買いの逆指値はそのままにしておいたほうがよい。その足が突然強気のシグナル足を上回れば、その買いの逆指値は執行され、現在の足が包み足になり、仕掛け足になるからだ。一般に、包み足の前の足が優れたシグナル足でないかぎり、包み足でのドテンはやめておいたほうがよい。

　ときにはトレーダーたちが落とし穴にはまることが分かっているため、包み足のブレイクアウトではなく、包み足そのもので仕掛けなければならないときもある。強い動きがあったあとでは特にそうである。包み足がトレンドラインのブレイクアウトやトレンドチャネルラインのオーバーシュートからの強い反転で２回目の仕掛けとして形成される場合、それは優れた仕掛け足になることがある。例えば、スイングローを下回って下落することが２回あったあと、トレンドチャネルラインのオーバーシュートから上方に反転した場合は買って、それが執行されるまで買いの逆指値を前の足の高値の１ティック上に移動させる。ときには陽線包み足上で執行されることもあるが、これは強い買い手の存在によって良いドテン売買になるのが普通だ。

　包み足がトレーディングレンジの真ん中にある場合、その包み足の

高値か安値の近くに短い足が存在して逆張りを狙えないならば、それは無意味なのでトレードには使えない。トレーディングレンジにある包み足はみんながすでに知っていることの再確認になる——ブル派とベア派は今均衡状態にあり、レンジの高値で売ったり安値で買って逆サイドに動くことを期待している状態。もし逆サイドにブレイクアウトしたら、ブレイクアウトがダマシに終わるまで待って失敗したブレイクアウトとは反対方向に仕掛ける。ブレイクアウトは２～３本の足のうちに失敗することが多い。あるいは、押しや戻りを待ってもよい（失敗したブレイクアウトの失敗は、ブレイクアウトプルバックのセットアップになる）。

　包み足の次の足がはらみ足の場合、これはｉｏｉパターンになり、はらみ足のブレイクアウトの方向に仕掛けるのがよい。しかし、仕掛けるのは、市場があなたの目標値に達するほど大きく動くことを信じられるだけの理由があるときに限る。例えば、ｉｏｉパターンが新たなスイングハイの位置で発生し、２番目のはらみ足がその安値近くで引ける陰線だった場合、下方へのブレイクアウトは２番目の仕掛けになる可能性が高いので、良い売りのセットアップになる（最初の仕掛けは包み足がその前の足の安値を下回ったときに発生）。バーブワイヤーが発生したとき、特に、はらみ足が大きくて、包み足の真ん中辺りにあるときは、もっと強力なセットアップを待ったほうがよい。

　トレンド方向の包み足がトレンドの反転の最初のレッグで発生し、前のトレンドが強いとき、その包み足はトレーディングレンジ足ではなく、強いトレンド足のように働く。例えば、下降トレンドで強い上方への反転が発生した場合、トレーダーたちはさらなる上昇を期待し、多くのトレーダーは安値を切り上げた足の高値の上で買うが、前の足の安値の下で売るトレーダーはほとんどいない。ブル派がアグレッシブなときは、前の足の高値の上で買うのではなく、前の足の安値の下で買い、ブル派が市場を支配したことを察知すると、彼らは次の

数分間にわたって買い続ける。これによってその足は前の足の高値を上方に突破する。こうなると、その足は陽線包み足になり、その前の足の安値の下で売ったベア派は買い戻し、少なくとも２～３本の足では再び売る気にはならない。ベア派が少なく、アグレッシブなブル派が多いため、市場は一方向に動くことになり、足で見てあと１～２本は上昇する。だれもが突然新しい方向に納得するため、その動きはモメンタムを増し、押したあと試されて、２番目の上昇レッグを形成する。この切り上げられた安値が上昇レッグの始まりになる。包み足の底からは通常ツーレッグ上昇するのが普通だ。この上昇スイングは実際の安値からのスリーレッグの上昇に見えるが、実際にはツーレッグの上昇だ。なぜなら、市場は安値が切り上げられるまで上昇したとはみなされないからだ。安値が切り上げられて初めてブル派が市場を支配する。

　この動きはなぜこれほどまでに強いのだろうか。ベアフラッグだと思って前の足の安値の下で売ったベア派たちは落とし穴にはまる。彼らの仕掛け足は突然陽線包み足になるため、ベア派は仕掛けて落とし穴にはまり、ブル派は仕掛け損なう。ブル派の多くが仕掛け損なうのは、包み足はトレーディングレンジになることが多いため、包み足の形成途中では仕掛けたがらないからだ。そういうときには市場は必ずそのあと多くの足にわたって上昇トレンドに乗る。そこでだれもが市場は反転したことに気づき、身の振り方を考える。ベア派は損失を抑えて手仕舞うために押しを待ち、ブル派は限定的なリスクでさらに買うために同じ押しを待つ。だれもが同じことを望むとき、それは絶対に起こらない。なぜならどちらのサイドも２～３ティックの押しでも買い始めるため、２～３本の足による押しは発生する暇がなく、結局はそのまま上昇し続けるからだ。賢明なプライスアクショントレーダーは最初からこの可能性に気づき、ツーレッグの上昇を見つけたい場合は、そのベアフラッグの下方へのブレイクアウトを注意深く観察

し、それが失敗するのを待つ。そして、たとえそれが陽線包み足での仕掛けを意味したとしても、前の足の高値の上で仕掛ける（特にその仕掛け足が売りの仕掛け足の場合）。

　これを機関投資家の視点で考えると、ベアフラッグの売りのシグナルが出てほしいはずだ。そうすれば買い手は仕掛け損ない、市場を追っかけることになり、新たな売り手は仕掛けて、下方へのブレイクアウトが失敗すれば買い戻しせざるを得ないからだ。これは上昇を期待する機関投資家にとってまさに理想的な状況だ。機関投資家として、あなたはこれに貢献するために何ができるだろうか。落とし穴がはっきりするまではアグレッシブには買わないことである。あなたはほかのトレーダーが売り始めるまで売ることで落とし穴を仕掛け、ベア派のトレーダーたちが売り、買い手たちが前の足の安値の下で損切りすると、アグレッシブに買い始めればよい。あなたは彼らのポジションの逆サイドを取り、前の足の安値の十分に下でアグレッシブに買うのだ。こうして彼らを落とし穴にはめると、上昇相場でアグレッシブに買う。彼らは落とし穴にはまったことに気づくと市場を追っかける。これによって市場はますます上昇し、だれもが市場は上昇していることに同意する。

　包み足で唯一最も重要なことは、何をすればよいか分からないときは、さらなるプライスアクションの展開を待て、ということである。

　包み足はリスクを伴う。したがって、包み足を形成したプライスアクションに細心の注意を払うことが重要だ。

　図7.1を見ると、足1は強い下降トレンド途上での陽線包み足だ。したがって、トレーダーは下方へのブレイクアウトでのみ仕掛けを考えるはずだ。足1の下で売るか、次のブレイクアウト足が引けたとき

図7.1 包み足は要注意

にどうなるかを見てもよい。ブレイクアウト足は強い陰線だ。落とし穴にはまった買い手は強い陰線の下で手仕舞う可能性が高い。したがって、その陰線の安値の下で売るのがよいだろう。

足5は陰線包み足だが、市場は横ばいで多くの足がオーバーラップしているため、足5はブレイクアウトで仕掛けるには信頼できるセットアップではない。それに続くはらみ足（ｉｏｉパターン）はあまりにも大きくてブレイクアウトシグナルとして使えない。なぜなら、あなたはトレーディングレンジの安値で売るか、高値で買うかのいずれかになるからだ。でもあなたは、安く買って、高く売りたいはずだ。

このチャートのさらに深い議論

市場は昨日の安値を下方にブレイクアウトした。最初の足は陰線

で、寄り付きからの下降トレンドを形成した最初の足だ。足1とその前の足で最初の戻りが形成される。こうした最初の戻りのあとでは少なくともスキャルピングの下落が発生する。足3では移動平均線へのツーレッグの戻りが発生する。これはまた20連続ギャップ足の売りのセットアップでもあった。

　包み足は非常に扱いにくい。なぜなら、ブル派とベア派がその足やその前の足のなかのどこかの地点で支配権を握っていたことになり、それに続く2～3本の足のどこかで反転する可能性が高いからだ。**図7.2**を見てみよう。足1はｉｏｉパターンを形成する包み足だ。足2は足1のあとのはらみ足をブレイクアウトするが、失敗する。これは特にはらみ足が大きいときにはよく起こる。これは買い手がトレーディングレンジであるｉｏｉパターンの高値近くで買わされたことによる。市場が下落しているときにｉｏｉパターンの高値近くで買うのはあまり良いことではない。

　足2はトレーディングレンジの高値近くで形成された短い足で、これは売りを仕掛けるには絶好の場所だ。トレーダーたちは、ブル派が自分たちの仕掛け足である足2の安値の下で損切りすることを期待して、足2の1ティック下で売った。足2はトレーディングレンジの高値で、ｉｏｉブレイクアウトが失敗した場所だ。ｉｏｉパターンの足は非常に大きいため、足2の下には十分な余裕があり、少なくともスキャルピングの機会はあったはずだ。

　足4はほぼ陽線包み足と同じだ。トレードでは、信頼できるパターンがあれば、信頼できる結果になることが多い。足4はその前の5本の足のなかの3番目の陽線で、3回目のプッシュダウンから上方へ反

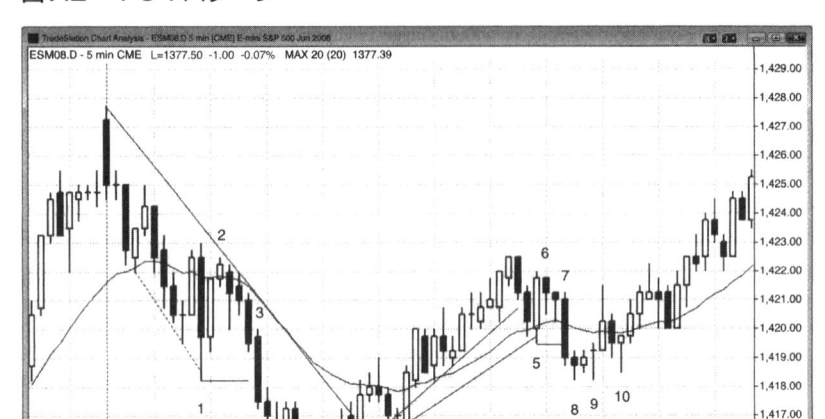

図7.2　ｉｏｉパターン

転した。これはレンジが広く、ヒゲが短いため非常に強い足である。これはブル派が勢力を増しつつあることを示している。

　足5は包み足で、そのあとその高値辺りで小さなはらみ足が発生する。はらみ足が陰線なので、最小のリスクでの優れた売りのセットアップになる。

このチャートのさらに深い議論

　図7.2を見ると、最初の足は昨日の高値を上方にブレイクアウトしたが、ブレイクアウトは失敗した。この足は強い陰線なので、寄り付きからの下降トレンドにおける売りのセットアップになる。
　足8と足9は小さなダブルボトムを形成している。トレーダーたちは、足7の下方へブレイクアウトした足のあと下降モメンタムが強まることを期待したが、結局は下降モメンタムは強まらず、足10でダ

ブルボトムプルバックの買いのセットアップが整った。

　足4から上昇したあと、足9でツーレッグの押しが形成された。したがって、足9は高値2の買いのセットアップでもある。下降トレンドラインをブレイクしたあと、足9は安値を切り上げているため、足9でトレンドが反転する可能性が高い。

　包み足はそのときの状況で評価することが重要だ。**図7.3**を見ると、足1のあとの同時はらみ足は良い売りのシグナル足ではない。なぜなら、その足を含めて3本の横ばいの足が発生し、足1はその前の陰線を上回っているからだ。市場は横ばいになるか、寄り付きからの反転のあと少なくとも1～2本の足は横ばいか上昇する可能性が高い。特に、移動平均線が比較的平らになっているときはそうである。移動平均線までは余裕があるためスキャルピングが可能で、その場合は陽線の上で買うのが最も良い。足1のあとのはらみ足は小休止で、上方への反転のあとの一種の押しでもあるため、その高値の上か足1の高値の上で買うのがよい。足1の1ティック上に買いの逆指値を置くのもよく、足2がそのはらみ足を下回っているので、その逆指値はそのまま置いておくのが賢明だ。買いはそれでよしとして、落とし穴にはまった売り手は弱いシグナル足の下で売って、その上で買い戻すという過ちを犯した。これによって、足2が陽線包み足になったらすぐに足2で買うのは良いトレードになった。その包み足の前の足はまずまずのシグナル足なので、包み足での仕掛けも良いトレードになる可能性が高い。

　足3は移動平均線近くの弱気の反転足なので売りのセットアップにはなるが、実体が足1と足2の大きな実体に比べて小さいため、安値

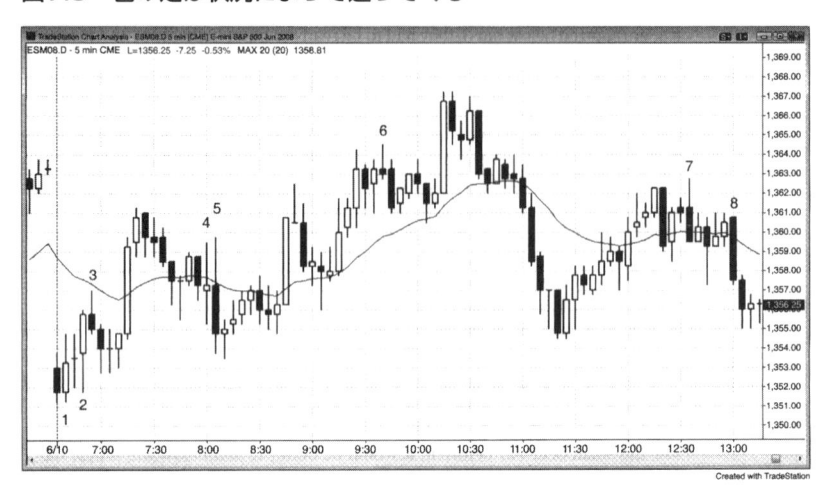

図7.3　包み足は状況によって違ってくる

の切り上げが起こり、さらに上昇が続くことが予想される。これはトレンドが反転するときに、強い包み足のトレンド足が発生する場合によく起こる。したがって、足3の下で売ったかどうかはともかくとして、安値の切り上げで買う準備をしておいたほうがよい。2本あとの短い陽線のｉｉパターンが買いの良いシグナルになった。

　足4は包み足だが、市場は5本の足にわたって横ばい状態にある。したがって、足4はトレーディングレンジの一部であって、シグナル足ではない。

　足5はさらに大きな包み足で、ｏｏパターンを形成している。これは単に広いトレーディングレンジにすぎない。この足は大陰線の大きな実体を持ち、足4の安値よりも下で引けている。つまり、足4の包み足の下で間違って売ったトレーダーは落とし穴にはまったということである。一般に、トレーディングレンジの多くの足が比較的大きく、長いヒゲを持っているときはトレーディングレンジのブレイクアウトで売るのはよくない。なぜなら、ブレイクアウトが失敗する可能性が高いからだ。これのあとに発生する短い陽線の同時線は、失敗した反

転の買いの良いシグナルになる。

　足6は陽線包み足の高値をブレイクアウトしたあとの売りのセットアップだった。

　足7はスイングハイをブレイクアウトしたあと、安値で引ける包み足として下方に反転している。これはブル派が落とし穴にはまり、上昇のあと強い下方への反転が発生した例である。しかし、この日はトレーディングレンジ日なので、レッグが5本以上の足で続いた場合、トレーダーは反転を探すはずだ（トレーディングレンジ日では「安く買って、高く売れ」）。この足はその前の短い陰線を下回っているため、売りのセットアップにはなるが、足7の安値の下で売ったほうがよい。なぜなら、そのあと若干のフォロースルーがあるので、足7の安値の下で売れば、強い弱気の反転足の下で売ることになるからだ。

このチャートのさらに深い議論

　市場は大きなギャップダウンで下方にブレイクアウトして寄り付き、陰線を形成したが、下方へのブレイクアウトは失敗し、寄り付きの下降トレンドは続くことはなく、上方へ反転した。

　足2は陽線包み足で、おそらくはこの日の安値になると思われた。なぜなら、市場は大きなギャップダウンのあと上方へ反転したからだ。市場が上昇トレンドになることを決めたのは足2であり、したがってこの足は上昇の始まりと見るべきである。足3は安値2の売りだったが、市場はこれを安値1と見た。なぜなら、足3は足2からの上昇の最初の押しで、そのあと安値を切り上げる可能性が高いからだ。トレーダーはこれは失敗すると見る。この上昇を失敗した安値2と見るか、失敗した安値1と見るかは問題ではない。なぜなら、いずれにしてもこのあと期待される上昇トレンドにおける良い買いのセットアップになるからだ。

足5はバーブワイヤーパターンからのブレイクアウトだ。バーブワイヤーからのブレイクアウトの多くは失敗する。したがって、ここは逆張りのセットアップを探すのが良い。バーブワイヤーは不確実性が高まる領域だ。つまり、二方向のトレード領域ということである。ブル派はこの領域の安値近くでアグレッシブに買い、高値近くで買うのをやめる。ベア派はこの足の高値近くでアグレッシブに売り、安値近くで売るのをやめる。それぞれの足の出来高が多いことからも分かるように、ここでは多くの買いと売りのプログラムが発動している。ここではブル派もベア派も心地良くトレードしている。どちらかの側が他方を圧倒してブレイクアウトが発生しても、マグネット効果によって市場はレンジ内に押し戻される。市場が下方にブレイクアウトすると、そのトレーディングレンジで価格の上昇に伴って買ってハッピーだったブル派は、今度は安く買えるのでより一層ハッピーになる。トレーディングレンジの高値で売ってハッピーだったベア派も、ブレイクアウトのあとすぐにフォロースルーが発生しないときはすぐさま買い戻すだろう。しかし、ここで見られるように、ブレイクアウトは失敗し、市場は再びバーブワイヤーに引き戻される可能性が高い。時として、市場は反対側にブレイクアウトすることもあり、トレーディングレンジが続くこともあるが、最終的には市場はパターンから脱出する。

　その日の最初の足や最初の何本かの足は次の数時間、あるいはその日全体で起こることの前兆となることが多い。この日は２本の足による反転から始まり、そのあと日中の反転となる同時線が形成され、そのあと陽線包み足の反転が発生する。そのあと、下方に反転して、ヒゲを持つ何本かの短い足が発生する。これは不確実性の高さを物語っている。複数の反転、長いヒゲ、そして不確実性はすべてトレーディングレンジ日の特徴で、この日はそれに当たる。早い時間帯で不確実性が発生したため、トレーダーたちは両側で仕掛けた。スキャルピン

グが多く、スイングトレードは少なかった。

　午前11時25分に２本の足による反転を形成する陽線包み足が発生した。これは買いのセットアップになった。またこれはその前の同時足とともにミクロダブルボトムを形成した。

　包み足は時には良い仕掛け足になることもある。**図7.4**を見ると、足３は陽線包み足で、まあまあの仕掛け足になっている。なぜなら、強い上昇トレンドにおけるツーレッグの修正のあと足３で上方に反転し、何本か前に陽線があり、これが強さを表しているからだ。足３が前の足の高値を上回ったらトレーダーはすぐに買うだろうが、２本前の陽線の高値を上回るまであともう数ティック待ったほうが安全だ。陽線の上で買えば、利益の出るトレードになる可能性が高いからだ。トレーダーは結局はこの包み足が引けるのを待ち、陽線の高値を上回り、かつ前の足を上回って引けるかどうかを確認した。そしてその強さを確認したあと、包み足の高値の上で買った。

　足６は陰線包み足で、その前の６本の足のうち５本は陰線だ。足６は安値で引けた。アグレッシブなトレーダーは下降トレンドの強さを確認したあと、足６の下で売った。これはこのときに終了した古い上昇トレンドで買ったブル派を落とし穴にはめた。

このチャートのさらに深い議論

　図7.4を見ると、市場は昨日の最後の１時間のトレーディングレンジを下方にブレイクアウトした。この日の最初の足は陽線だが、上に長いヒゲを持つ。これはブル派がこの足を高値で引けさせるほど強く

図7.4　仕掛け足としての包み足

はないことを示している。この足の上で買うか、待つのがよい。2番目の足は、寄り付きからの下降トレンドを受けて、ブレイクアウトプルバックの売りのセットアップになった。足1までは放物線状に下落し、足1は売りのクライマックスになった。足1はおそらくはこの日の安値になるはずだ。売り圧力が強いため、2番目のシグナルを待ってから買ったほうがよい。2番目のシグナルは、8本あとの足が安値を切り上げ、そしてベアフラッグの失敗したブレイクアウトとなって発生した。

　足3までの下落はメジャーなトレンドラインを下にブレイクアウトした。これは足2への高値の試しで売れという合図だ。足3の前の足は、強いトレンドにおける移動平均線のギャップ足の買いのセットアップだ。したがって、足3は陽線包み足だが、その上で買えば良いトレードになる。20連続ギャップ足のセットアップへの下落はほぼ確実にトレンドラインをブレイクし、その足からの上昇は、高値の切り上げや高値の切り下げでそのトレンドの高値を試すことが多い。そのあと下方に反転すれば、少なくとも10本の足が続くツーレッグが発

生し、そのあとトレンドが反転することが多い。

　足3は1本前の陰線と3本前の陰線とともに形成された2本の足による反転の2番目の足でもあり、多くのブル派が足3の高値の上で買った。

　足4は大陽線（クライマックス）で、高値を切り上げ、そのあと売りシグナルになる強い陰線はらみ足が発生する。トレーダーたちはこうした強いセットアップからは2つの下降レッグを期待する。賢明なトレーダーは高値1と高値2のフォーメーションを見つけて、買いのセットアップが失敗してブル派が落とし穴にはまれば、アグレッシブに売り始めるだろう。

　足5は失敗した高値1の売りのセットアップで、足6は強力な強気の落とし穴になった。足6は失敗した高値2で、この買いの仕掛け足は陰線包み足になったため、買い手は間違って仕掛け、ベア派は仕掛け損なった。この包み足は、単なる包み足としてだけではなく、陰線としての役割も果たしている。これは包み足なので、仕掛け足とその失敗はわずか1～2分以内に発生し、トレーダーたちは情報を処理する十分な時間が与えられなかった。1～2本の足のうちに、市場は下降トレンドになったことを彼らは悟った。買い手は小さな損失で損切りするために2～3本の足による戻りを期待し、ベア派は小さなリスクで売りを仕掛けられるように同じく戻りを期待したが、実際には両サイドとも2～3ティックの戻りがあるたびに売り始めたため、2～3本の足による戻りは発生することはなく、市場はそのまま下落した。

　この高値2の買いは悪い買いのセットアップになることに注意しよう。なぜなら、足6の前の6本の足のうち5本は陰線で、残りの1本は同時線だったからだ。高値2だけではセットアップにはならない。まずは、トレンドラインをブレイクする高値1のレッグという形で、あるいは少なくとも前に強い陽線が発生するという形での強さが必要だ。

第8章
足の終値の重要性
The Importance of the Close of the Bar

　5分足チャートの足は、その足が形成される数秒から1～2分前には、最後の姿に似た様相を呈するのが普通だ。その足が形成される前に仕掛ければ、1ティック前後は儲けられることもあるだろう。しかし、1日に1～2回、発生すると思っていたシグナルが発生しないこともあり、そのときは8ティック程度の損失を被ることになる。つまり、その損失を埋めるためには早めに仕掛けた8つの仕掛けが計画どおりにいく必要があるわけだが、計画どおりに行くことはない。強いトレンドではトレンド方向に早めに仕掛けることができ、そこそこの利益を手にすることができるだろう。しかし、強いトレンドではシグナルに対して強い確信が持てるため、その足が形成されるまで待って、逆指値を置いて仕掛けても何の支障もない。すべての足に対して、早めに仕掛けることが適切かどうかを決めることはできない。なぜなら、意思決定しなければならない問題がほかにもたくさんあるからだ。それぞれの足に対して早めに仕掛けることが適切かどうかを、考えなければならないリストに加えれば、毎日良いトレードをたくさん仕掛け損なうだけであり、時折、成功する早めの仕掛けで得られる利益よりも多くの機会を失うことになる。

　これはどんな時間枠でも言える。例えば、日足チャートを見ると、安値近くで寄り付くが真ん中辺りで引けた足がたくさんあるはずだ。

これらの足は、最後の価格がその日のどこかの時点で高値になった強い陽線だ。その足が高値で引けると思って、高値近くで買ったが、実際には真ん中辺りで引けたとき、あなたは自分の過ちに気づくはずだ。そして、その日の終わりには絶対に仕掛けなかったであろうトレードを家に持ち帰らなければならないことになる。

　５分足チャートでよく発生する問題が２つある。最もコストが高くつくのは、強いトレンドの安値をつかもうとすることだ。一般に、トレンドラインをブレイクしたあとは安値が切り上げられることが多く、トレーダーたちは強い反転足を期待する。下降トレンドチャネルラインのオーバーシュートが発生したときは特にそうである。その足は３分前後あとには強い強気の反転足になる。価格は２～３分間その足の高値付近をさまよい、リスクが少なくて済むように（損切りはこの足の下に置かれる）早めに仕掛けたい多くのカウンタートレンドトレーダーたちを引きよせる。しかし、この足が形成される１秒から５秒前に価格は下落し、安値で引ける。１～２ティックリスクを減らそうと思って早めに仕掛けた買い手は、結局は２ポイント以上の損失を被る。彼らは自ら落とし穴にはまってしまったわけである。足が形成される前にシグナル足が形成されそうなとき、似たような状況は１日を通して数多く発生する。例えば、あるトレーダーは引けまでに数秒の弱気の反転足の下で売ろうと思っている。現在価格はその足の安値の水準だ。あと１秒もしないうちにその足が形成されるというとき、価格が安値から２～３ティック急上昇して、安値よりも上げて引けた。つまり、市場はそのトレーダーにシグナルは今弱いことを言っているわけである。３秒前の期待と願望だけで仕掛けて、落とし穴にはまることは避けなければならない。

　もうひとつの問題は、良いトレードを仕掛け損なうことである。例えば、買ったポジションで３～５ティックの含み益が出るが、６ティックまではいかない。４ティックのスキャルピングは可能だが、あな

たはイライラし始める。その足が形成されるおよそ10秒前に3分足チャートや5分足チャートを見ると、強い弱気の反転足が発生している。あなたはプロテクティブストップをその足の1ティック下まで切り上げる。しかしその足が形成される直前、市場は下落してあなたのプロテクティブストップは執行され、そのあとその足が形成される最後の2秒で数ティック上昇する。次の足の最初の30秒で、市場は6ティックの急上昇。賢明なトレーダーがポジションの一部を利食いしている間、あなたはサイドラインに下がったままだ。良い仕掛けと良いプランはあったが、規律に従うことができなかった結果がこれだ。あなたは自分自身の手で自分を良いトレードから遠ざけてしまったのである。自分のプランに従い、仕掛け足が引けるまで最初のストップをそのままにしておけば、利益を確保することができたはずだ。

足の終値についてはもうひとつ重要な点がある。どの足の終値にも細心の注意を払うことが重要だ。特に、仕掛け足とその1～2本あとの足は重要だ。仕掛け足はその足が形成される最後の数秒間で実体が2ティックから4ティックに突然大きくなってほしいはずだ。もしこうなれば、あなたはスキャルピングする枚数を減らし、スイングトレードを増やすだろう。これは次の2～3本の足についても言える。上げて引けた場合は、下げて引けたときよりもスイングトレードの枚数を増やし、もっと長く保持するはずだ。

終値が重要なもうひとつの理由は、機関トレーダーの多くはプライスアクションではなくてバリューに基づいて注文を入れるからである。彼らの見るチャートは折れ線グラフで、それは終値に基づくものだ。チャートが彼らの意思決定に影響を与えないかぎり、彼らはチャートを見ることはない。彼らが重視する唯一の価格は終値である。したがって終値は重要性を増すというわけである。

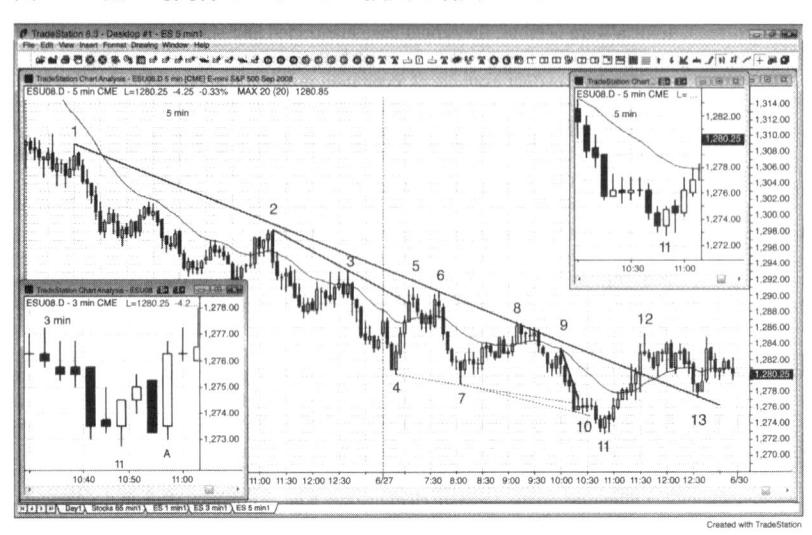

図8.1　短い時間枠のチャートは損失を増大させる

　短い時間枠のチャートは損切り幅を狭くできるが、良いトレードを仕掛け損なうというリスクは長い時間枠のチャートよりも大きい。**図8.1**の左下のチャートは、3分足チャートを使っているトレーダーが損切りに引っかかったことを示したものだ。しかし、5分足チャートを使っているトレーダーは損切りに引っかからなかった。

　Eミニの5分足チャートは数週間にわたって強い下降トレンドにあったが、今大きな戻りがたくさん発生し始めている。新しく安値が更新されるたびに買われ、買った者はカウンタートレンドトレードで利益を生みだした。ブル派は自信を強め、ベア派はさらに意欲的に利食いし始めた。**図8.1**の左下のチャートは3分足チャートで、右上のチャートは5分足チャートの拡大図だ。

　足11は強い強気の反転足で、2本の足による反転を形成している。これは安値の切り下げから上への反転の2回目の試し（最初の試しは足10のあとのｉｉパターン）で、この日3回目のプッシュダウンでもあった（ウエッジの安値）。これは高勝率の買いだが、損切りはその

安値の下、つまりこの仕掛け足の3ポイント下に置かなくてはならない。3ポイント（最近では日々の平均レンジがおよそ10ポイントから15ポイントのときは2ポイントでも機能した）というのはEミニで通常要求される以上のものだが、プライスアクションではその幅が適していることを示している。多くのトレーダーは不安からトレードサイズを半分にするが、こうした強いセットアップでは必ず仕掛ける必要があり、多少のスイングは予期されたことである。

　これは短い時間枠のチャートを使ってリスクを減らそうとするときに直面する問題の完璧な例である。リスクは減らせるが、勝率も下がる。3分足チャートではトレード機会が増えるため、最良のトレードを見逃すリスクは増える。これによって全体的な収益性も低下する。

　5分足チャート同様、3分足チャートも足11が反転足になっている。しかし、仕掛け足の下に置いた損切りは、上にも下にもヒゲを持たない陰線によって執行されてしまう。これは売り手が強いことを示している。これは損切りが執行されなかった5分足チャートとは一致しない。5分足では損切り幅が広いため、トレーダーたちは早めに手仕舞って損失を小さくしようとするが、3分足チャートも見ているトレーダーは、その強い陰線によってほぼ確実に損切りさせられたはずである。3分足チャートにおけるこの陰線のあとの足は非常に強い陽線包み足だ。これはブル派が安値を切り上げようと躍起になっていることを示している。一方、損切りに引っかかったベア派のほとんどはおじけづき、しばらくは仕掛けずに戻りを待つだろう。

　重要な反転で損切りが執行されるのは5分足チャートよりも3分足チャートのほうが多く、賢明なトレーダーはこれを素晴らしい機会と考える。彼らは弱い買い手を市場から締め出し、市場を追っかけさせるのだ。トレードは1つのチャートのみを見ていたほうがよい。なぜなら、時として物事は急速に展開することがあり、2つのチャートを見て不一致点を一致させようとしている間にトレードを逃すこともあ

るからだ。

このチャートのさらに深い議論

　図8.1を見ると、足5はトレンドラインを上方にブレイクアウトし、足8もトレンドラインをわずかに上方にブレイクアウトしている。しかし、どちらのブレイクアウトもダマシに終わり、トレンド方向への売りのセットアップが整った。

第9章

ETFとそのインバース

Exchange-Traded Funds and Inverse Charts

　時として、チャートを変えればプライスアクションがより一層はっきりすることがある。バーチャートにしたり折れ線グラフにしたり、出来高チャートやティックチャートにしたり、時間枠を変えてみたりと、チャートはいろいろに変えられる。あるいは、印刷してみてもよい。ETF（上場投信）も役に立つ。例えば、SPDR S&P500 ETF（SPY）は見た目がEミニとほとんど同じだが、SPYのほうがプライスアクションが明確な場合もある。

　チャートを逆の視点から見てみるのもよい。例えば、ブルフラッグを見ているのだが、何かがおかしいと思うときは、プロシェアーズ・ウルトラショートS&P500（SDS）を見てみるとよい。これはSPYのインバースETF（レバレッジは2倍）だ。EミニやSPYで見ていたブルフラッグは、SDSでは底が丸くなっているかもしれない。もしそうなら、Eミニのフラッグでは買わず、プライスアクションがもう少し発展するのを待ったほうがよい（例えば、ブレイクアウトを待ち、それが失敗したら売る）。パターンは時としてEミニナスダック100やそのETF（QQQ）、あるいはそのダブルインバース（QID）といった別の株価指数先物でのほうがはっきりする場合もあるが、こういったチャートは見ないで、Eミニ、あるいはSDSだけを見たほうがよい。

　ETFは投信なので、それを運用している会社はお金を儲けるため

図9.1　EミニとSPYは似ている

にETFを設定する。つまり、手数料を取るということである。その結果、ETFは必ずしも対応する市場にきっちりと連動するわけではない。例えば、トリプルウイッチング日にはSPYはEミニよりも大きなギャップを空けて寄り付くことが多い。このギャップはSPYに対する価格調整によるものだ。しかしSPYは1日中Eミニとほぼ同じ値動きをするため、その違いを意識する必要はない。

図9.1に示したように、一番上のEミニのチャートは真ん中のSPY

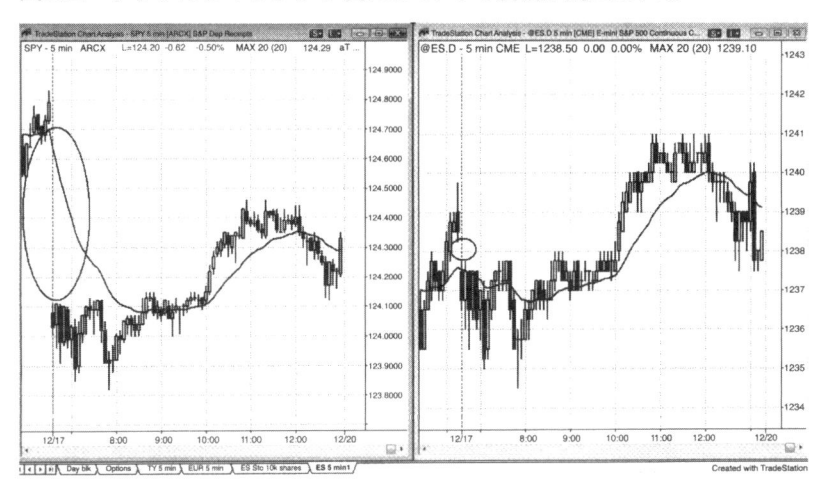

図9.2　トリプルウイッチング日にはSPYの価格は調整される

のチャートとほぼ同じ動きをしているが、SPYのほうが読むのが楽な場合もある。なぜなら、ティックサイズが小さいためパターンが明確に現れるからだ。一番下のSDSのチャートはSPYのインバースETF（レバレッジは２倍）だ。ときにはSDSのチャートを見て、Ｅミニのチャートを見直す必要がある場合もある。

　図9.2を見ると分かるように、トリプルウイッチング日にはSPYの価格は調整され、その結果SPYはＥミニよりも大きくギャップを空けて寄り付く。しかし、ほかの日と同様、これら２つのチャートはほぼ同じ動きをしているため、ギャップは気にせずにプライスアクションに沿ってトレードすればよい。

第10章
2番目の仕掛け
Second Entries

　日足チャートの安値で仕掛けるには、そこから新たな上昇トレンドが始まることを確信するために、その安値からの2番目の反転が必要になることが多い。高値についても同じことが言える。2番目の仕掛けは、最初の仕掛けよりも利益に結びつく可能性が高い。

　2番目の仕掛けが最初の仕掛けよりも有利な価格で仕掛けることができる場合、それは落とし穴かもしれないので注意が必要だ。良い2番目の仕掛けは最初の仕掛けよりも同じ価格水準か、それよりも悪いのが普通だからだ。2番目の仕掛けで仕掛けるトレーダーはリスクを最小化するために遅めに仕掛けるトレーダーで、追加的情報を得る代わりにコストが少しだけかさむ。もしコストが安ければ、失敗したシグナルであなたのお金はかすめ取られる可能性がある。

　2番目の仕掛けを探すトレーダーはよりアグレッシブでより確信を持ち、短い時間枠のチャートで仕掛けることが多い。ほかの多くのトレーダーたちがすでに仕掛けたあと5分足チャートで仕掛ければ、仕掛け価格は少し悪くなる。もし有利な価格で仕掛けられたとすると、あなたは何かを見落としていることになるため、そのトレードは見送ったほうがよい。大概の場合は、良い執行は悪いトレードを意味する（そして、悪い執行は良いトレードを意味する）。

　例えば、4つ陽線が連続したり、2～3本の大陽線が形成されて、

図10.1　２番目の仕掛け

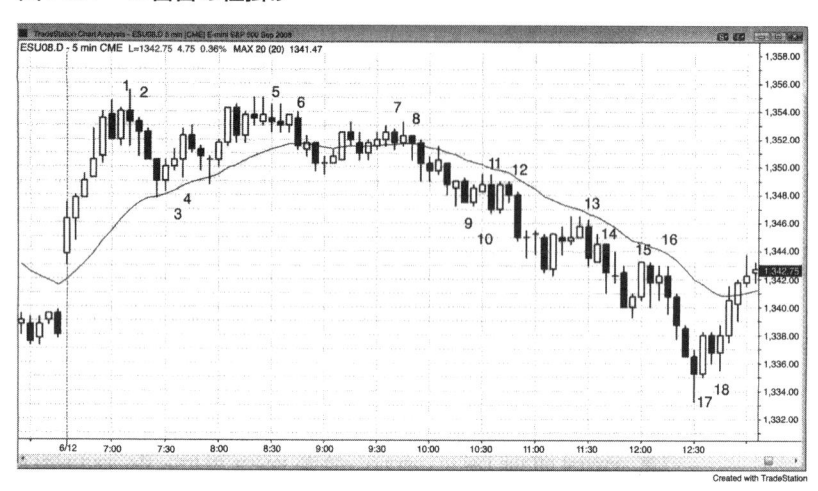

強い上昇トレンドが形成されているときに最初の反転で売るといった逆張りトレードを行おうとしているのであれば、上昇モメンタムが強すぎるので逆張りトレードはやめておいたほうがよい。１～２本の足だけが元のトレンドに戻ったら、２回目の反転の試しで仕掛けるのが賢明だ。

　この日（**図10.1**）は２番目の仕掛けの機会が多かったが、１つを除いて最初の仕掛けよりも仕掛け価格は同じか悪かった。足10の買いのセットアップを見てみよう。これは足９で買ったトレーダーよりも１ティック有利な価格で買うことができた。一般に、「良い執行は悪いトレード」ということわざがある。市場が有利な価格を提供してくれるときは、チャートの読みが間違っていたと思うべきであり、トレードは控えたほうがよい。足10は２番目の仕掛けだが、足８からの狭い下降チャネルを見ても分かるように、下降モメンタムが非常に強

図10.2　強い動きをしているときには２番目の反転を待ったほうがよい

い。カウンタートレンドトレードを仕掛ける前には、ブル派が前の足よりも２～３ティック価格を上昇させられるかどうかを前の何本かの足で確認する必要がある。

　足１とその２本前の弱気の反転足のように、天井のほとんどはミクロダブルトップから発生することが多い。また、足18と足17の前の足のように、底のほとんどはミクロダブルボトムから発生する。

　モメンタムが強いときは、２番目の反転のセットアップを待ってからカウンタートレンドトレードを仕掛けたほうがよい（**図10.2**）。

　足１は５本の陽線のあとで形成されており、上昇モメンタムが非常に強いため、最初の下落の試しで売るのは避けるべきである。賢明なトレーダーは、ブル派が２番目の上昇の試しに失敗するのを待ってから売るはずだ。これは足２で発生している。

　足３はこの日の新安値での最初の買いの仕掛けの機会だが、２本あ

とに陰線があるため、2番目の仕掛けを待ったほうがよく、それは足4で発生している。

足5は4本の陰線のあとに形成された足で、買うには下降モメンタムが強すぎる。2番目の仕掛けの機会は発生しなかったので、賢明なトレーダーは待つことで損失を回避した。

足10は安値を切り上げた6本の足のあと発生している。6つの足のうち、陰線は2本しかなく、しかも小さい。これは上昇の強さが強すぎるため売るには適さないことを示している。2番目の仕掛けの機会は足11の弱気の反転足で発生した。

このチャートのさらに深い議論

この日、市場は昨日の引けにかけての下降チャネルを上方にブレイクアウトしたが、そのブレイクアウトは移動平均線で止められ、売りのセットアップが整った。そのあと市場は昨日の安値を下抜いたが、そのブレイクアウトも失敗し、この日の4本目の足で上方に反転した。この4本目の反転は、1本目の足が昨日の小さな下降チャネルを上方にブレイクアウトしたあとに安値を切り下げたブレイクアウトプルバックとみなすことができる。

市場は高値を切り上げることに失敗し、下降トレンドチャネルが続く。トレーダーたちは足2のダブルトップの下で売ったはずだ。なぜなら、前の高値の切り下げから上方へのブレイクアウトに失敗し、寄り付きからのトレンドを継続することができなかったからだ。このあと高値と安値を切り下げるトレンドが続く。

足3の前の足で終わる下降スパイクからの戻りは、午前9時35分に形成される陰線によって安値4の売りのセットアップが整った。この下方へのブレイクアウトは4本の足による下降スパイクへと発展する。

足5は高値2だが、4本の陰線のあとに発生しているため、ここでは買うべきではない。

　足6から4本の足による下降スパイクが始まる。

　足7のiiパターンはファイナルフラッグになる可能性が高い。

　足7のあと、2本の足による下降スパイクが発生。安値4の売りからの3つの下降スパイクによって売りのクライマックスが連続的に発生する。売りのクライマックスが3つ続くと、ツーレッグの上昇になる可能性が高い。

　トレーダーたちは、ファイナルフラッグと長引いた下降トレンドのあと少なくともツーレッグの上昇を期待して、足8の反転足のあとの足9で買ったはずだ。市場は足8で下落し、その2本前の足も下落（陰線）したので、足8はミクロダブルボトム（買いのセットアップ）になる。

　足10は安値1だが、売るには上昇の勢いが強すぎるため、安値の切り上げか、前の足の下に指値を入れて買ったほうが賢明だ。上昇モメンタムが強いため、少なくとも上昇レッグの高値を試す可能性が高い。

　足11は大陽線のあとに形成された同時反転足だ。5本から10本の陽線のあとで発生する大陽線は買いのクライマックスで、そのあと10本以上の足にわたって横ばいが続いたあと下落し、そのあとでブル派が戻ってくる可能性が高い。これはまた下降トレンドでの高値の切り下げが発生した領域でもあり、ダブルトップベアフラッグが発生する可能性が高い。ブル派が依然として強いため、ほとんどのトレーダーたちは安値の切り上げが起こることを期待したが、結局はダブルトップベアフラッグで利食いした。弱気のスキャルパーのなかには、移動平均線への試しを期待して、ここで売った者もいた。この上昇は多くの陽線から形成されているため、買い手はアグレッシブになり、したがって安値が切り上げられる可能性が高い。

第11章
遅い仕掛けと逃した仕掛け
Late and Missed Entries

　チャートを見て、最初の仕掛けで仕掛けていれば、スイングトレードの部分はまだ保有しているはずだと思うときは、成り行きで仕掛ける必要がある。オールウエーズインの方向がはっきりしている場合は、トレンドの方向に仕掛けるべきである。なぜなら、そのほうが利益を得られる可能性が高いからだ。しかし、仕掛ける株数や枚数は、最初の仕掛けで仕掛けていれば今でも保有しているはずの株数や枚数にすべきであり、トレーリングストップも同じように置かなければならない。損切りはスキャルピングで使うものよりも緩くするのが普通で、したがってリスクを同じにするにはポジションを小さくする必要がある。例えば、GS（ゴールドマンサックス）が強い上昇トレンドにあり、最初に300株買って、今保有しているのがわずか100株で、プロテクティブストップは仕掛けから1.50ドル離れた位置に置いたのであれば、100株を成り行きで買い、1.50ドル離したところにプロテクティブストップを置く。スイングトレードを今買うか、最初の仕掛けのスイングトレードの部分だけを保有するかは、論理的には同じである。含み益のあるトレードはだれかほかの人のお金をリスクにさらしていると考えるほうが気分的に楽だが、これは現実的ではない。それはほかならぬ「あなたの」お金であり、あなたがリスクにさらしているのは、今買って同じ1.50ドルをリスクにさらしているのとまったく

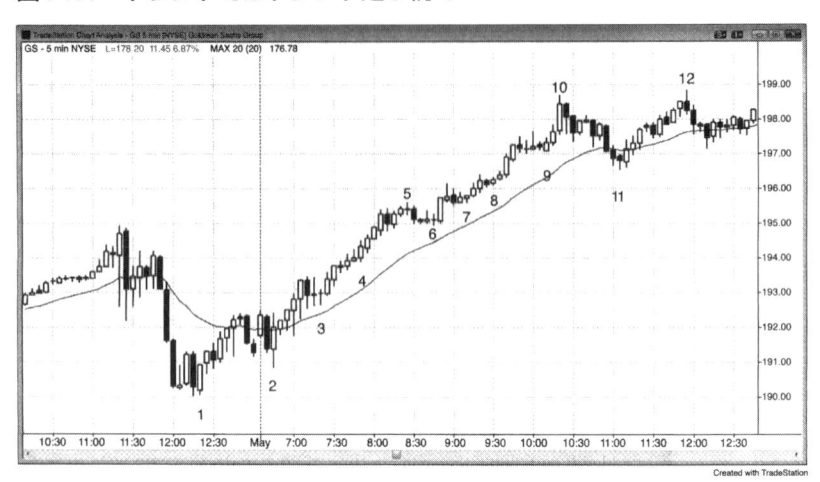

図11.1　トレンドではトレンド足が続く

同じである。トレーダーはこれを知っているため、ためらわずに仕掛ける。仕掛けなければ、早めに仕掛けていれば今でも一部は保有できていたことを信じていないことになる。

　４本以上の陽線が続いて形成され始めたとき、それがあまり大きくなく、おそらくはクライマックスにならないと思われるときは、押しを待たずに小さなポジションを成り行きで買ったほうがよい。

　図11.1を見てみよう。GSは昨日は引けにかけて強いツーレッグの下落になったが、足２で強い強気の反転足が発生している。これは昨日の下降トレンドでの安値を試そうとして安値を切り上げようとしていることを意味し、上昇トレンド日の始まりでもあった。

　足４辺りからこのチャートを見始めたトレーダーは、多くの陽線が形成され、強い上昇トレンドになったのを見て、ポジションのうちスイングトレードの部分だけはまだ機能していればよいのだが、と思ったはずだ。足３の上で300株買って、今保有しているのが100株だとす

ると、最初から100株を成り行きで買ったほうがよい。また損切りも足3の上で仕掛けたときに使ったであろうものと同じものを使う。今残っているのはスイングトレードの部分だけなので、損切りはブレークイーブンストップを使うか、足3の高値のおよそ10セント下に置くのがよい。増し玉するときにはポーズや押しを待つべきである。足6の上で増し玉したあとは、損切りを足6のシグナル足の1ティック下に置き換え、それを移動させる。

最初の損切りを使いながら、遅めに仕掛けることは、同じプロテクティブストップを使いながら、最初のポジションのスイングトレードの部分だけを買うのと同じである。

このチャートのさらに深い議論

図11.1を見ると、この日の1本目の足は昨日の引けのスイングハイを上方にブレイクアウトし、移動平均線で小さなダブルトップベアフラッグの売りのセットアップが整っている。しかし、足1から始まるベアフラッグの下方へのブレイクアウトの2回目の試しは失敗する。足2は力強く上方に反転し、2本の足による強気の反転を形成。次の足は陽線はらみ足で、寄り付きからの上昇トレンドに対する良いシグナル足になった。これはまた昨日の最後の4本の足からなる小さなダブルボトムを下方にブレイクアウトしたあと、上方に反転した。

足11の移動平均線のギャップ足までの下落は上昇トレンドラインをブレイクアウトしたため、次は上昇トレンドの高値を試して高値の切り上げか高値の切り下げが形成されることが予想される。このあと、大きくて複雑な修正に入るのが普通だが、足10までの上昇は非常に狭いチャネルなので、強気が非常に強いことを示している。もっと長い時間枠のチャートではこの上昇はスパイクとして現れるはずであり、5分足チャートで修正に入る前に、長い時間枠のチャートでは

おそらくは上昇チャネルが続く。足11の移動平均線のギャップ足は20連続ギャップ足の押しでもある。20連続ギャップ足の押しのあとで初めて高値を更新したあとは、市場は再び押して、そのあと再び高値を試すのが普通だ。したがって、この移動平均線のギャップ足は、通常の移動平均線のギャップ足のセットアップというよりは、20連続ギャップ足のセットアップになる可能性が高い。

第12章
パターンの進化
Pattern Evolution

　現在の足はいずれかの方向に大きく動くスタート地点になる可能性をいつも秘めている。したがって、パターンが逆方向へのトレードにつながるものに変化しないかどうか、プライスアクションを注意深く観察する必要がある。パターンは別のパターンや大きなパターンに変化することがよくあり、いずれも同じ方向か、逆方向のトレードを生みだす。大体の場合、プライスアクションの読みが正しければ、元のパターンは少なくともスキャルパーに利益をもたらしてくれる。大きなパターンもそうである。大きなパターンを元のパターンの拡大版とみなせるかどうかは問題ではない。重要なのは、2～3本前の足で完成したパターンは無視して、目の前にあるものを正しく読んで注文を出すことである。

　パターンの変化で最もよくあるのが失敗である。パターンがスキャルパーに利益をもたらすことなく、逆方向のシグナルへと反転してしまうのである。これによって間違った側にいるトレーダーは落とし穴にはまり、損切りをせざるを得なくなり、少なくとも逆方向のスキャルパーに利益をもたらす動きを加速させる。これはどういったパターンでも起こり得る。なぜなら、どういったパターンも失敗する可能性があるからだ。失敗から多くの足にわたる横ばいに入ったあと、新たなパターンが形成されると、この新たなパターンは最初のパターンと

は別のパターンと見るべきである。最初のパターンは無視することだ。なぜなら、損切りを強いられ、市場を牽引する落とし穴にはまったトレーダーはそれほど多くは残っていないからだ。

　現時点では本書に出てくるパターンのすべてに慣れ親しむ必要はないが、あとの章ではパターンの進化のよくある例がいろいろと出てくる。拡張したトライアングルはファイブレッグまたはセブンレッグから発展することもときどきある。ミクロトレンドラインのブレイクアウトは大概は失敗し、ブレイクアウトプルバックが発生する。下降ファイナルフラッグが反転に失敗すると、ブレイクアウトプルバックの売りのセットアップになることが多く、そのあとウエッジの反転のセットアップ、あるいは広いトレーディングレンジに変化する。この広いトレーディングレンジは大きなファイナルフラッグになることが多い。上昇スパイク・アンド・チャネル・トレンド・パターンはトレーディングレンジに変化し、そのあとダブルボトムブルフラッグになることが多い。市場が寄り付いてからの最初の1時間では、ダブルトップベアフラッグはダブルボトムブルフラッグに、またダブルボトムブルフラッグはダブルトップベアフラッグに変わることが多い。アグレッシブにトレードするつもりなら、最初のパターンと変化したパターンの両方での仕掛けを考え、一部はスイングトレードにしたほうがよい。なぜなら、最初のパターンからも変化したパターンからも大きな動きが発生する可能性が高いからだ。

　信頼できるパターンでもそのおよそ40％は失敗し、いずれかの方向の仕掛けのセットアップを整える大きなパターンへと変化することがよくある。**図12.1**はEWZ（ｉシェアーズ　MSCIブラジルインデックスファンド）の5分足チャートである。足2の下の安値2の売りの

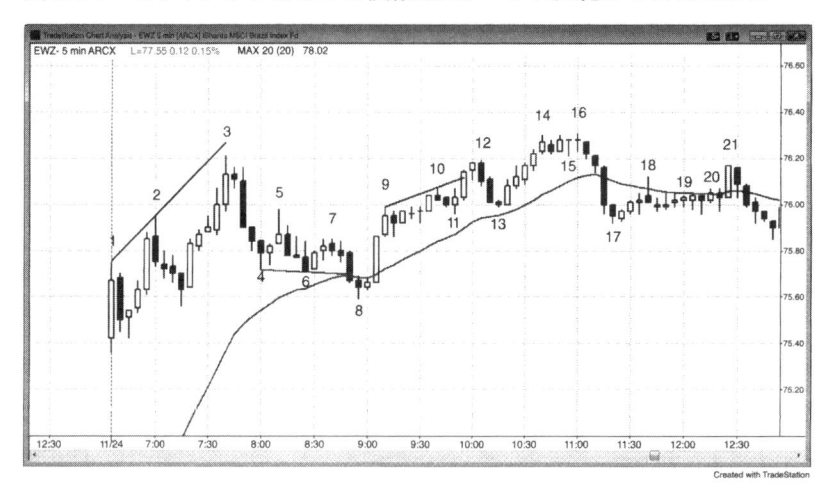

図12.1　セットアップはもっと複雑なパターンに進化するときもある

セットアップは失敗しているが、このパターンは大きなウエッジトップに進化しており、仕掛けは足3の次の足の下である。

また、足19の安値2のベアフラッグは、足21の2本の足による反転の下でもっと複雑な安値2の売りのセットアップに進化している。最初のプッシュアップは足18である。

このチャートのさらに深い議論

図12.1では、足6のあとの高値2は移動平均線で足8の上のウエッジ型ブルフラッグに進化している。これはまたスパイク・アンド・チャネルの下降トレンドであり、足8はこのチャネルにおける3回目のプッシュダウンになっている。この3回目のプッシュダウンでチャネルは終了することが多い。

足9までの上昇スパイクが強いため、足10の安値2は失敗する可能性が高い。安値1の仕掛けは足10の2本前の足である。このパターンは足11で失敗した安値2の買いのセットアップになり、足12で

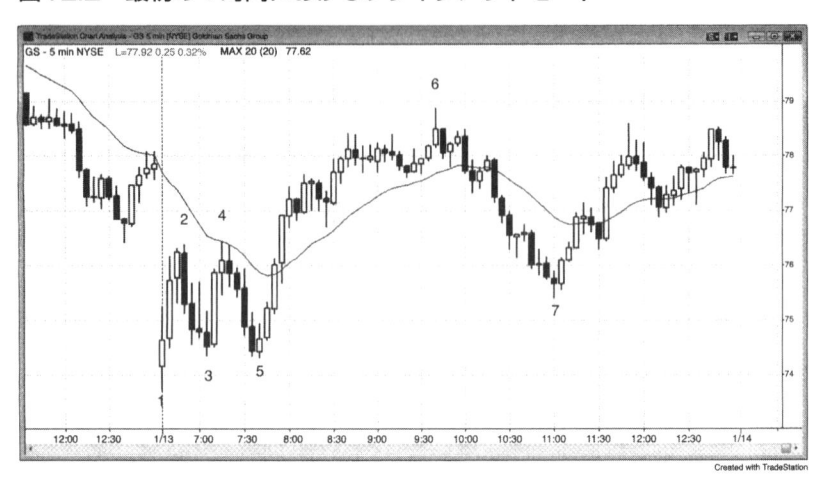

図12.2　最初の1時間におけるブレイクアウトモード

スパイク・アンド・チャネルのトップが形成されている。足12は3回目のプッシュなので、ここでチャネルは終了する。

　足15の高値2は失敗し、その日の新高値で下方への反転を試す2回目の試しに変わった。足15の次の高値2の仕掛け足の下が仕掛け位置になる。

　寄り付きから最初の1時間ではダブルトップとダブルボトムの両方が見られるのが普通で、これによって市場はブレイクアウトモードになる。図12.2のGS（ゴールドマンサックス）のチャートを見ると、ダブルトップはダブルボトムブルフラッグに進化しているのが分かる。これはよくあるパターンだ。大きな動きは最初のパターンか変化したパターンから発生することがよくあるため、スイングをとらえて両側から（足4の下で売り、足5の上で買う）トレードしたほうがよ

い。高値や安値は最初の1時間で形成されることを覚えておこう。市場の次の数時間にわたる動きはその価格帯から動きだすのが普通であり、トレンド日ならおそらくは1日中その方向に動く。GSは昨日のトレンドチャネルラインを下方にブレイクアウトして大きなギャップダウンで寄り付き、そのあとこの日の1本目の足で上方に反転している。そのあと、足4で下降する移動平均線上で安値2とダブルトップベアフラッグを形成し、足5のダブルボトムブルフラッグで上方に反転している。そのあと、市場は3ドル上昇し、足6でこの日の高値を付けた。

このチャートのさらに深い議論

　大きなギャップで寄り付いた日は、いずれかの方向のトレンド日になることが多い。図12.2を見ると、最初の3本の足で勢いよく上昇しているため、上昇トレンド日になる可能性が高い。特に、前日の下降トレンドチャネルのオーバーシュートから上方に反転したときはそうだ。しかし、移動平均線で止められて下降トレンドが再び現れる。しかし、足5まで下落すると、足3の安値領域で再びブル派が勢いを増す。足4からの下落は、この日が下降トレンド日になる2回目の試しであったが、それは失敗し、足5で底を形成する2回目の試しが成功すると、市場は再び上昇チャネルに乗って上昇し始める。

　足2と足4までは上昇スパイクが形成され、足3と足5までは下降スパイクが形成されている。ブル派とベア派が自分たちの方向にチャネルを作るべくしのぎを削っているため、これはトレーディングレンジになることが多い。このあと、足5から強い5本の足による上昇スパイクが形成され、そのあと足6までスリープッシュのチャネルが形成される。このチャートを見て、足2までの動きはスパイクで、そのあとの足5までのトレーディングレンジは押し、そして足6までチャ

ネルが形成されたと見るトレーダーもいれば、足5からのスパイクはこの日を支配する動きであり、5本の足による上昇スパイクが終了したあと上昇チャネルが始まったと見るトレーダーもいる。ただひとつの明確な回答はなく、どちらのトレーダーも正しいと言える。ここで重要なのは、足1からの上昇スパイクと足5からの上昇スパイクは、足2からの下降スパイクと足4からの下降スパイクよりも強いため、上昇チャネルになる可能性が高いということである。

　この日は、寄り付き直後の上昇トレンドを受けて上昇トレンド日になるかと思われたが、結局はトレンドを伴うトレーディングレンジ日になった。足7はトレーディングレンジの安値を試し、そのあと引けにかけて上方に反転し、上側のトレーディングレンジの高値近くで引けた。

第2部
トレンドラインとチャネル
Trend Lines and Channels

　トレーダーの多くはどういったラインもトレンドラインと呼ぶが、トレンドラインとトレンドチャネルラインは区別したほうがよい。トレンドラインもトレンドチャネルラインも、プライスアクションを含むまっすぐな斜線からなるが、それぞれの反対側にはチャネルが形成される。上昇トレンドでは、トレンドラインは安値を結んだ線で描かれ、トレンドチャネルラインは高値を結んだ線で描かれる。逆に、下降トレンドでは、トレンドラインは高値を結んだ線で描かれ、トレンドチャネルラインは安値を結んだ線で描かれる。チャネルを形成するラインはほとんどが平行線だが、ウエッジやトライアングルでは一点に収束し、拡大型トライアングルでは広がる。トレンドラインはトレンドトレードをセットアップするのが普通で、トレンドチャネルラインはトレード可能なカウンタートレンドトレードを見つけるのに役立つ。曲線のラインやバンドは非常に主観的なものなので、素早く仕掛けるときには注意が必要だ。

　チャネルは上昇したり、下降したりし、トレーディングレンジにあるときには横ばいになる。チャネルが横ばいのとき、ラインは水平で、上のラインは抵抗線、下のラインは支持線になる。株式トレーダーのなかには、抵抗線を売り抜け領域（ロングを手仕舞う）とみなし、支持線を買い集め領域（ロングを増し玉する）とみなす者もいる。しか

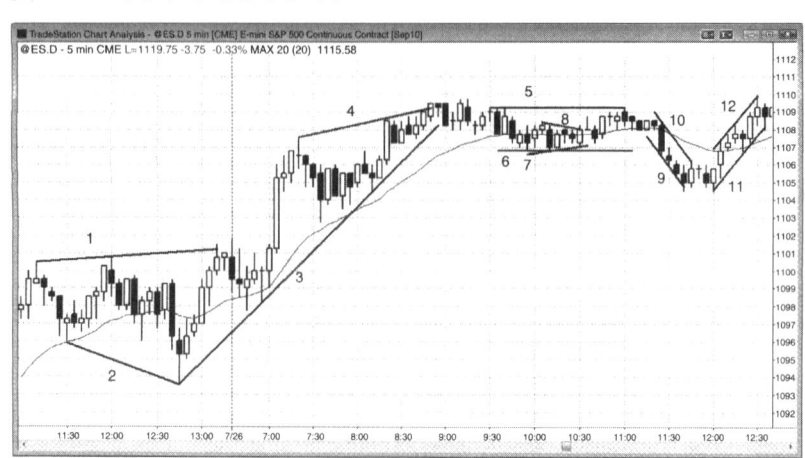

図PII.1　トレンドを示すライン

し、多くの機関投資家は買いも売りも大量に行っているため、抵抗線は彼らがロングを売り抜けると同時に新たな売りを始める領域であり、支持線はショートを売り抜けると同時に新たに買い集める領域であるとみなしたほうがよい。

　ラインはプライスアクションを際立たせるために引かれるものであり、これによってトレードの仕掛けや管理がやりやすくなる。
　ライン1は拡大型トライアングルの上に引かれたトレンドチャネルラインで、ライン2は拡大型トライアングルの下に引かれたトレンドチャネルラインだ。チャネルは拡大していくので、トレンドはなく、したがってトレンドラインはない（図PII.1）。
　ライン3は安値を結んで描かれた上昇トレンドにおけるトレンドラインで、支持線として機能する。一方、ライン10は高値を結んで描かれた下降トレンドにおけるトレンドラインで、抵抗線として機能する。

ライン4は高値を結んで描かれた上昇トレンドにおけるトレンドチャネルラインで、ライン9は安値を結んで描かれた下降トレンドにおけるトレンドチャネルラインだ。
　ライン5とライン6はトレーディングレンジにおける水平ラインである。高値を結んで描かれたライン5は抵抗線で、安値を結んで描かれたライン6は支持線である。
　ライン3とライン4によって形成されたチャネルは上昇して一点で収束しているので、ウエッジだ。
　ライン7とライン8はトレンドラインで、小さな対称トライアングルを形成している。これは収束するチャネルだ。対称トライアングルのなかには小さな下降トレンドと小さな上昇トレンドがあるので、チャネルは2本のトレンドラインからなり、トレンドチャネルラインはない。収束するトライアングルは対称型、上昇型、下降型に分けることができるが、同じ方法でトレードされるので、このように使い分ける必要はない。

このチャートのさらに深い議論

　図PII.1では、この日の最初の足は昨日の高値を上方にブレイクアウトするが、ブレイクアウトは失敗する。昨日の最後の6つの足は陽線なので、2回目の仕掛けによる売りのみを考えるべきだが、良いシグナルは出ていない。この日の最初の6本の足で狭いトレーディングレンジが形成され、市場はブレイクアウトモードに入った。したがって、オープニングレンジの高値の1ティック上で逆指値で買うか、その安値の1ティック下で売るかのいずれかである。そのあと市場は上方にブレイクアウトした。最小の価格目標は上方へのメジャードムーブで、これは拡大型トライアングルの高さに等しい。

第13章
トレンドライン
Trend Lines

　上昇トレンドラインは上昇トレンドの安値を結んで引いたラインで、下降トレンドラインは下降トレンドの高値を結んで引いたラインである。トレンドラインは、押しや戻りが起こったときにトレンド方向への仕掛けを探ったり、トレンドラインがブレイクされたあとにトレンド方向とは逆に仕掛けるのに役立つ。トレンドラインを引く方法はいろいろあり、スイングポイントを結んだ線として描くこともできるし、線形回帰直線のように数学的なテクニックを用いて描くこともできるし、ただ単に適当に近似ラインを描くこともできる。また、トレンドラインはトレンドチャネルラインの平行線として引くこともできる（まずトレンドチャネルラインを引き、高値または安値からトレンドチャネルラインに平行に引いた線がトレンドライン）。しかし、トレンドラインはスイングポイントを結んで引くことができるので、この方法はあまり使われることはない。時として、最適なトレンドラインはローソク足のヒゲを無視して実体のみを使って引かれることもある。これはウエッジの形をしていないウエッジパターンでよく見られる。ラインを引かなくても明らかなときは、わざわざラインを引く必要はない。また、ラインを引いたあとでも、市場がそれを試したことを確認したらすぐに消す。チャートにラインを引きすぎると邪魔になるだけである。

いったんトレンドが形成されたら、トレンドラインがブレイクされるまでトレンドラインの方向に仕掛けるのがよい。トレンドラインをアンダーシュートしたりオーバーシュートしたりしても、トレンドライン周辺の領域まで戻ってきたら、再びトレンドの方向に仕掛ける。トレンドラインがブレイクされたあとでも、数本の足にわたってまだトレンドラインが有効なときは、押したり戻したりしたあとでトレンドの高値や安値が試される可能性が高い。高値や安値が試されたあとは、再び元のトレンドに戻るか、トレンドが反転するか、トレーディングレンジに入るかの３つだ。トレンドラインのブレイクで最も重要な点は、それは市場はもはや一方の側（買い手または売り手）によって支配されてはいないことを示す最初のサインであり、二方向相場になる可能性が高いということである。トレンドラインがブレイクされたあとは、新たなスイングポイントが発生し、そこからまた新たなラインが形成される。一般に、ラインが連続的に発生すると傾きが徐々に緩くなる。これはそのトレンドはモメンタムを失いつつあることを示している。ある時点までいくと、弱気から強気への、あるいは強気から弱気への転換を示唆するものとして、逆方向へのトレンドラインが重要になる。

　市場が比較的少ない足で繰り返しトレンドラインを試し、その辺りをうろついているときは、次の２つのうちのいずれかが発生する可能性が高い。ほとんどの場合、市場はトレンドラインをブレイクし、トレンドを反転させようとするが、まったく逆のことをやる場合もある。つまり、トレンドラインから素早く遠ざかるのである。このときトレンドは反転することなく加速する。

　トレンドラインのブレイクの強さは、カウンタートレンドトレーダーの強さを表す。カウンタートレンドの動きが大きくて速いほど、反転する可能性は高いが、その前にまずはトレンドの極値（例えば、上昇トレンドの高値が試された場合、高値が切り上げられる＝高値が更

新されるか、高値が切り下げられる＝高値の更新に失敗する）を試すのが普通だ。

　オープニングギャップと大きなトレンド足はブレイクアウトと考えるのが妥当であり、これは１本の足によるトレンドとみなすべきである。なぜなら、ブレイクアウトは失敗するのが普通であり、そのため逆張りに備えなければならないからである。そのあとの２～３本の足による横ばいによってトレンドはブレイクされる。これらの足は通常はフラッグを形成し、フラッグからはトレンド方向の動きが続くが、ブレイクアウトが失敗して反転することもある。その横ばいを形成する足は急なトレンドラインをブレイクするため、反転を表すシグナル足が現れれば、逆張りをするのがよい。

　どのトレンドラインが有効なのだろうか。あなたが見ているすべてのトレンドラインはトレードを生む可能性を秘めている。すべてのスイングポイントを見て、トレンドラインに結びつくものがあるかどうかをチェックする。そういったラインが存在したら、そのラインを右側に延ばし、価格がトレンドラインを突破するか接触するときの反応を見てみよう。トレンドラインが連続的に発生するとき、傾きが緩くなる傾向があり、ある時点まで行くと逆方向のトレンドラインが重要性を増してくる。

　トレンドラインになりそうなラインを見つけたが、それが現在の足からどれくらい延びるのか分からないときは、市場がそれに達するかどうか確かめるためにトレンドラインを引いて、すぐに消す。トレンドラインをたくさん引けば邪魔になるだけなので、トレンドラインを引いたらすぐに消すことが重要だ。重要なのは足であって、それがトレンドラインの近くでどんな振る舞いをするのかが重要なのであっ

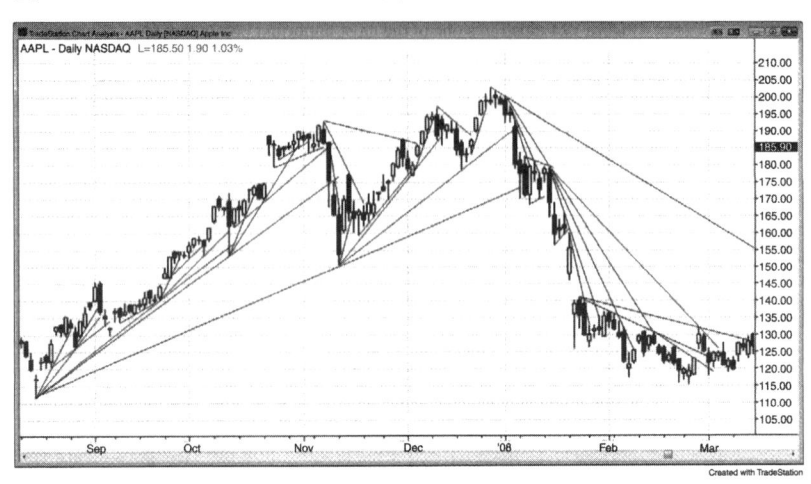

図13.1　どのトレンドラインも重要

て、トレンドラインそのものに注目する必要はない。

　トレンドが進むと、カウンタートレンドの動きがトレンドラインをブレイクするが、そのブレイクアウトは失敗するのが普通であり、その結果トレンド方向のトレードのセットアップが整う。ブレイクアウトが失敗すると、そこからより長く、傾きがより緩やかな新たなトレンドラインが発生する。結局は、失敗したブレイクアウトは新たなトレンドの極値に達することはない。これによって逆方向の新たなトレンドのなかで押しや戻りが発生し、逆方向のトレンドラインを引くことができる。メジャーなトレンドラインがブレイクされたあとは、逆方向のトレンドラインの重要性が増し、その時点でトレンドは反転する可能性が高い。

　図13.1はトレーダーとして成功するために受け入れなくてはならない最も重要なポイントのひとつを示している――それは、ブレイクアウトのほとんどは失敗するという事実である。市場は非常に強いモメンタムで繰り返しトレンドラインに近づこうとする。しかし、そのときの足の強さに気を取られ、直近20本の足で起こったことを見落

としてしまう。例えば、市場が上昇トレンドにあるとき、上昇トレンドラインまで強いモメンタムを伴って何回も下落する。このとき初心者は市場が反転したと思い、トレンドラインで、またはトレンドラインの上か下で売る。下降モメンタムが非常に強いため、その波に乗ってひと儲けしようという腹だ。しかし、最悪の場合、２番目の下降レッグに入る前に市場は少しだけ上昇し、ブレークイーブンで手仕舞う羽目に陥る。新たなトレンドの始まりを期待して、トレンドと逆方向に仕掛けようと思うとき、彼らが考えることはそれから得られる利益のことだけであり、ほかの２つの重要なこと —— リスクと勝率 —— は無視する。トレードを仕掛けるときには、これら３つのことを評価しなければならないのである。

　初心者が上昇トレンドラインの近くの強い下落で売ろうとしているとき、経験豊富なトレーダーは逆のことをやる。彼らはトレンドラインかそのすぐ下で指値か成り行き注文で買うのである。強い下落途中では市場は通常はトレンドラインを若干割り込む。こんなときは、売り手のほうが多いのか、買い手のほうが多いのか見極める必要がある。ほとんどの場合、買い手のほうが多く、上昇トレンドが再び始まるが、それはトレンドラインを大きくブレイクしたあとである。トレンドラインを大きくブレイクしたあと上昇し、古い上昇トレンドの高値を試し、ここで見られるように高値を切り上げるか、高値を切り下げる。

　トレンドラインはあらゆる時間枠で重要である。**図13.2**はダウ平均の月足チャートである。足３は1987年の大暴落で、足１と足２から引いたトレンドラインＢの試しで終わっていることに注意しよう。また、2009年の下降相場は1987年の大暴落から1990年の安値を結んだト

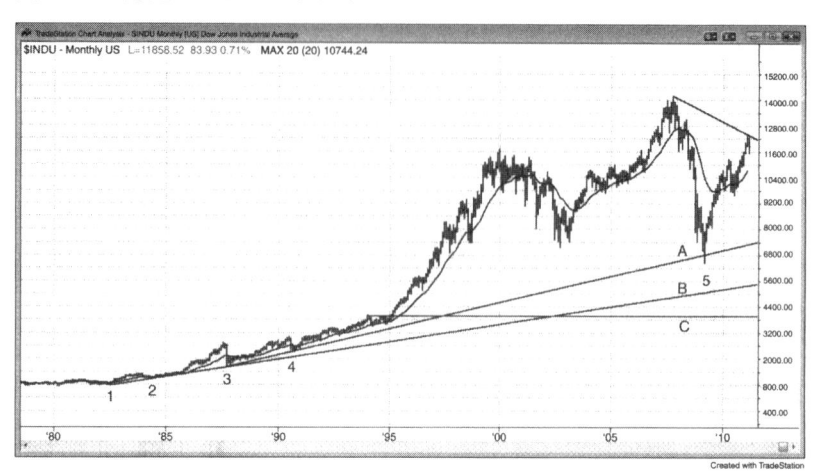

図13.2　月足でのトレンドライン

レンドラインAで止まって上方に反転しているが、2009年の下降トレンドは非常に強いため、市場は今度はラインBを試す可能性が高いが、ラインCのブレイクアウトまで下落する可能性は低い。ラインCは1994年に共和党が議会で多数を握ったときに一致する。通常、ブレイクアウトのあとトレンドが長く続いた場合、再びトレンドラインまで戻ることはあまりないが、試されることは多い。トレンドラインはまだ十分に試されていないため、これは磁石のように働き、市場を引き下げるかもしれない。しかし、ブレイクアウトが発生したのはかなり前のことなので、今ではマグネット効果はほとんどない。

　ブル派とベア派はほとんどの場合、均衡状態にあるため、市場がどちらの方向に動くかは五分五分だ。しかし、強いトレンドが形成されている場合は60％以上の確率で市場の方向性を確信することができる。2009年の大暴落は非常に強かったので、最高値に達する前にその安値が試される確率はおよそ60％だ。ベア派はおそらくは現在の上昇（戻り＝ベアラリー）をヘッド・アンド・ショルダーズの右肩と見るか、2007年の高値とのダブルトップと見るか、あるいは拡大型トライ

図13.3　トレンドチャネルラインの平行線として引かれたトレンドライン

アングルの天井（最高値を更新した場合）と見るだろう。これに対して、プライスアクショントレーダーは、12年にわたるトレーディングレンジの高値への試しと見る。

　トレンドラインはトレンドチャネルラインに平行に引いた線として描くことができるが、このラインを引いても、ほかのもっと一般的なプライスアクション分析を使って、まだ明らかになっていないトレードを提供してくれることはめったにない。
　図13.3を見てみると、足1から足4までの下降トレンドチャネルラインに平行に足2の高値からラインを引いているが、これがトレン

ドラインだ。

足6は、このラインの上方への2回目のブレイクアウトからの反転の試しなので、良い売りのセットアップになる。

足1から足4までのトレンドチャネルラインに平行に引かれたトレンドラインは、足2の高値と足5の高値を結んだトレンドライン（非表示）とほぼ同じであるため、売りを探すトレーダーには何の情報ももたらさない。ここでは完全性を期すために示しているにすぎない。

このチャートのさらに深い議論

図13.3の足6は、足3と足5を結んだトレンドチャネルラインのオーバーシュートの失敗だ。したがって、足6の売りはデュエリングライントレードの例である。デュエリングラインパターンとは、トレンドチャネルラインとトレンドラインが交差するパターンのことを言う。トレンドラインへの戻りは足3、足5、および足6によって形成されたウエッジ型ベアフラッグの形で発生している。

最初のツープッシュやスリープッシュのあと、それらによって形成されるトレンドチャネルラインはチャネルの形成に用いることができる。**図13.4**はロシアの通信会社であるモービル・テレシステムズ（MBT）の日足チャートである。

足6までのプッシュは非常に強く、足8にかけて2回目の強い上昇の動きが発生している。足4のウエッジボトムのあと、トレンドが反転して上昇チャネルを形成している。足6から足8までのトレンドチャネルラインに平行に足7のスイングローからトレンドラインを引

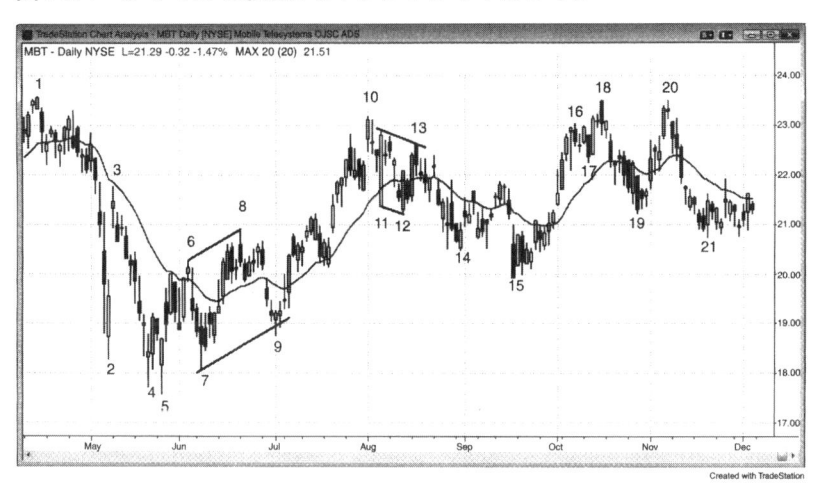

図13.4　チャネルを形成するトレンドチャネルライン

く。これらのトレンドチャネルラインとトレンドラインによってチャネルが形成される。そのあと、足8から下落して、チャネルの底で上方に反転する。足9の強気の反転足は買いのセットアップになった。

　同様に、足10は足1の高値領域にあるため、ダブルトップが形成されるかどうかに注目する。足11はギャップダウンで寄り付き、足12の安値にかけて2番目の下降レッグが形成される。それらの安値を結んでトレンドチャネルラインを引き、足11の高値からトレンドチャネルラインに平行にラインを引く。足12からの上昇を待って、この新たな下降チャネルの天井が抵抗線になるかどうかをチェックする。トレーダーたちは足13で強い弱気の反転足が発生するのを見ると、下降チャネルになることを期待して売った。

　図13.5は、インドのソフトウェア最大手のひとつであるインフォシス・テクノロジーズ（INFY）の60分足チャートである。ヘッド・

図13.5　トレンドチャネルラインを使ったヘッド・アンド・ショルダーズ

アンド・ショルダーズパターン（足4の領域がヘッド）が形成される可能性があるとき、ネックライン（足3と足5）に沿ってトレンドチャネルラインを引き、左側のショルダー（足2）からそれに平行にラインを引くと、右側のショルダー（足6）のおおよその位置が分かる。市場が右側のショルダーの水準まで下落すると、トレーダーたちは買いのセットアップを探し始める。このチャートで言えば、足6の売りのクライマックスに続く強い陽線はらみ足がそうだ。しかし、どこで仕掛けるかは直近の足によって決まるため、これはあまり重要ではない。

図13.6では、足3の安値と足5の安値を結んだ点線のトレンドチャネルラインは、足1と足4の高値を結んだ点線の下降トレンドチャネルに平行に引かれたものだ。足5も足6もそのトレンドチャネルラインには接していないが、チャネルラインに十分に近く、チャネルの

図13.6　チャネルを形成するトレンドチャネルライン

底は十分に試されたものとしてトレーダーたちは買った。しかし、上方への反転を確認するには、本当はチャネルを下抜く必要がある。チャネルの高値を上抜いたところがこの買いの最小の目標値になった。

　トレンドチャネルラインが非常に急で、試されてはいるがブレイクはしていないとき、別のラインを引くことを考えたほうがよい。おそらく市場にはあなたには見えない何かが見えている。下降トレンドは足2の大陰線のトレンド足から始まっている。したがって、トレンドラインの始まりは足2と見るのが妥当だ。足2と足4を結んでトレンドラインを引き、足3の安値からそれに平行なラインを引けば、足6は、そのチャネルの安値のオーバーシュートからの2番目の上方への反転（最初の反転は足5）だということが分かるはずだ。予想どおり市場は上昇し、そのチャネルの高値を上方にブレイクした。そのあと押して、再び上昇した。

このチャートのさらに深い議論

　図13.6を見ると、この日は昨日の高値を上方にブレイクしてギャップアップで寄り付いたが、ブレイクアウトは失敗。市場は４本の足にわたって下落し、寄り付きから下降トレンドが形成される。足２は最初の戻りで、これは通常下降トレンドに対する信頼できる仕掛けになる。足２から下方にブレイクアウトし、下降スパイクが形成され、そのあと下降チャネルが続く。この下降チャネルは足３へのスリープッシュダウンで終了する。スパイク・アンド・チャネルのパターンは一種のクライマックスで、ここからの反転は２つの上昇レッグを伴い、この上昇によってチャネルの高値が試される。チャネルの高値では、ここで見られるように、ダブルトップベアフラッグの売りのセットアップが整うのが普通だ。

　足４もまた下降スパイクで、その８本あとにはさらに大きな下降スパイクが形成されている。そのあと下降チャネルが続き、そのチャネルの高値は午後12時に終了する上昇スパイク・アンド・チャネルによって試される。そのあと、４本の足による下落が発生し、この上昇チャネルの安値近くを試し、ダブルボトムブルフラッグを形成する。このあと、勢いよく上昇し、足４の高値を試す。これは翌日にかけてダブルトップベアフラッグのセットアップが整うと思われる。

　この日の平均レンジはおよそ20ポイントだった。したがって、市場が寄り付きからおよそ20ポイント下落すれば、上昇が予想される。

　図13.7を見ると、点線で描いた下降トレンドラインはおよそ15回も試され、結局ブル派はあきらめた。このトレンドラインは、この抵

図13.7 トレンドラインは繰り返し試される

抗線の試しをすべて示すために、高値を結ぶ最適のラインとして描いている。ブル派は最終的にはロングを手仕舞い、これによって売り圧力が強まった。そして、市場がさらに下落するまで買うのは控えた。したがって、市場は一方向の相場になり、ベア派によって下降トレンドはさらに加速した。市場がトレンドラインを繰り返し試すが、トレンドラインから下落することができない場合、トレンドラインを上方にブレイクするのが普通だ。あるいは、ここで見られるように、下落の動きが加速したあと、チャネルの安値辺りのクライマックスで下落の動きは終了する。足3と足15の高値を結んで引かれたトレンドラインはすべての高値を含むため、これをチャネルの高値とするのが妥当だろう。このトレンドラインに足Aの安値から平行してラインを引くと、足Bと足Cはこのチャネルの安値をブレイクし、そのあと上方に反転した。足Cとそのあとの足の2本の足による反転によって反転が確認されると、そのあとの上昇の最初の目標値はこのチャネルの高値の上への試しである。足Dでブレイクアウトしたあと、1本の足で小休止した。これは一種の押しだ。下降トレンドラインで抵抗線や売り

311

手は見つからず、市場は大きく上昇し、下降チャネルを抜けて上方に力強くブレイクアウトした。

このチャートのさらに深い議論

　図13.7を見ると、この日は移動平均線を試したあと、昨日のスイングローを下方にブレイクアウトした。トレーダーたちは最初の足の下で売ったはずだ。なぜなら、それは安値2の売りのセットアップ（EMA［指数移動平均線］への小さなツーレッグの戻り）であり、あるいは4番目の足で売ることもできた。しかし、2番目、3番目、4番目の足は長く、ほぼ完全にオーバーラップしている。これは不確実であることを示しており、トレーディングレンジに入るサインでもある。そのため、4番目の足の下で売ったあと、ブレイクアウトする可能性が高い。しかし、このブレイクアウトはこの狭いトレーディングレンジの引力に引き戻されるため、大きくブレイクアウトすることはないだろう。

　そのあと数時間にわたってトレーディングレンジが続き、そのあと下方にブレイクアウトし、その日の新安値を付ける。その後も二方向の相場が続いたが、引けにかけて上方に反転し、その日は寄り付きと同水準で引けた。

第14章
トレンドチャネルライン
Trend Channel Lines

　上昇チャネルや下降チャネルでは、トレンドチャネルラインはトレンドラインの反対側に位置し、同じ傾きを持つ。上昇トレンドでは、トレンドラインは安値を結んだ線、トレンドチャネルラインは高値を結んだ線で、両者とも右肩上がりに上昇する。トレンドチャネルラインは、行きすぎて速度の速いマーケットを逆張りするのに使える便利なツールだ。反転するオーバーシュートを見つけてトレードに活用する。特に、それが反転する2回目のオーバーシュートであればなお良い。

　トレンドチャネルはほぼ平行する2つのラインからなるが、そのラインは収束したり、広がったりすることもある。ラインが収束して、チャネルが右肩上がりか右肩下がりのとき、そのチャネルはウエッジで、反転トレードのセットアップになるのが普通だ。一般に、右肩上がりのチャネルはベアフラッグとみなすことができ、そのチャネルの安値からブレイクアウトする可能性が高い。ブレイクアウトはトレンドの反転や、上方や下方にブレイクアウトする可能性のあるトレーディングレンジにつながる。市場は時として上方に加速し、チャネルの高値をブレイクアウトすることがあるが、それはクライマックスの上昇だ。クライマックスの上昇のあとは反転して、チャネルの安値を突き抜ける。しかし、時としてさらに強い上昇トレンドにおける上昇レ

ッグの始まりになることもある。

　同様に、右肩下がりのチャネルはブルフラッグとみなすことができ、市場はチャネルから上方にブレイクアウトする可能性が高い。これはトレンドの反転やトレーディングレンジの始まりを意味する。市場が下降するチャネルの底を突き抜けて下落するとき、ブレイクアウトはおよそ5本の足が形成されるまでに失敗し、反転するのが普通だが、時としてさらに強い新たな下降レッグの始まりになることもある。

　トレンドチャネルラインは、プライスアクションが起こる反対側にトレンドラインに平行に引いた線として描くことができる。あるいは、チャネルの反対側のスパイクを結んだ線として描いたり、線形回帰直線のように数学的に最適な直線を描くこともできる。あるいは単に目視的に最適のラインとして描くこともできる。上昇トレンドでは、トレンドラインは2つの安値を結んだ線として描かれる。そして、トレンドの反対側にトレンドラインに平行に引いた線がトレンドチャネルラインになる。トレンドチャネルラインに、トレンドラインを形成する2つの安値の間に位置する足の高値をすべて含ませるためには、どの足でもよいので、その足の高値からトレンドラインに平行に線を引く。時として、トレンドラインを形成する2つの足の外側に位置する足にトレンドチャネルラインを合わせると、トレンドをもっとよく把握できることもある。とにかく、トレンドチャネルラインはトレンドを最もよく表すように引くのがよい。

　時として、狭いチャネル内で一カ所だけぽつんと突出するスパイクが発生することがある。このような場合はスパイクは無視してトレンドチャネルラインを引く。しかし、チャネルラインはその上昇スパイクに沿って引いたほうが良いこともある。スイングの幅が広がり、トレンドチャネルラインを合わせたその1つのスパイクに沿ったチャネルの高値ですべてのスイングがとまるとき、その広がったスイングをトレンドチャネルラインのアウトラインとして使う。

トレンドチャネルラインは、トレンドラインに平行に引いた線としてではなく、それ自身によって作成することもできる。下降スイングでは、トレンドラインは高値を結んだ右肩下がりの線になる。トレンドチャネルラインは同じ傾きを持つが、下降スイングの2つのスイングローを結んだ線として作成する。トレンドチャネルラインはスイング内のそのほかのすべての足を含むときは特に有用なので、トレンドチャネルラインを構成する足を選ぶことが肝要だ。

　トレンドチャネルラインのオーバーシュートはウエッジと密接な関係があるため、これらは同じものとみなしてトレードするのがよい。ウエッジは完璧なウエッジの形を持たない場合もあるが、ほとんどのウエッジはトレンドチャネルラインの失敗したブレイクアウトで、反転トレードのシグナルになる。トレンドチャネルラインのオーバーシュートと反転のほとんどはウエッジの反転でもある。ただし、ウエッジは明確でなかったり、完璧なウエッジの形をしていないときもある。トレンドチャネルラインがトレンドラインに平行な線として描かれるとき、ウエッジはあまりはっきり現れないが、それでも確かに存在している。

　チャネルがウエッジの形をしているとき、それは緊急性の現れである。例えば、ウエッジの高値では、トレンドラインの傾きはトレンドチャネルラインの傾きよりも大きい。トレンドラインはトレンドトレーダーたちが仕掛けて、カウンタートレンドトレーダーたちが手仕舞う場所だが、トレンドチャネルラインではこれが逆になる。したがって、トレンドラインの傾きがトレンドチャネルラインの傾きよりもきついとき、それはブル派が浅い押しで買い、ベア派たちがちょっとした下落で手仕舞いしていることを意味する。ウエッジと平行な線からなるチャネルとを見分けるコツは、2回目の押しだ。2回目のプッシュアップが下方に反転し始めたら、トレンドチャネルラインを引き、それを使って平行線を引くことができる。その平行線を最初の押しの

安値まで引き下ろせば、それがトレンドラインとトレンドチャネルになる。これは支持線になり、ブル派はそこで買い、ベア派はそこで利食いする。しかし、ブル派がその水準を上回る位置で買い始め、ベア派がショートを早めに手仕舞えば、市場はトレンドラインに達する前に反転する。双方とも市場がその支持線まで下がらないことをおそれて、緊急性を感じてこうしているわけである。つまり、双方とも、トレンドラインはもっと急になり、上昇トレンドがもっと強くなる必要があると感じているわけである。

　市場が上昇すると、トレーダーたちはトレンドラインを引き直す。このとき、トレンドチャネルラインの平行線を使う代わりに、最初の2つの押しの安値を使ってトレンドラインを引く。トレンドラインは上のトレンドチャネルラインよりも急なので、ウエッジが形成される。ウエッジは反転パターンになることが多い。ウエッジの代わりにより急な平行チャネルが形成されたときに備えて、トレーダーたちはその新しい急なトレンドラインに平行な線を2番目のプッシュアップの高値から引く。ブル派もベア派も最初のトレンドチャネルラインが上昇するのか、あるいは市場が新しい急なトレンドチャネルラインに達するのか、注意深く観察する。最初のトレンドチャネルラインが上昇し、市場が下落すると、2番目の押しで買うことは緊急性をさらに増すが、その緊急性は3回目のプッシュアップまでは続かないとトレーダーたちは思う。ブル派は最初の浅いトレンドチャネルラインで利食いする。つまり、予定よりも早く手仕舞うということである。ブル派はより急なトレンドチャネルラインまで市場が上昇することを願っていたが、そうならなくて落胆する。ベア派は売りたくてたまらず、市場がより急なトレンドラインに達しないことを怖れて、最初のラインで売り始める。今や緊急性を感じているのはベア派で、ブル派は怖れている。市場はウエッジの高値から下落し、ほとんどのトレーダーは次の大きな買いや売りのパターンを探す前に、少なくとも2回の下

降レッグを待つ。

　1回目の下降レッグが発生すると、それはウエッジを下方にブレイクアウトする。ある時点まで行くと、ベア派は利食いし、ブル派は再び買う。ブル派はウエッジの高値更新が失敗するのを恐れている。市場が上昇してウエッジの高値を試すと、ベア派は再び売り始める。ブル派が利食いし始めるのは、彼らが市場を前の高値の上まで押し上げるのは無理だと思っているからだ。彼らが利食いし、ベア派が新たに売ると、市場は臨界点に達し、残っている買い手を圧倒し、市場は下落して2回目の下降レッグを形成する。ある時点で、ブル派は再び市場に参入し、ベア派は利食いし、ツーレッグの押しが発生するのを見て、上昇トレンドが再び始まるのだろうかと思う。この時点で、ウエッジは役目を終え、市場は次のパターンを探し始める。

　トレンドチャネルラインのオーバーシュートは反転につながることはだれもが知っているが、トレンドチャネルラインのオーバーシュートのあと、なぜ多くの反転が発生するのだろうか。早めに仕掛けた者は市場がトレンドチャネルラインに達するのを阻止しないのだろうか。間違った側にいる初心者のトレーダーはもうこれ以上痛みに耐えられないところまで負けポジションを保有し続け、そのあと突然一斉に手仕舞うため、放物線状のクライマックスが発生する、というのが共通の認識だ。例えば、上昇チャネルでは、市場はあまりはっきりしない抵抗線まで上昇し、それを突き抜けるために、最後に売った者はもはや痛みに耐えようとはしない。彼らは突然ギブアップするのだ。最後に売った者が一斉に買い戻しを始めた途端に市場は急上昇し、有頂天になった経験不足のブル派は買う。このため、市場は突然激しく動き、トレンドチャネルラインを上方にブレイクアウトする。この上昇スパイクは残っている売り手に買い戻しを促し、無知なブル派は新たに買う。このため、市場はさらに上昇する。しかし、買い戻して市場を押し上げる売り手がいなくなり、市場が突然加速をやめ、小休止

して下落し始めると、論理よりも感情でトレードした有頂天のブル派はパニックに陥る。彼らはクライマックスで買ったことを悟り、突然売り始める。買う者はもはやおらず、落とし穴にはまった新たな買い手がパニックに陥って売り始めると、市場は突然一方向相場になる。今や市場を支配しているのは売り手だ。だから、市場は下落するしかない。これが一般に認められた論理であって、これが正しいかどうかは問題ではない。事実、機関投資家が支配し、ほとんどのトレードがコンピューター化されているＥミニのような巨大な市場では、それは反転の意味のある要素とは思えない。賢明なトレーダーは、強いトレンドラインのブレイクからの押しがあるまで、あるいはトレンドチャネルラインのオーバーシュートからの反転があるまで、カウンタートレンドトレードはやらない。例えば、上昇トレンドでは、スマートマネーは価格を上昇トレンドチャネルラインの上に押し上げるまで買い続け、そこで利食いする。何回か反転の試しが失敗するかもしれないし、加速したペースで上昇し続けるかもしれず、これによってトレンドチャネルラインはより急になる。ちなみに、あなたがトレンドチャネルラインを何回も引き直しているとすれば、それはあなたが市場の間違った側にいることを示すサインである。あなたは反転を探しているが、トレンドはさらに強くなるばかりだ。反転など探さずに、トレンドの方向にトレードすべきである。

　最終的には市場はどのトレンドチャネルラインが最後のトレンドチャネルラインになるのかを決め、あなたは確かな反転を見ることになる。そのときまで我慢して、トレンドの方向にのみトレードすることだ。それと同時に、利食いが始まれば、多くのトレーダーはドテンし、すでにマルのトレーダーは新たに売り始める。スマートマネーはチャート上での反転を待ち、あらゆるチャート（１分足チャートから５分足チャート、出来高チャート、ティックチャートなど）の反転で仕掛けるトレーダーもいる。

スマートマネーはいったん天井を付けたと思ったら、もう買わずに売る。そして、天井を付けるか、天井に近いことを信じて、たとえ現在のポジションが含み損になろうと、新高値までポジションを持ち続ける。彼らの多くは高値を上回ったら、売りポジションの平均購入価格を上げ、市場を押し下げるために増し玉する。ビッグプレーヤーの視野にあるのは売りのみであり、２回目の仕掛けに失敗したり、大きな失敗（例えば、Ｅミニで仕掛け価格よりも価格が３ポイント上昇する）といったまれなケースを除いて、おじけづくことはない。買い手はもう残っておらず、市場は下落するのみである。

　出来高はあまり信用できないので、トレードを仕掛けるかどうか決めるときに出来高を見る必要はないが、鍵となる転換点、特に底では出来高が多くなる。どのトレードも、１人以上の機関投資家の買いと、１人以上の機関投資家の売りとの間で成立する。市場の底での主な買い手は、利食いするベア派と新たな買い手だ。機関投資家はなぜ下げ相場の底で売るのだろうか。どの機関投資家も注意深く検証して利益が出ることが確認された戦略を使っているが、30％から70％のトレードは負けトレードになる。安値で売る機関投資家は市場が下げている間中、安値で売っていた機関投資家であり、早めに仕掛けたトレードの多くで利益を出し、トレンドが反転したことが明らかになるまでその戦略を使い続ける。下降トレンドの最後の安値で売った分は損になるが、早めに仕掛けた売りからは十分に稼いでいるため、全体的には利益になる。下げ相場で安値で１ティックでも絞り取ろうとする高頻度トレード（HFT）会社もある。安値は支持線であることを忘れないでもらいたい。多くのHFT会社は、彼らのシステムがそれが利益の出る戦略であることを示しているかぎり、その支持線の１ティックか２ティック上で売り、最後の１ティックをとらえようとする。機関投資家のなかには、ヘッジで売ればリスク・リワード・レシオが向上するため、ほかの市場（株式、オプション、債券、通貨市場など）で

ヘッジで売る者もいる。出来高を支配しているのは小さな個人トレーダーではない。彼らが主要な転換点で出来高に寄与する比率は5％に満たない。オーバーシュートで反転するのは、機関投資家がそうならなければならないと固く信じているからだ。機関投資家はチャートを見なくても、市場は行きすぎなのでそろそろ手仕舞うかドテンする時期であることを教えてくれるほかの判断基準を持っている。これはプライスアクショントレーダーが見ているものと一致する。プライスアクションは、多くの賢明な人々が市場からできるかぎりのお金を稼ごうとしている間、価格に起こることの足跡であり、これは無視することはできない。大きな市場では、プライスアクションは操作不可能だ。

　トレンドのファイナルフラッグの傾きからは、新たなトレンドのおおよその傾きが分かる。しかし、これはトレーダーにとってはあまり価値がない。なぜなら、トレードを仕掛けるかどうか決めるときにはほかにもっと重要な要素がたくさんあるからだ。しかし、興味深い観察ではある。

　トレンドチャネルラインはトレンドの方向に向いているが、チャネルを挟んでトレンドラインとは反対側に位置する。トレンドチャネルラインを右方向に伸ばして、価格がそのチャネルラインを突破したときに価格がどう動くか見てみよう。価格は反転するのか、それともトレンドはチャネルラインを無視して加速するのか（**図14.1**）。

　トレンドチャネルラインの書き方は2通りある。ひとつは、トレンドライン（実線）の平行線（破線）として描く方法で、トレンドラインの反対側にずらして、トレンドラインを作成するのに使った2つの足の間に位置するスイングポイントに触れるように配置する。スイングポイントは、トレンドラインとトレンドチャネルラインの間のすべ

図14.1　トレンドチャネルラインの試し

ての足が含まれるように選ぶ。もうひとつの方法（点線）は、トレンドラインとは無関係に、スイングポイントを結んだ線として描く方法だ。最適なラインとして描くこともできるが、これはトレードではあまり役に立たない。

　図14.2を見ると分かるように、上昇トレンドのファイナルフラッグの傾きによって、それに続く下降トレンドの方向性が決まってくる。足1と足2を結んで引いた線形回帰トレンドラインは、翌日まで続く下降トレンドチャネルラインのおおよそのアウトラインになっている。このラインは足7での買いに寄与する可能性はあるが、足7は最初の1時間にわたって引かれたトレンドラインのブレイクと、寄り付きの足5の安値の下方へのブレイクアウトの2回目の反転をもとにした買いだ。通常は、30本以上の足をさかのぼって見るよりも、直近のプライスアクションにしたがってトレードしたほうがよい。

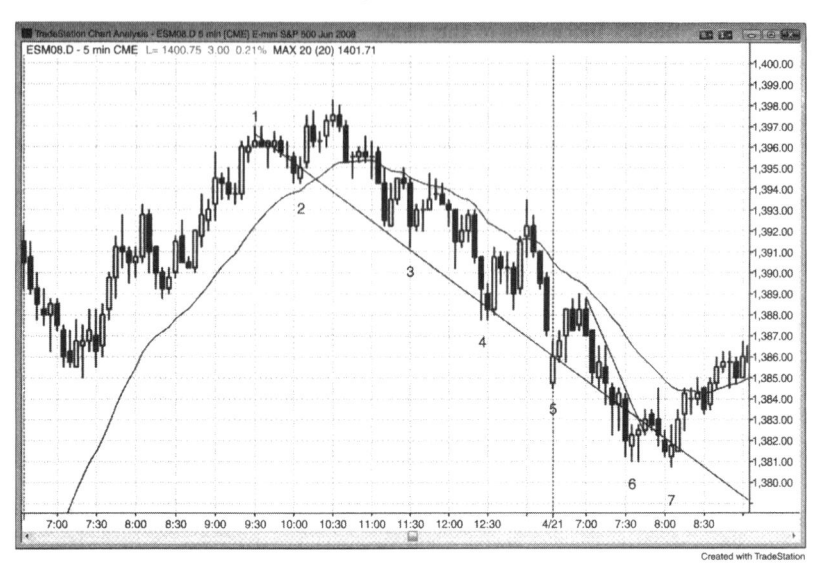

図14.2　ファイナルフラッグの傾き

　あとから分かることだが、市場は足２のあとで高値が切り上げられたが、上昇トレンドは実質的には足１で終わっている。足２までの下落は下降チャネルにおける最初の下降レッグだ。

このチャートのさらに深い議論

　昨日の最後の数時間にわたって下降チャネルが形成されている。したがって、上方への最初の反転の試しが成功する可能性は低い。トレンドチャネルラインの下方へのブレイクアウトは今日の最初の足（陽線）で上方に反転しているが、ブレイクアウトは２～３本の足しか続かずダマシに終わり、そのあとブレイクアウトプルバックの売りのセットアップが整っている。

図14.3　長いトレンドチャネルライン

　図14.3では、足2と足3を結んだトレンドラインに平行に足1から線を引き、右側に延ばしてトレンドチャネルラインを作成する。足6はこのトレンドチャネルラインをブレイクしていない。また、トレンドチャネルラインは足1が基点になっているが、足1は足2と足3（最初のトレンドラインの作成に使われた足）の間にはない。しかし、トレーダーは常にあらゆる可能性を考えるべきだ。足5を突き抜けたあと反転していれば、足5の安値からツーレッグの上昇になった可能性は高い。

　足1と足5を結んで引いた単純なトレンドチャネルラインは足6でブレイクしているが、このトレンドチャネルラインはカウンタートレードに使うには理想的なラインではない。なぜなら、足1と足5は離れており、足5と足6は近いからだ。トレンドチャネルラインが最も効果を発揮するのは、3番目のレッグで試されたときである。足5と足6は基本的に同じレッグ（足4、足5、足6はスリープッシュダウン）上にある。足6は短いため、ここで仕掛ける価値はあり、リスク・リワード・レシオも良い。これはまたシュリンキングステアの下降パ

ターン(詳しくはあとで議論するが、これはスイングローが次第に引き下げられ、連続するブレイクアウトが前のブレイクアウトよりも小さくなるパターン)だ。つまり、下降モメンタムが弱まり、買いであることを示している。

このチャートのさらに深い議論

大きなギャップはブレイクアウトにつながるが、図14.3の大きなギャップもブレイクアウトになっている。この日は寄り付きから下降トレンドが始まった。オープニングレンジが狭く、ブレイクアウトモードになる。ここで大陰線のブレイクアウト足が発生する。しかし、下降トレンドのあとで発生した異常に長い大陰線は、通常売りのクライマックスで、それに続いて少なくともツーレッグの横ばいから上方への修正が発生するのが普通だ。この修正は少なくとも10本は続く。足1は強い強気の反転足で、これはブレイクアウトの失敗による買いのセットアップだ。そのあとツーレッグの横ばいの修正が続き、これは狭いトレーディングレンジのブレイクアウトに失敗(足3)して終了している。足3は足2とともにほぼダブルトップを形成。この日はほぼ横ばいで推移したが、その日の高値近くで寄り付いて、その日の安値近くで引けた。つまり、上と下のトレーディングレンジを含むトレンドを伴うトレーディングレンジ日だったということになる。

第15章
チャネル
Channels

　2本のラインに沿って市場が動くとき、それをチャネルという。市場は常に何らかのチャネルの状態にあるといってもよく、通常は複数のチャネルが同時に存在する。特にほかの時間枠を見れば複数のチャネルが同時に存在するのが分かる。トレンドチャネルはトレンドラインとトレンドチャネルラインに挟まれた傾斜角を持つチャネルだ。例えば、下降チャネルは、上の下降するトレンドライン（下降トレンドライン）と下の下降するトレンドチャネルライン（下降トレンドチャネルライン）とからなる。トレーディングレンジは、下の水平な支持線と上の抵抗線とに挟まれた領域である。トレーディングレンジは若干上昇したり下降したりすることがあるが、そういったときは弱いトレンドチャネルとみなすのがよい。

　トライアングルも2本のラインに挟まれた領域であるため、チャネルの一種と言える。トライアングルは高値が切り上げられていくパターンと、安値が切り下げられていくパターンがあるが、拡大型トライアングルの場合は高値が切り上げられると同時に安値が切り下げられるため、トレーディングレンジの振る舞いとともにトレンドの振る舞いも持つパターンである。拡大型トライアングルは拡大する2本のラインの間に挟まれた領域であり、拡大する2本のラインは厳密に言え

ばトレンドチャネルラインである。なぜなら、下のラインは安値が切り下げられる線で、下降トレンドの下にあるためトレンドチャネルラインになり、上のラインは高値が切り上げられていく線で、上昇トレンドチャネルラインになるからだ。収縮型トライアングルは2本のトレンドラインに挟まれた領域である。なぜなら、高値が切り下げられていく下降トレンドと、安値が切り上げられていく上昇トレンドとの間にあるからだ。上昇トライアングルは上の抵抗線と下の上昇トレンドラインからなり、下降トライアングルは下の支持線と上の下降トレンドラインからなる。ウエッジは上昇チャネルまたは下降チャネルであり、トレンドラインとトレンドチャネルラインが収束する。これはトライアングルの変形と言えよう。上昇トレンドにおけるABCの修正は小さな下降チャネルで、下降トレンドにおけるABCの修正は小さな上昇チャネルである。

　強いトレンドでは移動平均線は支持線や抵抗線になる場合が多く、トレーダーの多くは移動平均線やほかのさまざまな要素に基づいて曲線のチャネルやバンドを作成するが、常に信頼できるセットアップを提供してくれるのは直線のトレンドラインや直線のトレンドチャネルラインである。

　上昇チャネルは、トレーディングレンジ、上昇トレンド、あるいは下降トレンドのなかで形成され、市場が上方に反転し始めると下降トレンドの安値で形成されることもある。上昇チャネルがトレーディングレンジのなかにあるとき、市場がレンジの下半分にあるときには買うことができるが、レンジの上半分にきたときには勝率が低くなる。チャネルが上昇トレンドのなかにあるとき、価格が上昇することは確かなので、チャネルの安値で買うのがよい。チャネルが強い売り圧力を持ち始めるまで、あるいは重要な抵抗線に近づくまでは、買いが成功する確率は高い。チャネルが特に狭いとき、つまりトレンドラインとトレンドチャネルラインが近接し、押しや戻りが小さいときはトレ

ンドが強いというサインになる。これは長い時間枠ではスパイクとなって現れることが多い。そのあと広いチャネルが続き、メジャードムーブの価格目標（狭いチャネルの高さ）に達する可能性が高い。非常に狭くて、押しや戻りがないか、あっても1つか2つの小さな押しや戻りしかない場合、それはミクロチャネルだ。これについては次章で述べる。

　上昇チャネルが下降トレンドのなかで発生するとき、それはベアフラッグであり、チャネルの高値近くか、下方へのブレイクアウトからの戻りで売らなければならない。時として、下降トレンドが上方に反転するときがあるが、そのときは最初の5～10本の足は弱い上昇チャネルにあり、そのほとんどがオーバーラップし、1～2回ベアフラッグを下方にブレイクアウトしようとするが、これらは失敗し、すぐに上方に反転する。安値2または安値3が失敗したあと、ベアフラッグから上方にブレイクアウトすることがあるが、市場はすぐにオールウェーズインの買いモードになり、上方への反転が始まる。ベアフラッグから上昇トレンドになるかどうか不安なときは、安値1、安値2、あるいは安値3のシグナル足が失敗して、上方に反転することを期待して、安値1、安値2、あるいは安値3のシグナル足の下で買うことが多い。

　チャネルが形成されている最中は、それが本当にチャネルになるのか、あるいはツーレッグの動きのあとで反転が起こるのかは分からない。事実、市場がツーレッグの動きから反転し始め、反転が失敗し、3番目のレッグが始まるまではチャネルラインを引くことすらできない。例えば、市場がツーレッグ上昇したあと反転し始めると、トレーダーの多くはその上昇が強い上昇トレンドでなければ反転で売るだろう。しかし、下降レッグが終わり、その下降レッグが最初の下降レッグ（最初の上昇レッグのあとのレッグ）と大きさが同じで、再び上方に反転すれば、トレーダーたちは下方に反転して下降レッグになるの

ではなく、上昇チャネルが形成され始めていると思い始めるはずだ。2番目のレッグが終わると、トレーダーたちは最初の下降レッグの安値とこの2番目のレッグの安値を結んでトレンドラインを引き、それを右側に延ばす。そして、市場が再びトレンドラインに戻ってきたら買う。またこのラインに平行に最初の上昇レッグの天井からラインを引くと、これが最初のチャネルラインになる。市場がこのトレンドチャネルラインまで上昇したら、ロングを利食いし、そのあとで売る。上昇チャネルの存在を確認するには少なくとも最初の2つの下降レッグが必要で、そのあと市場は2番目の上昇レッグの高値を試すのが普通なので、上昇チャネルは通常少なくとも3つのプッシュアップを伴う。トレーダーたちは3番目の上昇レッグが形成されるまでは、反転してそのチャネルから下方にブレイクアウトするとは思わない。しかし、いったんこうなると、特にトレンドチャネルラインをオーバーシュートして、強い弱気の反転足が発生すると、下方へのブレイクアウトが発生する可能性が高まるため、トレーダーたちはアグレッシブに売り始める。このため、上昇チャネルの多くは3回目のプッシュアップで終了する。同様に、下降チャネルは3回目のプッシュダウンで終了する。

　市場はなぜチャネルの高値や安値に向かって動くのだろうか。これは真空効果によるものだ。例えば、上昇チャネルが形成され、上のトレンドチャネルラインに近づこうとするレッグがあった場合、トレーダーは、市場はそのラインに接して、1～2ティック上抜くこともあるかもしれないと思うはずである。トレーダーたちは、市場は今よりももう少し高くなることを信じているので、売りは控える。ブル派は最終的にはロングを利食いしたいと思っており、ベア派は新たに売りたいと思っている。今のところは売りが控えられているため、買いが市場を支配している。このように市場に不均衡が存在する場合、市場の動きは速くなる。その結果、市場がチャネルの高値を試している間、

大陽線が1つか2つ形成される。これは、以前よりも強い新たな上昇レッグが形成されることを期待して、スパイクの高値で是が非でも買いたいと思っているブル派を引きつける。しかし、ブレイクアウトの試しはほとんどが失敗するため、このブレイクアウトも失敗する可能性が高い。なぜ失敗するのか。それは機関トレーダーによるものである。自信のあるベア派は売りたいと思っている。しかし、市場はその上のトレンドチャネルラインに達することを信じているので、彼らは待つ。市場がそこに達すると、彼らはアグレッシブに売り、ブル派を圧倒する。彼らは、市場は下落すると思っているので強い陽線を探す。それは、市場が最大に上昇した地点ほど売るのに最適な価格はないと思っているからだ。ブル派とベア派がブレイクアウトが失敗するかどうかを思案している間、市場は上昇トレンドの高値に位置する短い足で小休止するかもしれないが、通常は急落することが多い。なぜなら、ブル派とベア派の機関トレーダーたちはブレイクアウトの試しは失敗する可能性が高いことを知っているからだ。

　ここでブル派の機関投資家が何をするかというと、買うのをやめ、ロングを利食いして一瞬のうちに大儲けするのである。市場は極値に長くとどまることはないので、彼らはこの機会が瞬間的であることを知っている。だから彼らは手仕舞いし、少なくとも1～2本の足では再び買うことはない。強気の機関投資家の不在と、弱気の機関投資家のアグレッシブさによって、市場はチャネルの安値まで一気に下落し、そこから逆のプロセスが始まる。ブル派もベア派も下のトレンドラインが試されることを期待し、ベア派は市場がそこに達するまで売り続け、そのあと買い戻して利食いする。そしてブル派は市場がそこに達するまでは買わない。これによって市場は瞬間的に大きく下落するため、初心者のトレーダーは下方へのブレイクアウトを期待して売るが、彼らのやっていることは機関投資家とはまったく逆のことである。あなたの仕事は機関投資家のやることに従うことであることを忘

れてはならない。あなたは彼らがじきにやり始めるだろうと思うことを予測してやってはならないのだ。彼らがやっていることと逆のことをやってはならないのだ。こうした小さな戻りはミクロの売りの真空地帯だ。市場がチャネルの安値に近づくと、ブル派もベア派も市場がその上昇トレンドラインに達することを期待して、そこに達するまで買うのをやめる。いったんそこに達すると、ブル派は新たに買い始め、ベア派はショートのスキャルピングを利食いする。どちらもチャネルが上昇して、チャネルの天井が試されることを期待する。そこでプロセスが再び始まる。これはトレーディングレンジであろうと、トライアングルであろうと、すべてのチャネルで発生する。

　トレンドチャネル内でも二方向相場（トレーディングレンジ）になることがある。事実、トレンドチャネルは傾斜角を持つトレーディングレンジとみなすことができる。傾きが急になり、チャネルが狭くなると、トレンド相場の様相を呈してくるため、トレードはトレンドの方向にのみ仕掛けなければならない。傾きが緩くなり、チャネル内に広いスイングが発生し、そのスイングが5～10本続く場合、市場はトレーディングレンジの様相を呈してくるため、両方向に仕掛けることができる。すべてのトレーディングレンジに共通することだが、トレーディングレンジの真ん中辺りには磁石のような引きつける力が働き、これによって市場はレンジ相場を維持する。チャネルはなぜ維持され、突然加速したりしないのだろうか。それは、不確実性が非常に高いからである。

　例えば、上昇チャネルでは、ブル派はもっと買いたいと思うが、それは安い価格でである。自信のない売り手は小さな損失で損切りできるように市場の下落を期待する。ブル派も自信のない売り手も、買いたいだけの株数を良い価格で買えるだけの押しがないかもしれないと感じ、市場の上昇に伴って小刻みに買い続ける。これが買い圧力を生む。浅い押しがあるたびに、前の足の安値の下で、あるいは移動平均

線で、あるいはチャネルの安値を形成するトレンドラインの近くで、彼らは指値を入れてさらにアグレッシブに買う。

　一般に、チャネルが形成され始めたときは、トレンドの方向にトレードするのがよく、目標価格に近づき、二方向相場が形成され始めると、経験豊富なトレーダーはカウンタートレンドトレードを始める。したがって、上昇チャネルが形成され始めたときは、足の安値の下で買うのが妥当だが、チャネルが抵抗線に近づき、オーバーラップする足、陰線、深い押し、長いヒゲを持つ足が増えたら、足の下で買うのではなくて、足の上で売ることを考えたほうがよい。

　しかし、トレードを始めたばかりの初心者はチャネルを見ると、トレンドに沿ったトレードだけを行う。チャネルをトレードするのは難しい。なぜなら、チャネルは常に反転しようとし、押しや戻りも多く発生するからだ。これは初心者を混乱させ、彼らは繰り返し損をする。上昇チャネルが発生したときには、彼らは買いだけを考えるべきである。最も信頼できる買いシグナルは、移動平均線で発生する強気のシグナル足による高値2である。ここでは仕掛けはチャネルの高値に近づきすぎることはない。こうした完璧なセットアップは頻繁には発生しない。初心者のトレーダーは、たとえトレンドをすべてふいにしたとしても、最良のセットアップが整うのを待つべきだ。経験豊富なトレーダーは、弱い売りシグナルの下や、移動平均線の近く、あるいはチャネルの安値近くに指値を入れて買うこともできるだろう。一貫して利益を出せないのであれば、上昇チャネルでの売りシグナルは避けるべきだ。たとえ、高値の切り下げが発生したとしてもである。良さそうに見えるシグナルがたくさん発生するかもしれないが、市場はオールウエーズインの買いモードにあるため、売りは考えるべきではない。売りは、市場が明らかにオールウエーズインの売りモードになるまで待ったほうがよい。そのためには、チャネルと移動平均線を下方にブレイクしたあとフォロースルーが発生し、陰線のシグナル足で高

値が切り下げられた強い下降スパイクが必要になる。セットアップがこれよりも弱い場合、初心者は待って、押しでのみ買うことだ。平均への回帰といった考えに陥るのはやめ、チャネルは弱く見えるので反転はしばらくは発生しないだろうと考えることである。市場は持続不可能な振る舞いを、その弱く見えるトレンドと逆方向に賭けたときにあなたの口座が破滅するまでずっと持続することがあるのだ。

　ブル派の多くは、市場が上昇するとロングを増し玉する。このとき、考えられるかぎりの論理的手法を使う。移動平均線への押しで買ったり、前の足の安値の下で買ったり、例えばアップルの直近の高値の50セント下といった具合に、一定の間隔で発生する押しで買う人もいるだろう。あるいは、例えば前の足の25セント上といった具合に、チャネルが上昇し始めたように見えたら買う人もいるだろう。あなたがいろんな着想を思いつくように、プログラマーも戦略を思いつく。そして、そのプログラマーがその戦略が数学的に効果的であることを示すことができれば、そのプログラマーの会社はおそらくその戦略を使ってトレードするだろう。

　ブル派も落とし穴にはまったベア派も価格が下がるのを待ち望んでいるが、そうならないのではないかと恐れて、買うものがなくなるまで買い続ける。これは必ずメジャードムーブや、長い時間枠のトレンドラインやトレンドチャネルラインといったマグネット領域で発生する。チャネルはトレーダーの予想以上に伸びることが多いため、トレンドは、自信のあるブル派やベア派が市場は上昇するところまで上昇したのでこれ以上はもう上昇しないと同意するところに達するまで、最初のチャネルやもっと明確な抵抗線を超えて継続する。この時点で、市場からは買い圧力が消え、自信のあるブル派はロングを利食いし、自信のあるベア派はもっとアグレッシブに売り始める。その結果、市場は反転してより深い修正局面に入るか、トレンドは転換する。絶望したベア派はやけになってショートを買い戻し、価格が下がるの

ずっと待っていた自信のないブル派は最終的には成り行きで買うため、上昇トレンドはチャネルの高値のブレイクアウトで終了する。これを予期していた自信のあるベア派は強いブレイクアウトを待ち、アグレッシブに売り始める。これは高い価格で売る瞬間的な機会であり、市場はここには長くはとどまらないだろうと彼らは思っているのだ。自信のあるブル派はこの上昇スパイクを神様からの贈り物と見て、今持っているロングを売り、少なくとも10本続くツーレッグの押しのあとでのみ再び買い始める。彼らは、最初に買って利益になったチャネルの始まりまで下げるまでは買わないことが多い。自信のあるベア派はこれを知っているため、自信のあるブル派が再び買い始めるまさにその地点で利食いする。双方とも市場が次にどちらに動くのか分からなくなるため、いったん反発したあとトレーディングレンジになることが多い。不確実性は、通常はトレーディングレンジを意味する。

　これは一般に認められた論理だが、実際にはおそらくはもっと複雑で、高度で予見できない。機関投資家たちはこのパターンに慣れており、彼らのプログラマーは常にこれを利用する方法を模索している。機関投資家がやると思われることがひとつある。それは買いのクライマックスの形成だ。市場の上昇に伴って機関投資家はずっと買い続け、今利食いする準備はできているが、天井を付けたことを確認したいと思っているとすると、その機関投資家はたとえそれが小さな損失になろうと、クライマックスの反転を形成するという目的があるので、突然最後に大きく買う。機関投資家がこれに成功し、ほかの機関投資家も似たようなことをするプログラムを稼働しているとすると、彼らはロングを売る。これはほとんど利益になる。そのあと、今や売り手が市場を支配していることを確信して、ショートにドテンする。

　これはどのクライマックスでも起こるのだろうか。それは分からないが、そんなことは関係ない。あなたの目標は機関投資家がやってい

ることに従うことであり、機関投資家がやっていることはチャートが教えてくれる。パターンの裏でどんなプログラムが稼働しているのかなど知る必要はないし、機関投資家自身でさえ、ほかの機関投資家が稼働しているプログラムのことなんて知らない。彼らが知っているのは彼ら自身のプログラムだけである。多くの機関投資家が同時に同じ方向にトレードしなければ、そして逆のことをやっている機関投資家を圧倒するほどのサイズでトレードしなければ、市場が大きく動くことはない。大多数の機関投資家が同じ側にいる唯一のときは、強いトレンドのスパイクのときだけであり、これが発生するのは5％に満たない。

　チャネルが上昇し続けているときにトレードを仕掛けるのはブル派と弱い売り手だけではない。市場が上昇すると強い売り手も売り、上昇は限定的でトレードが利益になることを信じて、増し玉する。彼らが売ると、大陰線で、上ヒゲがあり、安値が前の足の安値を下回る足が増えるという形で売り圧力が発生する。彼らはチャネルの下方へのブレイクアウトを期待し、さらにチャネルの始まりの試しさえも期待する。彼らはできるだけ良い価格で売りたいので、反転を待つよりも、上昇局面で売る。なぜなら反転が発生すると、それは速くて強いため、利益が出ると思われるチャネルの高値よりもはるか下で売ることになるからだ。

　売りポジションを増し玉する方法はいくつかある。前の足の高値の上に入れた指値で売ったり、チャネル内の小さなスイングハイの上で売ったり、トレンドチャネルラインでチャネルの天井が試されるたびに売ったり、メジャードムーブの価格目標や、市場の上昇に沿って一定間隔で（例えば、アップルが50セント上昇するたびに）売ったり、天井になりそうなところで売ったりといろいろだ。市場が反転すると、大きな反転を期待してポジションを保有し続けるか、チャネルの安値のトレンドラインの試しや最初の売りの仕掛け価格（チャネルの

始まり近くであることが多い）といった目標値で手仕舞う。こうすることで、最初の仕掛けはブレークイーブンにしかならないが、もっと高い水準で仕掛けたものは利益になる。

　上昇チャネルでショートを増し玉するのであれば、その日の最初の３分の２以内の時間帯でのみ増し玉するのがベストだ。ブレークイーブンの仕掛けが安すぎて損失を出さずに手仕舞う時間がないというときに、上昇チャネルで多くは売りたくはないはずだ。そんなときは大きな利益は期待しないことだ。一般に、その日の後半にチャネルでトレードするときは、前の足の安値の下で買ったり、移動平均線で強気の反転足が発生するたびにその上で買ったりといった具合に、トレンドに沿ってトレードするのがよい。

　売り手の予想以上に市場が上昇したら、彼らは全ポジションを損切りする。これは、チャネルの最後に発生する上方へのクライマックスのブレイクアウトに大きく貢献する。彼らは良い価格で買える押しが近いうちに発生することはもはや期待していないため、成り行きで買って、すべての売りポジションは損切りする。彼らの多くはモメンタムトレーダーなので、彼らの多くはロングにドテンする。市場が上昇の動きを加速させると、ブル派のモメンタムトレーダーはアグレッシブに買う。なぜなら、自分たちが有利であることを彼らは知っているからだ。次のティックが上昇する確率は50％を上回る。したがって、彼らはエッジを持っていることになる。ブレイクアウトが瞬間的で、激しく反転したとしても、論理的な裏付けがあるかぎり彼らは買い続ける。しかし、これは椅子取りゲームのようなものだ。音楽がとまると、みんながわれ先に椅子を取ろうとする。つまり、彼らは買いポジションを素早く手仕舞うということである。彼らが買いポジションを手仕舞っている間、アグレッシブなベア派も売る。これによって市場は不均衡になり、ベア派が市場を支配する。ベア派が支配権を握ると、下落は通常少なくとも10本もの足が続き、そのあと反転してトレン

チャネルラインの下まで、そしてチャネル内に戻り、そのあとチャネルを下方にブレイクアウトする。

　テレビの評論家たちは激しい上方へのブレイクアウトをニュースのせいにする。なぜなら、彼らはファンダメンタルズでトレードする従来の株式トレーダーとしての視点でしか市場を見ないからだ。彼らはこの1時間前後の間に起こっている多くのことを理解していないのだ。それらはファンダメンタルズとは無関係で、大きなプログラムが一斉に同じことをした結果であることを理解していないのである。そして、市場がクライマックスで急激に反転すると、彼らは次の話へと進む。彼らは愚かで無知なコメントをしたという事実は口には出さない。市場を短期間のうちに動かす強力でテクニカルな力に彼らはまったく気づいていないのだ。数年に1回、日中に異常に大きな動きがあるが、これは彼らがテクニカルな要素が働いていることを知る唯一のときである。プログラムがまるで突然現れたかのように、彼らはこれを必ずプログラムのせいにする。しかし、非難すべきものなど何もない。日中の値動きの大部分は確かにプログラムによるものだが、リポーターたちがこれを知る手掛かりはない。彼らが見ているものは決算報告書、四半期ごとの売り上げ、それに利益率のみである。

　チャネルは傾きを持ったトレーディングレンジなので、天井や底をブレイクアウトしようというほとんどの試しは失敗する。傾きを持っているので一方の側が強いのだが、原理はほかのトレーディングレンジと同じである。例えば、上昇チャネルではブル派もベア派もアクティブだが、ブル派のほうが強い。チャネルが傾きをもつのはこのためだ。そして、ブル派もベア派もチャネルの真ん中で仕掛けるが、市場がチャネルの高値近くに来ると、ブル派は上方へのブレイクアウトがダマシに終わるのではないかと不安になる。失敗することがほぼ確実になるとすぐに、彼らは買いポジションの一部を売る。ベア派もチャネルの真ん中で売るが、チャネルの高値近くではもっと良い価格でア

グレッシブに売る。市場がレンジの安値に近づくと、ベア派は安い価格での売りに興味を失い、高い価格で買ったばかりのブル派はここでもっとアグレッシブに買い始める。そのため市場はトレンドラインを超えて上昇する。市場はチャネルの形成途中で何回かチャネルを下回るのが普通で、そのときはトレンドラインを引き直さなければならない。引き直したチャネルは少しだけ幅が広がり、傾きも緩くなる。下方へのブレイクアウトが強いため、高値は切り下げられ、安値も切り下げられる。こうなると、トレーダーたちは、上昇チャネルが存在しているにもかかわらず、幅の広い下降チャネルを引き始める。

　上昇チャネルの上方へのブレイクアウトのほとんどは失敗することを知っておくのは重要だ。ブル派が上方へのブレイクアウトに成功してベア派を圧倒したとしても、それはわずか2～3本の足しか続かない。その時点で、ブル派は市場は行きすぎと見て利食いする。そのあと修正されるまで彼らは買うことはない。市場はチャネルの真ん中のマグネット領域に引き戻されることが多いため、ブレイクアウトは失敗し、そのブレイクアウトは買いのクライマックスになる。市場はチャネルに戻ると、今度は最小の目標値であるチャネルの安値を下抜ける。買いのクライマックスのあとは、およそ10本続くツーレッグの修正曲面に入り、そのあとチャネルを下方にブレイクする。下方へのブレイクアウトが発生し、売りが続くと、次の目標値はチャネルの高さに等しいメジャードムーブになる。ベア派も買いのクライマックスのあとに修正局面に入ることを知っているため、彼らはアグレッシブに売る。これに加えブル派が買いポジションを手仕舞うため、売り圧力が強まり、市場は下方に修正するが、これは下降トレンドになることもある。

　上昇チャネルから上方へのブレイクアウトが強く、2～3本の足のうちには失敗しないこともある。その場合、市場はメジャードムーブの価格目標まで上昇することが多く、ブレイクアウトはメジャーリン

グギャップになるのが普通だ。例えば、上昇チャネルがウエッジの形をしていて、下方にブレイクするが、下方へのブレイクアウトが２～３本の足のうちに失敗して上昇し、ウエッジの天井をブレイクした場合、その上昇はウエッジの高さに等しい上方へのメジャードムーブに達することが多い。ウエッジを上方にブレイクしたトレンド足はメジャーリングギャップになる。

　上方にブレイクアウトする代わりに、下方にブレイクアウトするが、上方へのブレイクアウトや買いのクライマックス、下方へのリバーサルが失敗したわけではない場合、市場は多くの足にわたって横ばいになるのが普通だ。高値が切り下げられ、そのあと２番目の下降レッグが発生するか、トレーディングレンジからブルフラッグになって上昇トレンドが再び始まる。あまり一般的ではないが、強い下降スパイクから強い下方へのリバーサルが発生する場合もある。下降チャネルはこの逆になる。

　トレンドチャネルは傾斜角を持つトレーディングレンジなので、これは通常はフラッグとして機能する。上昇チャネルは、その傾きが急で長く続いたとしても、ある時点まで行くと下方にブレイクアウトする。したがって、その前に下降トレンドが発生していなくても、これはベアフラッグとみなすことができる。ある時点までいくと、自信のあるブル派は利食いし、深い押しのあとで再び買い始める。この押しはチャネルの始まりまで達するのが理想的で、そこで彼らは早めに買い始める。チャネルがチャネルの安値までの修正につながることが多いのはこのためであり、チャネルの安値まで行くと上昇することが多い。自信のあるベア派も自信のあるブル派同様に賢明で、自信のあるブル派が買うのをやめると、自信のあるベア派はアグレッシブに売り始め、価格の上昇で振るい落とされることはない。事実、彼らは高い価格のほうが良い価格だと見て、売りを加速させる。では、売りポジションはどこで利食いするのだろうか。それは、自信のあるブル派が

再び買い始めるチャネルの安値でである。

　上昇チャネルはベアフラッグのような振る舞いをするので、ベアフラッグとしてトレードすべきである。同様に、下降チャネルはブルフラッグとみなすべきである。その前に上昇トレンドが発生するかどうかは関係ない。時として、5分足チャートでは現れない上昇トレンドが長い時間枠のチャートで現れることがあるが、この場合、5分足チャートでは下降チャネルがブルフラッグとして現れる。長い時間枠のチャートでトレンドが発生すると、上方へのブレイクアウトが発生する可能性が高く、そのブレイクアウトは強く、かなりの足にわたって続くので、下降チャネルから上方に大きくブレイクアウトする可能性が高い。したがって、ベアフラッグのようなチャネルをトレードするのに、長い時間枠のチャートで上昇トレンドを探す必要はない。ベアフラッグとして機能する上昇チャネルはこの逆である。

　上昇チャネルはベアフラッグなので、最終的には下方にブレイクアウトする。しかし、時としてチャネルを上抜く上方へのブレイクアウトになる場合もある。ほとんどの場合、このブレイクアウトはクライマックスで長くは続かない。続いても足は1〜2本だが、下方に反転する前に5本以上の足が続くこともある。ごくまれだが、非常に強いトレンドでは上昇トレンドになることもある。それが反転すると、チャネル内に戻ることが多い。チャネルのブレイクアウトはチャネルに戻り、チャネルの反対側を試すことが多い。上昇チャネルの高値のブレイクアウトに失敗した場合、上昇チャネルの高値は一種のクライマックスなので、反転には少なくとも2つの下降レッグが必要で、少なくとも足が10本続く必要があり、こうなるとトレンドは反転する。下降チャネルの下方へのブレイクアウトはこの逆である。これは売りのクライマックスになることが多く、チャネルの上方に反転し、少なくとも2つの上昇レッグを伴う。

　チャネルは最終的にはブレイクアウトする。大きくブレイクアウト

することもあれば、あまりモメンタムを伴わない場合もある。トレンドチャネルはトレーダーの予想を大きく上回って長く続くのが普通で、トレーダーたちは早めにドテンして落とし穴にはまることが多い。ほとんどのチャネルは少なくとも3つのレッグのあと終了するのが普通だ。これはトライアングルで顕著であり、ウエッジではもっと明確だ。トライアングルではブレイクアウトは顕著だが、方向性ははっきりしない場合が多い。

　傾きが急で、ラインが近いほど、チャネルは強く、モメンタムも強い。チャネルの傾きが急で狭い場合、これは狭いチャネルと呼ばれる特殊なタイプのチャネルだ。それが水平なら、狭いトレーディングレンジになる。チャネルが強い場合、トレンドの逆方向の最初のブレイクアウトでトレードするのはリスクが高く、長い時間枠のチャートではこれはスパイクになる。したがって、傾きの急な下降チャネルが発生し、チャネル内の戻りのほとんどがわずか1本の足の場合、たとえその下降トレンドラインを上方にブレイクアウトしたとしても、この前の足の上方へのブレイクアウトでは買わずに、ブレイクアウトプルバック（安値を切り下げるか安値を切り上げる）が発生するのを待ったほうがよい。ブレイクアウトプルバックが発生し、上方への反転が強そうに見える（例えば、過去5～6本の足のうち2～3本の足が大陽線）場合は、そのブレイクアウトプルバックで買う。押しが発生せずに市場が上昇し続けた場合、価格がさらに上昇する可能性が高いため、押しを待つのがよい。この押しは5本くらいで現れるはずだ。移動平均線を上抜いて上昇し、最初の押しが移動平均線を上回っている場合、買いが利益になる可能性は高い。これは強さのサインだ。最初の押しが移動平均線を下回った場合、ブル派が弱まるため、2回目の上昇レッグが発生する可能性は低い。上方へのブレイクアウトのあと市場が下落し続けると、そのブレイクアウトは失敗し、下降トレンドが再び始まる。

チャネルの強さが特に重要になるのは、市場が反転しようとしているときだ。例えば、強い上昇トレンドが発生し、そのあとでその上昇トレンドラインを下抜くほど強い下落が発生したとすると、トレーダーは次の上昇を注意深く観察する。その上昇が単にその上昇トレンドの高値の試しなのか、あるいはその高値を力強くブレイクアウトし、そのあとその上昇トレンドで再び強い上昇レッグが発生するのかを見るためだ。最も重要な考察対象のひとつは、その上昇トレンドの高値を試すときのモメンタムである。押しも発生せずに、非常に狭くて傾きの急なチャネルで上昇し、足のオーバーラップもほとんどなく、その上昇トレンドの高値を大きく上回って上昇したあと、ようやく小休止するか押した場合、大きく下落して上昇トレンドラインを下方にブレイクアウトしたとしても、モメンタムは強く、上昇トレンドが再び始まる可能性が強い。狭くて長く続いたチャネルの最初のブレイクアウトは失敗することが多く、トレンドが再び始まり、新たな極値までブレイクアウトし、最初のブレイクアウトの高さに等しいメジャードムーブに達することが多い。

　一方、上昇する際、足の多くがオーバーラップし、大陰線が何本か発生し、2～3つの明確なウエッジの形をした押しが発生し、傾き（モメンタム）が前の上昇トレンドと下落よりもはるかに緩い場合、上昇トレンドの高値への試しは高値を切り下げるか、少しだけ高値を切り上げて、そのあと再び下落が試される可能性が高い。市場は下降トレンドに反転するかもしれないが、少なくともトレーディングレンジになる可能性は高い。

　チャネルからブレイクアウトしたあと、反転して再びチャネル内に戻ったときには、市場は必ずチャネルの反対側を試し、それを少なくとも少しはブレイクアウトしようとする。チャネルのどちらかの方向にブレイクアウトした場合、次の目標値は少なくともチャネルの高さに等しいメジャードムーブになる。例えば、ダブルトップは水平なチ

ャネルだが、そのチャネルの下方へのブレイクアウトが成功すれば、目標値はそのチャネルの高さに等しいメジャードムーブになる。しかし、そのブレイクアウトはトレンドの反転になり、その動きが非常に大きい場合もある。一方、上方にブレイクアウトした場合、目標値はダブルトップの高さに等しいメジャードムーブになる。例えば、アップルがダブルトップを形成し、パターンの高値が安値よりも５ドル高い場合、上方へのブレイクアウトでの最初の目標値は高値を５ドル上回る水準になる。下方にブレイクアウトした場合は、最初の目標値はパターンの安値を５ドル下回る水準になる。ウエッジボトムにも同じことが言える。最初の目標値はウエッジの高値への試しになる。市場が上昇し続ければ、次の目標値は上方へのメジャードムーブである。上昇がさらに続くと、市場は上昇トレンドになることもある。チャネルが傾きを持っていたとしても、最初の目標値はチャネルの高さに等しい動きになる。例えば、上昇チャネルの場合、任意の足を選んで、それのすぐ上のチャネルラインと下のチャネルラインを見る。上のラインと下のラインの距離がメジャードムーブの距離になる。メジャードムーブの目標値はおおよその数字にすぎないが、市場はそれに達することが多く、そのあとで小休止するか、押すか、反転する。目標値をはるかに上回った場合、新たなトレンドが形成される可能性が高い。

　どのブレイクアウトもパターンは３つに分かれる。それが成功して、その向きの動きが続くか、それが失敗して小さなクライマックスの反転が発生するか、横ばいになってトレーディングレンジが形成されるかのいずれかである。ほとんどのブレイクアウトは２～３本の足による反転を試そうとする。反転足がブレイクアウト足よりも強ければ、ブレイクアウトは失敗し、反転が成功する可能性が高い。逆に、反転足がブレイクアウト足よりも弱ければ、反転は失敗し、１～２本の足のうちにブレイクアウトプルバックが発生し、ブレイクアウトが再び始まる可能性が高い。ブレイクアウトと反転の強さが同じであれ

ば、反転シグナル足のあとの足を見るはずだ。例えば、ブルフラッグをブレイクアウトする強い陽線が発生し、次の足が同じくらい強い陰線だったとすると、その次の足が重要になる。その足が弱気の反転足を下回れば、ブレイクアウトは差し当たっては失敗したことになる。その足が強い陰線で、大きく下げて引けたら、反転は継続する可能性が高い。それが強い強気の反転足だったら、失敗したブレイクアウトが成功する確率は低く、この強気の反転足はその高値の1ティック上でブレイクアウトプルバックの買いのシグナル足になる。

チャネルはどのチャートでもよく見られ、小さなチャネルが大きなチャネルの入れ子になっていることもある。**図15.1**を見てみると、トレンドラインとトレンドチャネルラインは必ずしもチャネル内の高値と安値をすべて含むように引かれるわけではない。ラインを最適なラインとして引けばチャネルの振る舞いがより分かりやすくなるため、シグナルを予測しやすくなる。ほとんどのトレードは機関投資家によって行われ、しかもコンピュータープログラムによるものがほとんどなので、小さくて狭いチャネルはプログラムトレードによるものと考えるのが妥当だ。非常に多くの会社が1日中プログラムを稼働しているため、チャネルが形成されるのはおそらくはいくつかの会社が同じ方向にプログラムを稼働し、市場を逆方向に動かそうとするプログラムを圧倒する取引量で取引しているときのみだろう。例えば、足4からの下降チャネルでは売りのプログラムが買いのプログラムを圧倒したため、市場は下落した。買いのプログラムと売りのプログラムが均衡しているとき、市場は狭いトレーデングレンジで横ばいに動く。このとき水平なチャネルが形成される。

　上昇チャネルはベアフラッグとみなし、下降チャネルはブルフラッ

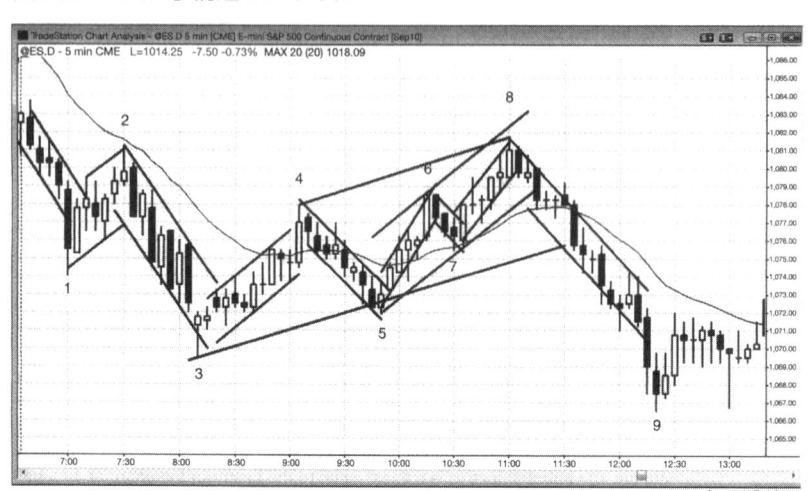

図15.1　入れ子構造のチャネル

グルとみなすのがよい。足2から足3までのようにチャネルが狭い場合、ブレイクアウトが失敗して、足3で発生したような上方への反転を待って買ったほうがよい。あるいは、足3から5本あとの足で発生した短い足の高値の上で買うといったように、ブレイクアウトプルバックを待ってもよい。これらのいずれかが発生するまで、売りに専念すべきだ。足3から足8のチャネルのように、チャネルが広いスイングを伴う場合、どちらの方向へもトレードできる。なぜなら、これは傾きを持ったトレーディングレンジとみなすことができるからだ。トレーディングレンジは、ご存じのとおり、買いシグナルも売りシグナルも出る二方向の相場だ。

　ほとんどのチャネルは狭く、なかには押しや戻りがまったくないか、あっても1本の足（1～3ティック）の小さな押しや戻りしかなく、足が10本未満のものもあるが、これらはミクロチャネルだ。

チャネルからブレイクアウトしたあと反転して、再びチャネル内に戻った場合、チャネルの反対側が試されるのが普通で、ブレイクアウトがその反対側で起こることも多い。ブレイクアウトに伴ってフォロースルーが発生した場合、最初の目標値はチャネルの高さに等しいメジャードムーブになる。図15.2では、トレーディングレンジの高値を足3でブレイクアウトしたあと、下方に反転している。足4はチャネルの安値をブレイクし、その安値は完全なメジャードムーブの1ティック下に位置している。

トレーディングレンジの高値を足11で上方にブレイクアウトし、そのあと市場は足13でトレーディングレンジの安値を試している。ラインを引くときの足は選べるが、何本かあとになってからでないとベストな足がどれになるのか分からないこともあるので、あらゆる可能性を考慮すべきだ。最も確かなのは、最も広いチャネルを選ぶことだ。

足13のブレイクアウトに続く陽線はらみ足は失敗したブレイクアウトによる買いのセットアップになる。市場は反転して再びチャネル内に戻っているので、最初の目標値はチャネルの高値への試しになる。チャネルの高値へのブレイクアウトが成功したので、次の目標値は上方へのメジャードムーブである。足22はその目標値を1ティックだけ上回った。時としてこのあとトレンドが始まり、長く続くことがある。

足17は上昇ミクロチャネル（あるいはウエッジ）を上方にブレイクアウトし、次の足で下方に反転している。チャネルが狭いので、チャネルの安値への試しは次の足で成功しているが、売りで利益を出すには十分な余裕がないので、ここはトレードは控えたほうがよい。

足19と足20によって形成されるチャネルのブレイクアウトに対する上方へのメジャードムーブは、足6と足10によるトレーディングレンジからの上方へのメジャードムーブと同じ価格だ。複数の目標値がほぼ同じ価格のときは、そこからの反転は勝率が高い。足21は良い売りのセットアップだが、仕掛けのあとの足で失敗している。足22の下で

第2部　トレンドラインとチャネル

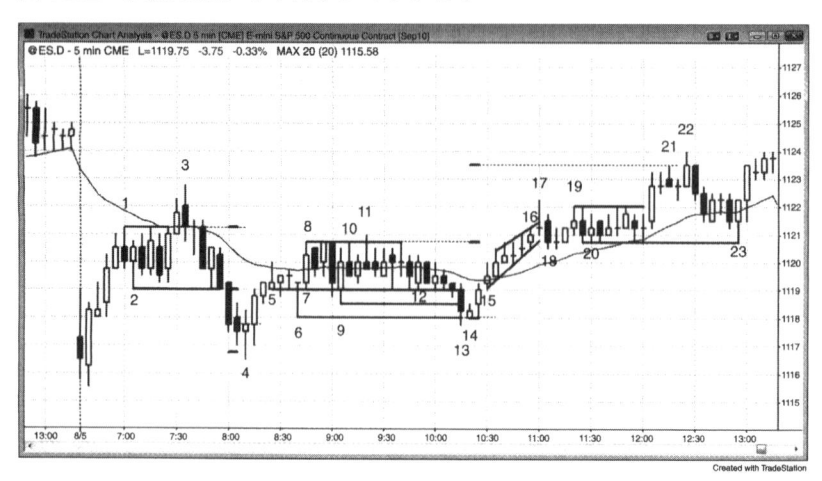

図15.2　失敗したチャネルブレイクアウト

２回目の仕掛けが発生し、市場はチャネルの安値を試す。そこで強気の反転足が発生し、市場はそのあとチャネルの高値を試している。

このチャートのさらに深い議論

　図15.2を見ると、市場は昨日の引けのトレーディングレンジを下方にブレイクアウトし、大きなギャップダウンで寄り付いたが、最初の足は比較的長く、上と下に長いヒゲを持っている。これはトレーディングレンジが形成されたことを示しており、寄り付きでのトレンドに対する良いシグナル足ではない。２番目の足は強い強気の反転足で、失敗したブレイクアウトによる買いシグナルとなり、寄り付きでの上昇トレンドの始まりでもある。移動平均線のすぐ下で狭いトレーディングレンジに入ったあと、失敗したブレイクアウトと下方への反転でファイナルフラッグが形成される。足３が前の足の安値を下回ったらすぐに売ることもできるが、それが陰線になることを確認するために足が引けるまで待ったほうが安全であり、その安値の下で売る。

346

足1までの上昇はミクロチャネルを形成。したがって、足2の下方へのブレイクアウトはそう長くは続かず、戻す可能性が高い。市場が足2のブレイクアウト足の高値を上回ると、下方へのブレイクアウトは失敗したことになる。ここで市場は横ばいに入り、トレーダーたちの権力争いが始まる。ベア派は足2のブレイクアウトから高値の切り上げか高値の切り下げによる戻しを探し、ブル派はブレイクアウトが失敗して、再び上昇レッグが発生することを期待している。

　ここはベア派が勝利し、市場はミクロチャネルで足4まで下落するが、そこで反転する。足5は失敗したブレイクアウトのシグナル足だが、4本の足による上昇スパイクが非常に強いため、トレーダーたちは市場は上値を試す可能性があると読む。足8までの上昇によって上値が試される。

　足14から足17までの動きもまた上昇ミクロチャネルで、足18でブレイクアウトする。そのあと市場は横ばいになり、そのあと小さなトレンドが再び始まり足22まで上昇する。

　上昇チャネルはどういった市場でも起こり得る。**図15.3**の左側のチャートはＥミニの5分足チャートだが、強い上昇トレンドで上昇チャネルが形成されている。この日、市場はギャップアップで寄り付き、寄り付きでの上昇トレンドがそのまま継続する。押しは浅く、市場は1日中上昇し続ける。この日は強い上昇トレンド日なので、トレーダーたちは前の足の安値やその下の浅い押しで買う。

　真ん中のチャートの上昇チャネルは下降トレンドにおけるウエッジ型のベアフラッグなので、ここでは買うべきではない。市場はオールウエーズインの売りモードに入ったため、足18のｉｉパターンの下

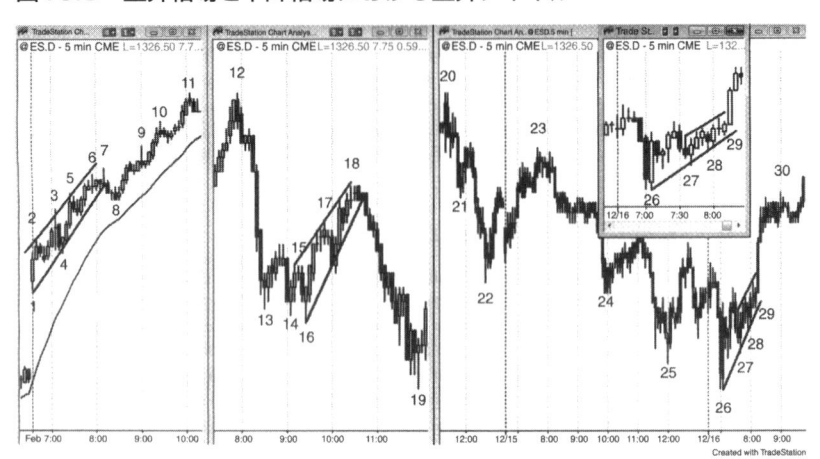

図15.3 上昇相場と下降相場における上昇チャネル

か、それに続く足で売るのがよい。

　右側のチャートの上昇チャネルは長引く下降トレンドにおける小さなベアフラッグだ。この上昇チャネルは、３回目のプッシュダウンである寄り付きでの大陰線のあとで発生している。足26（拡大図を参照）は昨日の安値から強い２本の足による上方への反転のセットアップだ。足26から足29の前の足までのチャネルはベアフラッグだが、トレーダーたちは、上方に反転して、安値１と安値２の売りのセットアップが失敗することを期待して、前の足の安値の下で買った。足29は強い陽線で、ベアフラッグの高値からブレイクアウトし、市場をオールウエーズインの買いモードへと導く。ベアフラッグはすべてが下方にブレイクアウトするわけではない。ここで見られるように、下降トレンドのファイナルフラッグになり、上方にブレイクアウトしたあとで上昇トレンドになるものもある。

チャネルのブレイクアウトに成功すると、最初の目標値はメジャードムーブになる。**図15.4**のSPYの週足チャートでは、足1と足4の安値を結んでトレンドラインが引かれ、足2と足3の高値を結んで引いたトレンドチャネルラインは足5に接している。これは上昇チャネルだが、ラインは若干収束している。水平線Aは足5の高値に沿って引かれ、ラインBは足5の下のチャネルの安値に沿って引かれている。また、ラインCはラインAからラインBまでの値幅を、ラインBから下方へ移動させたメジャードムーブである。足6はメジャードムーブで支持線を見つけ、そのあと上昇している。

　アンドリューのピッチフォークを使っても同じ目標値を設定できるが、結果は基本的なプライスアクション分析と同じである。足6の安値でベア派は利食いし、アグレッシブなブル派は買ったが、これにはおそらくいろいろな理由があるだろう。しかし、それぞれの理由でいくらトレードされているかなど知る手立てはないので、そういった理由は重要ではない。あなたが分かることは、チャートこそがさまざまな理由でいくらトレードされているのかを示す最終結果であり、繰り返し現れるパターンを理解することで、いつ利食いして、いつドテンすればよいのかが分かるのである。

　足1までの下落は、狭くて強い上昇チャネルの初めてのブレイクアウトだ。したがって、失敗する可能性が高い。最初のブレイクアウトが失敗して、トレンドが再び始まると、最初の反転の試しの高さにおおよそ等しいメジャードムーブまで伸びるのが普通だ。ここでは予想以上に伸びている。

　足1の上昇スパイクのあとで形成されるチャネルもまた非常に狭く、足4への下降スパイクは最初の強いブレイクアウトだ。しかし、反転は失敗し、トレンドが再び始まっている。ブル派は上方へのメジャードムーブまで上昇させようと試みた。このメジャードムーブは足3から足4までの高さを足3の高値に加えたものだが、市場はその目

図15.4 チャネルブレイクアウトとメジャードムーブ

標値までは伸びなかった。

　足7までの上昇は足6へのツーレッグのブルフラッグを上方にブレイクアウトし、足8はブレイクアウトプルバックである。足8からは別の上昇チャネルが始まり、足12までの下落はチャネルを下方にブレイクアウトし、下方へのメジャードムーブ（チャネルの高さと最初の下降レッグ［足11とそのあとの足］の高さを足し合わせたもの）に達した。足3、足5、足7はヘッド・アンド・ショルダーズを形成。ほとんどの反転パターン同様、これもまた大きなブルフラッグになり、反転はしなかった。

このチャートのさらに深い議論

　図15.4の足6の前の足は、ブレイクアウトプルバックの売りのセットアップであるとともに、移動平均線における安値2の売りのセットアップでもある。足5のあとの足はそのあとの何本かの足と同様に長いヒゲを持つ。移動平均線の下のトレーディングレンジはバーブワイ

ヤーパターンで、ここで見られるように、このパターンはファイナルフラッグになることが多い。

　チャートの安値では１本の足による上昇スパイクが発生し、そのあと狭いチャネルが形成されている。上昇局面においては、３つか４つの狭いチャネル（足１から足３までの２番目のスパイクを１つの急なチャネルまたはスパイクと見るトレーダーもいれば、２つの急なチャネルまたはスパイクと見るトレーダーもいる）が発生している。チャネルが狭いとき、それはスパイクとして機能することが多く、そのあと再びチャネルが発生する。足１への押しのあと、２本の足によるスパイクが発生し、そのあと再びチャネルが発生する。このチャネルは非常に狭いため、最初のスパイクの一部である可能性が高い。足２の上昇のあとの上昇チャネルには何本かの陰線が含まれているが、これは売り圧力が形成されつつあるサインだ。そのあと、足４までの強い４本の足による下降スパイクが発生。売り圧力が強まり、ブル派は高値への試しで利食いする可能性が高い。足４からの上昇チャネルは狭く、スパイクの可能性があるが、スパイクはクライマックスでもある。これは連続して発生した買いのクライマックスの３番目か４番目の買いのクライマックス（スパイクは、１本であれ複数の足であれ、クライマックスになる）で、強い下降スパイクのあとで発生している。クライマックスが連続的に発生すると、ここで見られるように、大きな修正につながることが多い。

　チャネルの安値からブレイクアウトする下降チャネルのあとには、さらに強い下降トレンドが続くことが多いが、**図15.5**で見られるように、ブレイクアウトはすぐにクライマックスになり、そのあとは少

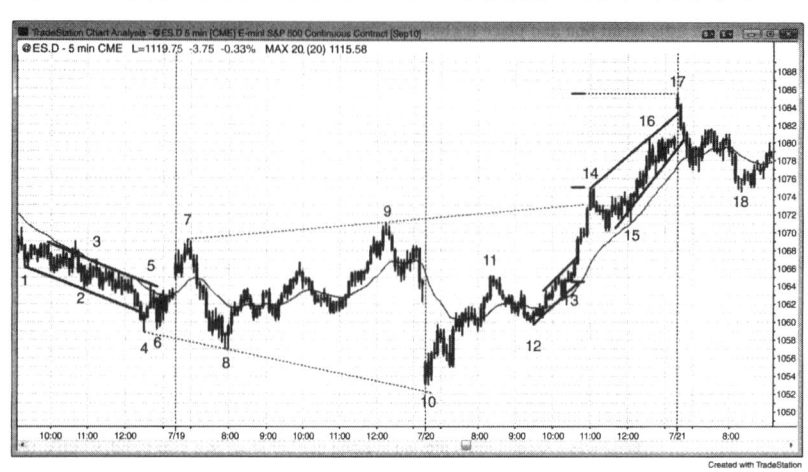

図15.5　下降チャネルのクライマックス的な下方へのブレイクアウト

なくとも2つの上昇レッグが発生するのが普通だ。足4は下降チャネルを下方にブレイクアウトしているが、予想どおり売りのクライマックスになり、そのあと足7で終わるツーレッグの上昇が発生している。

　足14にかけて上昇スパイクが発生し、そのあと足15で押し、ウエッジ型のチャネルが発生している。足17へのギャップアップで市場は上方にブレイクアウトしているが、このブレイクアウトは買いのクライマックスで、そのあと反転して下降チャネルになり、下方にブレイクアウトしている。修正は2つのレッグからなり、足18で終了している。チャネルの多くはスリープッシュしてから反転することが多い。足14、足16、足17がこのスリープッシュアップだ。

　足12から始まる小さな上昇チャネルは上方にブレイクアウトしている。このブレイクアウトは非常に強い。すべてのブレイクアウトはクライマックスだが、クライマックスは必ずしも反転につながるわけではない。ここで見られるように、非常に強いブレイクアウトになる場合もある。修正が終わって、トレンドが再び始まると、モメンタムは弱く（傾きが緩やか）、オーバーラップする足が多いのが普通だ。こ

れは二方向相場に入るサインである。

　上昇トレンドが強いとき、トレーダーたちは足13や足15のように、移動平均線への試しで買う。このため、移動平均線はトレンドを形成し、チャネルの下のラインとして機能する。トレンドラインに平行に高値に沿って線を引くことでチャネルラインを作成できるが、曲線のチャネルラインやバンドは直線のチャネルラインほど信頼できるトレードは提供してはくれない。

このチャートのさらに深い議論

　図15.5を見ると、足13から足14にかけての強い上昇はほぼ垂直に伸びている。強い上方へのブレイクアウトは上昇スパイク、そして買いのクライマックスとみなすべきである。スパイクが２つ以上の大陽線からなる場合、それは特に強く、大きな修正に入る前に上方へのメジャードムーブが発生する可能性が高い。スパイクの最初の足の始値または安値と、最後の足の終値または高値の間のメジャードムーブはブル派が一部か、全部を利食いする絶好の領域であり、ときにはベア派が買い始める絶好の領域になることもある。足13は下ヒゲを持たず、高値近くで引けている。これはこのあと続く多くの陽線の最初の足なので、スパイクの底に当たる。足13の始値からスパイクの天井である足14の高値までの高さは、上方へのメジャードムーブの距離であり、メジャードムーブはチャネルの高値である足17の高値まで伸びている。

　足７は下降トレンドにおける移動平均線のギャップ足の売りのセットアップで、２番目の仕掛けだが、これは大きく反転する前の下降トレンドにおけるファイナルレッグになることが多い。足７への上昇は下降トレンドラインをブレイクアウトし、そのあと足８で安値を切り下げて反転足が発生している。

足10はそのとき形成されていたトレーディングレンジにおける安値の切り下げだが、拡大型トライアングルの安値でもある。拡大型トライアングルは新高値まで上昇して、拡大型トライアングルの高値を形成することが多い。これが形成されたのは足14だが、モメンタムが非常に強いため、売りを考えている人は２回目の仕掛けを待つ必要がある。しかし、２回目の仕掛けは現れなかった。こういった強い上方へのブレイクアウトのあとは、売りではなく、押しでの買いを考えたほうがはるかによい。予想どおり、拡大型トライアングルの高値は高値ではなく、このあとトレンドチャネルラインの高値と前日の足９の高値は上にブレイクアウトされ、そのあと足15で、移動平均線までのツーレッグの横ばいのブレイクアウトプルバックの修正が発生した。

　トレンドが形成されたように思えたら、トレンドラインとトレンドチャネルラインを探すことが重要だ。なぜなら、これらのラインは市場が反転する可能性のある領域だからだ。これらのラインを引く方法はいくつかあって、スイングポイントを結んだり、平行線を作成したり、最適なラインを使ったりといろいろだ。図15.6には明確なラインがいくつか引かれているが、ラインはほかにもたくさんあり、現物指数などの関連する市場に基づくものもあれば、出来高チャートやティックチャートといったほかのチャートに基づくものもある。トレンドチャネルライン近くのチャネルの安値への試しでは、売り手は利食いし、アグレッシブなブル派は買いのスキャルピングを仕掛けることができる。そして、下降チャネルの高値で、ブル派は買いのスキャルピングを利食いし、ベア派はスイングトレードや売りのスキャルピン

グを仕掛ける。

　足3と足7の高値を結んだ下降トレンドラインAは足7の6本あとの足で試され、そのあと足10と足11でも試されている。このトレンドラインは上昇のプライスアクションをすべて含んでいる。この日はこれがとても重要だった。ラインAに平行にスイングローからライン（ラインB）を引く。このラインには下落のプライスアクションがすべて含まれている。ラインAとラインBによってチャネルが形成されるが、これが重要になる。足6は平行線を引く際のアンカーにふさわしい。

　足14がこのチャネルの安値を下方にブレイクアウトすると、ブレイクアウト時のチャネルの高さを使って下方へのメジャードムーブを測定する。この動きは翌日の寄り付きを過ぎても続いた。下降チャネルから上方ではなく下方にブレイクアウトすると、ここで見られるようにブレイクアウトが急であっても、わずか2～3本だけ足が進んで反転するのが普通だ。反転して足17でチャネル内に戻ると、次の目標はチャネルを上方にブレイクアウトすることであり、これは足19で達成されている。

　足13から足16までの下落には10本の陰線が含まれ、これらの陰線はほとんどオーバーラップすることなく、実体も大きく、ヒゲも短い。これらは強い弱気を表すサインである。これはそれほど長くは持続せず、したがってクライマックスである。長い時間枠のチャートを見ても得るものは何もないが、長い時間枠のチャートでは異常な大陰線が現れるはずだ。大陰線はスパイクであり、ブレイクアウトであり、売りのクライマックスでもある。足19までの強い上昇は、長い時間枠では、足13からの下落とともに2本の足による反転として現れるはずであり、さらに長い時間枠のチャートでは、陽線として現れるはずだ。大局を見失ってはならず、異常に強い下落にもおびえる必要はない。大きな下降スパイクは強い売りのクライマックスであって、そのあと

図15.6　ラインでの反転

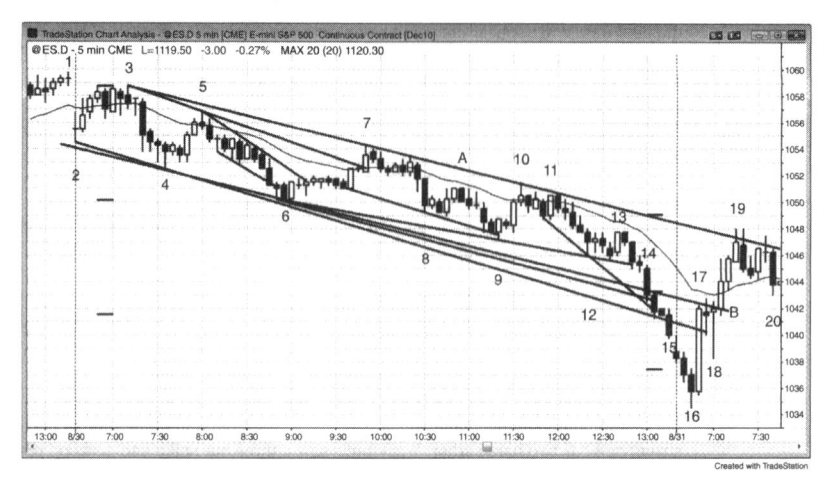

　には長い下降チャネルが発生するのが普通だが、ここで見られるように、エグゾースチョンになる場合もあり、その場合はそのあと大きな反転が発生する。

　市場はチャネルの高値と安値に向かって動くのが普通だが、これは真空効果によるものだ。例えば、足7は強い陽線で、その2本前にも強い陽線がある。自信のないブル派はこれを3本の足によるスパイクと見て、強い上方への反転を期待して、足7の形成途中と、その足の終値と、3本あとの高値1で買った。一方、自信のあるブル派は下降チャネルの高値への試しでロングを手仕舞った。

　ベア派が明らかに市場を支配している下降トレンド日に、なぜ市場はそういった力をもって真空化するのだろうか。それは、ベア派がトレンドラインは試されると信じているからだ。したがって、市場がトレンドラインに近づくにつれ、彼らは市場は下降トレンドラインに達することをより一層確信するようになる。数分後にもっと良い価格で売れるときに、今売る必要などないわけである。こうした自信のあるベア派の不在によって市場は上昇し、トレンドラインにすぐに引き寄

せられる。モメンタムトレーダーはモメンタムが弱まるまで買い続ける。喜んで売るベア派はいないため、市場はベア派にとって価値ある価格へと急速に上昇する。いったんそこに到達すると、試しを待っていたベア派はアグレッシブに売り始める。下降トレンド日に見られるように、ベア派は終始ブル派を圧倒する。ブル派もベア派も今や市場はベア派に支配されていることを知っている。下降チャネルが発生し、市場はその日のほとんどを移動平均線の下で過ごすことになる。

　初心者以外のトレーダーはだれもトレンドラインを上方にブレイクアウトする試しは失敗する可能性が高いことを知っているため、ここは売る絶好のタイミングだ。また、ブル派が最も強いときに売ることは、ベア派に素晴らしい仕掛けの機会を提供することになる。市場はすでに行きすぎており、これ以上は高くならないことを彼らは知っているのだ。彼らは市場がこれ以上高くならないと信じているため、数本の足の間だけ休んでいた彼らは市場に戻ってアグレッシブに売り始める。一方、ブル派はこの試しでスキャルピングを利食いする。ブル派もベア派も市場がチャネルの高値にとどまっているのは一瞬であることを知っているため、両者とも素早く行動する。ブル派は市場が反転して彼らの平均仕掛け価格を下回らないように、ロングを素早くスキャルピングし、ベア派はアグレッシブに売り始め、チャネルの安値への試しまで下落する間中、売り続ける。チャネルの安値が試されると、利食いする者もいれば、強いトレンドの反転が発生するまで売りポジションを保有し続ける者もいる。強いトレンドの反転は翌日になってから発生した。

このチャートのさらに深い議論

　図15.6を見ると、足２、足４、足６でウエッジ型ベアフラッグが形成されている。このフラッグを下方にブレイクアウトすると、下方へ

のメジャードムーブが発生し、引けから３本前で目標値に達した。

　この日は小さなギャップダウンで寄り付いたが、最初の足は同時線なので、失敗したブレイクアウトによる買いの弱いセットアップになる。足３辺りでは市場はトレーディングレンジに入っているため、足３の安値２の下で売るのがよい。なぜなら、その日の高値や安値は寄り付きから最初の１時間で形成されることが多く、ここはおそらくはこの日の高値になるだろうからだ。そのあと、高値が切り下げられ、市場は移動平均線を下回った。

　足５は足３の下で売ったトレーダーたちのブレークイーブンストップへの試しであり、移動平均線で再び安値２の売りのセットアップが整う。そのあと、高値も安値も切り下げられ、下降トレンドが始まる可能性が高い。

　市場がチャネルにあるときは、反転のセットアップは適切ではないことが多い。なぜなら、それらは反転ではなく、フラッグ内プルバックの始まりにすぎないからだ。**図15.7**を見ると、Ｅミニは足12までのウエッジ型ベアフラッグを完成させ、60分足チャート（挿入図）では前の安値を数ティック下回り、大きなダブルボトムブルフラッグが形成されている。トレーダーたちは、足12のあとの足か、足14、あるいは足18のシグナル足を上方へブレイクアウトし、小さなトライアングルを上方へブレイクアウト（足15、足17、足18はスリープッシュダウン）したところで、市場はオールウエーズインの買いモードに入ったと判断した。

　上昇トレンドはスパイクかチャネルになるのが普通だ。このケースの場合、市場は強いスパイクではなかったため、トレーダーたちは上

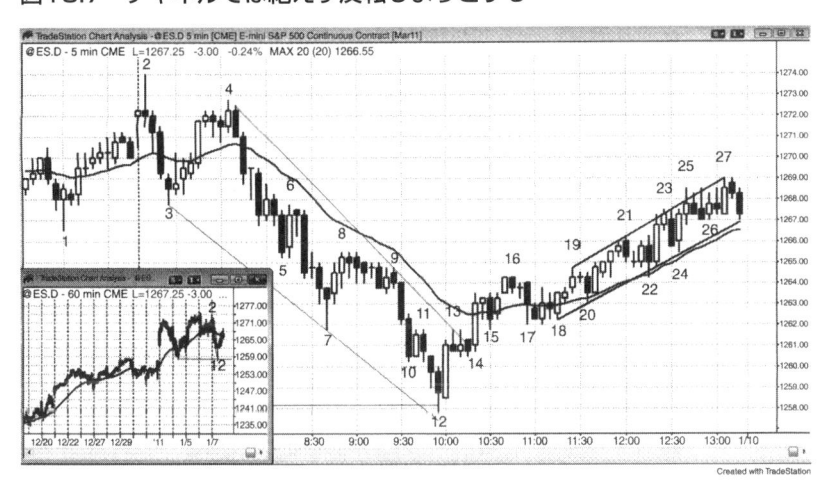

図15.7　チャネルでは絶えず反転しようとする

昇チャネルにあると判断した。つまり、押しが発生するということである。安値1あるいは安値2のシグナル足に見えるものは買いシグナルになる。シグナル足やその安値の下には売り手よりも買い手が多くいる可能性が高い。これが発生したのは、足17のあとの安値1の売りのシグナル足である。トレーダーたちは、市場は下降レッグではなく、オールウエーズインの買いモードで、上昇チャネルにあると見て、陰線はらみ足の下方へのブレイクアウトで買った。彼らが買いたかったのは、足18の前の足の安値とその下でだ。つまり彼らは安値2の売りシグナルが失敗すると思ったわけである。しかし、ブル派は買いの指値をその足の安値の1ティック上に入れた。市場を売りのシグナル足の安値の下まで下げる十分なベア派がいなくなることを心配したからだ。また、上昇トレンドの初期の段階で落とし穴にはまり、仕掛け損なうことを避けたかったからでもある。彼らは市場はオールウエーズインの買いモードにあると見て、ベア派は間違っており、売りシグナルは失敗すると思った。彼らは市場が下落するのは一瞬だと思い、価格が下がるたびに買い機会を見つけようとした。陰線がそれに当たる

359

わけだが、特にベア派を落とし穴にはめる安値1や安値2が見つかれば幸いだ。落とし穴にはまったベア派は市場が上方に反転すると、売りポジションを買い戻して損切りする羽目になる。そして、損切りしたあとは今度は買い手になって、市場を押し上げる。そのあとは少なくとも数本の足では再び売ろうとは思わないはずだ。これによって買い手に有利な一方向の市場になり、彼らには少なくともスキャルピングの利益、運が良ければスイングの利益がもたらされる。

足16までのスリープッシュアップは狭い上昇チャネルにあるため、トレーダーの多くはこのウエッジを単一の上昇スパイクと見て、押しのあと上昇チャネルが発生することを期待した。上昇過程で発生した前の3回の押しは5ティックから9ティックであったため、ブル派はそれらの押しで同じ大きさの買いの指値を入れたはずだ。足20への押しは7ティック、足22への押しは8ティック、足24への押しもまた8ティックだ。チャネル内の前の足の安値の1ティックから3ティック下で指値で買い、直近のスイングローの下にプロテクティブストップを置いたトレーダーもいる。例えば、足20がその前の短い同時線を下回ったところか、足19の下で買い、足17の下にプロテクティブストップを置くといった具合だ。初心者にとってはこれは直観に反することかもしれないが、経験豊富なトレーダーにとってはこれは機会なのだ。彼らはチャネルの安値を下方にブレイクアウトする試しは80％は失敗することを知っている。したがって、それが試されようとしているときに買うことは良いトレードになる可能性が高い。

足12からの動きを行きすぎた株価の戻りと見たベア派は、足13、足15の前の足、足16、足19のあとの足、足21の前の足、足23、足25のあとの足での売りシグナルが弱かったため不満だった。市場が比較的狭いチャネルで上昇しているとき、売りシグナルはあまり良くは見えない。なぜなら、それらは実際には売りシグナルではなく、小さなブルフラッグの始まりにすぎないからだ。自信のあるブル派は前の足の安

値の下で買い、直近のスイングハイの5ティックから10ティック下に指値を入れて買っている。彼らが買っているところで売るのは高勝率の賭けとは言えない。狭い上昇チャネルでは、チャネルの高値をブレイクアウトしたあと強いクライマックス的な反転がなければ、足の安値の下で売るのは賢い選択とは言えず、下落して高値が切り下げられるまでは足の下では売らないほうがよい。今、市場はオールウエーズインの買いモードにあることを忘れてはならない。したがって、オールウエーズインの売りモードになるまでは買いのみを行うのが賢明だ。チャネルを見ると下降チャネルで、足12までの下落を見るとベア派が戻ってきそうな気配だ。しかし、あなたがトレードしなければならないのはあなたの目の前にある相場であって、終わったばかりの相場や、これから始まる相場ではない。

　チャネルが比較的短い足や、ヒゲの長い足、逆方向のトレンド足を含んでいる場合、チャネルにトレンドがあったとしても、二方向の相場になる可能性が高い。これはカウンタートレンドのスキャルパーにとって絶好の機会になる。足18からの上昇チャネルがこれの良い例だ。ベア派は、例えば足22のあとの足のような前のスイングハイを上回る陽線の終値や、足23のようなそのあと発生する短い陽線の終値で、スキャルピングのために売る。その多くは価格の上昇に伴って徐々に増し玉する。例えば、足20のあとの陽線の終値や、そのあと発生する短い陽線の終値や、あるいは最初の仕掛けの1～2ポイント上で売ったとすると、最初の仕掛け水準で全ポジションを手仕舞いするだろう。最初の仕掛けはブレークイーブンだが、あとで仕掛けた分はスキャルパーに利益をもたらしてくれる。これらの弱気のスキャルパーたちは足22の安値で売りポジションを買い戻した。なぜなら、足22の安値は最初の仕掛け（足20のあとの陽線の終値）の仕掛け価格を下回ったからだ。この足は移動平均線への試しでもあったため、売りポジションを買い戻した弱気のスキャルパーに加え、その試しで買ったブル

派もいた。弱気のスキャルパーたちが利食いしたのは、足20のあとの陽線の終値、移動平均線、足16の高値のブレイクアウトへの試し、あるいは足20のあとの同時線の高値の5ティック下（これは弱い買いシグナル足だったため、その高値で指値で売り、1ポイント下でスキャルピングしたはずだ。つまり、市場は5ティック下落したことになり、これは足22の安値で発生した）で、彼らの目指す目標値に達したと思われる水準だ。市場にはいろいろな理由で仕掛けたり手仕舞ったりする多くのトレーダーが存在する。その理由が同じベクトルを向いているほど、市場はトレンド相場になりやすい。

　逆指値で仕掛けるのに加え、指値（あるいは成り行き注文）で仕掛けるのも、市場がトライアングルやトレーディングレンジといったチャネルにあるときは効果的な方法だ。**図15.8**を見ると、足3までの強い上昇スパイクは8本の陽線から成っているため、押しのあとで高値を試す可能性が高い。ベア派は足3の陰線の反転足の下で売ったが、ブル派はその足の安値の下に指値を入れて増し玉した。足3の安値に指値を入れて買った者もいるが、次の足が強い陰線なので、売り注文のほうがはるかに多かった。また、移動平均線の1ティック上に指値を入れて買ったブル派もいたが、これは市場は移動平均線に触れただけで、移動平均線では買いの指値注文は執行されないと思ったからだ。ブル派のなかには価格の下落に伴って増し玉した者もいた。おそらくは、1ポイント間隔ごとに買う量を増やしていったと思われる。そして、最初の注文の仕掛け価格か、足3の安値かそのすぐ下で手仕舞うための指値を入れたはずだ。それらの注文は足5で執行され、最初の仕掛けはブレークイーブンだが、2番目の仕掛けでは利益が出たはずだ。ブル派の利食いによって足5の陰線で市場は反転した。

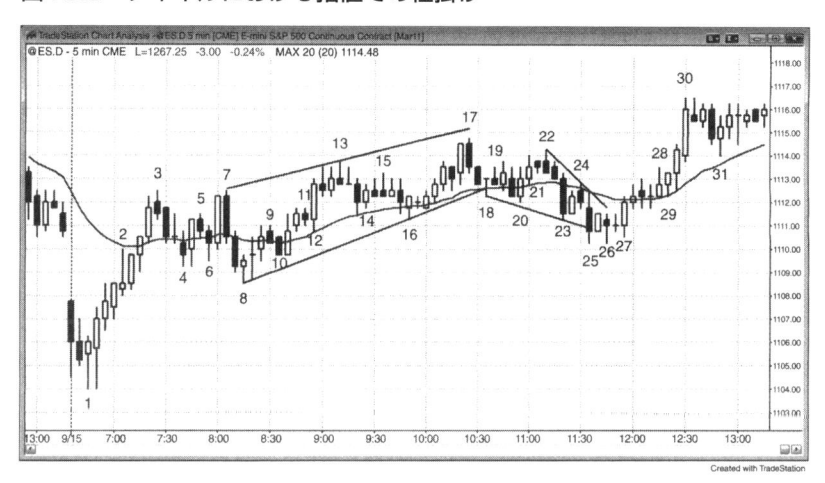

図15.8 チャネルにおける指値での仕掛け

　足3の次に形成される陰線のあとで同時はらみ足が形成されているが、これを良い売りのセットアップと思うトレーダーはほとんどいないだろう。彼らはこの足の下で売っても利益の出るスキャルピングにはならないと思ったので、その安値か安値の1ティック以上も下に指値を入れて買ったトレーダーもいた。足4の下ヒゲはこの買いによるものだ。足4は4本続いた陰線の4番目の足で、市場は足3の高値を試すとは思ったが、下降モメンタムが強いので、トレーダーたちはその高値で買うのは控えた。彼らは最初の上昇の試しは失敗することを期待して、ツーレッグの押しを待って買った。ベア派はこれがよく分かっており、足4の上で買ったトレーダーは損をすると思った。これによって足4の高値かそのすぐ上に指値を入れて売った者はそこそこの利益をスキャルピングで得た。彼らは足6で、足4の高値を5ティック下回ったところで手仕舞って、1ポイントの利益を得た。足6の安値は足4の高値よりもなぜ5ティック下回ったのだろうか。それは主としてこれらの売りのスキャルパーたちがそこで利食いしたときに買い手となったためであり、足6の下ヒゲは彼らの買いによるもので

ある。

　ほとんどのトレーダーは市場が足3の高値を試すことをまだ信じており、彼らは買うチャンスをうかがっていた。足1から足3までのスパイクはオールウエーズインの買いモードであるのは明らかであり、まだ売りモードに反転する気配はないため、オールウエーズインのポジションは依然として買いのままだった。したがって、足5の下での売りは良いトレードにはならないだろうと思った。足5の下での売りは負けトレードになると思ったので、多くのトレーダーは逆のことをやった。つまり、足5の安値かその下に指値を入れて買ったのだ。足6の下ヒゲは、彼らの買いに加え、足4の上で利食いした売り手による買い戻しによるものである。

　足6は足3の高値からのツーレッグの横ばいの修正であり、多くのトレーダーは足3の高値が試されることを信じて、足6の上に逆指値を置いて買った。これと同時に、足5の下で買ったトレーダーの多くは次の上昇で売ってスキャルピンクでの利益を得た。

　足7でダブルトップが形成されているが、トレーダーの多くは反転せずに、トレーデングレンジに入り、そのあと上昇チャネルになると思った。なぜなら、足1がその日の安値になる可能性が高い日は、強いスパイクのあとはこうなるのが普通だからである。足7はその前の足とともに2本の足による反転を形成したので、2本の足の安値の下で仕掛けたほうがよい。しかし、足7の陰線の安値の下で仕掛けるのには問題がある。1ティックの弱気の落とし穴（相場の下落を予想して売った投資家が、期待に反する上昇相場で、高値で買い戻しを強いられる状態）が発生することが多いのだ。つまり、市場はこの陰線を1ティック下回るが、2本の足による反転をなす2本の足の両方の安値は下回ることがなく、そのあと再び上昇する、ということである。2本の足の安値の下で仕掛ければ、このリスクは軽減される。6ティックあとで上方に反転しているのはこのためだ。ベア派はシグナル足

の安値の5ティック下に指値を入れて売りポジションを買い戻して利食いした。このためには市場は6ティック下落しなければならない。2本の足による反転の安値の6ティック下に位置するのが足8の安値である。

これが強い下降トレンドなら、前のスイングローである足4の下で逆指値で売っただろう。ほとんどのトレーダーはこの日の安値はすでに付け、上昇チャネルになる可能性が高いと思ったので、足4の安値の下で売るのは良い考えだとは思わなかった。つまり、足4の安値の下で買うのが良いトレードになるということである。特に、価格の下落に伴って必要に応じて増し玉できればなおよい。また、何時間も続くチャネルが形成される可能性が高く、市場が足4の水準に戻る可能性は低いので、これらのブル派はポジションの一部あるいは全部をスイングトレードにすることもできたはずだ。

ブル派のなかには足8を足3からの2番目の下降レッグ（最初の下降レッグは足4）と見て、足8の高値の上に逆指値を置いて買った者もいる。足8の次の足は同時線だ。これは市場が依然として二方向相場であることを示している。足8は強い強気の反転足ではなく、足7からの2本の足による下降スパイクが反転するのかどうか迷わせるものだ。トレーダーたちは、足9は高値を切り下げた上昇になり、そのあと下降チャネルが続くのか、あるいはオールウエーズインは依然として買いで、市場は上昇チャネルの初期段階にあるのかどうか迷った。

底を付けたと思ったトレーダーは足9は悪い売りのセットアップと判断して、足9の安値やその下に買いの指値注文を入れた。これらのブル派の多くは、市場が足8の安値を下回れば増し玉したはずだ。一方、足9の下で売ったベア派は、市場が仕掛け足である足10を上方に反転すると売りポジションを買い戻した。ブル派は、この失敗した売りは上昇チャネルが形成されつつある証拠であると信じて買った。

チャネルはその過程で多くのプルバック（上昇や下落）が発生する。

ブル派はプルバックで損切りしたくないので、例えば足9や足11のように、前の足の安値やその下に指値を入れて買うだろう。チャネルは二方向相場なので、チャネルがそれほど狭くなく、また急でないかぎり、ベア派はスイングハイか、その上で売るはずだ。例えば、足12が足7の高値を上回ったときに売った者がいるはずだ。そのなかには、1ポイント上昇するたびに増し玉した者もいるはずだ。足13の高値が足7よりもちょうど5ティック高いのはこのためでもある。市場が足13の高値を上回ると足17までの上昇で売った者もいるはずだ。また、市場が足17の高値を上回ると、足30までの急上昇で売ったベア派もいるはずであり、1ポイント高くなるごとに増し玉したはずだ。そして、足31まで下落すると最初の仕掛け価格で買い戻したはずだ。最初のショートはブレークイーブンだが、増し玉した分については1ポイントの利益を手にしたはずだ。

足29までの上昇では、高値、安値、終値ともにトレンドを形成している。したがって、ブル派はこのトレンドは強いと見て、足17の高値の1ティック上に逆指値を置いて買った者もいただろう。その場合、足30で利食いできたはずだ。ブレイクアウトトレードが利益につながるときは、トレンドが強い証拠である。しかし、絶対にそうなるわけではなく、この日のように市場がほぼトレーディングレンジにあるときは、フォロースルーがないこともある。

この日は終日二方向相場だったので、ブル派もベア派も指値と逆指値で仕掛けた。例えば、足17のウエッジトップ（ウエッジリバーサルについてはあとで議論する）でオールウエーズインのポジションがショートに変わると、足18、足20、および足24のあとの足のように前の足の高値の上でベア派は売り始めた。一方、ブル派は足20や足23のように前のスイングローの下で買い始めた。この日はほかにもいろいろなセットアップが整ったが、このチャートの目的はすべての可能なトレードを示すことではなく、市場が上昇チャネルにあるときは、ブル

派は前の足の安値の下で買い、ベア派はスイングハイの上で売るということを示すためである。下降トレンドでは逆になる。つまり、ブル派はスイングローの下で買い、ベア派は前の足の高値の上で売る。

第16章
ミクロチャネル
Micro Channels

　ミクロトレンドラインはどんな時間枠のチャートでも現れるトレンドラインで、2本から10本の足で形成される。ほとんどの足はトレンドラインに接するか近く、足は比較的小さいことが多い。トレンドチャネルラインは反対側に引かれ、トレンドラインとともにミクロチャネルと呼ばれる非常に狭いチャネルを形成する。プルバック（上昇や下落）が頻繁に発生する従来のチャネルとは違って、ミクロチャネルではプルバックは発生しないか、発生したとしてもごくまれに小さなプルバックが発生するだけであり、このためチャネルは非常に狭くなる。

　足の数が多く、強くて（ミクロチャネルの方向の大陽線や大陰線）、ヒゲが短いほど、ミクロチャネルは強く、最初のプルバックは反転に失敗する可能性が高い。ミクロチャネルは10本以上の足が続くこともあり、あるいは10本ほど足が続いたあと小さなプルバックが発生し、また10本ほど足が続くといったこともある。そのチャネルを1つの大きなミクロチャネル（ミクロチャネルは狭いチャネルの一種）と見るか、小さなプルバックによって分断された2つの連続するミクロチャネルと見るか、広く狭いチャネルと見るかは問題ではない。いずれにしてもトレードする方法は同じだからだ。ミクロチャネルのトレンドは非常に強いため、反転の試しは失敗して単なるプルバックになり、

そのあと元のトレンドが再び始まる。

　10年前はミクロチャネルはプログラムトレードのサインと見られたが、今ではほとんどのトレードはコンピューターによって行われているため、ミクロチャネルをプログラムトレードのサインと見るのは意味がない。チャート上のどの足もプログラムトレードなのだから。ミクロチャネルはひとつの特殊なタイプのプログラムトレードにすぎず、多くの会社がプログラムを同時に稼働することによって発生する。最初、１つか２つの会社がプログラムトレードを始める。モメンタムが強くなると、モメンタムプログラムがそれを察知し、同じ方向にトレードを仕掛けるため、トレンドの強さは増す。トレンドが抵抗線を上にブレイクし始めると、ブレイクアウトプログラムが稼働し始める。トレンドの方向にトレードするものもあれば、トレンドに逆らって増し玉するものもあり、あるいは安く買った買いポジションを段階的に手仕舞うものもある。

　１本の足がトレンドラインやトレンドチャネルラインを突き抜けると、ブレイクアウトが発生する。上昇ミクロチャネルや下降ミクロチャネルは上昇トレンドや下降トレンドに発展することもあれば、トレーディングレンジになることもある。どのようにトレードするかは、それが発生する状況によって異なる。上昇チャネルや下降チャネルの両方とも、上方や下方にブレイクアウトする可能性がある。すべてのブレイクアウトに言えることだが、ブレイクアウトは３つのパターンに分かれる。①成功して、その方向に動き続けるか、②失敗してクライマックス的な反転になるか、③横ばいになってトレーディングレンジへと発展するか――のいずれかである。

　ブレイクアウトが発生すると、トレーダーたちはフォロースルーを期待してブレイクアウトの方向にトレードするか、あるいはブレイクアウトが失敗することを想定して逆方向にトレードする。ブレイクアウト、ブレイクアウトの失敗、ブレイクアウトプルバックの３つは密

接な関係にある。トレーダーたちはブレイクアウトの強さと反転の試しの強さを比較する。どちらかが明らかに強いときは、そちらの方向に進む可能性が高い。強さが同じときは、市場が次にどちらに動くかを判断するには、さらなる足が形成されるのを待たなければならない。

　上昇トレンドで下降ミクロチャネルが形成される場合、それはブルフラッグか、ブルフラッグの最後のレッグであることが多く、トレーダーたちはシグナル足を探し、その高値の上に買いの逆指値を置いて買い、下降ミクロチャネルとブルフラッグのブレイクアウトで仕掛ける。逆に、下降トレンドで上昇ミクロチャネルが形成される場合、それはベアフラッグか、ベアフラッグの最後のレッグであることが多く、トレーダーたちはシグナル足を探し、その安値の下に売りの逆指値を置いて売る。

　上昇トレンドで上昇ミクロチャネルが形成されている場合、最初の下方へのブレイクアウト（最初の押し）はそれほど長くは続かないため、アグレッシブに買われる。上昇ミクロチャネルでの足が多いほど、下方へのブレイクアウトがあっても上昇トレンドを反転させる可能性は低い。例えば、上昇トレンドで5本の足による上昇ミクロチャネルが形成されたとすると、5番目の足の安値とその下ではおそらく売り手よりも買い手が多いはずだ。市場が5番目の足を下回ると、それはその上昇チャネルの下へのブレイクアウトになる。しかし、強いミクロチャネルの上昇トレンドでの最初の押しではブル派がアグレッシブに買ってくるため、下落は2～3本以上は続かない。トレーダーたちは5本の足にわたって上昇するのを見てきたわけであって、押しが発生したら買おうとしていることを思い出そう。彼らは5番目の足の下と、ブレイクアウトの失敗による買いシグナル足（高値1の買いのセットアップ）である押しの足の高値の上で買おうとしているわけである。買いシグナルが出ても、1～2本のうちに弱気の反転足が形成されると、ミクロダブルトップの売りのセットアップが整う。これは、

たとえその高値がミクロチャネル内の最も高い足を上回っていたとしても、上昇ミクロチャネルの下方へのブレイクアウトからの上昇と考えるのがよい。これは単に高値を切り上げてからの反転であって、メジャーなトレンド転換のミクロバージョンである。

　トレーダーたちは押しを待って買う必要はないことを理解することが重要である。経験豊富なトレーダーの多くは、上昇トレンドにおける上昇ミクロチャネルの2番目か3番目の足のあとで何が起こっているのかを理解している。つまり、買いのモメンタムプログラムがアグレッシブに買っており、非常に強い買いプログラムが動く初期段階でもあるということである。トレーダーたちはコンピューターがやることを模倣しようとして、上げて引けた足ごとに買おうとする。彼らは各足の終値の1～2ティック下に指値を入れたり、前の足の安値の1～2ティック上に指値を入れる。ミクロチャネルにおける最大の押しが5ティックだったとすると、3ティックまたは4ティック押したところに買いの指値を入れる。足が前の足の安値を初めて下回ったとき、より多くの買いを引きつけると思っているので、直近の買いは、押しで買ったにもかかわらず利益になることを知っている。価格の上昇に伴って利益を上げてきたので、最終的に押しが発生したときに最後の仕掛けがブレークイーブンになろうと、小さな損失になろうと気にすることはない。

　どのチャネルにも言えることだが、上昇ミクロチャネルはトレーディングレンジや、上昇トレンドや下降トレンドのなかでも形成されることがある。上昇トレンドで形成された場合、価格が上昇するのは明らかで、前の足の真ん中か安値近くで買うのが良い。ミクロチャネルが非常に狭いときには、長い時間枠のチャートではスパイクとして現れる。その場合、狭いチャネルに続いて広いチャネルが形成され、狭いミクロチャネルの高さに等しいメジャードムーブの価格目標に達する。上昇ミクロチャネルが下降トレンドで形成された場合、それはベ

アフラッグであり、下方へのブレイクアウトで売るか、下方へのブレイクアウトからの戻りで売るのがよい。上昇ミクロチャネルが下降トレンドの安値のあとで形成された場合、それはファイナルフラッグとなって、下方ではなく上方にブレイクアウトし、そのブレイクアウトがスパイクとなって上昇トレンドになることもある。上方へのブレイクアウトが発生する場合、それは失敗した安値1、安値2、あるいは安値3のあとで発生するのが普通だ。

ミクロチャネルは傾きを持つ狭いチャネルだ。したがって、それは磁石のような強い引力を持ち、ブレイクアウトを阻止する傾向がある。非常に狭いので、時としてスパイクのように機能することもあり、そのあと広いチャネルが続いてスパイク・アンド・チャネル・トレンドが形成される。ミクロチャネルからブレイクアウトしたとしても、1～2本程度ブレイクアウトするだけであり、これはほとんどが利食いによるものだ。例えば、上昇ミクロチャネル（上方に傾斜するミクロチャネル）が形成され、ある足が前の足の安値を下回ったとすると、それはミクロチャネルの下方へのブレイクアウトだ。売っているベア派はいるものの、主なものはブル派の利食いによるものだ。そこから1～2本のうちにほかの買い手が参入し、一部のベア派は手仕舞う。これによって市場は前の足の高値を上回る。トレーダーによってはこれをミクロチャネルのブレイクアウトの失敗と見る者もいて、彼らは市場が前の足の高値を上回ったら買う。彼らにとって、これは高値1の買いのセットアップだ。また、トレンドは下方に反転しつつあるととらえる者もいる。彼らは次の何本かの足のうちに発生する高値の切り上げや高値の切り下げによるブレイクアウトプルバックを待って、前の足の安値の下で売る。どういった結果になるかは、全体的な状況を見て判断するしかない。例えば、市場が強い下降トレンドにあって、上昇ミクロチャネルが戻りにすぎないとき、ミクロチャネルを下方にブレイクアウトしたあと、さらに下げる可能性が高い。市場がブレイ

クアウト足を上回ると、ベア派は前の足の安値の下に売りの逆指値を置くはずだ。上昇ミクロチャネルが上昇相場におけるトレーディングレンジからのブレイクアウトの場合、ミクロチャネルの下方へのブレイクアウトは上昇トレンドでの押しになるため、ブル派は前の足の高値の1ティック上に買いの逆指値注文を置くはずだ。

　トレンドラインのブレイクアウトはトレンド方向の仕掛けのセットアップを整える。例えば、上昇ミクロチャネルが形成され、市場がオールウエーズインの買いモードにあり、そのあと上昇ミクロトレンドラインを下回る安値を付けた足が形成されたとすると、その足の高値で買えば良いトレードになる。これは小さいけれども1本の足による強いブルフラッグ（高値1の買いのセットアップ）であり、ブレイクアウトの失敗による買いシグナルになる。短い時間枠のチャートではツーレッグの修正として現れることもあるが、それは見ないほうがよい。なぜなら、短時間で処理しなければならない情報量が多すぎるため、仕掛け損なう可能性が高いからだ。

　上昇ミクロチャネルが強い上昇トレンドではなく、トレーディングレンジや下降トレンドのなかで形成された場合、失敗した下方へのブレイクアウトの上で買う前に考えなければならないことがある。チャネルがトレーディングレンジの高値にある場合、ブレイクアウトの失敗では買わないで、上方に反転して、ブレイクアウトから高値を切り上げる戻りになるかどうかを見たほうがよい。1～2本だけ上昇して、そのあと弱気の反転足が発生した場合、反転足がトレーディングレンジの高値近く（ミクロダブルトップ）にあれば、これは信頼できる売りのセットアップになる。上昇ミクロチャネルが移動平均線のすぐ下のベアフラッグの場合、売りだけを考えたようがよい。なぜなら、ベア派による売りは押しで買ったブル派を圧倒するからだ。チャネルの下方にブレイクアウトして、それが失敗に終わって、もう1回プッシュアップするのを待つのだ。上方への反転によって1～2本のうち

に移動平均線で弱気の反転足が発生すれば、これは信頼できるブレイクアウトプルバックの売りのセットアップ（安値2）になることが多い。市場は、上昇ミクロチャネルを下方にブレイクアウトしたあと、戻して、高値を切り上げたことになる。そのあと下方に反転すれば、ベアフラッグから下方へのブレイクアウトのセットアップが整う。

　上昇チャネルの下方へのブレイクアウトは戻したあと、再び下落することがある。その戻りによって、前のスイングハイよりも低いスイングハイか高いスイングハイが形成される（前のスイングハイよりも高いスイングハイとは、その足の高値が直近のスイングハイを上回ることを意味する。そのスイングハイは上昇チャネルのなかで最も高い足である可能性が高い）。トレンドを反転させようとする試みはほとんどが失敗するので、下方へのブレイクアウトは失敗し、上昇トレンドにおける単なる押しになり、そのあと上昇トレンドが再び始まる可能性が高い。したがって、下方へのブレイクアウトが失敗し、上昇トレンドが再び始まるときに備えて、ブレイクアウト足の高値の1ティック上で買うのがよい。

　しかし、この買いは強気の落とし穴になることもあるので注意が必要だ。トレンドを反転させようとする試しはほとんどが失敗するとはいえ、成功することもある。下方へのブレイクアウトは、一瞬だけ戻り、少しだけ高値を切り上げたり、高値を切り下げたりしたあと、再び下落が始まることもある。このあとトレンドは反転して、下降レッグや下降トレンドへと続く。したがって、反転しそうなときは、買いの仕掛け足の下で売りにドテンする準備をしなければならない。これはブレイクアウトプルバックの売りのセットアップになる。ブレイクアウトが失敗したとき、この失敗は最初のトレンドの向きのトレードのセットアップになる。これも失敗したときは、それは最初の下方へのブレイクアウトプルバック（逆方向の失敗はブレイクアウトプルバックになる）になり、トレンドを下方に反転させようとする2番目の

試しになる。

　ブレイクアウトプルバックによる売りのシグナルが（強気のブレイクアウト足である前の足の安値を1ティック下回る足によって）出れば、直近の何本かの足の実体の大きさを見る。それらの足が陽線か陰線だった場合、この2番目の失敗は、2番目の売りの仕掛けになる可能性が高い。最初の失敗は、下方へのブレイクアウトが失敗したため、ベア派が売りを仕掛け損なったときであり、2番目の失敗は、ブル派がチャネルの下方へのブレイクアウトの失敗で落とし穴にはまり、負けトレードを仕掛けたときである。市場は今再び下落しているため、ベア派は仕掛け損ない、ブル派は負けトレードを持たされる羽目に陥った。両サイドとも落とし穴にはまれば、次のセットアップが成功する確率は高まる。足の多くが同時線に近い場合、トレーディングレンジに入る可能性が高いが、下方にブレイクアウトする可能性もある。どちらかはっきりしないときは、待ったほうがよい。どちらかはっきりしないときは、通常はトレーディングレンジに入る可能性が高い。

　1分足チャートではミクロトレンドラインのブレイクアウトの大部分はワンレッグとツーレッグのプルバックだが、このチャートでトレードすると損をする可能性があるので避けたほうがよい。ほとんどのトレーダーはすべてのシグナルを受け入れられるわけではなく、勝ちトレードよりも負けトレードを選ぶことのほうがはるかに多い。最良のトレードは素早くセットアップされ、シグナルも素早く出ることが多いため、見逃しやすい。一方、負けトレードはセットアップが遅くトレーダーに時間的余裕を与えるため、間違った方向に仕掛けやすい。

　上昇ミクロチャネルは、トレンドチャネルラインから上方にブレイクアウトし、さらに急な上昇トレンドになる可能性がある。もしこれに失敗し、強い弱気の反転足が発生すれば、この買いのクライマックスは売りのセットアップになる可能性が高い。

　ミクロトレンドラインが10本以上の足で続いた場合、トレード可能

な反転が発生する可能性が高くなる。このタイプのトレンドは持続しないため、一種のクライマックスであり、このあとプルバックか、反転が発生するのが普通だ。こうしたクライマックス的な振る舞いのあとは、ブレイクアウトプルバックで仕掛ける。これはトレンドを反転させようとする２番目の試みだ。ちなみに、最初の試しは最初のトレンドラインのブレイクアウトである。

ミクロトレンドラインのブレイクアウトは、ミクロトレンドラインがミクロチャネルの一部であるときだけではなく、強いトレンドが発生しているときも重要だ。大陰線からなる強い下降トレンドが発生し、足がほとんどオーバーラップしておらず、４・５本にわたって戻りもない場合、あなたは売りたいはずだ。こんなときは、下降ミクロトレンドラインを見つけ、その下降ミクロトレンドラインを上抜く足の安値の下で売るのがよい。下降ミクロトレンドラインを上抜くのは、ブレイクアウトの失敗による売りのセットアップだ。したがって、下降ミクロトレンドラインを上抜く足の１ティック下（安値１の売りのセットアップ）で売る。

小さくて急なトレンドラインは、たとえ２つの連続する足を結んで引いたとしても、トレンド方向へのトレードのセットアップになることが多い。トレンドが急なとき、ちょっとした押し・戻りやボーズ足が小さなミクロトレンドラインを突き抜けることがある。そういった足はトレンドの方向に仕掛けよという合図になる。Ｅミニでは突き抜けは１ティックよりも小さいことがあるが、それでも有効だ。

トレンドが形成され、押しや戻りが発生した場合、その押しや戻りのなかにミクロトレンドラインが形成されることがよくある。例えば、上昇トレンドにおける押しのなかで３本から10本続く下降ミクロトレンドが形成され、その下降ミクロトレンドラインの上方へのブレイクアウトが発生したとすると、これは理論的にはブレイクアウトの失敗による売りのセットアップである。これは上昇トレンドのなかで

発生し、移動平均線の上かその近くで発生することが多いため、ここでは売るべきではない。もし売れば、上昇トレンドにおける上昇する移動平均線の近くのブルフラッグの安値で売りポジションを保持することになる。これは極めて低勝率のトレードだ。この売りはほぼ確実に失敗する。これを予測し、その失敗で買うことが重要だ。落とし穴にはまった売り手が手仕舞うまさにその位置で仕掛けるのである。この買いは、ブレイクアウトプルバックの買いになる。なぜなら、市場は下降ミクロトレンドラインを上にブレイクしたあと、安値を切り下げるか安値を切り上げるところまで押し、そのあとブレイクアウトの方向（これはその日の大きなトレンドの方向でもある）に再び戻るからだ。

　ミクロトレンドラインはトレンド方向のセットアップを探すのにのみ用いるべきだ。しかし、例えば、上昇トレンドラインがブレイクアウトされて、高値を切り上げてから下方に反転するといった具合に、トレンドが反転したら、ミクロトレンドラインが移動平均線かその上にあったとしても、ミクロトレンドラインの売りのセットアップを探すべきである。

　ほかのチャートパターン同様、ミクロチャネルは短い時間枠のチャートと長い時間枠のチャートとでは現れ方が異なる。ミクロチャネルなどの狭いチャネルでのトレンド足は小さく、隣接する足同士がオーバーラップしていることが多いが、トレンドが強いため、長い時間枠のチャートでは１つの大きなトレンド足、あるいは連続するトレンド足として現れる。つまり、ミクロチャネルはスパイクとして機能するということであり、そのあとはスパイク・アンド・チャネル・トレンドのように広いチャネルが続くことが多い。また、ミクロチャネルで押しや戻りが発生していなくても、短い時間枠のチャートを見ると多くの押しや戻りが発生している。

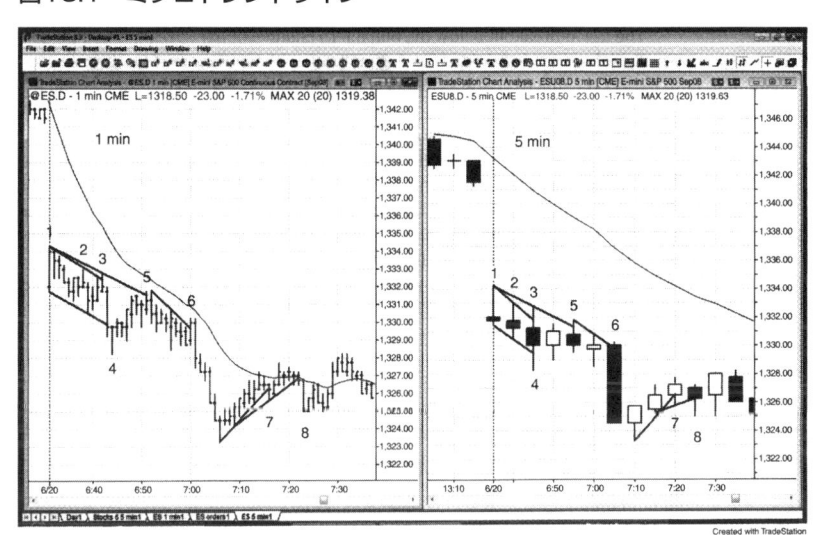

図16.1 ミクロトレンドライン

　小さなトレンドラインは1日を通じて、特に1分足チャートでは、多くのスキャルピングを生みだすが、1分足チャートはトレードする価値はほとんどない。図16.1の左側のチャートはEミニの1分足チャートで、数字は右側の5分足チャートの数字に対応している。どちらのチャートも、小さなトレンドラインからのブレイクアウトの失敗を逆張りすれば利益につながることを示している。1分足チャートにはこのほかのトレードもあるが、チャートには示していない。なぜなら、このチャートの目的は5分足チャートのミクロトレンドラインが1分足チャートではより明確で長いトレンドラインに対応することを示すことにあるからだ。したがって、5分足チャートを読むことができるのであれば、1分足チャートは見る必要はない。これらのトレードの多くは1分足チャートでは利益につながるスキャルピングになっ

たはずだ。

　5分足チャートではミクロトレンドラインのブレイクアウトのいくつかは見逃しやすく、その大きさも1ティック以下である。例えば、5分足チャートの足3、足5、足6、足7はミクロトレンドラインからのブレイクアウトの失敗だが、ほとんどトレーダーは見逃すだろう。しかし、特に足5のブレイクアウトの失敗は良い売りのスキャルピングにつながるので重要だ。これは下降トレンドラインを上方にブレイクアウトしようとする2回目の失敗だ（最初の失敗は足3）。

　足7では上昇ミクロチャネルを下方にブレイクアウトしているが失敗しているため、良くてもリスクの高い買いのスキャルピングにしかならない。これは移動平均線へのベアフラッグの戻りなので、上昇は失速し、ここで見られるように、これはブレイクアウトプルバックの売りのセットアップになった。

　プライスアクショントレードは短い時間枠のチャートでも機能する。1分足チャートでの足8は高値を更新するブレイクアウトへの試し（下降トレンドでの安値になる足の高値への試し）の買いのセットアップで、市場は仕掛けから2本あとに足8のシグナル足の安値を試すために下落しているが、シグナル足の下のプロテクティブストップは執行されないはずだ。1分足チャートのこの部分には、小さいけれど重要な反転が発生していることに注意しよう。チャートの安値から上昇する上昇ミクロトレンドラインによって示される小さな上昇トレンドが発生したあと、足7でこのトレンドラインがブレイクアウトされ、高値が切り上げられ、この小さな上昇トレンドの極値が試されている。パターンが非常に小さいので、足8への下方へのトレンドの反転はスキャルピングにしかならない。

　しかし、5分足チャートでは足8は買いのセットアップにはなっていない。これはなぜなのだろうか。それは下降トレンドにおける戻りにすぎないからである。下降トレンド日の戻りの高値では買うべきで

はない。ミクロトレンドラインの買いシグナルを見たら、その失敗での売りに備えるべきである。落とし穴にはまった買い手が損切りするまさにその位置で売るのである。

　急なトレンドの連続する２～３本の足を使って描かれたトレンドラインでも、小さくブレイクされたあとすぐに反転すれば、トレンド方向へのトレードのセットアップになることもある。新たにブレイクするたびに、それはより長く平坦なトレンドラインの第２ポイントになり、やがては逆方向のトレンドラインがより重要性を帯び、そこでトレンドは反転する。

　図16.2を見ると、足１は３本の足によって描かれたトレンドラインを下方にブレイクしたあと上方に反転して、前の足の１ティック上で買いの仕掛けが発生している。

　足２は６本の足によるトレンドラインを下方にブレイクアウトしている。トレーダーたちはその高値の上に買いの逆指値を置いたはずだ。これが執行されないときは、買いの逆指値を次の足の高値に移動させる。これは足３で執行されたはずだ。これは高値１の買いのセットアップだ。上昇トレンドにおける上昇ミクロチャネルの下方へのブレイクアウトのほとんどは失敗し、高値１の買いのセットアップになる。ミクロチャネルは、前の高値など何かを上方にブレイクすることが多い。この日の例で言えば、ミクロチャネルはこの日の最初の足を上回っている。したがって、高値１はブレイクアウトプルバックの買いのセットアップになることが多い。ちなみに、足２の前の足は、足１までの３本の足によるミクロトレンドチャネルに平行に引かれたミクロトレンドチャネルライン（非表示）へのブレイクアウトの失敗によって、売りのセットアップになる可能性が高い。上昇モメンタムが

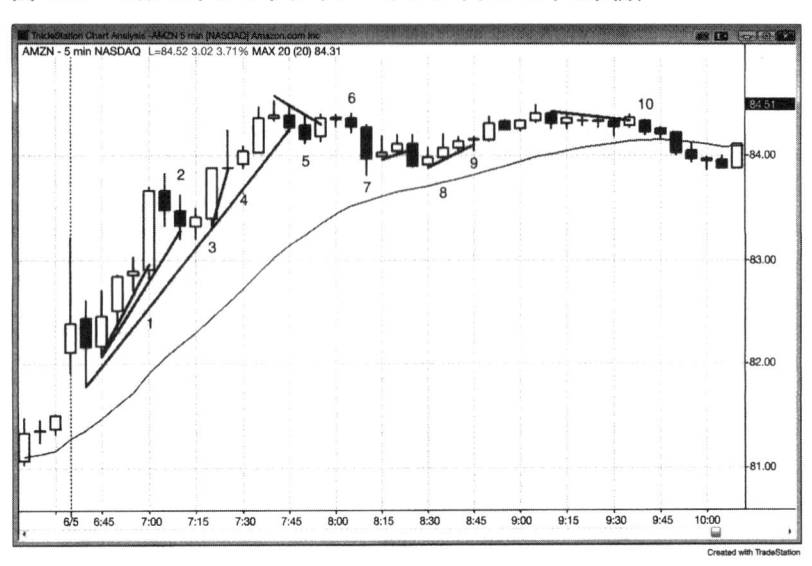

図16.2　ミクロトレンドラインへのブレイクアウトの失敗

非常に強いため、売りは２回目の仕掛けを待つしかないが、これはミクロトレンドチャネルラインがカウンタートレンドトレードをセットアップすることもあることを示している。

足４は小さなはらみ足で、２本の足によるトレンドラインを下方にブレイクアウトしている（ブレイクアウトは非表示）。この小さなはらみ足の高値の１ティック上に買いの逆指値を置く。

足５はこの日のメジャーなトレンドライン（１時間以上続くトレンドラインは重要）をブレイクしているので、トレーダーたちはツーレッグの押しが発生する可能性が高いと思っているはずだ。足５の次の足で下降トレンドラインを上方にブレイクアウトしたあと、高値を切り下げた足６で売りシグナルが出たはずだ。足５のあとの足のように、足が短い同時線の場合、仕掛ける前にもっと大きなトレンド足を待ったほうがよいが、これらのトレンドラインの反転は30セントから50セントのスキャルピングになる。足５は非常に狭い上昇チャネルの

最初のブレイクアウトなので、ここでは売らずに、ブレイクアウトプルバックを待って売ったほうがよい。

　高値を切り下げた足6はブレイクアウトプルバックの売りのセットアップになっている。移動平均線はまだ試されておらず、そのあと上昇トレンドの高値が試されたため、これは良い反転トレードではない。

　足6は上昇トレンドにおけるミクロトレンドラインの売りだが、移動平均線の近くで発生しているのでこれは良いトレードではない。しかし、移動平均線まではかなりの距離があり、それに加え、ウエッジトップのあとで発生しているため、ツーレッグの下方への修正の一部になる可能性が高い。

　プルバック（押し・下落や戻り・上昇）がよく発生する従来のチャネルとは違って、ミクロチャネルではプルバックはあまり発生しない。これはミクロチャネルの特徴だ。例えば、足8の前の足から始まる上昇ミクロチャネルでは、最初のレッグは短い足9のプルバックで終わっている。次の4つの足を、足9をプルバックとする同じチャネルの延長と見るトレーダーもいれば、足9を次のミクロチャネルの始まりと見るトレーダーもいたが、これは問題ではない。なぜなら、足10までの横ばいの動きが両方のチャネルを下にブレイクしているからだ。、

このチャートのさらに深い議論

　図16.2を見ると、この日、市場は昨日の終値を上方にブレイクアウトしてギャップアップで寄り付いた。最初の足は陽線で、実体はそこそこ大きく、下ヒゲがある。これは買い圧力を示すものだ。昨日の引けにかけて何本かの陽線が発生しているが、これもまた強気の強さを表している。したがって最初の足は、売りの強いシグナル足にはならない。この日の2番目の足は陰線で、最初の足の安値を下回っている

ため、寄り付きの上昇トレンドに対するブレイクアウトプルバックによる買いのセットアップが整っている。そのあと4つの陽線が続いて上昇スパイクを形成しているが、最後の足はレンジが大きいため、エグゾースチョンを示している可能性が高い。これによって最初の押しでの買いがセットアップされ、足3が強い仕掛け足になった。足3はまた寄り付きの高値の上方へのブレイクアウトからの押しでの買いのセットアップでもある。この日の最初の足は長大線だったので、上方へのメジャードムーブが発生する可能性が高く、実際にそうなっている。

　強いトレンドにおける小さなトレンドラインでは、ブレイクアウトが失敗に終わることが多く、トレンド方向への仕掛けの良いセットアップになる。これらの多くは1分足チャートではツーレッグの押しのセットアップ（ABCの修正）になるが、5分足チャートでブレイクアウトのダマシが発生していれば、1分足チャートを見る必要はない。

　ほとんどのトレンドはトレンドラインを引かなくても分かるため、トレンドラインはそれほど頻繁に引く必要はない。

　図16.3のアップルの5分足チャートでは、ミクロトレンドラインでのブレイクアウトの失敗によってトレンド方向への仕掛けのセットアップがたくさん整っている。トレンドが急なときは、トレンド方向への仕掛けのみを考えるべきであり、小さな反転はトレードすべきではない。例えば、足3は下降ミクロトレンドラインを上方にブレイクアウトしているが、この下降トレンドは、20本以上にわたって移動平均線を上回る強い上昇トレンドにおけるブルフラッグだ。こういった場合は、特に移動平均線の上だけに限らず、買いを考えるべきである。

図16.3 強いトレンドにおけるミクロトレンドライン

　足2は強い上昇トレンドにおける上昇ミクロチャネルを下方にブレイクアウトしているが、ブレイクアウトは失敗することが予想されるため、信頼できる高値1の買いのセットアップになる。

　足10と足12は急で狭いチャネルでの初めてのブレイクアウトだ。したがって、良い買いの仕掛けにはならない。足12は下降トレンドにおける上方への2番目のブレイクアウトだが、足10からの下落は急で、何本かの足にわたって続いている。これによって小さなミクロチャネルが新たに形成されている。足12はこの新たなチャネルの最初のブレイクアウトの試しだ（足10と足12はいずれも安値1の売りのシグナル足）。

　足9は弱気の反転足で、小さなトライアングルの下方へのブレイクアウトのシグナル足でもある。トライアングルはほとんどは、一方向か両方向に3つ以上のプッシュを持つ横ばいのトレーディングレンジだ。足9の前の足は3つの小さなプッシュダウンの3回目のプッシュ

385

ダウンで、そこからトレーディングレンジがトライアングルに変わる。市場はその日の最初の足から狭い下降チャネルにあったため、このトライアングルは信頼できる買いのセットアップにはならない。事実、ほとんどのトレーダーはこのパターンをトライアングルと見ることはなく、売りの機会を探していた。トレーダーたちは足9の弱気の反転足が3回目のプッシュアップになった時点で初めてこれが下降トレンドにおけるトライアングルであることに気づき、信頼できる売りのセットアップだと分かった。足9は陽線だが、短い同時線なので、大きな買い圧力にはならない。しかし、中間点を下回って引けているため、反転足であることは確かだ。足9が陰線だったら強いシグナルになったはずだ。

　足8の3本あとで終わる狭い下降チャネルは、そのなかにいくつかの小さなミクロチャネルを含んでいる。この狭いチャネルを、いくつかの小さな戻りのある大きなミクロチャネルと見るか、3つの連続するミクロチャネルと見るか、大きくて狭い下降チャネルと見るかは問題ではない。いずれにしてもトレードする方法は同じだからだ。この下落は非常に強く、長い時間枠のチャートでは強いスパイクとして現れるはずだ。スモールトレーダーは、戻りはベア派による利食い機会にほかならず、そのあと価格は下落してトレンドの反転はないと見て、売るための戻りを探していた。こうした強いトレンドでは前の足の高値の上や、足9、足10、足12のような戻りの安値の下で売るはずだ。

　浅い押しを伴うがそれが大きな利益につながる上昇トレンドの多くは、低勝率の売りのセットアップだ。例えば、足10と足12はヒゲをもった同時線で、その前後にもヒゲを持った足があるため、二方向相場になるサインである。市場が二方向相場のサインを出してきたら、それはトレーディングレンジとなることが多い。つまり、その安値の下で売って、形成されつつあるトレーディングレンジのブレイクアウト

を狙うことは低勝率の売りにしかならないということである。スイングダウンが成功する確率は40％しかない。しかし、リワードはリスクの数倍になるため、トレーダーの計算式は依然として良い。高勝率のトレードのみを狙うトレーダーならば足10や足12の下で売ることはなく、高勝率の反転で買う（例えば、この日の安値における連続する売りのクライマックスのあとの強気の反転足）か、戻りで売る（例えば、足9のトライアングル）か、強い上昇スパイクで売る（例えば、ウエッジボトムの下方へのブレイクアウトになる足11の終値。足11の前の足の安値と足12の高値はメジャードギャップを形成している）ことを考えるはずだ。

このチャートのさらに深い議論

図16.3を見ると、前日は長期に及ぶ上昇トレンドのあと、ほぼ水平なブルフラッグをブレイクアウトする強い陽線で引けている。これはファイナルフラッグの売りのセットアップで、これは今日の最初の足がシグナル足になっている。トレーダーたちはこの陽線の下か短い最初の陰線の下か、あるいはファイナルフラッグの安値で売ったはずだ。仕掛け足は大きな下降スパイクで、そのあと狭くて非常に強い下降チャネルが続く。この日は寄り付きからの下降トレンドが続いた。

ミクロチャネルの最初の反転の試しは利食いによるものだ。例えば、足2の前の陰線は上昇ミクロチャネルを下方にブレイクアウトしているが、これは主としてブル派の利食いによるものだ。市場は上昇トレンドにあったので、ブル派のなかには買いを考える者もいて、この陰線が前の足の安値を下回ったときに指値で買った者もいた。また別のブル派は1ティックから数ティック下で買った。ブレイクアウトが失敗することを期待して、この陰線の終値で買った者もいた。逆指値を使ったトレーダーは足2の2本の足による反転の上で買った。こ

図16.4 ミクロトレンドラインは短い時間枠のチャートでは単なるトレンドラインになる

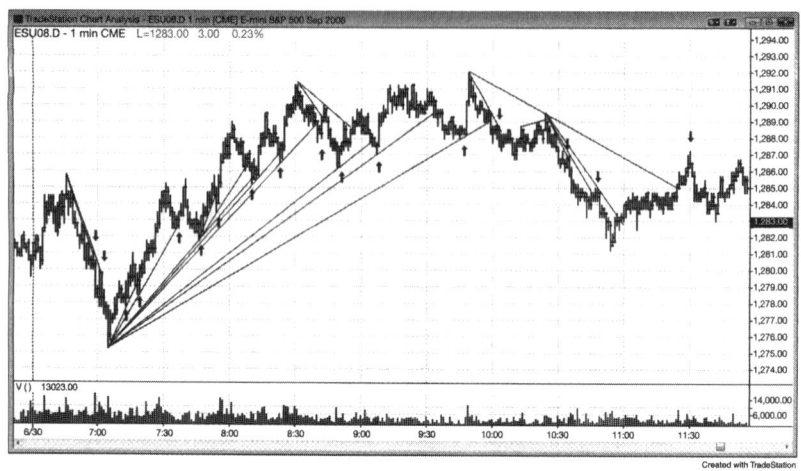

れは高値1とブレイクアウトプルバックによる買いのセットアップだった。

　5分足チャートでミクロトレンドラインのセットアップに見えるものは、1分足チャートでは3本から10本の足による押しになる（**図16.4を参照**）。1分足のEミニチャートは、トレンドラインへの試し、トレンドチャネルのオーバーシュート、反転での仕掛けを終日提供してくれている。突き抜けの多くは1ティックに満たないが、意味はある。図に示したラインはこのチャートに描けるラインの一部にすぎず、ほかにもたくさんある。1日の終わりに1分足チャートを見て簡単そうに思えても、リアルタイムでお金を稼ぐのは簡単なことではない。最良のセットアップはセットアップがあまりにも速すぎて仕掛けられないが、負けトレードは十分な時間をもって仕掛けることがで

第16章　ミクロチャネル

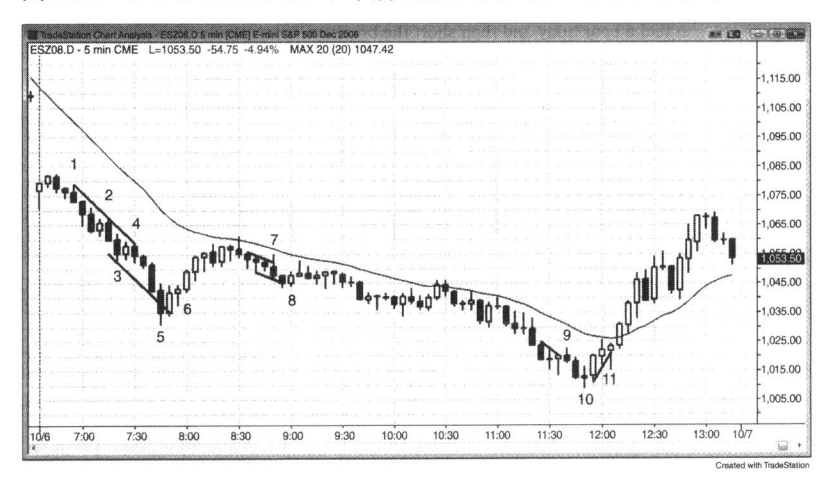

図16.5　ダウが700ポイント下落したときのミクロトレンドライン

きる。したがって、悪いトレードを多く仕掛ける一方で、良いトレードはあまり多く仕掛けることができないので、損失を埋め合わせることができず、その日は損をする。

図16.4のトレンドラインは傾きが徐々に緩くなっていき、最終的には逆方向のトレンドラインがプライスアクションを支配する。

ミクロチャネルは長い時間枠のチャートではトレンド足（スパイク）として現れ、短い時間枠のチャートでは押しや戻りをたくさん含むチャネルとして現れるのが普通だ。

この日（図16.5）、Eミニではミクロトレンドラインとチャネルトレードが数多く発生した（このチャートでは4つのみ示している）。この日、ダウは700ポイント以上も下げたが、引けにかけて上昇し、下落分の半分を取り戻した。

足5はミクロトレンドチャネルをオーバーシュートし、2本の足に

よる反転の最初の足になった。チャネルラインは、足1から足4のミクロトレンドラインに平行に引かれたラインである。チャネルラインは安値（足1のあとの足の安値と足3の安値）を結んで作成することもできる。足5のあとにｉｉのセットアップが整っているが、いずれの足も陽線で、強い下降トレンドを逆張りするときにはこうなるのが望ましい。足5のあとの足は足5とともに2本の足による反転を形成している。

　足5で終わる寄り付きからのチャネルのように、ミクロチャネルが5〜10本の足を含むとき、それは単にチャネルになる。ミクロチャネルだろうが、チャネルだろうが、どちらでも構わない。なぜならミクロチャネルもチャネルだからだ。ミクロチャネルをチャネルと区別する唯一の理由は、ミクロチャネルがトレンド相場においてトレンド方向の信頼できるスキャルピングをセットアップしてくれるからである。

　足7と足9はミクロトレンドラインの上へのブレイクアウトの失敗による売りのスキャルピングのセットアップで、両方ともそのあとには買いのスキャルピングが発生し、いずれも安値を更新しているにもかかわらずブレイクアウトプルバックによる買いのセットアップになる。足7はミクロチャネルの上方への初めてのブレイクアウトなので、良い買いのセットアップではなく、弱気の包み足パターンでの売りのセットアップである。足7が引けるのを待って、それが陰線であることを確認してから、この弱気の包み足（足7）の下方へのブレイクアウトで売ってもよい（スキャルピング）。

　足11は典型的な落とし穴で、強い上昇での仕掛けを邪魔する足だ。手仕舞ってしまったのであれば、足11のミクロトレンドラインの下へのブレイクアウトの失敗では上の高値1で再び買う必要がある。足9は下降ミクロチャネルの上方へのブレイクアウトで、足10は安値を切り下げており、ブレイクアウトプルバックだ。したがって、トレーダ

ーたちは大きな上昇を期待した。足10は短い陰線の実体を持ち、次の足は強い陽線だ。その次の足もまた陽線である。つまり、買い圧力が強まっている証拠であり、これによって3番目の陽線が弱い安値1の売りのセットアップになった。トレーダーたちはこれが失敗することを期待し、その安値とその下で買った。そのあと上昇トレンドになるかどうかは分からないが、トレーダーたちは市場は少なくとも買いでスキャルピングできる程度には上昇するだろうと思った。足11から1～2本のうちに市場はオールウエーズインの買いモードになったため、彼らは残りのロングをスイングポジションにして、増し玉した。

今日の足の多くはレンジが6～8ポイント以上だった。したがって、ポジションサイズは半分以下に減らし、損切りは4ポイントに増やし、目標値も2ポイントに増やすのがよいだろう。

このチャートのさらに深い議論

この日は大きなギャップダウンで寄り付いたが、最初の足は強い強気の反転足だったので、昨日の終値の下方へのブレイクアウトが失敗したことから、寄り付きから上昇トレンドになる可能性があった。3番目の足は強い陰線なので下降スパイクだが、上昇が再び始まる前に安値の切り上げが形成される可能性がある。しかし、市場は安値を切り上げ、弱気の包み足（足1）で下方に反転し、ブレイクアウトプルバックの売りのセットアップが整った。寄り付きのギャップダウンはブレイクアウトだったが、ブレイクアウトは失敗し、上昇の試しも失敗し、ブレイクアウトプルバックが発生したあと、下方へのブレイクアウトが再び始まった。トレーダーたちは弱気の包み足で売りにドテンした。また、弱気の包み足の安値の下で売ったトレーダーもいれば、強気の反転足（この日の最初の足）の安値の下で売ったトレーダーもいた。この日は足5までの狭い下降チャネルで大きなトレンドが形成

された。チャネルは非常に狭いため、実質的にはスパイクだった。そのあと移動平均線まで戻したあと、この日の安値を付けた足10まで下降チャネルが続いた。

　失敗したミクロトレンドラインのトレードのほとんどは、下降トレンドにおける安値1の仕掛けか、上昇トレンドにおける高値1の仕掛けだ。足9は安値1の売りのセットアップで、足11は高値1の買いのセットアップだ。足11は新たな上昇レッグにおける初めての安値の切り上げである。トレンドが反転して上昇トレンドになったあとの安値の切り上げは、良い買いのセットアップになる。足11の前の安値1のシグナル足は同時線で、これは2つの陽線のあとで発生している。この2つの陽線のうち、最初の陽線は強い陽線で、オールウエーズインの方向を買いに変える可能性がある（この陽線は、足9の1本の足によるファイナルフラッグのあと、足9のあとの足とともに2本の足による反転を形成）。アグレッシブなブル派は、下落が失敗することを予想して、安値1のシグナル足の安値に指値を入れて買ったはずだ。

　高値の切り上げや安値の切り下げを伴うブレイクアウトプルバックは、小さなファイナルフラッグの反転になる。例えば、足9はミクロトレンドラインを上方にブレイクアウトしているが、ブレイクアウトは失敗して下落し、足10で安値を切り下げた。足10は足9のブレイクアウトからのプルバックと見ることができる。足10はプルバックして安値を切り下げた。これはブレイクアウトプルバックで時折見られる。そのあと反転しているため、足9は1本の足による買いのファイナルフラッグになった。

　足5までの下落は狭いチャネルで下落している。この下落は非常に強いため、長い時間枠では下降スパイクとして現れたはずだ。そのあと市場は移動平均線まで上昇し、そこで20連続ギャップ足の売りシグナルが出た。このあと足10まで長い下降チャネルが続き、下降ス

図16.6　上昇トレンドにおけるミクロトレンドライン

パイク・アンド・チャネル・パターンは完成する。ここからの反転の最初の目標値は、最初の強い買いのセットアップの高値で、これは2本の足による反転である足5だ。そして次の目標値は、8時30分に移動平均線を試した下降チャネルのスタート地点である。

　強い上昇トレンド日では、ミクロトレンドラインの売りを含め、売りは避けるべきだ。特に、移動平均線の近くやその上ではそうである。**図16.6**では、足1、足2、足3での売りは、移動平均線の近くやその上の領域での上昇トレンドに逆らった売りになる。もちろん、下方に傾斜するミクロトレンドラインは小さな下降トレンドを示しているが、それは強い上昇トレンドの押しの一環として発生したものであるため、このような場合は買いのみを考えるべきである。これらはブルフラッグで、しかも移動平均線の上で発生している。これは上昇が強

いサインである。重要な上昇トレンドラインのブレイクはなく、上昇トレンドでの高値を切り上げてから下方への反転や、高値を試すために高値を切り下げている。上昇トレンド日における下降ミクロトレンドラインの唯一の価値は、ミクロトレンドラインの売りが失敗したときに現れるブレイクアウトプルバックでの買いだけである。つまり、足1、足2、足3では売るな、ということであり、その代わりに、ショートが買い戻されると思われる位置で買え、ということである。ミクロトレンドラインによる売りの失敗によって安値が切り下げられ（足2と足3のミクロトレンドラインへのブレイクアウトが失敗したあと）、または安値が切り上げられ（足1のブレイクアウトの失敗）、これらは下降ミクロトレンドラインの上方へのブレイクアウトでのプルバックになっている。

例えば、足4や足5での買いのように、ミクロトレンドラインのトレンドの方向への仕掛けは高勝率のトレードになる。

このチャートのさらに深い議論

図16.6のチャートは寄り付きからの上昇トレンドが続いていることを示しており、ミクロトレンドラインの売りを含め、売りは避けるべきである。特に、移動平均線の近くやその上での売りは避けるべきである。市場は移動平均線を下方にブレイクするが、すぐにその上方に戻ってブレイクアウトは失敗している。ベア派はこの上昇における移動平均線のブレイクアウトプルバックで売ろうとしたが、この上昇には何本かの強い陽線が含まれている。つまり、2回目の仕掛けの機会でのみ売れ、ということである。しかし、2回目の仕掛けの機会が現れることはなかった。下落は一時的なもので、すぐに安値は切り上げられた。

第17章
水平ライン ── スイングポイントとそのほかの鍵となる価格水準
Horizontal Lines: Swing Points and Other Key Price Levels

　ほとんどの日はトレーディングレンジ日になるか、トレーディングレンジの活動が盛んな日になることが多い。こんな日は、スイングハイとスイングローを結ぶ水平ラインが障壁となって、ブレイクアウトの失敗と反転を繰り返すことが多い。つまり、スイングハイのブレイクアウトが失敗して、高値を切り上げてからの反転のセットアップが整い、そのあとスイングローのブレイクアウトが失敗して、安値を切り下げてからの反転のセットアップが整うということである。時として失敗の失敗もある。これはブレイクアウトプルバックのセットアップになり、市場はもっと極端な高値の切り上げや、安値の切り下げを形成する。2回目の高値の切り上げや2回目の安値の切り下げを待って逆張りするのは勝率が高い。なぜなら、それは市場を反転させようとする2回目の試しであり、トレーディングレンジ日では2回目のシグナルは良いセットアップになるからだ。

　トレンド日には、水平ラインはプルバック（上昇や下落）での仕掛けにのみ用いるのがよい。例えば、上昇トレンド日にトレーディングレンジで強い上方へのブレイクアウトが発生した場合、数本の足のあとにブレイクアウト水準まで下落することが多い。上方への反転のセットアップが試された場合、それは良いブレイクアウトプルバックの買いのセットアップになる。

図17.1　ブレイクアウトは反転をセットアップすることもある

　ほとんどの日は強いトレンド日になることはない。こういった日はトレーダーは前のスイングハイとスイングローに目を凝らし、市場がブレイクアウトに失敗するかどうか見る必要がある。ブレイクアウトの失敗は反転の仕掛けにつながることが多いからだ。２番目のシグナルがベストだ。その日の値幅の真ん中が磁石のように働くトレーディングレンジ日では、２回目の高値の切り上げや２回目の安値の切り下げは極端に高い位置や安い位置に形成されるため、それによってスキャルパーに利益がもたらされる可能性が高い。例えば、**図17.1**の足５は足２の高値を上回る２回目の高値の切り上げだ。

　足９は寄り付きの安値を下回ったあとに上方へ反転しようとする２回目の試しで、前日の安値とともにダブルボトムを形成している。

このチャートのさらに深い議論

　図17.1を見てみよう。足5は足3の安値からの3回目のプッシュアップでもある。ウエッジの形はしていないが、スリープッシュパターンはウエッジのよう働くことが多いため、ウエッジの変化形と見ることができる。

　足9は拡大型トライアングルの安値（これは昨日の安値とともにダブルボトムを形成し、安値を切り下げてはいないが、近ければそれで十分である）の7番目のポイントで、足11は拡大型トライアングルの高値だ。これはまた小さな拡大型トライアングルでもあり、足10が2回目のプッシュアップで、最初のプッシュアップからおよそ5本あとに発生している。

　足13は大きなダブルボトムプルバックだ。どれとどれがダブルボトムを形成しているかについては選択できる安値はたくさんあるが、おそらくは足3か足9がベストだろう。足13は高値2の買いのセットアップでもある。なぜなら、足13は2つの大きくて複雑な下降レッグの安値で発生しているからだ。足9から足11までの上昇チャネルはベアフラッグで、足13はそのベアフラッグのブレイクアウトの失敗である。足13は大きなウエッジ型ブルフラッグでもあり、足10の前かあとの小さなスイングローが最初のプッシュダウンで、足12が2番目のプッシュダウンだ。

　足15はダブルトップベアフラッグだ。大きな上方へのブレイクアウト足がその高値を上回ったため、これは失敗に終わり、そのあと市場は大きく上昇した。

　足17は足14の安値を下回る2番目の安値の切り下げで、足16のスイングローも下回っている。これは足14と足16とともにウエッジ型ブルフラッグを形成している。これはまた足11から足13までのブルフラッグの上方へのブレイクアウトに続くブレイクアウトプルバック

で、安値を切り上げている。

　強いトレンド日には、トレンドラインのブレイクと強い反転足が発生した場合にかぎり、上昇トレンドではスイングハイで逆張りし、下降トレンドではスイングローで逆張りするのがよい。**図17.2**を見ると、どちらの日も強いトレンド日で、一方の極値で寄り付き、2時間以上にわたって移動平均線への押しや戻りはない（20連続ギャップ足の押しや戻りのセットアップ）。足4は弱気の反転足で、トレーディングレンジを上方にブレイクアウトしたあとに下方に反転し、そのあと下方にブレイクアウトして上方に反転している。また、足8は小さな2本の足による反転の最初の足で、足7を上回って安値を切り上げている。これらはカウンタートレンドだが、トレンドラインをブレイクするカウンタートレンドのモメンタムは非常に弱いため、これらのトレードはスキャルピング程度でしかできない。トレンド方向の仕掛けから気を散らすものなら、これらは仕掛けないほうがよく、トレンド方向のポジションはスイングトレードにするのがよい。

このチャートのさらに深い議論

　図17.2を見ると、6月6日は、昨日の最後の一時間のうちに形成された上昇チャネルの下方へのブレイクアウトで寄り付いた。上昇チャネルは常にベアフラッグと考えるべきである。最初の足は陰線だった。これは寄り付きにおいてはベア派が強いことを示している。しかし、次の足はブレイクアウトを失敗させようと上方に反転し、寄り付きの上昇トレンドがそのまま続いた。しかし、ブレイクアウトの失敗

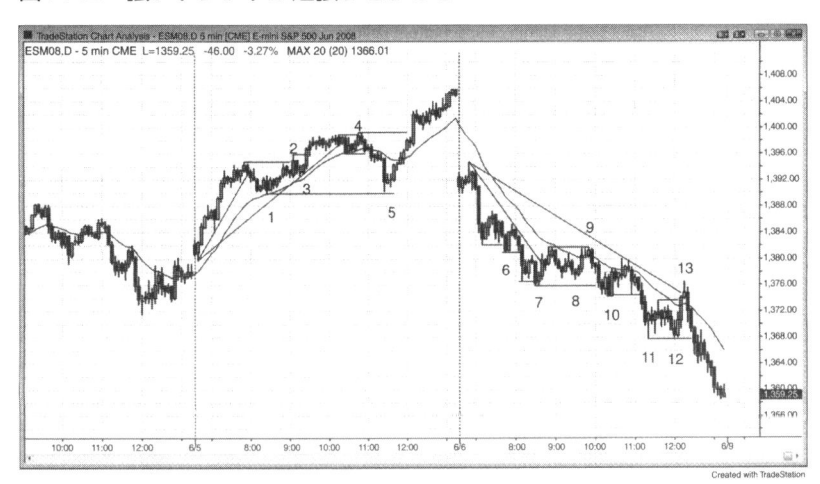

図17.2　強いトレンドは逆張りをするな

は失敗に終わり、4番目の足の下でブレイクアウトプルバックの売りのセットアップが整ったあと、再びオープニングレンジの安値を下回った。そのあと、強い2本の足による下降スパイクが発生し、それに続いて下降チャネルが形成された。

　足1と足5はダブルボトムブルフラッグを形成し、足9はダブルトップベアフラッグの一部になっている。足8では再び小さいダブルボトムブルフラッグになっている。ダブルボトムフルフラッグは単に安値を切り上げたダブルボトムにすぎないことが多い。

　足4は、スパイク・アンド・チャネルの上昇日のチャネルの高値を形成する可能性が高く、このあと市場はチャネルの始まりである足1を試した。これによってダブルボトムブルフラッグの買いのセットアップが整った。

　足5と足13は移動平均線のギャップ足のセットアップだ。どちらも午前11時30分すぎに発生しているが、強いカウンタートレンドの動きが発生しているため、トレーダーたちをトレンドに乗るのを阻止して間違った方向に導く可能性が高い。しかし、これはトレンド方向

への信頼できるセットアップであり、新たな極値を形成したあと、トレンドは引けまで続くのが普通だ。

第3部
トレンド
Trends

　トレンドとは、上昇する（上昇トレンド）か、下降する（下降トレンド）一連の価格変動のことを言う。これはトレードでは非常に重要だ。なぜなら、安値を切り上げないかぎり買うべきではなく、高値を切り下げないかぎり売るべきではないからだ。トレンドは1つの足からなる短いものもあれば（トレンド足は、短い時間枠のチャートではトレンドとして現れる）、スクリーン上のすべての足にわたる長いものもある。トレンドは大きく4つに分けられる——トレンド、スイング、プルバック（押し・下落や戻り・上昇）、レッグ——が、それぞれはオーバーラップすることもあれば、互換性があることも多い。3つの小さなバージョン（スイング、プルバック、レッグ）は異なる時間枠では違った形で現れるため、この区分は単なるガイドラインでしかない。例えば、60分足チャートの上昇トレンドでの押しは、1分足チャートでは強い下降トレンドとして現れることもある。また、それぞれのカテゴリーには1つ以上の小さなバージョンが含まれる。例えば、トレンドは10個のスイングからなり、それぞれのスイングは1つから4つのプルバック（押し・下落や戻り・上昇）を含み、それぞれのプルバックは1つから4つのレッグを含むといった具合だ。大きさはどうであれ、上昇スイングと下降スイングは一般にレッグと呼ばれる。したがって、区分はそれほど重要ではないが、それぞれのカテ

ゴリーには微妙な違いがあることだけは覚えておこう。

最も簡単な形のトレンドは、スクリーンの左端の角から始まり、途中で大きな上下動がなく、対角線の右端の角で終わるものだ。例えば、左側の足がモニターの左下の角近くにあり、右側の足が右上の角近くにあり、途中大きな上昇スイングや下降スイングがなければ、それは上昇トレンドである。市場がトレーディングレンジのなかの強いレッグというよりもトレンド状態にあるのかどうかは、あなたのレーダーが教えてくれる。不確実性が高いときは、市場はトレーディングレンジにある可能性が高い。一方、緊急性があり、プルバックを期待しているときは、市場はトレンド状態にある可能性が高い。

トレンドは傾きが非常に急な場合もある。そういった場合は、一連のトレンド足は大きな実体を持ち、隣接する足はほとんどオーバーラップせず、ヒゲは短い。これはトレンドのスパイクフェーズで、こんなときトレンドは足１本で終わることもある。トレンドが新たな上昇トレンドに入ると、だれの目から見ても明らかにオールウエーズインの買いモードになり、新たな下降トレンドに入ると、オールウエーズインの売りモードになる。そのうちに市場はプルバック（押しや戻り）という形で二方向相場になり、最後にチャネルの時期に入る。チャネルは予想外に長く続くこともある。トレンドは広いチャネルや狭いチャネルを伴う短いスパイクを持つこともあれば、広いチャネルや狭いチャネルを伴う長いスパイクを持つこともある。スパイクは隣接する足が重なり、狭いチャネルに見えることもあり、チャネルは急で隣接する足がほとんど重ならず、長いスパイクに見えることもある。重要なのは、トレンドは最初は強いが、時間がたつにつれてモメンタムを失い、最終的には大きなプルバックが発生し、トレーディングレンジになるということである。トレーディングレンジは長い時間枠のチャートではプルバックとして現れることが多い。そして、ある時点までいくと市場は逆方向のスパイクを伴ってブレイクアウトし、トレンド

が転換する。

　ひとつのチャートに現れるトレンドは１つか２つだが、３つ以上のトレンドが現れたときは、トレンドはほかの３つのカテゴリーを使って表現したほうがよい。なぜなら、二方向の動きは異なるトレード機会を生むからだ。スイングとレッグは小さなトレンドで、チャート上には少なくとも２つ存在する。「スイング」という言葉は、たとえチャートが全体的に横ばいであったとしても、２つ以上の小さなトレンドがあるときに使われる。

　レッグは大きなトレンドの一部をなす小さなトレンドだ。それはプルバックであるカウンタートレンドの動き（押しや戻り）のときもあれば、トレンドや横ばい相場でのスイングのときもあり、またトレンド内の２つのプルバック間で発生するトレンド方向の動きのときもある。

　プルバック（押しや戻り）は一時的なカウンタートレンドの動きで、トレンド、スイング、あるいはレッグの一部をなす。例えば、押しとは上昇トレンド、上昇スイング、あるいは上昇レッグにおける横ばいから下落の動きを言い、このあと少なくとも前の高値が試される。実際には元のトレンドに戻る動きがなくても、小休止やモメンタムの喪失を表す１本の足や何本かの足がプルバックになる。この例がはらみ足であり、これは前の足の安値を下回ったり、前の足の高値を上回ったりすることはない。プルバックが１本の足からなる場合、その足はポーズ足とかプルバックの足になる。こうした１本の足でのプルバックは短い時間枠のチャートで見ると、何個かの小さなスイングからなる。しかし、それを確かめるためには、１分足チャートや100ティックチャートやそれよりも短い時間枠のチャートを見る必要がある場合もある。これはトレーダーにとっては時間のムダになるが、トレードを仕掛けるうえでの論拠になるため、重要なことだ。

　トレンドのなかで小さな逆方向のトレンドが発生し、なかには１～

２本しか続かないものもある。これはほぼ失敗するため、大きなトレンド方向のトレードのセットアップのみに集中すべきである。上昇トレンドでは、スイングは上昇するトレンドを持つ。つまり、それぞれの押しは前の押しを上回り、新高値を更新する（高値と安値が切り上がっていったり、スイングが切り上がっていく）ということである。強いモメンタムを持つ動きは、プルバックのあと極値を試すのが普通だ（強い動きは少なくとも２つのレッグを持つが、２つ目のレッグは動きが不十分で反転することもある）。

どんなに小さくても、トレンドは前のトレンドのトレンドラインをまずブレイクアウトするか、前のトレーディングレンジの支持線や抵抗線をブレイクアウトしたあと、トレンドを持ったスイング（例えば、上昇トレンドで高値や安値を切り上げていく）が発生する。前のトレンドのトレンドラインをブレイクアウトしたり、前のトレーディングレンジの支持線や抵抗線をブレイクアウトしなければ、それはトレンドではない。最良のリスク・リワード・レシオが発生するのは、明確なトレンドが形成される前に、トレンドラインをブレイクしたあとの最初のプルバック（押しや戻り）で仕掛けたときだ。トレンド日になりそうなときは、トレーダーはトレンドを継続させる強さのサインを見逃さないことが重要だ。

トレンドの存在を認識することはなぜ重要なのだろうか。それは、トレードのほとんどはトレンドの方向に仕掛けることが重要だからである。トレンドや転換の試しをどう定義するかによっても違ってくるが、トレンドを転換させようとする試しのおよそ80％は失敗する。市場には慣性が働いており、それまでやってきたことを続けようとする傾向があるからだ。したがって、転換の試しが失敗するのを待ち、それが単にトレンドの方向のプルバックになったことを確認したうえで、トレンドの方向に仕掛けるのがベストだ。ちなみに、市場がトレーディングレンジにあるとき、市場はブレイクアウトしてトレンドが

形成されることにあらがうため、およそ80％のブレイクアウトの試しが失敗することを市場の慣性と呼ぶこともある。

　トレンドを早く見極められるほど、多くのお金を稼ぐことができる。カウンタートレンドのセットアップに気を取られていれば、利益にもなるが怖くもあるトレンド方向の多くのセットアップを見逃しかねない。トレンド方向の仕掛けが怖いのは、市場がトレンド途上にあるときいつも行きすぎのように見え、行きすぎた下降トレンドの底近くで売ったり、行きすぎた上昇トレンドの天井近くで買ったりすることが利益につながることもあることを想像できないからだ。しかし、だからこそトレンドの方向に仕掛けるのである。例えば、下降トレンドでより有利な価格で売れる戻りがあるかどうかはだれにも分からないが、市場はさらに下落するとだれもが確信している。このため、だれもが成り行きで、あるいはちょっとした戻りで売るはずであり、大きな戻りが発生することはない。買った者はどのような価格でも手仕舞いたいと思っているし、売った者はどのような価格でも仕掛けたいと思っている。なぜなら、どちらも市場は下落すると信じており、上昇を期待してそのチャンスを逃したくはないからだ。

　トレンドが特に強いとき、次の数日以内にフォロースルーが発生するのが普通だ。例えば、今日が強い上昇トレンド日で、反転したか、ブレイクアウトして大きな動きが始まる可能性があるとすると、この日は高値近くで引け、翌日も寄り付きを上回って引けるのが普通だ。これは数日続く。寄り付きでは大きく下落するのが普通で、ブル派を市場から遠ざける一方で、ベア派を参入させて落とし穴にはめるが、15分足チャートや60分足チャートの移動平均線や別の何らかの支持レベルで支持線を見つけてとまるのが普通だ。

　トレンドは比較的方向性がはっきりした領域であり、市場が逆方向にXティック動く前にXティックトレンドの方向に動く可能性は50％以上である。トレンドでは一連のスパイクと狭いトレーディングレン

ジが交互に現れ、短いスパイクの間は、市場が逆方向にXティック動く前にXティックトレンドの方向に動く可能性は50％を超えるが、トレーディングレンジでは不確実性が増すため、確率は再び50％辺りになる。トレンド途上でトレードするうえで最も難しいことのひとつは、スパイクが短く、その存在に気づいたときには、勝率は上昇しても利益を稼げるほどのティックは残されていないということである。これが分かる前に、トレーディングレンジが形成され、勝率は再び50％くらいに戻る。トレンド途上でトレードする最良の方法のひとつは、次のスパイクが始まる時期を予測し、それが始まったらすぐに逆指値で仕掛けることである。この方法だとスパイクを60％、あるいはそれ以上の勝率でとらえ、Xティック失う前にXティック稼ぐことができる。これに熟達すれば、あなたはトレーダーとして成功するはずだ。

　熟練のトレーダーは、スパイクのときにはためらわずにトレードを仕掛ける。仕掛けたあとですぐにプルバック（下落や上昇）することはあるかもしれないが、強いフォロースルーを期待しているからだ。プルバックが発生すると、彼らはポジションサイズを増やす。例えば、強い上方へのブレイクアウトが発生し、足が数本続いたとすると、市場が1ティックごとに上昇するオールウエーズインの買いモードになったことを確信する機関投資家は増える。彼らは市場がさらに上昇することを確信すると、買い始める。これによってスパイクは急速に成長する。仕掛ける方法はいろいろあり、例えば、成り行きで買ったり、1〜2ティックの押しで買ったり、前の足の上に逆指値を置いて買ったり、前のスイングハイの上方へのブレイクアウトで買ったりする。どう仕掛けるかは問題ではない。彼らの目的はまず小さなポジションを建てることだからだ。そして市場の上昇に伴って、あるいは押しで増し玉する。市場が上昇すると増し玉するため、スパイクは長く続く。初心者は成長するスパイクを見ると、こうした大きな動きの天井で買

う者がいるのだろうかと思う。彼らが理解していないのは、機関投資家は市場は上昇することを確信しているので、上昇に合わせて買うということである。彼らは押しが形成されるのを待っている間にこの動きを逃したくないのである。また初心者は、損切りはスパイクの底の下か、少なくともスパイクの中間の下辺りに入れなければならないと思っている。機関投資家はこれを知っているため、リスクがほかのトレードと同じになるようにポジションサイズを減らす。

　どんなに強いトレンドでも、小さなプルバックは必ず発生する。例えば、強い上方へのブレイクアウトが発生するか、寄り付きでの上昇相場がそのまま継続し、短いヒゲを持つ大陽線が４つ連続して上昇スパイクを形成し、そのあと５番目の足が前の足の安値を下回ったとすると、これが押しになる。だれもが押しで買おうと思っているのに、なぜ押しは発生するのだろうか。それはだれもが押しで買おうと思っているわけではないからである。早めに買った経験豊富なトレーダーは利食いする（彼らは買いポジションを段階的に手仕舞い始める）価格水準を探し、ときには全ポジションを手仕舞うこともある。彼らは最初の押しで数ティック安く買おうと思っているブル派ではない。ポジションを一部か、全部を利食いしようとしているこれらのトレーダーは、反転やさらに深い押しを恐れているのだ。そのため、何ティックも下げたところで再び買う。押しが数ティック続いたあと、再び上昇トレンドが始まることを信じているのであれば、彼らは手仕舞ったりはしないはずだ。彼らが利食いするのは、メジャードムーブの価格目標やトレンドライン、トレンドチャネルライン、あるいは市場を上回るトレーディングレンジの安値といった抵抗線だ。トレードのほとんどはコンピューターによって行われているため、すべては数学がベースとなる。つまり、利食い目標はだれもがスクリーンで見ることができる価格がベースになっているということである。実践を積めば、トレーダーはコンピューターが利食いする領域を見つけることができ

るようになり、コンピューターと同じ価格で利食いすることができるようになる。

　時としてスパイクは、積極的なベア派に小さなスキャルピングの機会を与える足やパターンを含むことがある。彼らは、上昇が今にも発生しそうで、そこで売れば十分な利益が見込めると思うわけである。しかし、これをやったトレーダーは失敗する。ほとんどの上昇は利益が出るほど大きくはないか、トレーダーが計算式に弱い（スキャルピングで勝つ確率に利益を掛けたものが、負ける確率にプロテクティブストップまでの額を掛けたものよりも小さい）からだ。また、売ったトレーダーは小利を目指しているが、数分あとに発生するはるかに利益の多い買い機会を逃すことになる。

　スパイクで買うのを嫌がるトレーダーもいる。なぜなら、彼らは大きなリスクを冒したくないからだ。彼らは有利な価格（ディスカウント）で買っていると感じられるほうが好きなのだ。これらのブル派のバリュートレーダーは押しでのみ買うため、押しが形成されるのを待つ。最初の買い機会を逃したり、スパイクの間に十分買わなかったブル派は、最初の押しを待って買うか、増し玉する。彼らは浅い押しを期待して、前の足の安値とその下に指値を入れて買う。このため、最初の押しは前の足の安値を数ティックしか下回らないのが普通だ。ブル派が特に積極的なときは、彼らは前の足の安値の上で買うため、押しになりそうな足は前の足の安値を下回らないときもある。

　含み益のある買いポジションを保有しているブル派は、上昇スパイクは弱まっており、次の足は現在の足の安値を下回るだろうと思い、買いポジションを成り行きで売る者もいる。また、その足が引けるのを待って、その足が強い陽線でない場合、その足の終値で売るブル派もいる。彼らは早く売りすぎだとは分かっているが、高値で売れるのでよしとする。そして、最後になって、安値が前の足の安値を下回る本当の押しの足が形成される。これが形成されると、その高値の上に

買いの逆指値を置くブル派がいる。なぜなら、これは強い上昇スパイクでの高値１の買いのセットアップであり、高勝率の買いのセットアップになるからだ。市場が仕掛けたときの方向に動くことを期待して、足の下に指値を入れるのではなく、足の上に買いの逆指値を置くのを好むトレーダーもいる。つまり、潜在的利益の一部を捨てて、より高い勝率を目指すわけである。トレーダーの計算式でそのトレードが有利なものならば、どちらの方法も理にかなっている。長い時間枠のチャートで見た上昇トレンドは、30分足から60分足チャートが形成される寸前の最後の５分間に当たる５分足チャートで見ると、上昇する傾向がある。これは投資信託の買いと、売りポジションの買い戻しによるものだが、そのほとんどは統計学に基づくプログラムトレードだ。上昇トレンドでは引けにかけて買うことは利益につながることをプログラマーたちは検証済みなのである。上げて引ければ終値はその日の始値を上回る。これは日足チャートでは陽線となって現れる。市場が上昇トレンドにあるときは、最後の１時間では買いのセットアップを探すことだ。同様に、日足チャートが下降トレンドにあるときは、５分足チャートでは引けにかけて下落することが多く、そのため日足チャートの陰線になるため、最後の１時間では売りのセットアップを探す。

　上昇トレンドでは直近の足はコンピュータースクリーンの一番上にあり、下降トレンドでは一番下にある。心理的にはもうこれ以上は進まないのではないかと思う。その結果、トレーダーたちは上昇トレンドの天井での素晴らしい買いシグナルを受け入れず、下降トレンドの底での売りシグナルを受け入れず、反転を期待する。しかし、コンピュータースクリーンの幻想は市場とは何の関係もない。チャートをさらに進めて見ると、トレンドが継続する余地が十分にあることに気づくはずだ。市場はカウンタートレンドトレーダーたちを引き寄せる。市場が少々行きすぎのように見えても、彼らが損切りするまさにその

位置でトレンドの方向に仕掛ければ、市場はあなたに有利な向きに進むはずだ。

上昇トレンドにおいて前のスイングハイを上回る動きは、主として次の３つのシナリオのうちの１つにつながる。①買いが増えるか、②利食いされるか（可能性としてはこれが最も高い）、③売られるか――のいずれかだ。トレンドが強いとき、自信のあるブル派は前の高値の上方へのブレイクアウトで買い（買いポジションの増し玉）、上方へのメジャードムーブが発生する。例えば、上昇トレンドがウエッジトップを形成するが、市場がウエッジトップを上方にブレイクアウトした場合、大勢のブル派が買いポジションを増し玉すると、ウエッジの高さに等しい上方へのメジャードムーブが発生する。ベア派はブレイクアウトが強いと見ると、すぐに売りポジションを買い戻す。この買い戻しはブレイクアウトにエネルギーを注ぐため、大きな上昇スパイクが発生する。ウエッジトップが形成されている最中に売った自信のあるベア派は自分たちの前提が間違っていたことに気づく。彼らは上方へのメジャードムーブを予測し、すぐに負けた売りポジションを買い戻し、その次の数本の足のうちは再び売ることはない。おそらくは、メジャードムーブの価格目標のような抵抗線が試されるまでは売らないはずだ。これによって強い上方へのブレイクアウトが発生し、これは１本以上続き、次の数本の足にわたってフォロースルーが発生する。上昇の動きが強いとき、ベア派はもう数本の足のうちは売らないだろうし、その日の間はずっと売らないかもしれない。

市場がブレイクアウトを超えてさらに上昇すれば、押しが発生する前に少なくともスキャルピングは可能で、高値で新たな買いが発生する可能性がある。横ばいになれば、利食いされ、少し下がったところではブル派が再び買おうとする。下方に大きく下落した場合は、自信のあるベア派は新高値では市場を支配しようとするので、市場は少なくとも数レッグは下落し、少なくともそれは10本続く。

劇的なニュースイベントがない場合、トレーダーたちは強気から弱気へと変わるが、極端な強気から極端な弱気へと急に変わるわけではなく、徐々に変わっていく。まず強気な気持ちが減退し、ニュートラルになり、そして弱気へと変わる。大勢のトレーダーがこのように変われば、市場は深い修正に入るか、下降トレンドへと転換する。すべてのトレード専門会社も相場の行きすぎについては独自の尺度を持ち、ある時点まで行くと、多くの会社がトレンドは行きすぎと判断する。前の高値の上で買うのをやめれば、大きな上昇の動きを見逃さずに済むことを信じて、彼らは押しでのみ買う。市場が前の高値を上回ることを躊躇すると、市場は二方向の相場になり、自信のあるブル派は新高値で利食いする。

　利食いをするということは、トレーダーはまだ強気で、押しで買おうとしていることを意味する。新高値では利食いされることが多い。新高値は天井を付ける可能性があるが、ほとんどの反転の試しは失敗し、ブルフラッグが始まり、そのあと再び新高値を付ける。高値を試す上昇は、上昇レッグのなかで浅い押しが何回か発生し、押しを形成する足のそのほとんどはオーバーラップし、何本かは陰線で、上に長いヒゲを持ち、陽線のほとんどが弱い場合、市場は徐々に二方向相場になる。ブル派は足の高値で利食いし、足の安値でのみ買い、ベア派は足の高値で売り始める。また、市場が上昇トレンドの天井に近づくとブル派は利食いし、ベア派はさらに売る。市場が上昇トレンドの天井を上抜くと、利食いと売りはさらに強まる可能性が高い。

　ほとんどのトレーダーはドテンを嫌がるため、反転シグナルを察知すると、買いポジションを手仕舞い、反転シグナルを待つ。トレンド上の最後の上昇レッグをブル派は取り損なうので、最後の高値への上昇力が弱まる。市場が前の高値を上方にブレイクしたあと、下方に強く転換すると、自信のあるベア派が少なくともしばらくは市場を支配する。こうなると、浅い押しで買おうとしていたブル派は市場はさら

に下落すると思い、深い押しが発生するまで買うのは控える。このため、ベア派は市場をさらに深い修正へと導く。この修正は足が10本以上続き、ツーレッグ以上伴うことが多い。

　上昇トレンドにおけるブレイクアウトが積極的な売り手に支配される状況がひとつある。プルバックは逆方向への小さなトレンドであり、トレーダーたちはこれがすぐに終わり、再び大きなトレンドに戻ることを期待する。強い下降トレンド途上で戻りが形成されると、この小さな上昇トレンドでは２つのレッグが発生することが多い。市場が最初の上昇レッグの高値を上回ると、小さな上昇トレンドにおける前のスイングハイを上方にブレイクアウトする。しかし、ほとんどのトレーダーはこの上昇は戻りで、すぐに終わると思っているので、このブレイクアウトを支配するトレーダーは積極的な売り手であり、積極的な新たな買い手や買いポジションを利食いするトレーダーではない。そして、この小さな上昇トレンドは、戻りでの最初か２回目のスイングハイを上方にブレイクアウトしたあと、下方に反転し、再び大きな下降トレンドが始まる。

　下降トレンドにおいて新安値を付けたときも同じことが言える。下降トレンドが強いとき、自信のあるベア派は新安値へのブレイクアウトで売りポジションを増し玉する。すると、市場はメジャードムーブの価格目標に達するまで下落し続ける。トレンドが弱まるにつれ、新安値でのプライスアクションは明確さを欠いてくる。これは、自信のあるベア派が新安値を、売りポジションを増し玉する領域ではなく、売りポジションを利食いする領域として使っていることを意味する。そして、下降トレンドがさらに弱まると、自信のあるブル派は新安値を新たに買う絶好の価格と見る。したがって、市場は転換して大きく上昇する。

　トレンドを形成している期間が長くなると、トレーディングレンジになることが多いが、最初に形成されたトレーディングレンジはトレ

ンドの継続を伴うのが普通だ。こんなとき、自信のあるブル派やベア派はどういった行動に出るのだろうか。上昇トレンドでは、トレンドが強いとき、押しは浅い。なぜなら、自信のあるブル派が押しでもっと買おうとするからだ。市場がかなり上昇するまで押しが発生するかどうかは分からないとき、彼らは小刻みに、しかし積極的に買い始める。彼らは買うためのあらゆる理由を探す。市場には多くのビッグトレーダーがいるため、想像できるかぎりの理由で買われる。数ティック下げたところで買いの指値を入れたり、前の安値の数ティック上や、前の足の安値や、前の足の安値の下に買いの指値を入れたり、前の足の高値の上や、前のスイングハイの上方へのブレイクアウトの位置に買いの逆指値を置いたりといろいろだ。あるいは、陽線や陰線の終値で買うこともある。彼らにとって、陰線は有利な価格で買う瞬間的な機会であり、陽線は市場が上昇するサインなのだ。

　自信のあるベア派は賢明で、今起こっていることにじっと目を凝らす。自信のあるブル派と同様、彼らもまた市場がすぐに上昇すると信じているため、売ることは視野にはない。彼らは高値で売れるときまでサイドラインに下がってじっと待つ。では、どれくらい上昇すればよいのだろうか。それぞれの機関投資家は行きすぎを判断する独自の基準を持っている。しかし、市場はもうこれ以上は上昇しないだろうと思える水準に達したら、弱気な立場を取るトレード会社は売り始める。彼らが同じ価格で売れば、上ヒゲを持つ大陰線がたくさん形成され始める。これは売り圧力が発生したサインだ。つまり、これらの陰線は、ブル派が弱くなり、ベア派が強くなっていることを教えてくれているのである。自信のあるブル派は最後のスイングハイの上で買うのをやめ、市場が新高値に向かって上昇してくると利食いし始める。彼らは依然として強気だが、トレードを選択するようになり、押しでのみ買う。二方向の相場に入る可能性が高まり、下落に含まれる陰線が増え、それが足数本にわたって続くと、自信のあるブル派は形成さ

れつつあるトレーディングレンジの安値でのみ買い、高値で利食いする。一方、自信のあるベア派は新高値で売り始め、市場の上昇に伴って増し玉する。彼らは市場が再び上方に反転し新高値にブレイクアウトすると感じたら、形成されつつあるトレーディングレンジの安値で一部利食いするかもしれないが、新高値での売り機会は探し続ける。ある時点まで行くと、市場はトレーデングレンジに入り、ブル派とベア派は拮抗する。最終的にはベア派が市場を支配して下降トレンドが始まり、そして逆のプロセスが展開する。

　30本以上続くトレンドは異常に強いブレイクアウトを発生させることが多いが、それは最終的なクライマックスである可能性が高い。例えば、上場トレンドが長く続くと、自信のあるブル派もベア派も大陽線が１つか２つ発生すると喜ぶ。それが特に長大線の場合はなおさらだ。なぜなら、彼らはそれを瞬間的ではあるが、たぐいまれな大きな機会ととらえるからである。市場が、例えばメジャードムーブの価格目標やトレンドチャネルラインの近くといった、自信のあるブル派とベア派が売りたいと思う位置に近づくと、それが何回か発生した買いのクライマックスのなかの２回目か３回目の買いのクライマックスの場合、彼らはサイドラインに下がる。自信のあるトレーダーが売らないため、市場の上では真空状態が発生し、これによって１つか２つの比較的大きな陽線が発生する。この上昇スパイクは自信のあるトレーダーたちが待っていることを示すサインであり、これが発生すると、彼らはどこからともなく現れて売り始める。ブル派は買いポジションを利食いし、ベア派は新たに売り始める。どちらも足の終値や、その高値の上、次の足の終値（特にこれが弱い足の場合）、その次の足の終値で積極的に売る。特にこれらの足が陰線の実体を持ち始めたときはそうである。彼らはまた前の足の安値の下でも売る。彼らは強い陰線を見たら、その終値や、安値の下で売る。ブル派もベア派も大きな修正が形成されることを期待し、ブル派は少なくとも10本でツーレッ

グの修正が発生するまでは再び買うことは考えず、たとえこういった修正が発生しても、彼らが再び買うのは下落が弱く見えるときのみである。ベア派も同じ下落を期待するが、彼らは時期尚早に利食いしようとは考えない。

　弱気のトレーダーはこの大陽線を逆にとらえる。押しが発生したら買おうと思ってサイドラインに下がっていた自信のないブル派は、市場が彼らと逆方向に動くのを見て、次の上昇レッグをとらえようとする。この足は非常に強く、しかもこの日はもう終わりに近い。早くに売って、おそらくは増し玉した自信のないベア派は、その足が新高値へと急激にブレイクしたのをみて驚く。彼らはフォロースルーに伴う積極的な買いが発生することを恐れて、売りポジションを手仕舞う。こうした自信のないトレーダーたちは感情でトレードし、感情を持たないコンピューターと戦っていることになる。今や市場はコンピューターに支配されているといっても過言ではない。自信のないトレーダーたちの感情は、行きすぎた上昇トレンドの最後に発生する大陽線で、彼らを大きな損失へと導くだけである。

　強い上昇トレンドで比較的深い押しが発生し始めると、狭いトレーディングレンジとも言える押しは、ブルフラッグというよりもトレーディングレンジのような振る舞いをする。ブレイクアウトの方向がはっきりしないため、トレーダーたちは、上方へのブレイクアウトと下方へのブレイクアウトは五分五分だと思うようになる。新高値はトレードを上方にブレイクアウトする試しとなり、それは失敗する可能性が高い。同様に、強い下降トレンドで比較的大きな戻りが発生し始めると、それらの戻りはベアフラッグというよりもトレーディングレンジのような振る舞いをする。したがって、新安値はトレーディングレンジを下方にブレイクアウトしようとする試しで、これもまた失敗する可能性が高い。

　どのトレーディングレンジも上昇トレンドか下降トレンドのなかで

発生する。二方向の相場が強まり、トレーディングレンジに発展すると、少なくともそのトレーディングレンジが顕在なうちはトレンドは弱まる。最終的にはレンジは必ずブレイクアウトするが、それが上方へのブレイクアウトで非常に強ければ、市場は強い上昇トレンドになり、それが下方へのブレイクアウトで非常に強ければ、市場は強い下降トレンドになる。

　ベア派が強くて、押しを上昇トレンドラインと移動平均線の下まで押し下げる勢いがあれば、彼らは市場はあまり上昇しないことを確信し、前の高値の上で積極的に売る。この時点でブル派は、深い押しのみで買ったほうがよいと判断する。新高値では新たなマインドが支配的になる。新高値は大して強くないため、もはや買う場所はない。そこでブル派による利食いが始まるが、ビッグトレーダーたちは新高値で売りを始める絶好の機会ととらえている。市場は転換点に達し、今やほとんどのトレーダーは浅い押しで買うよりも、上昇で売ることを考え始める。今、市場を支配しているのはベア派で、強力な売りによって市場は大きな修正局面に入る可能性が高く、トレンドが転換することもあり得る。次の強いプッシュダウンのあと、ベア派は再び売る水準として、あるいは売りポジションを増し玉する水準として、高値を切り下げたところを探すはずだ。押しで買ったブル派はトレンドが転換することを、あるいは少なくとも深い押しが発生することを心配している。したがって、彼らは上昇トレンドの新高値で買いポジションを利食いする代わりに、高値を切り下げたところで利食いし、大きな修正があるまでは再び買うことはない。

　もっと安い位置で買い、上昇トレンドが再び始まることを期待しているブル派もいる。ほとんどの反転の試しが失敗することはトレーダーならだれでも知っているため、上昇トレンドに乗ったトレーダーの多くは、ベア派が市場を下落させる力を示すまでは買いポジションを手仕舞わないはずだ。買った者の多くは反転したときに備えてプット

（プットオプション）を買う。プットは買いポジションの保険としての役割を果たすため、上昇トレンドが再び始まるのをゆっくりと待つことができる。プットは市場が下落したときに損失を限定するものだが、売り圧力が強まってくると、買いポジションを手仕舞うのには上昇を期待するはずであり、上昇が始まるとプットをすぐに利食いするだろう。またプットは数カ月以内に満期を迎え、満期が来ると下落に備えた保険はなくなる。つまり、プットを買い続けないかぎり、ポジションを保有し続けることはできないということである。市場はさらに下落し、何カ月にもわたって再び上昇することはないと信じている場合、プットを買い続けても意味はなく、ポジションを売ることを考えるはずだ。彼らが売ることで上昇は制限され、彼らの売りに加え、積極的なベア派による売りと、下落を買い機会と見たブル派による利食いとによって、2回目の下降レッグが発生する。

　買いポジションを持ち続けようとするブル派は、それぞれに下落したときの価格水準というものを持っている。市場がその水準に達したら、次の上昇で手仕舞いたいと思う水準だ。市場が下落し続けると、これらのブル派は上昇トレンドはすぐには回復せず、ともすれば下降トレンドに転換するかもしれないと思う。粘りに自信のあるブル派は下降スイングでの戻りを辛抱強く待って、買いポジションを手仕舞う。彼らの買いポジションは過剰な供給として市場に放出される。彼らが売るのは直近のスイングハイだ。なぜなら、市場は前のスイングハイを上回ることはないと思っているからであり、直近の安値の上で売れれば彼らはハッピーなのだ。ベア派もまた売りポジションを増し玉し、新たに売る位置として新安値からの戻りを期待している。その結果、高値と安値は切り下げられる。つまり、下降トレンドになるということである。

　市場が下降トレンドに入ると、プロセスは逆転する。下降トレンドが強いとき、トレーダーたちは前の安値の下で売る。トレンドが弱ま

ると、ベア派は新安値で利食いするため、市場はトレーディングレンジに入る可能性が高い。上昇トレンドラインと移動平均線を上抜く強い上昇のあと、ベア派は新安値で利食いし、自信のあるブル派は積極的に買い、市場を支配しようとする。この結果、戻りか、おそらくは上昇トレンドへの転換が発生する。

　トレンドの転換を思わせる大きな押しや戻りが発生したときも同じような状況が発生する。例えば、上昇トレンドで深い押しが発生すると、トレーダーたちは前のスイングローの下の動きを見る。しかし、これは上昇トレンドにおける単なる押しであって、下降トレンドではない。市場が前のスイングローを下回ると、トレーダーたちは今起こっていることに目を凝らす。市場は十分に下げて、そのスイングローの下で逆指値で売ったトレーダーに利益をもたらすのだろうか。新安値では買い手よりも売り手のほうが多くなるのだろうか。もしそうなら、これはベア派が強いというサインであり、押しはさらに進む可能性が高い。もしかするとトレンドは下方に転換するかもしれない。

　新安値へのブレイクアウトが発生した場合、市場はトレーディングレンジに入る可能性もある。これは売り手が利食いし、ブル派による買いがあまりなかった証拠である。最後のシナリオは、新安値へのブレイクアウトのあと、市場が上方に転換することである。これは、そのスイングローの下に、市場がそれを試すのを待っている自信のあるブル派がいることを意味する。つまり、この下落は上昇トレンドでの単なる深い押しである可能性が高い。高値で売った売り手は、トレンドはまだ上昇トレンドにあると信じているため、新安値へのブレイクアウトで利食いする。一方、自信のあるブル派は、市場はこれ以上は下げず、上昇トレンドの高値を試す上昇が再び始まることを信じて、積極的に買う。

　スイングローの下方へのブレイクアウトが発生すると、トレーダーたちは、ブル派が戻ってきたのか、あるいはベア派が市場を支配して

しまったのかを確認するために市場を注意深く観察する。彼らとしては、新安値で最も大きな影響力を持つものが何なのかを判断する必要があるわけであって、彼らは市場の振る舞いを注意深く観察してこれを判断する。ブレイクアウトが強い場合、新たな売りが市場を支配していることになる。市場の動きがはっきりしないときは、売り手による利食いとブル派による自信のない買いが発生していることになり、こんなときは市場はトレーディングレンジに入る可能性が高い。また、上方への強い反転が発生した場合は、買い手による積極的な買いが最も重要なファクターになる。

本書のこの部分では、あなたが毎日探すことになるよくあるトレンドパターンを説明している。トレンドはその日のどの足からでも始まる可能性があるが、トレンド日はその日の最初の1時間前後で始まることが多い。その日の1時間か2時間以内にトレンドパターンが発生したら、トレンド方向への高勝率なトレードがいくつか見つかる可能性が高い。その日が本章でこのあと説明するトレンドタイプに似た日かどうか、毎日何回も判断する必要があるが、もしそうなら、必ずトレンド方向にトレードを仕掛けることが重要だ。

しかし、これらのパターンのいずれも発生しないときは、その日はトレーディングレンジ日であり、新たな極値での逆張りの機会を探す必要がある。市場がいずれかの方向に数時間動いたあとトレーディングレンジに入った場合、次の数時間で反対側の極値を突き抜ける可能性があるため、反転トレードのスイングトレード部分の利食いは急いではならない。その反転はその日のレンジの中間点を少なくとも試す可能性が高いからである。

日足チャートの下降相場で大きな下落があったあと、人々は失ったお金を憂慮し、それ以上の損失は出したくないと思い始めるため、ファンダメンタルズにかかわらず彼らは売る。2008年の下降相場ではさらなる問題が発生した。退職の時期を迎えたベビーブーマーたちは、

退職後のための貯金がみるみる40％も減ったことにショックを受けた。それで彼らはどうしたかというと、残っているお金を失わないようにするために上昇するたびに売り続けたのである。また、彼らが市場から得たお金が市場に戻り、市場を再び上昇させることはなかった。彼らは「神様、ありがとう」水準のすべてで利食いしたのだ。これは前のスイングハイのすぐ下の水準であり、ここで彼らは手仕舞い、神様が損失の一部を回収させてくれたことに対してお礼を言い、二度と買わないことを誓ったのである。これによって、最後のベア派が売るまで、スイングハイもスイングローも切り下がっていった。こうなると、市場は前のスイングハイを上回って上昇する可能性が高い。

　人々がファンダメンタルズにかかわらず売り続けた結果、市場は大きく下落して下降トレンド日になるのが普通で、ファンダメンタルズによって正当化される以上に下げる。そして、ファンドが買い戻し注文のために売らざるを得ないため、最後の30分でかなり大きく下げることが多い。しかし、底を付けたことを確信した人々が再び買いに戻ると、市場は大きく上昇する。また、トレンドは明らかに下降トレンドなので、売る人も多い。そして、彼らは反転するたびに積極的に買い戻す。その結果、まだ下降トレンドであるにもかかわらず、日足チャート上には大陽線が発生する。下降トレンドが本格化すると、広いトレーディングレンジがたくさん発生する。広いレンジはプライスアクションの絶好のデイトレーデング機会を与えてくれるが、損切りまでの幅も広くしなければならない。したがってポジションサイズは減らす必要がある。日足チャートを使っている人の多くは、落とし穴（売りポジションの買い戻しによる強い上昇）のたびごとに安値で売って、高値で買う。つまり、彼らは理性よりも感情でトレードしているわけである。それに対して、良いプライスアクショントレーダーは標準的なプライスアクションのセットアップを探してうまくやる。

　この精神構造は洗練されていない投資家に限ったわけではない。

2008年の秋、ヘッジファンドのほとんどはその年にマイナスのパフォーマンスに終わり、彼らの洗練された投資家たちは市場が下げ続ける間、彼らからお金を引き上げていった。ヘッジファンドは小さく上昇するたびに、買い戻しや予測される買い戻しに応じるためにポジションを清算し続けなければならなかった。これによって市場はファンダメンタルズにかかわらず下げ続けた。投資家たちが損益度外視で保有し続けるポジションだけが残されるまで、売りは続いた。

　ヘッジファンドマネジャーの収入の大きな部分を占めるのは成功報酬である。例えば、ファンドが資産残高を更新する四半期ごとに、彼らは資産の前の高値を超える部分の利益に対して20％の報酬を得る。ファンドがその年30％下落したら、その成功報酬の水準に戻すにはおよそ50％稼がなければならない。数年無報酬で働くよりも、そのファンドを閉じて新しいファンドを始めたほうがよいのかもしれないが、ファンドを閉じるときには清算する必要があり、彼らにとって得るものは何もないため、いかに安い価格だろうが売る。これが売りに追い打ちをかける。売りは株価の本来の価値とは無関係だ。例えば、今持っているのが10億ドルのファンドだったとすると、新たなファンドを立ち上げるとなると一からの出直しになり、十分な資産を積み上げ、古いファンドと同じくらいの株式を保有しようと思えば数年はかかる。したがって、新たなファンドによる買いによって、市場がすぐに上昇することはない。

　ボラティリティが極端に高い水準に達すると、トレーダーたちはちゃぶつきへの対応をあきらめ、どういった価格でも売るものは何も残っていないと判断するため、下降トレンドの終わりは近い。もはや売り手がおらず、市場がファンダメンタルズレベルで行きすぎだと判断されれば、市場は上昇し始める。有名株は下落相場でどれくらい下がるのだろうか。ブルーチップのなかのブルーチップでもあなたの予想をはるかに超えて下げる。2000年のハイテクバブル崩壊のあと、シス

コ（CSCO）は3年で90％下げ、アップル（AAPL）は1991年からの6年間で95％下げ、ゼネラル・モーターズ（GM）は2001年以降の7年間で90％下げた。株価がフィボナッチの38％、50％、62％下げたからという理由だけで買ってはならない。下降トレンドラインの前のブレイクを含むプライスアクションのセットアップが整うまで待つのだ。

第18章
トレンドのトレード例
Example of How to Trade a Trend

　市場がトレンド状態にあるとき、理由のいかんを問わず、とにかく仕掛けるべきである。トレンドが存在するというだけで、小さなポジションを成り行きで仕掛ける十分な理由になる。逆指値を使ったアプローチの例は以下のとおりである。

- 上昇トレンドで、移動平均線への高値2の押しで買う。
- 下降トレンドで、移動平均線への安値2の戻りで売る。
- 上昇トレンドで、ウエッジ型ブルフラッグの押しで買う。
- 下降トレンドで、ウエッジ型ベアフラッグの戻りで売る。
- 上昇トレンドで、ブルフラッグからのブレイクアウトのあと、ブレイクアウトプルバックで買う。
- 下降トレンドで、ベアフラッグからのブレイクアウトのあと、ブレイクアウトプルバックで売る。
- 上昇トレンドにおける強い上昇スパイクで、高値1の押しで、買いのクライマックスの前に買う。
- 下降トレンドにおける強い下降スパイクで、安値1の戻りで、売りのクライマックスの前に売る。
- 上昇トレンドが非常に強いとき、前のスイングハイの上に逆指値を置いて買う。

- 下降トレンドが非常に強いとき、前のスイングローの下に逆指値を置いて売る。

指値注文は、逆方向に仕掛けることになるため、チャートを読むより豊富な経験を必要とする。しかし、経験豊富なトレーダーは以下のようなセットアップで指値注文や成り行き注文を使って確実なトレードを行うことができる。

- 強い上方へのブレイクアウトにおける上昇スパイクのときに成り行きで買ったり、スパイクの各陽線の引けで買ったり、あるいは前の足の安値かその下に指値を入れて買う(スパイクで仕掛けるときには遠くに損切りを置くことが重要だ。スパイクは突然発生するので、このトレードはトレーダーにとっては難しい)。
- 強い下方へのブレイクアウトにおける下降スパイクのときに成り行きで売ったり、スパイクの各陰線の引けで売ったり、あるいは前の足の高値かその上に指値を入れて売る(スパイクでの仕掛けはトレーダーにとっては難しい)。
- 上昇スパイクの最初の陰線の引けで買う。
- 下降スパイクの最初の陽線の引けで売る。
- 上昇トレンドで、上昇トレンドラインや前のスイングロー(ダブルボトムブルフラッグになる可能性が高い)で買う。
- 下降トレンドで、下降トレンドラインや前のスイングハイ(ダブルトップベアフラッグになる可能性が高い)で売る。
- 上方へ強く反転したあとに発生すると思われる新たな上昇トレンドで、安値1または安値2の弱いシグナル足、またはその下に指値を置いて買うか、トレーディングレンジの安値で買う。
- 下方へ強く反転したあとに発生すると思われる新たな下降トレンドで、高値1または高値2の弱いシグナル足、またはその上で指値で

売るか、トレーディングレンジの高値で売る。
- 移動平均線付近の静かなブルフラッグでの前の足かその下で指値で買う。
- 移動平均線付近の静かなベアフラッグでの前の足かその上で指値で売る。
- ブレイクアウトプルバックを期待して、ブルフラッグを上方にブレイクアウトする陽線の下で買う。
- ブレイクアウトプルバックを期待して、ベアフラッグを下方にブレイクアウトする陰線の上で売る。
- 上昇トレンドでスイングトレードを仕掛けようとしている場合、前の買いの仕掛けでブレークイーブンのところに置いた損切りへの試しであるブレイクアウトへの試しで買う。
- 下降トレンドでスイングトレードを仕掛けようとしている場合、前の売りの仕掛けでブレークイーブンのところに置いた損切りへの試しであるブレイクアウトへの試しで売る。
- 上昇トレンドの高値から一定ティックだけ下落したところで買う。例えば、Eミニの日々の平均レンジがおよそ12ポイントのとき、上昇トレンドの2ポイント、3ポイント、あるいは4ポイントの押しで買う。最初の数時間における最も深い押しが10ティックだった場合、8ティックから12ティックの押しで買う。
- 下降トレンドの安値から一定ティックだけ上昇したところで売る。例えば、ゴールドマンサックスの日々の平均レンジがおよそ2ドルのとき、50セントの戻りで売る。最初の数時間における最も大きな戻りが60セントだった場合、50セントから70セントの戻りで売る。
- 市場が逆行しているとき、トレンドの方向に段階的に仕掛ける。このとき、トータルリスクが通常のトレードと同じになるように、各注文のサイズを事前に決めておく。ポジションが大きすぎたり、プロテクティブストップが仕掛け価格から離れすぎることが多いので

注意する。
- 20本以上にわたって移動平均線への押しのない上昇トレンドでは、移動平均線に指値を入れて買い、価格の低下に伴って増し玉する。例えば、Ｅミニで強い上昇トレンドが発生し、市場が20本以上にわたって移動平均線の上にあった場合、移動平均線の１ティック上で指値を入れて買い、１ポイント、２ポイント、あるいは３ポイント下落したら増し玉する。増し玉したときは、最初の仕掛け価格で全ポジションを手仕舞うが、上昇トレンドが強いときは、高値への試しで手仕舞う。
- 20本以上にわたって移動平均線への戻りのない下降トレンドでは、移動平均線に指値を入れて売り、価格の上昇に伴って増し玉する。例えば、Ｅミニで強い下降トレンドが発生し、市場が20本以上にわたって移動平均線の下にあった場合、移動平均線の１ティック下に指値を入れて売り、１ポイント、２ポイント、あるいは３ポイント上昇したら増し玉する。増し玉したときは、最初の仕掛け価格で全ポジションを手仕舞うが、下降トレンドが強いときは、安値への試しで手仕舞う。
- 強い上昇トレンドで、終値が移動平均線を下回る最初の陰線の引けで買う。
- 強い下降トレンドで、終値が移動平均線を上回る最初の陽線の引けで売る。
- 強い上昇トレンドでは、押しは小さな下降トレンドである。ブル派はこの小さな下降トレンドで前のスイングローの下方へのブレイクアウトが失敗することを期待して、ここに指値を入れて買う。
- 強い下降トレンドでは、戻りは小さな上昇トレンドである。ベア派はこの小さな上昇トレンドで前のスイングハイの上方へのブレイクアウトが失敗することを期待して、ここに指値を入れて売る。
- トレーダーは常に買うか、売るか、マルの状態にある。市場がトレ

ンド状態にあるとき、このうちの2つのみが成功する。市場が上昇トレンドにあるとき、成功するトレーダーは買うかマルで、市場が下降トレンドにあるときは、成功するトレーダーは売るかマルだ。トレンドに逆らったトレードで利益を上げられるトレーダーはほんの一握りであって、あなたはこのグループには含まれないことを認識しなければならない。不幸なことに、自分もこのグループに入ると信じてトレードを始めるトレーダーが多い。彼らは損ばかりする。そしてなぜなのだろうと考える。あなたはもうその答えがお分かりのはずだ。

どんなタイプの市場も、トレードでそう簡単には儲けさせてくれない。市場は賢明な人々であふれており、あなたが彼らの口座からお金を盗もうとするのと同じように、彼らもまたあなたの口座からお金を盗もうと必死だ。何事も簡単にはいかないものだ。強いトレンドで利益を上げようとするときもそうである。大きなトレンド足を伴って市場が強いトレンド相場にあるとき、損切りがスパイクのスタート地点を超えたところに置かれることが多いため、リスクは大きい。また、スパイクは急激に形成される。多くのトレーダーはブレイクアウトの大きさとそれが形成される速度にショックを受けるため、ポジションを減らし、損切りの幅を増やすといったことを素早く行うことができず、ただプルバック（押しや戻り）を期待しながらトレンドが素早く動いていくのを見ているしかない。トレンドがチャネルに入ると、反転するかに見える。例えば、上昇トレンドでは反転が何回も試みられるが、すぐにブルフラッグに変わる。上昇チャネルでは弱い買いシグナル足が出ることが多いが、ブル派は弱いチャネルの高値で買わされる。市場は上昇し続けてはいるものの、これは低勝率の買いトレードだ。弱い上昇チャネルの高値近くで低勝率の買いのセットアップを受け入れるスイングトレーダーはこの種のプライスアクションが好き

だ。なぜなら、リスクの何倍もの利益を手にすることができるからであり、これは低い勝率を補って余りある。しかし、弱い上昇チャネルの高値近くで低勝率のセットアップで買うのは難しい。高勝率のトレードだけを求めるトレーダーはトレンドが多くの足にわたって上昇するのをじっと待つ。なぜなら、20本前後では高勝率の仕掛けは発生しないからだ。その結果、買いたいと思いながら市場が上昇していくのを見ているうちに、トレンド全体を取り逃がしてしまう。彼らが望むのは、移動平均線への高値2の押しのような高勝率のトレードだけである。もし適度な押しがなければ、彼らはさらに待ち続け、トレンドを逃してしまう。しかし、トレーダーは常に快適帯にいるべきなので、これもいたしかたない。彼らが高勝率の逆指値を使う戦略を取っているのであれば、待つのが正しい。チャネルは永遠に続くわけではないため、彼らは好みのセットアップをすぐに見つけることができるはずだ。経験豊富なトレーダーは前の足の安値辺りかその下に指値を入れて買い、上昇チャネルではときには売りのスキャルピングを行うこともある。抵抗線に強い弱気の反転足が形成されたときの売りも含め、押しが発生しそうだと思う理由があれば、どちらも高勝率トレードになる。

　お金を儲ける方法は山ほどあるというのに、なぜトレーダーは損をするのだろうか。それは、損をする方法がそれ以上にあるからである。最もよくある過ちのひとつは、あるプランを持ってトレードを始めるが、トレードを仕掛けた途端に別のプランでそのトレードを管理する、というものだ。例えば、過去2つのスイングトレードで損失を出し、今3回目の買いを行うとする。彼はまた損失を出すことを恐れてスキャルピングにするが、その直後に大きなトレンド相場になる。スイングトレードの勝率は50％に満たないため、スイングトレーダーが損失を補うには大きな勝ちトレードが必要になる。しかし、スイングの間ずっと保持しなければ、大きな勝ちトレードは物にできず、損を

してしまうことになる。スキャルパーはこの逆である。利益の出るスキャルピングを仕掛けたが、大きなトレンド相場になり、サイドラインから見ているしかない。また別のスキャルピングでは、それが目標値に達すると、前のようにスイングトレードになることを期待して手仕舞わない。数分後、市場は下落して、損切りに引っかかり、損をする。これはなぜかと言うと、ほとんどのスキャルピングは高勝率トレードであり、明確で大きなエッジが存在するとき、動きは小さくて瞬間的なことが多く、けっして大きなスイングにはならないからだ。お金を稼ぐ最も良い方法は、健全な戦略を持ち、そのプランに従うことである。初心者はスイングトレードをすべきである。なぜなら、成功するスキャルパーになるために達成しなければならない勝率は、長期トレーダーのそれよりもはるかに高いからである。

　ポジションを建てたら、それを管理する方法を決めなければならない。彼らがなすべき最も重要な意思決定は、スキャルピングにするか、スイングトレードにするかである。スキャルピングは経験豊富なトレーダーの領域だ。なぜなら、リスクが潜在的利益の何倍にもなることがあるからだ。つまり、およそ70％の確率で勝たなければならないということであり、これは非常に優れたトレーダーを除いて不可能だ。あなたもそういった優れたトレーダーの仲間であるとは考えないほうがよい。それが現実なのだ。しかし、それでもあなたは儲かるトレーダーになることができる。Ｅミニの日々の平均レンジが10～15ポイントのとき、一般に取るべきリスクはおよそ２ポイントだ。例えば、上昇トレンドで買ったとすると、プロテクティブストップは仕掛け価格のおよそ２ポイント下に置く。あるいは、シグナル足（およそ２ポイントの高さ）の安値の１ティック下に入れてもよい。トレンドが再び始まることを確信して、スイングトレードで５ポイント以上のリスクを取るトレーダーもいる。これはそのトレーダーの計算式（勝率に潜在的利益を掛けたものが、負ける確率にリスク量を掛けたものよりは

るかに大きいときのみトレードする）を理解しているトレーダーにとっては利益の出るアプローチになり得る。

　スキャルピングの場合、目指す利益は１ポイントから３ポイントだ。しかし、２ポイントや３ポイントのトレードは小さなスイングトレードであり、スキャルピングは１ポイントのトレードだとするスキャルパーもいる。１ポイント稼ぐのに２ポイントのリスクをとるようなトレードも毎日たくさん発生し、勝率は80％にもなることがある。しかし、似たようなトレードだが勝率が50％にしかならないトレードもたくさん発生する。問題はこれらをどう区別するかであり、１日に犯す２～３の過ちがお金を稼ぐことと損をすることとを分かつこともある。ほとんどのトレーダーはリアルタイムにはこれらを区別できず、スキャルピングすれば損失を被ることになる。１日に２～３の最良のセットアップのみをスキャルピングし、取引量も多ければ、スキャルパーとして生計を立てることができるかもしれないが、何時間も市場を見ている時間がないため、めったに見られないような瞬間的なセットアップが現れてもすぐには仕掛けられないこともある。

　初心者がお金を稼ぐ良い方法は、スイングトレードをすることだ。スイングトレードは、１回にすべて仕掛けることもできれば、市場の順行に合わせてスケールインすることもできる。スケールインとは、以前仕掛けたトレードの利益が増加するにつれて増し玉することを意味する。また、１回ですべて手仕舞うこともできれば、順行に合わせて段階的に手仕舞うこともできる。例えば、上昇トレンドの初期段階で買い、最初の損切りを２ポイントに設定し、トレードがうまくいくことを確信している場合、少なくとも60％の勝率を想定するはずだ。このため、価格が少なくとも２ポイント上昇するまでは利食いはしない。トレーダーは、勝率（ここでは60％以上）に潜在利益を掛けたものが負ける確率（ここでは40％未満）にリスク量を掛けたものよりはるかに大きいときだけ手仕舞うべきである。プロテクティブストップ

は仕掛け価格の2ポイント下に置いているため、リスクは2ポイントだ。つまり、利益が2ポイント以上になったときのみ、トレーダーの計算式はトレーダーにとって有利になるということである。したがって、トレーダーがこれよりも少なく利食いすれば、勝率が80％にでもならないかぎり徐々に損をしていく。80％の勝率などまず不可能だ。万一、勝率が80％になったら、経験豊富なトレーダーは1ポイントの利益で一部をスキャルピングしつつ、2ポイントの損切りを使ってさらにお金を稼げるだろう。トレーダーはリワード以上のリスクをとってはならない。

　では、上昇トレードでスイングトレードを行うにはどうすればよいのだろうか。スイングトレードは、1日の終わりにチャートを見ると簡単そうに見えるが、見た目ほど簡単ではない。スイングトレードのセットアップはあまりはっきりしないか、はっきりしていても怖さを伴う。そこそこのセットアップを見たら、当然ながらそのトレードを受け入れる。これらのセットアップはスキャルピングのセットアップに比べるとあまりはっきりしないことが多く、確率が低いため、トレーダーたちは待たなければならない。トレンドはトレーディングレンジからのブレイクアウト、または現在のトレンドが反転したあとのブレイクアウトから始まる。反転が発生しそうで、その反転が強いシグナル足を含んでいるとき、その古いトレンドは最後のクライマックス的スパイクで強くしかも速く動いていれば、大概は反転する。初心者は、進行中のトレンドはまだ有効だと信じている。そして、今日すでにカウンタートレンドトレードで何回か損失を出しているため、もうこれ以上損失は出したくないと思う。こうした消極的な姿勢のため、トレンドの転換の初期段階で仕掛け損なう。ブレイクアウト足の形成途中やそれが引けてからの仕掛けは難しい。なぜなら、ブレイクアウトスパイクは大きいことが多く、トレーダーたちは通常以上のリスクをとるかどうかを素早く決定しなければならないからだ。結局、彼ら

はプルバック（押しや戻り）を待つことを選ぶ。リスクがほかのトレードと同じになるようにポジションサイズを減らしたとしても、2～3倍のリスクをとっているという考えは彼らを不安に陥れる。押しや戻りで仕掛けるのもまた難しい。なぜなら、押しや戻りは小さな反転から始まるため、押しや戻りが深い修正になるのではないかとか、損切り注文が執行されて損失を出すのではないかと不安になるからだ。結局、彼らはその日がほとんど終わるころまで待つことになる。トレンドがはっきりと姿を現したとき、もう仕掛ける時間は残っていない。トレンドはトレーダーたちを排除するありとあらゆることをやる。それが、トレーダーたちに市場を1日中追いかけさせるための唯一の方法だからである。セットアップが明確になったとき、それは高勝率を意味し、動きは速くて小さく、スキャルピングの機会を生む。動きが長く続く場合、はっきりしないため仕掛けるのは難しく、結局トレーダーたちはサイドラインに下がり、トレンドの行方を見守るしかない。

　上昇トレンドでは高値も安値も切り上がっていくため、市場が新高値に達するたびに、トレーダーはプロテクティブストップを直近の安値の1ティック下に引き上げる。これをトレーリングストップという。また、含み益が十分に大きいときには、市場が直近の高値を上回ったら部分的に利食いしたほうがよい。トレーダーの多くはこれをやる。市場が新高値に達したあと、押すのはこのためだ。押しは最初の仕掛け価格を下回ることが多く、経験不足のスイングトレーダーはブレークイーブン価格にまで損切り幅を狭くした結果、素晴らしいトレンドトレードが損切りに引っかかってしまう。市場が最初の仕掛け価格を試したあと、新高値を更新すると、ほとんどのトレーダーは損切りを少なくとも仕掛け価格にまで引き上げる。なぜなら、最初の試しのあと市場が新高値を更新して、そのあと再び下落して仕掛け価格を再び試してほしくないからだ。最初の仕掛けを試した押しの底の下に

損切りを置く者もいる。

　上昇トレンドがまだ有効であると信じるかぎり、押しがシグナル足を下回っても大丈夫だと思うトレーダーもいる。例えば、最近のＥミニの平均レンジが10～15ポイントで、トレーダーたちは５分足チャートの上昇トレンドの高値２の押しで買ったとする。シグナル足が２ポイントの高さだった場合、市場がシグナル足の安値を下回っても、押しが高値（ウエッジ型ブルフラッグの買いのセットアップ）になることを信じてポジションを保持するはずだ。市場がシグナル足を下回ったら手仕舞って、強い高値３の買いのセットアップが現れたら再び買うトレーダーもいるだろう。強い２回目のシグナルのほうが信頼できるため、最初のポジションの２倍のサイズで買う者もいるかもしれない。しかし、シグナルがあまり信頼できないと思えば、高値２の買いシグナルでは半分のサイズのポジションを建てるはずだ。彼らは高値２が失敗して、より強いシグナルであるウエッジ型ブルフラッグになると思っているからだ。こうなれば、彼らは安心して通常のフルサイズに戻すだろう。

　疑わしいシグナルを見たら半分のサイズでトレードし、プロテクティブストップに引っかかったら手仕舞って、シグナルが強く、２回目のシグナルが出ればフルサイズでトレードするトレーダーもいる。逆行したら増し玉するトレーダーは、シグナル足の極値を当初のプロテクティブストップとして使っていないことは確かであり、ほかのトレーダーがプロテクティブストップで損切りするまさにその位置で増し玉する。広い損切り幅を使うトレーダーもなかにはいる。例えば、Ｅミニの１日の平均レンジが15ポイント未満だった場合、押しや戻りが７ポイントを上回ることはまれだ。市場が平均レンジの50％から75％下落しないかぎり、トレンドはまだ有効だと考えるトレーダーもいるだろう。押しが許容範囲内にあるかぎり、彼らはポジションを保持し、自分たちの前提の正しさを確信するはずだ。上昇トレンドの押しで買

って、仕掛け価格がその日の高値の3ポイント下だった場合、彼らは5ポイントのリスクをとるかもしれない。トレンドはまだ有効だと信じているので、同じ距離だけ上昇する可能性は60％以上あると信じているからだ。つまり、市場が5ポイント下げてプロテクティブストップに引っかかるよりも先に、市場が5ポイント以上上げる確率が60％以上あるということであり、トレーダーの計算式は満たされる。押しにおける最初の買いシグナルが高値よりも5ポイント下回っていた場合、とるリスクは3ポイントで、高値への試しで手仕舞うはずだ。押しは比較的深いため、トレンドは若干弱い。そのため、トレンドの高値の下で利食いする可能性が高い。少なくともリスクと同程度の利益は欲しいが、市場がトレーディングレンジに入り、もしかすると下降トレンドに反転するかもしれないという恐れから、前の高値の下で手仕舞うこともある。

　ある時点まで行くと、売り圧力が強まり、トレーディングレンジに入る。つまり、押しは直近の安値を下回るということである。経験豊富なトレーダーは市場がトレンドからトレーディングレンジに変わるのをいち早く察知し、ポジションの残りを手仕舞う。そして、トレーディングレンジアプローチを使ってトレーディングレンジをトレードする。つまり、小利を狙うというわけだ。あるいは、市場が引けるまで、あるいは市場がオールウエーズインの売りモードになるまで、買いポジションの一部は保持するかもしれない。そしてそのあと、手仕舞うか、ショートにドテンする。必ずドテンするトレーダーは非常に少なく、ほとんどは手仕舞うことを選択し、市場を再評価する。そして、ひと休みしてから売る。

　トレードする方法は無数にあるが、**図18.1**に示したゴールドマン

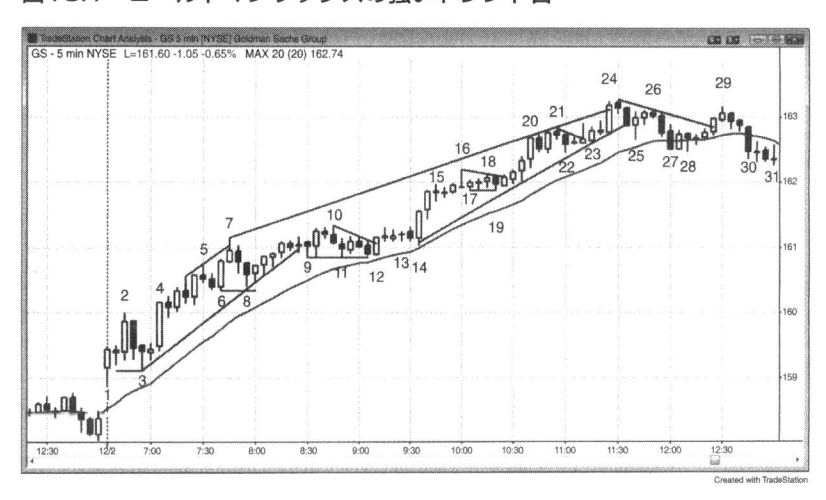

図18.1　ゴールドマンサックスの強いトレンド日

　サックスの上昇トレンドのようにトレンドが形成されると、トレードの少なくとも一部はスイングトレードに変えようとするはずだ。こういった日を得意とするあるトレーダーと数年前に話したことがある。彼はトレンドの初期段階で買って、最初のリスク（プロテクティブストップを仕掛け価格からどれくらい離れた位置に置くか）を設定した。市場が最初のリスクの２倍に達した時点で、ポジションの半分を手仕舞い、残りの半分は強い反転が発生するまで保持した。強い反転が発生しない場合は、引けの数分前に手仕舞う。新高値を更新するたびに、彼は損切りの位置を直近の切り上げられた安値の下まで引き上げた。高値と安値が切り上がっているかぎり、トレンドは依然として強いからだ。安値の切り上がりが止まると、トレンドは弱まり始める。

　こういった日に確実に損をする方法がひとつある。どういったトレーダーでもこれは知っている。成功するトレーダーはこれを避けることができるが、初心者にはそれが大変魅力的に映る。彼らは市場は行きすぎだと思ってしまうのだ。直近の足はコンピュータースクリーンの一番上にあり、もうこれ以上は上昇しようがなく、下には十分なス

ペースがある。トレンドにはプルバック(押しや戻り)が付き物だ。だったら反転するたびに売って、押したら買えば良いではないか。たとえ負けトレードになったとしても、損失はそれほど大きくはならないはずだ。しかし、押しても彼らは買わない。なぜなら、下降トレンドに転換するかもしれないと思うからであり、買いのセットアップもそれほど強くは見えない。また、売ったが、市場はスキャルパーの目標値には達しなかった。彼らの売りは市場の下落に拍車をかけることになり、彼らは押しが終わることは期待していないし、そうなってほしいとも思わない。彼らは足7、足10、足18、足20、足21、足24を転換ととらえた。市場はさらに下落する可能性があり、そうなれば少なくともスキャルパーの目標値には達し、これらの足はこの日の高値になる可能性がある。しかし、経験豊富なトレーダーは反転の試しの80％は失敗してブルフラッグになることを知っているため、買いポジションを保持し、前に仕掛けた買いポジションは利食いし、押しが進むとさらに買った。しかし、初心者はこの前提を受け入れることができないため、1日中小さな損失ばかり食らうことになる。そして、その日が終わるころには損失がかさんでショックを受ける。彼らはとても賢明で、普通の仕事では成功してきた。道化師や中古車のセールスマンのように見えるグルたちをテレビで見て、自分たちも専門家と言われる彼らと同じようにトレードできるのではないかと錯覚する。彼らはこうしたテレビに出てくる専門家たちの能力を査定することにかけては正しいが、彼らを成功したトレーダーだと勘違いしているところが間違っている。彼らはエンターテイナーであり、テレビ局は視聴者を引き付けて莫大な広告収入を得るために彼らに出演を願っているのである。テレビ局も会社である。そしてほかの会社と同様、彼らの目的はお金を儲けることであって、視聴者を助けることが目的ではないのである。上昇トレンド(あるいは下降トレンドの底)での売りをやめないかぎり、彼らは損をし続ける。高値を付けたところがブルフラ

ッグの始まるであることを受け入れて初めて、彼らは勝者になれるのである。

　大きなスイングは、足3から始まった2本の足による反転のように、弱いセットアップから始まることが多い。2本の足による反転のいずれの足も短い同時線で、2本の長大線によるリバーサルトップのあとで形成されている。ブレイクアウトにつながるセットアップは弱いため、トレーダーたちは仕掛け損なうことが多い。ブレイクアウトのあと、トレーダーたちはもっと高勝率のセットアップを待つため、最初のブレイクアウトを逃してしまうのだ。ブレイクアウトのあとは低勝率のセットアップで仕掛けても、高勝率のセットアップで仕掛けても、どちらとも数学的に健全なアプローチであると言えよう。

　ほとんどのトレーダーは、足2か足4で、オールウエーズインの方向は上昇の方向だと判断しただろう。つまり、市場は上昇トレンドにあると判断したので、買うための理にかなった理由を探さなければならないということである。理由はたくさんある。足4が足2を上方にブレイクアウトしたところで買ってもよければ、足4の引けで、あるいは足4の高値の1ティック上で買ってもよい。彼らはおそらくは次の足か、次の何本かの足の安値かその下に指値を入れて買ったはずだ。そして、足5の下で執行されたはずだ。前の足の中間点への浅い押し（およそ20セント下げたところ）で買ったトレーダーもいるはずだ。また、反転への試しは失敗すると見て、始値よりも下げた終値で買ったトレーダーもいるはずだ。足4から足5までの動きは狭いチャネルなので、下方へのブレイクアウトは失敗する可能性が高い。したがって、足5の下や、そのあとの短い陰線の終値やその上で買った可能性が高い。足7はブレイクアウトプルバックでの売りだが、トレーダーたちはそれは単なる上昇と見た。市場は上昇ミクロチャネルを足5から下方にブレイクアウトし、そのあとの足7までの上昇はブレイクアウトプルバックで、高値を切り上げた。反転が失敗することを期

待し、50セント下げた足6の安値をダブルボトムブルフラッグと見て、指値注文を入れたトレーダーもいた。彼らのなかにはプロテクティブストップを足6の下に置いた者もいた。なぜなら、足6は強い陽線で、強い上昇トレンドはそういった陽線を下回ることがないからだ。したがって、足6の安値の上での買いは、勝率が少なくとも50％の、低リスクで高リワードのトレードになった。また、足8はダブルボトムブルフラッグのセットアップで、高値2（高値1は足6）の買いなので、足8の次の強気の反転足の上で買うこともできたはずだ。

足9は上昇ミクロチャネルの下方へのブレイクアウトで、トレーダーたちはブレイクアウトは失敗すると見た。ミクロチャネルはトレンド途上にあったので、足9の前の足の安値に指値を入れて買ったトレーダーもいたはずであり、その場合足9で執行されたはずだ。また、足9の高値の上で、上昇ミクロチャネルの下方へのブレイクアウトの失敗として買ったトレーダーもいた。

足11も高値2の買いのセットアップだが、市場は10本以上にわたってほぼ横ばい状態で、足は次第に短くなっている。これはダブルボトムの買いシグナルだが、狭いトレーディングレンジが続くことが予想される。これは下降トレンドではなく、横ばい相場なので、トレーダーの多くは3回目のプッシュダウンがあるかどうかを確認してからウエッジ型ブルフラッグ（トライアングルと見るトレーダーもいる）の上で買うだろう。彼らは足12とその上で買った。このブルフラッグを上にブレイクアウトしたあと、市場は数本の足にわたって横ばいになり、足13の上と、足14の陽線包み足でも、ブレイクアウトプルバックの買いのセットアップが整った。これは高値2のセットアップだ。なぜなら、足13は高値1のセットアップで、次の足の押しはこの4本の足による狭いトレーディングレンジにおける2回目の下降レッグだからだ。

足10を上方にブレイクアウトしたところで買ったトレーダーもい

る。なぜなら、彼らはこれを上昇トレンドにおけるトレーディングレンジのブレイクアウトと見たからだ。また、足14の終値とその高値の上で買った者もいる。次の足ではフォロースルーが発生している。これは強さを表すサインであり、トレーダーたちはその終値と高値の上で買った。次の足は2本の足による小休止で、小さなブレイクアウトプルバックのブルフラッグを形成している。そのため、トレーダーたちは足15のあとの足の上方へのブレイクアウトで買った。

　足16は同時線での天井だが、それ以前に下降トレンドはなく、大きな売り圧力もない。しかも、この足は足14の上昇スパイクに比べると短くて弱い。したがって、トレーダーたちは反転への試しは失敗すると見て、その足の安値とその下に買いの指値を入れた。足17は天井を付けるのに失敗したことによる買いシグナルで、足19は小さな2回目のプッシュダウンだ。したがって、足19は高値2の買いのセットアップになる。トレーダーたちは、市場がその高値とそのあとの陽線の高値を上回ると買った。これは2本の足による反転の買いのセットアップだった。

　足20までの上昇は強い上昇スパイクだ。トレーダーたちは前の足の安値とその下や、上昇スパイクを形成する陽線での引けや、足20のあとの足のように、最初の陰線の引けで買ったはずだ。足20は成長したトレンド途上での大陽線なので、買いのクライマックスになり、横ばいか移動平均線まで下落する大きな修正が形成される可能性が高い。高値2やトライアングルを期待していたブル派にとっては、あまり緊急性はなかった。

　足21は1本の足によるファイナルフラッグへの反転の試しだが、上昇モメンタムが非常に強いため、トレーダーたちは反転ではなく、再びブルフラッグが発生することを期待した。足21の安値の下で買った人もいれば、高値2、ウエッジ型ブルフラッグ、あるいはトライアングルが発生するかどうかを見守る人もいた。足22はダブルボトムで、

高値2の買いのセットアップになる。トレーダーたちはその高値とそのあとのはらみ足の高値の上に買いの逆指値注文を置いた。トレーダーのなかには足23を高値2の買いのセットアップと見る者もいた。この場合、足20のあとの足が高値1のシグナルになる。また、足23を高値2の買いのセットアップと見るトレーダーもいた（高値1のシグナル足は足20のあとの陰線）。また、足23をウエッジ型ブルフラッグと見る者もいた（最初のプッシュダウンは足20のあとの陰線）。これは前の足で発生したブルフラッグの上方へのブレイクアウトプルバックによる買いのセットアップでもあった。

　足24は非常に重要な足で、足14からの上昇スパイクのあとの3回目のプッシュアップであり、3回続けて発生した買いのクライマックスの3回目のクライマックスでもある（足14からのスパイクの高値が最初のプッシュ）。スパイク・アンド・チャネルの上昇トレンドのチャネルは3回目のプッシュで終わることが多く、そのあと修正が続く。また、足24は長く続いた上昇トレンドにおける特に強い大陽線でもある。これはまさに自信のあるブル派とベア派が待ち望んでいた足である。両方ともこれをトレンドの一時的な中断と見て、深い押しが発生する前の瞬間的な売り機会ととらえた。両方ともこのあと少なくともツーレッグで10本くらい続く修正が発生し、移動平均線を突き抜けることを予想した。ブル派は利食いのために売り、ベア派は新たに売った。いずれも売った位置は足24の終値、その高値の上、次の足の終値、そして、その安値の下である。

　ブル派は市場はトレーディングレンジに入ると思い、再び安く買える機会を期待した。足28は移動平均線へのツーレッグの修正で、したがって高値2の買いのセットアップになる。これはまた、この日移動平均線に接した最初の足で、20連続ギャップ足の買いのセットアップでもある。このあと、上昇トレンドの高値が試される可能性が高い。ベア派はここで売りポジションを利食いし、ブル派はこのあとの上昇

レッグで買った。

　足３から始まった上昇での最大の押しは足８で、75セント押した。この日の最大の押しは午前11時過ぎに発生すると思ったトレーダーもおり、彼らは直近のスイングハイの75セント下で買いの指値を入れた。彼らはそこから75セント下で増し玉し、最初の押しの大きさの２倍をちょっと超える程度（およそ1.60ドル）のリスクをとったはずだ。この日は１日中、トレーダーたちは押しが最初の押しを上回らないことを期待し、最初の押しのおよそ半分（40セントから50セント）押されるたびに買いの指値を入れた。足11への押しは40セントだった。トレーダーたちは50セントの押しで買おうとしたが、足12の前の足の２回目の試しで執行されなかったため、彼らは市場を追っかけ、足12の高値の上で買った。足９と足11をダブルボトムと見るトレーダーもおり、彼らはその安値のすぐ上に（おそらくは高値から30セント下）買いの指値を入れたはずだ。彼らが次に考えなければならないのは、最悪のプロテクティブストップの水準だ。彼らはもうこれ以上買いたくないと思う水準を選ぶはずだ。最も妥当な位置は足８の安値の下だ。なぜなら、それまで上昇トレンドは高値と安値が切り上げられ、高値が更新されるたびに、ブル派は次の押しは直近の切り上げられた安値を下回ることはないだろうと思ったからだ。彼らは高値から30セント下げた161.05ドルで買い、それよりも70セント安い160.35ドルにプロテクティブストップを置こうと思っていた。問題はポジションサイズである。１トレード当たりのリスク額を500ドルとすると、600株買える。とるリスクは70セントで、リワードは少なくともリスクと同程度でなければならないため、目標値は仕掛け価格を少なくとも70セント上回っていなければならない。この時点では、この日は明らかに強いトレンド日だ。したがって、勝率は60％以上になるはずだ。

　このように強いトレンド日では、目標値は大きく設定したほうがよい。そして、市場が少なくともリスクの２倍（仕掛け価格の1.40ドル上）

動くまでは利食いすべきではない。彼らはポジションの半分を売る指値を162.45ドルに入れたはずだ。そして、足12の強い陽線がトライアングル（ウエッジ型ブルフラッグと見る者もいる）を上方にブレイクアウトしたあと、プロテクティブストップを足12の安値のすぐ下の161.05ドルに移動させることで、リスクを20セント未満に減らした。そして、足14の強い陽線をブレイクアウトしたあと、プロテクティブストップをその安値のすぐ下に移動させることで、リスクを1セントにまで減らした。300株を利食いする指値注文は足20で執行され、彼らに420ドルの利益をもたらした。この時点で、プロテクティブストップは、直近の上昇スパイクの始まりである足19の下に移動させただろう。ストップが執行されれば、残りの300株に対しておよそ80セントの利益が出たはずだ。このあとは、下方への明らかな反転が発生するまで、あるいは引けまでポジションを保持したはずだ。大きな含み益があるとき、深い押しにつながる可能性のあるセットアップで引け前の最後の1時間前後で手仕舞うのが賢明であり、そのあとそのツーレッグの押しが完結したら再び買うのがよい。足24の弱気の反転足は3回目のプッシュアップで、そのあと買いのクライマックスの足が発生しているため、市場はおそらくは移動平均線まで押す可能性が高い。足24の安値の下で手仕舞えば、残りの300株に対して2.00ドル（600ドル）の利益が得られたはずだ。引けまで保持すれば、利益は375ドルに目減りしたはずだ。市場はオールウエーズインの売りモードにはならなかった。

　足27は20連続ギャップ足の買いのセットアップなので、トレーダーたちは足27が移動平均線を試したら、移動平均線の1ティック上に指値注文を入れ、その高値への試しまでポジションを保持したはずだ。足27の引けで買ったトレーダーもいただろう。なぜなら、足27は終値が移動平均線を下回る初めての陰線だったからだ。足27は2本の足による下降スパイクの2番目の足で、足25の下方へのブレイクアウトだ

が、ベア派がオールウエーズインの売りモードに反転したことを確信するにはフォロースルーが必要だ。しかし、次の足は陽線はらみ足だった。これは形成されつつあるトレーディングレンジの安値で、足20までの4本の足による上昇スパイクの押しが足22で発生したあと、そこから始まった上昇チャネルの始まりの試しだった。足27のあとの陽線もまた移動平均線の上で引けている。ブル派のなかにはこの陽線の引けで買った者もいれば、その高値の1ティック上で買った者もいた。仕掛けは3本あとの足で行われたはずだ。足28のあとのはらみ足の高値の上で買ったトレーダーもいたはずだ。なぜなら、それは高値2の買いシグナルで、その日の高値からのツーレッグダウンの終了地点でもあるからだ。それは、足25が最初のプッシュダウンで、足27が2回目のプッシュダウンの小さなウエッジ型ブルフラッグでもある。

　プルバック（押しや戻り）は逆方向のマイナーなトレンドなので、トレーダーたちはそれはすぐに終了して元のメジャーなトレンドに戻ることを期待する。足24の高値から2回目の下降レッグが始まったとき、足26で前の高値が切り下げられた。ベア派がトレンドが下方に転換したことを確信するには、高値と安値が切り下げられていく必要がある。したがって、ある者は市場が足25のスイングローを下方にブレイクアウトすると、大陰線が連続して発生することを期待して売った。しかし、足25は短い陽線で、フォロースルーも発生しなかった。足25からの上昇は、ほとんどのトレーダーが足25の下方へのブレイクアウトで買ったことを示している。彼らは、下落は単なる押しであり、大きなトレンドを下降トレンドへの転換する試しは失敗すると見たからだ。転換への試しは大概は失敗するため、2回目の下降レッグを伴う強い上昇トレンドでの最初の押しでは、前のスイングローを下方にブレイクアウトすると積極的に買われる。ブル派の多くはここで買った。しかし、市場が上昇するまでには何本かの足を要した。これは彼らはそれほど積極的ではなかったことを示している。これは押しが広

いトレーディングレンジとなることを示しており、実際にそうなった。

　トレンドラインを仕掛けや手仕舞いに使うトレーダーは多い。足7がトレンドラインを上抜くと、足7の高値近くで一部利食いした者もいたはずだ。あるいは、足9が上昇トレンドラインを下抜くとその高値の上で買った者もいたかもしれない。なぜなら、彼らは足9はチャネルのブレイクアウトの失敗と見たからだ。足12は小さな下降トレンドラインを上方にブレイクアウトしているが、トレーダーたちは、これは押しの終わりであり、上昇トレンドが再び始まることを期待して、足12がこのトレンドラインを上抜いたところで買った。足24は、足14から始まった2本の足による上昇スパイクから続くチャネルにおける3回目のプッシュアップで、トレンドラインの上で、あるいは足24の大きく上げた引けで、買いポジションを利食いした者もいたはずだ。足24は大陽線で、足14から3回続いた上昇クライマックスの3回目のクライマックスで、市場は複雑な修正に入る可能性が高い。3回目の買いのクライマックスでは、トレンドチャネルラインへの真空の試しで買うよりも、利食いするのがよいと思われるが、ではどこで利食いするのがよいだろう。足28までの下落は上昇トレンドラインを下方にブレイクアウトし、多くの足にわたってその下にとどまっているため、トレーダーたちは大きな修正が始まるかもしれないと思い、すぐに利食いした。足28からの上昇には強い陽線があまり含まれていないため、トレーディングレンジに入ったのかもしれないと思ったトレーダーたちは、足26の高値の切り下げを試す足29で利食いした。足29はダブルトップベアフラッグで、トレンドが転換して、高値が切り下げられる可能性が高い。次の足は陰線だ。これはブル派があまり積極的ではなくなり、ベア派が強くなっていることを示している。

　上昇トレンドが非常に強いとき、損切りを十分に遠くに置けば、どういった理由でも買うことができるが、トレーダーたちは前のスイングハイの上方へのブレイクアウトで買うことを好む。しかし、ブレイ

クアウトの前の押しで買えば、利益は増え、リスクは減り、勝率も高まる。ブレイクアウトトレーダーは、前の高値の1ティック上に逆指値を置いて買い、前の高値を上方にブレイクアウトしたら買いポジションをそのまま保持する。押しで買わない最も一般的な理由は、より深い押しを期待するからである。押しの多くは弱気のシグナル足か、2～3本の足による下降スパイクを伴うため、トレーダーたちは上昇トレンドが再び始まるにはさらなる修正が必要だと思ってしまうのだ。重要なのは強い上昇トレンドにあるときに買うことである。トレンドが非常に強いときは、押しが瞬間的ですぐに元のトレンドに戻ったときのために、前のスイングハイの上に買いの逆指値を置くのがよい。**図18.1**で言えば、足4が足2の高値を上方にブレイクアウトしたとき、足10が足7を上方へのブレイクアウトしたとき、足14のスパイクが足10を上抜いたとき、足20のスパイクが足16を上抜いたときなどがこれに当たる。これらの前の高値は、15分足チャートや60分足チャートなどの長い時間枠のチャートでは高値に当たるため、こうした長い時間枠のチャートでは前の陽線の高値を上方にブレイクアウトしたときに仕掛けるのが普通だ。長い時間枠のチャートでは足は長く、当初プロテクティブストップはシグナル足の下に置かれるため、リスクは大きくなる。したがって、素早く小さなスキャルピングを狙うのでなければトレードサイズは小さくしなければならない。トレンドがしばらく続けば、押しはより深くなり、足の数も増える。市場が明らかに二方向相場になると、自信のあるブル派は新たに買うよりも、スイングハイの上で利食いし、自信のあるベア派は市場が前の高値を上回ると売りポジションの増し玉をする。例えば、足20のあとの陰線と足22の陰線は売り圧力のサインなので、ほとんどトレーダーは足21の高値を上回ったら、増し玉するよりも利食いしたはずだ。新高値を利食い領域ではなく、売りの機会と見るトレーダーは多い。トレーダーの多くは足24のあとの陰線の下で売ったが、ほとんどのトレーダー

は、トレンドはまだ上昇トレンドであり、押しのあとに上昇トレンドでの高値への試しが必ずあるはずだと思っていた。上昇トレンドラインを下方にブレイクアウトする強い下落の動きがあるまでは、自信のあるベア派が市場を支配することはない。

この日はトレンド日なので、一部はスイングトレードにし、上昇に伴って利食いし、押しのたびにフルのポジションサイズに戻すのが理想だろう。しかし、ほとんどのトレーダーはスイングトレードを保持し続けることができず、そのほかの部分は繰り返しスキャルピングする。しかし、トレンドの初期段階でフルポジションで仕掛け、ほかのシグナルは受け入れず、市場の上昇に伴って段階的に手仕舞うほうがよい。これをやる方法はたくさんある。例えば、トレンドの初期段階で買って、およそ1.00ドル（あるいはこれよりも低い）のリスクをとったとすると、1.00ドルの目標値で4分の1手仕舞い、2.00ドルのところで新たに4分の1手仕舞い、3.00ドルのところでさらに4分の1手仕舞い、残りの4分の1は強い売りシグナルが発生するか、その日の終わりまで持ち続ける。しかし、市場が当初リスクの2倍の2.00ドル上昇してから最初の利食いを行ったほうがさらに良い。なぜなら、このほうが当初の1.00ドルのリスクを確実に補えるからだ。どのようにやるかは問題でなく、重要なのは反転したときに備え、上昇過程で一部を利食いするということである。しかし、トレーダーたちはリスクにさらされているため、あまりにも少ない利益で手仕舞うのには抵抗があるはずだ。トレンドが続いているかぎり、当初リスクの少なくとも2倍上昇するまでは利食いは避けるのがベストだ。ポジションを半分手仕舞ったあと、強い買いシグナルが発生したら、残りのポジションの一部か、すべては少なくともスキャルピングのために持ち続けるのがよい。とにかく、最初のプランにしたがって利益の成長を楽しむことが重要だ。

買いシグナルが続くと、増し玉するにしたがってトレーダーたちは

不安になるほどの大きな買いポジションを抱えることになるが、これは避けるべきである。足24のようなトレンドの終わりと思われる位置までポジションを保有するか、足16、足21、足24のように、新高値で陰線になったら一部を手仕舞う（スキャルピングする）のがよい。そして、新たな買いシグナルが出たら、またスキャルピングを仕掛けることができる。スイングトレードの部分はトレンドの終わりまで保持するのがよい。

　その日がトレンド日であることにトレーダーはいつ気づいたのだろうか。ギャップアップで寄り付き、寄り付き時の足が強い陽線だったことから、寄り付きでの上昇トレンドが続くと見た積極的なブル派は、足1の終値か、その高値の1ティック上で買ったはずだ。そして、足1の安値の1ティック下に当初プロテクティブストップを置き、その日の引けまで、あるいは明らかな売りシグナルが出るまで、ポジションの一部か、全部を保持することにした。

　ギャップアップで寄り付いた日は、ダブルボトムを探そうとするトレーダーもいる。足3は足1か、そのあとの同時線の安値とともにおおよそのダブルボトムを形成するため、彼らは足3から始まる2本の足による反転の上で買ったはずだ。

　足4は、オープニングレンジを上方にブレイクアウトし、足2の高値を上回って引けた強い陽線だ。足2の高値の1ティック上で買った者もいるし、足4の終値かその高値の1ティック上で買った者もいたはずだ。このブレイクアウト足はブル派が市場を支配したということを知らせるサインであり、この時点でほとんどのトレーダーは市場はオールウエーズインの買いモードにあることを確信した。プロテクティブストップを置く最良の場所は、当面は足4の安値の1ティック下になるが、それは仕掛け価格よりもほぼ1ドル安くなるため、安心できる領域でトレードするにはポジションサイズを十分に小さくしなければならない。

足5か足7、あるいは足4の引けでこの日が上昇トレンド日になると見たトレーダーは多いはずだ。その日がトレンド日だと思ったら、今がマルの場合、成り行きか、浅い押しで小さなポジションを保有するのがよい。この場合、前の足の安値の下や、20セント、30セント、あるいは50セントといった具合に一定セント下げたところで指値で買う。高値2の上に逆指値を置いたり、あるいは移動平均線への押しで買う人もいるかもしれない。足8の2本の足による反転の上での買いは、足12の2本の足による反転で終わるウエッジ型ブルフラッグ（トライアングルと見る人もいる）と同じく、良い買いになる。この場合のプロテクティブストップは足4の安値の下か、足4の中間点の下になる。リスクが通常の許容範囲内になるように、トレードサイズは十分に小さくする必要がある。損切りを足6と足8のダブルボトムの下に置いた人もいるはずだ。この場合、損切りに引っかかったとしても、別の買いシグナルが発生し、トレンドはまだ上昇トレンドにあると信じていれば、彼らは再び買うだろう。

　トレーダーにとって最も重要なこと——これは難しいことでもあるのだが——は、その日がトレンド日であると思ったら、少なくとも小さなポジションをすぐに建てることである。そして、最悪のケースのプロテクティブストップ（大概は仕掛け価格から遠く離れている）を決め、それを損切りとして使う。損切り幅が大きいので、遅めに仕掛けるのであれば当初ポジションは小さくしなければならない。市場が順行し、損切りの幅を狭めることができたら、増し玉する。ただし、通常のリスク水準を超えてはならない。だれもが望む押しは、そう簡単には形成されない。なぜなら、だれもが市場は上昇すると思っても、下落するとは思わないからだ。賢明なトレーダーはこれを知っているため、小刻みに買い始める。プロテクティブストップはスパイクの安値に置く必要があるため、彼らは小さく買う。リスクが通常の3倍なら、トータルリスクを通常の水準に維持するために、通常のサイズの

３分の１だけ買う。自信のあるブル派が小刻みに買い続ければ、買い圧力が発生して、押しの発生を阻止する。自信のあるベア派もトレンドを見ると、市場は上昇するだろうと思う。だから売りは考えない。２～３本あとならもっと良い価格で売れるときにわざわざ今売る必要はないわけである。したがって、押しがしばらくは形成されないことを想定して、自信のあるベア派は売らず、自信のあるブル派は小刻みに買う。その結果、市場は上昇し続ける。あなたは賢明なトレーダーのやっていることに従うことが重要だ。つまり、成り行きで、あるいは１～２ティックの押しで、あるいは10セントか20セントの押しで、小さく買う必要があり、スパイクの安値（大概は足４の安値だが、足３の安値の下に入れる人もいる）にプロテクティブストップを置く。次のティックで押しが始まったとしても、賢明なブル派がそれに価値を見いだし、積極的に買い始めるほどには下がらない可能性が高い。だれもが押しで買いたいと思っている。したがって、押しが発生しても小さく、長くは続かない。押しが発生すると、押しで買おうと待っていたトレーダーは、待っていた機会がようやく訪れたと思うはずだ。結果的には、あなたのポジションは再びすぐに利益をもたらす。市場が十分に上昇したら、一部利食いするか、押し（最初の仕掛け価格よりもおそらくは高い）で増し玉することができる。重要なのは、押しで買うことを決めた場合、自信のあるブル派が買っている位置で、成り行きで小さなポジションで買うことである。

　市場が足７の高値を上回ったら、トレーダーの多くはプロテクティブストップを直近の安値の下に移動させる。これは足８になる。市場が直近の安値を上回っているかぎり、トレンドは依然として強い。安値が切り下がり始めたら、市場はトレーディングレンジに入る可能性が高く、場合によっては下降トレンドになることもある。いずれの場合も、一方向の相場（トレンド相場）でトレードするのとは違った方法でトレードする必要がある。

ブル派は終日押しで買い続け、市場が新高値を更新したら、プロテクティブストップを直近の安値の下に移動させる。例えば、市場が足16の高値を上回ったら、トレーダーたちはプロテクティブストップを足19の安値の下に引き上げるはずだ。トレーダーの多くは仕掛けの価格を試す押しが発生したあと、市場が新高値を更新すると、ストップをブレークイーブンの位置まで引き上げた。仕掛けの価格まで再び下がってほしくはないが、もしそうなった場合、トレンドの勢いは弱まっていると見てよい。

　足24は足15までの上昇スパイクからの3回目のプッシュアップ（足21が2回目のプッシュアップ）なので、ツーレッグからスリーレッグの横ばいで修正したあと下落に転じる可能性が高い。足24のあとの足は陰線はらみ足なので、ここから市場は下方に転換する可能性が高い。これはトレンドチャネルラインの上方へのブレイクアウトの失敗なのでなおさらその可能性は高い。この日の早い時間帯には移動平均線まで押す試しが何回かあったため、今回は成功すると思って間違いないだろう。ここはスイングでの買いを利食いする絶好の場所だった。積極的なトレーダーは売りでのスキャルピングをしたかもしれないが、ほとんどのトレーダーは20連続ギャップ足の買いシグナルが移動平均線で発生するのを待ったはずだ。

　トレーダーはこれらの仕掛けをすべて受け入れなければならないのだろうか。そんなことはない。しかし、サイドラインに下がって仕掛けを検討しているのなら、これらはすべて理にかなったセットアップだ。これらのスイングトレードの仕掛けを1つから3つ受け入れれば、やるべきことはやっていることになるので、そのほかの仕掛けは気にする必要はない。

第19章
トレンドにおける強さのサイン
Signs of Strength in a Trend

　強いトレンドは多くの特徴を持つ。最も顕著な特徴は、チャートの一方の角から対角線状に反対側の角まで、小さなプルバック(押しや戻り)を伴って進展してくる、ということである。しかし、トレンドの初期段階では、動きが強く、継続することを示すサインが発生する。このサインが多く発生するほど、トレンド方向の仕掛けに集中したほうがよい。カウンタートレンドのセットアップはトレンド方向のセットアップの一部とみなすべきであり、カウンタートレンドトレーダーが損切りを余儀なくされるまさにその位置に逆指値を置いて仕掛けるのである。

　トレンド日においては興味深い現象が発生する。それは、最良の反転足と最大のトレンド足(陽線または陰線)はカウンタートレンドになる傾向があり、トレーダーたちを間違った方向に導いてしまうというものだ。また、トレンド方向の良いシグナル足が形成されないため、トレーダーたちに仕掛けを思いとどまらせる。結局、トレーダーたちは市場を追っかけることになり、仕掛けが遅れる。

　市場が強いトレンドにあることを認識したら、仕掛けるためのセットアップなど関係ない。比較的小さな損切りを受け入れるならば、成り行きで1日中いつでも仕掛けることができる。セットアップの唯一の目的は、リスクを最小化することである。

強いトレンドによく見られる特徴は以下のとおりである。

- 大きなギャップを空けて寄り付く。
- 高値と安値が切り上がっていくか、切り下がっていく（スイング）。
- 足のほとんどはトレンド方向の陽線か陰線。
- 隣接する足の実体がほとんどオーバーラップしない。例えば、上昇スパイクでは、足の安値が前の足の終値と同じかそれよりも1ティック安い場合が多い。安値は前の足の終値と同じだが、それを下回らない場合もある。この場合、トレーダーは前の足の終値に指値を入れて買おうとするが、注文は執行されず、結局はもっと高値で買わざるを得ない。
- ヒゲがないか、上か下に短いヒゲを持つ足が発生する。これは緊急性を表すものだ。例えば、上昇トレンドで安値で寄り付いて上昇して陽線になった場合、トレーダーたちは前の足が引けたところで買いたかったはずだ。もし高値やその付近で引けたとすると、その足が引けた直後に新たな買い手が参入してくることを予測して、トレーダーたちの強い買い意欲は続く。その足が引けるのを待てば1～2ティック高く買わなければならなくなるかもしれないため、引けの前に買いたいと思っている。
- 時として、実体の間にギャップが発生することがある（例えば、上昇トレンドで、ある足の始値が前の足の終値を上回る）。
- ブレイクアウトギャップがトレンドの始まりで強いトレンド足の形で発生する（トレンド足は一種のギャップ）。
- メジャーリングギャップが発生する（ブレイクアウトへの試しがブレイクアウトポイントとオーバーラップしない）。例えば、上方へブレイクアウトしたあとの押しがブレイクアウトした足の高値を下回らない。
- ミクロメジャーリングギャップが発生する（強いトレンド足が発生

し、その前の足とそのあとの足との間にギャップが発生する）。例えば、上昇トレンド途上での強い陽線のあとの足の安値が、その陽線の1本前の足の高値と同じかそれを上回るとき、これがギャップであり、ブレイクアウトへの試しであり、強さを表すサインとなる。
- 大きなクライマックスが発生しない。
- 長大線（大陽線も大陰線も）があまり発生しない。大きなトレンド足はカウンタートレンドであることが多く、トレーダーたちはカウンタートレンドトレードを探すため、トレンド方向のトレードを見逃す。カウンタートレンドのセットアップはトレンド方向のトレードよりもよく見えるのが普通。
- トレンドチャネルラインの大きなオーバーシュートは発生せず、小さなオーバーシュートは横ばいの修正になることが多い。
- トレンドラインをブレイクしたあとの修正は逆トレンドよりも横ばいになることが多い。
- ウエッジの失敗や反転の失敗が起こりやすい。
- 移動平均線の20連続ギャップ足（20本以上の足が連続して移動平均線まで到達しない）が発生する。
- 利益の出るカウンタートレンドトレードは発生したとしてもごくわずか。
- 小さな、ほぼ横ばい状態の押しがまれに発生する。例えば、Eミニの平均レンジが12ポイントだとすると、押しは3ポイントか4ポイント以下のことが多い。5本以上にわたって押しが発生しないことも多い。
- 緊急性がある。トレンド方向の良い押しを見つけようと何本もの足にわたって待つが、押しは発生しない。しかし、市場はゆっくりとトレンドを続ける。
- 押しは強いセットアップになる。例えば、上昇トレンドにおける高値1や高値2の押しは、シグナル足として強い強気の反転足を伴う。

- 強いトレンドでは、押しは弱いシグナル足を伴うことが多いため、トレーダーたちはそれを受け入れず、市場を追っかけてしまう。例えば、下降トレンドでは安値2の売りのシグナル足は2～3本の足による上昇スパイクにおける短い陽線であることが多く、仕掛け足のなかには陰線包み足になるものもある。終値、高値、安値、あるいは実体のいずれかがトレンドを形成する。
- ツーレッグの押しが繰り返し発生すると、それはトレンド方向の仕掛けの合図。
- 移動平均線の反対側で、2本連続して陽線になったり陰線になったりすることはない。
- トレンドが進展し、移動平均線、前のスイングハイ、トレンドラインなどの抵抗線をかなりのティック数を伴ってブレイクアウトする。
- トレンドとは逆のスパイクとして発生する反転への試しはフォロースルーすることなく失敗し、トレンド方向のフラッグになる。

　トレンドの勢いが強いとき、押しは多くの足にわたって発生することはなく、足は短いヒゲを持つちょうどよいサイズの陽線や陰線であることが多い。トレンドが続くと、スイングトレードの部分は保持したまま、スキャルピングは続けたいはずなので、3分足チャートでトレンド方向のセットアップを確認するとよい。3分足チャートにはポーズ足（カウンタートレンドのはらみ足で、1本の足による押し）が多く発生するため、それによってトレンド方向の仕掛けが可能になる。1分足チャートでもトレンド方向の仕掛けが発生するが、カウンタートレンドのセットアップも発生するため、トレンドの方向にのみ仕掛けたいときにはカウンタートレンドのセットアップは混乱を招くこともある。トレンドの勢いが強いときにはチャートを素早く読むことが必要なため、それがストレスになり、効果的なトレードができな

くなるおそれもある。トレンド方向の仕掛けはすべてをとらえる必要があるため、トレンドの勢いが強いときには５分足チャートのみを使うのがよい。経験を積めば、３分足チャートも見てもよいだろう。

　時間がたつにつれトレンドは弱まっていく。次第に二方向の相場の様相を呈し、強さのサインは消滅し始める。例えば、上昇トレンドでは、トレーダーたちは前の足の高値の上やスイングハイの上で利食いを始め、積極的なベア派は高値の上やスイングハイの上で売り始め、価格の上昇に伴って増し玉する。自信のあるブル派は押しでのみ買う。そして、上昇スパイクは上昇チャネルになり、やがてはトレーディングレンジに変わる。

　すぐに反転しない大きなギャップは、その日の強いトレンドの始まりを示す合図になることが多く、その日は高値やその近くで引けることが多い（下降トレンドの場合は安値で引ける）。**図19.1**を見ると、Ｅミニの５分足チャートは上方に11ポイントという大きなギャップを空けて寄り付き、最初の足は陽線だった。また、２時間以上にわたって市場は移動平均線を試していない。これもまた強さを表すサインである。感情的な振る舞い（長大線、クライマックス、大きなスイング）が少ないことに注目しよう。短い足（その多くは同時線）を多く持つ静かな市場は大きなトレンド相場になることが多い。

　こんな日は、機関投資家は安い価格で大量に買いたいが、価格が下落しないときは、徐々に高い価格で終日小刻みに買うしかない。彼らはトレンドが形成されつつあることを見て、終日徐々に高い価格で買わざるを得ないことを予期する。彼らが一気に買いたくないのは、それによってクライマックス的な上昇スパイクが発生し、市場が平均仕掛け価格を下回って下方に反転する可能性があるからだ。彼らが終日

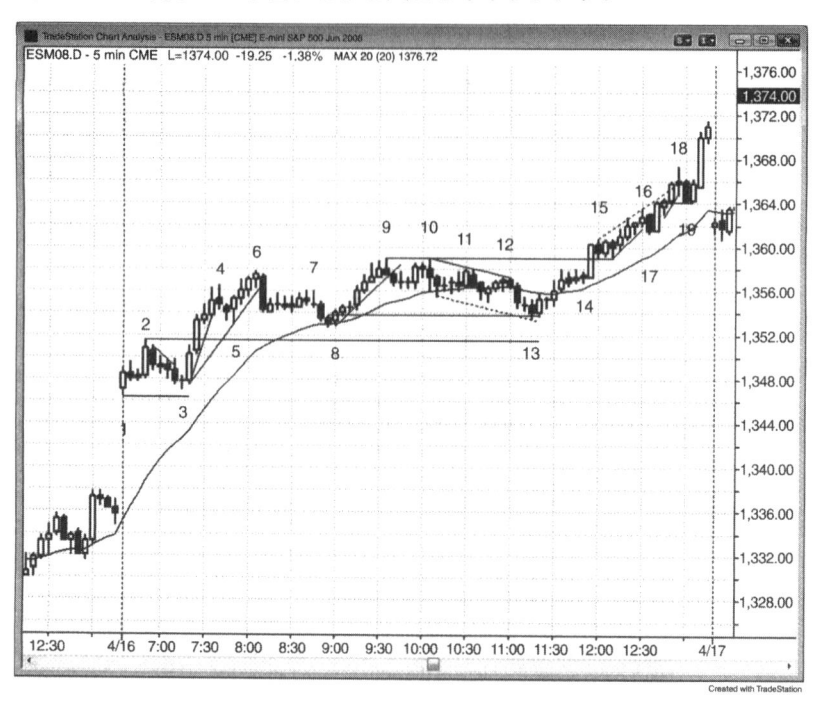

図19.1 上昇トレンド日における大きなギャップアップ

徐々に高い価格で買い、小刻みに執行されることに満足しているのは、市場がさらに上昇することが分かっているからである。こうした強いトレンド日のあとは、翌日あるいはこのあとの数日にわたって価格が上昇するのが普通だ。

このチャートのさらに深い議論

図19.1を見ると、市場は昨日の高値を上方にブレイクアウトしているが、このブレイクアウトは失敗し、足２の強い上昇スパイクのあと、陰線はらみ足で下方に反転している。大きなギャップアップで寄り付いた日は寄り付きでの安値を試し、小さなダブルボトムブルフラッグを形成することが多い。この日のようにオープニングレンジが狭いと

きは、市場はブレイクアウトモードにあるため、トレーダーたちはブレイクアウトの方向に仕掛ける。大きなギャップアップで寄り付いた日は、上方にブレイクアウトする可能性が高い。したがって、積極的なブル派はダブルボトムを形成する足3の上で仕掛けることができるが、ブル派の多くはオープニングレンジの足2の高値の上に逆指値を置いて仕掛けた。この日は寄り付きからの上昇トレンド日であり、再び上昇トレンドが始まった。

足3にかけて小さなツーレッグの下落が発生。最初のレッグを構成しているのは陰線と2つの同時線で、2番目のレッグは上ヒゲのある陰線（ヒゲは最初の下降レッグを終焉させる下落になる）と、それに続く同時線からなる。このツーレッグの動きは短い時間枠のチャートでは2つの明確な下降レッグとして現れ、ABCの買いシグナルのセットアップが整うはずだ。トレーダーは足3の1ティック上で買ったはずだ。足3はギャップへの試しでもあり、足1の安値とともにダブルボトムを形成している。この日はトレンド日の様相を呈し、トレンドはトレーダーたちの予想を超えて続く可能性があるため、賢明なトレーダーはポジションの一部か、全部をスイングトレードにするだろう。この日の寄り付きはこの日の安値にほぼ等しい。これは強さを表すサインである。寄り付きからのトレンドは、安値から数ティック以内で始まり、高値から数ティック以内で引けている。こんな日は引けまでトレンドが続くのが普通だ。

足5は大きく上昇（4つの陽線）したあと発生した高値1のブレイクアウトプルバックである。高値1は強い上昇トレンドのスパイクフェーズでは良い買いのセットアップになる。足4はトレンドラインを下方にブレイクアウトする安値1で、新高値からの反転なので、良い売りのセットアップではない（スキャルピングにもならない）。実際、ここでは安値1という言葉を使うのは正しくない。安値1は、強い上昇トレンドではなく、トレーディングレンジや下降トレンドでのトレ

ードをセットアップするものだからだ。こうした強い上昇のあとは、賢明なトレーダーは買いのみを考え、売りは２回目の仕掛けの機会があるときにのみ考えるはずだ。

　足６は安値２で、２回目の売りの仕掛けの機会であり、おそらくは上昇トレンドにおけるトレーディングレンジの高値になる可能性が高い。しかし、市場は現在強い上昇トレンドにあるので、売り手はこのトレードはスキャルピングにとどめるはずだ。これをスイングトレードにするのは、メジャーなトレンドライン（20本以上の足で形成されるトレンドライン）をブレイクする強い下落の動きが前に発生したときのみである。ここで売った場合、すぐに手仕舞って、スイングトレードのための買いのセットアップを探すはずである。強いトレンドにおけるトレンド方向の仕掛けの大部分はスイングトレードにすべきであり、スキャルピングはほんの一部にとどめるべきである。トレンド方向に仕掛け損ねた場合でも、カウンタートレンドのスキャルピングを探すのはやめて、トレンド方向のセットアップのみに集中したほうがよい。トレンド日はトレンド方向のシグナルは余すことなくとらえるべきだ。これがお金を稼ぐための源になるからである。

　足６のあとの仕掛け足は大陰線なので、これはブレイクアウトで、したがってスパイクでもある。スパイクのあとは少なくとも２つのプッシュを伴うチャネルが続くのが普通だ。しかし、スパイクが強いトレンドとは逆方向に発生した場合は、１つだけプッシュを伴い、ツーレッグのブルフラッグになることが多い。いずれにしても、下降スパイクのあとは、少なくとも１つの下降レッグが発生することが多い。

　足７は安値２の売りの仕掛け足で、２番目の下降レッグにつながったが、その前には６本の足による狭いトレーディングレンジが発生しており、ブレイクアウトは失敗する可能性が高い。足８はツーレッグの押しで、強い上昇トレンドにおける初めての移動平均線への試しと

なった。これは絶好の買いの機会だ。20本以上にわたって市場が移動平均線に接しない（20連続ギャップ足の買いのセットアップ）場合、トレンドは非常に強く、移動平均線で買い手が参入する可能性が高い。

足9は新たなスイングハイでの反転だが、前の7本の足には陰線が1本もないため、2回目の売り機会が発生しないかぎり売るべきではない。

足10は2回目の仕掛けの機会だが、上昇トレンドにおける狭いトレーディングレンジでは、売りは良くてもスキャルピングにしかならないため、このトレードは見送ったはうが良い。上昇トレンドにおける横ばいはブルフラッグであることが多く、トレンドの方向にブレイクアウトするのが普通だ。包み足は信頼性は低いが、2回目の仕掛けの機会は信頼性が高いため、売りのスキャルピングを考えてもよいかもしれない。移動平均線上では3つの同時線が発生している。これは小さな狭いトレーディングレンジで、磁石の効果を持つ。どちらかの方向にブレイクアウトはするが、失敗する可能性が高い。トレーダーは売りポジションを保持して、損切りはおそらくは4ティック上に置いたはずだ。足11の陽線のブレイクアウトは予想どおりに失敗し、トレーダーたちは次の足で4ティックのスキャルピングの利益を確保した。

足13は、足8の買いからの強い動きを生んだシグナル足の高値を1ティックだけ下抜いたブレイクアウトへの試しだった。足9から足13までの下落は非常に弱く、ほぼ横ばい状態に見える。市場はブレイクアウトを試すために下落しようかどうか迷っている。つまり、ベア派が確信を持てない状態であるということだ。足13は移動平均線の下の高値4の仕掛けで、この日初めて発生した移動平均線のギャップ足（高値が指数移動平均線を下回る足）のあとで発生している。足9で高値が切り上げられたあと、足13で安値が切り上げられた（足

8よりも高い)。足13はトレンドを伴う上昇スイングの一部で、足8とともにダブルボトムブルフラッグを形成している。

足14は高値2のブレイクアウトのシグナル足だ（高値1は前の足）。

足15はファイナルフラッグの売りのシグナル足だが、市場はシグナル足の安値を下回らなかったため、仕掛けシグナルは出なかった。しかし、足15は陰線で、小さな下降レッグを形成した。次の足は陽線で、その次の足はまた陰線だった。この2番目の陰線は小さな2回目の下降レッグで、したがって高値2の買いのセットアップになった。

足17は上昇トレンドにおける上昇ミクロチャネルの最初のブレイクアウトで、その高値の1ティック上が買いのセットアップになった。このチャネルはウエッジの形をしている。トレーダーたちはここでは売らないだろうが、売ったとしたら理論的な買いのプロテクティブストップはこのウエッジの高値の1ティック上に置くことになる。足17のあとに、買いのストップを上抜く大陽線が発生しているが、これは下落に対する強い拒絶を示すものだ。この足は非常に強い。これは、足17の売りが失敗することを予測し、その高値の上に買いの逆指値を置いたブル派がいたことを、また、ウエッジの高値である足16の1ティック上で損切りに引っかかったベア派がいたことを意味する。

足18は上昇トレンドチャネルラインを上方にブレイクアウトし、安値2の売りシグナルになっている。しかし、強いトレンド日では、賢明なトレーダーはトレンドラインをブレイクする強い下降レッグが発生しなければ売らない。下降レッグが発生しない場合、彼らは売りのセットアップを買いのセットアップと見て、弱い売り手が買い戻すまさにその位置（例えば、足17と足19の高値の1ティック上）に買い注文を置くだろう。

足19は1本の足によるトレンドラインへのブレイクアウトの失敗で、したがって買いのセットアップである。足19では2本の足によ

第19章　トレンドにおける強さのサイン

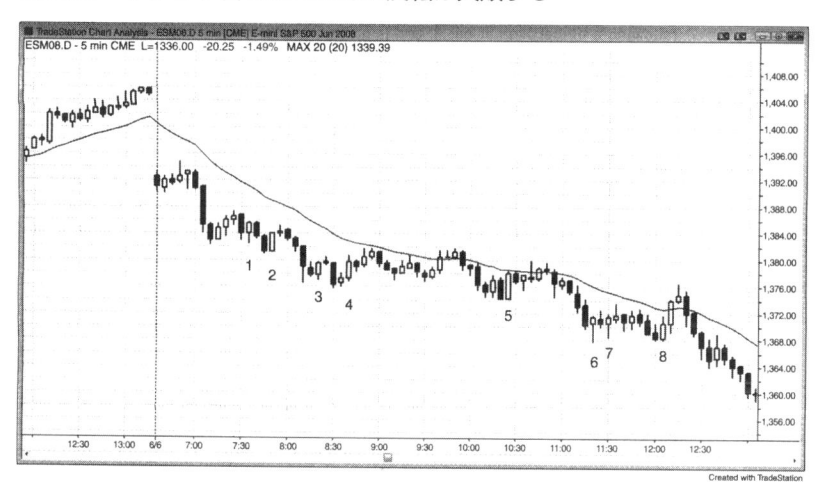

図19.2　トレンド日のほとんどの反転は失敗する

る反転が発生し、これは買いシグナルになる。

　図19.2に示したように、トレンド日の特徴のひとつは、逆張りに良さそうに見える反転足やトレンド足が多いという点だ。トレーダーたちはこれにだまされて、間違った方向に（足1から足8まで）仕掛けて損をしてしまう。弱気の反転シグナル足はただの1本も発生していないが、この日は大きな下降トレンド日だった。移動平均線を見てみよう。足8から始まる上昇の高値のギャップ足までは、2本連続して終値が移動平均線を上回ったことはない。これは下降トレンドなので、すべての上昇は売りのセットアップとみなすべきだ。買い手がプロテクティブストップを置く位置で仕掛けるのが良い。彼らがポジションを手仕舞えば、市場は自然に下落するからだ。

　なぜこれほどまでの下降トレンドになるのか。それを解く重要な鍵

が弱い売りシグナルだ。ベア派はフルポジションで売れるように強いシグナル足を待ち続けている。落とし穴にはまったブル派は、トレンドが強いためすぐに手仕舞う必要があることを示す強い証拠を待ち続けている。しかし、そういったサインは現れない。ブル派もベア派も待ち続ける。トレンドを見た彼らは、陽線と2～3本の足による上昇スパイクがたくさん発生していることに気づく。そして、この買い圧力はじきに大きな上昇へとつながるはずだと思い込む。市場は移動平均線を上回ることはなく、戻りは非常に小さい。しかし、彼らは強いトレンドであることを示すこのサインを無視し、ブル派が売りに適した価格水準まで市場を押し上げてくれることを願い続ける。しかし、そういったことは起こらない。ベア派も落とし穴にはまった買い手も、市場が上昇しないときのために、終日小刻みに売り続ける。落とし穴にはまった買い手の執拗な売りと、これを強い下降トレンドと見る自信のあるベア派による積極的で執拗な売りとによって、市場は大きな戻りを伴うことなく終日下げ続ける。

　前の足の終値に入れた買いの指値が執行されないときは、トレンドが強い証拠だ。**図19.3**では、足1が高値で引けるとすぐに、次の足（足2）の寄り付き後にすぐに執行されることを期待して、足1の終値に買いの指値を入れたトレーダーがいたはずだ。しかし、足2の安値は足1の終値を下回らなかったため、その指値は執行されなかった。そして、高値で買い続ける羽目になったことだろう。足3、足4、足5は非常に強い足だ。足3が引けるとすぐにその終値に指値を入れれば、足4が寄り付いて最初の数秒で執行されたはずだ。なぜなら、足4の安値は足3の終値を1ティック下回っているからだ。このように強い足が続くと、スパイクが形成され、市場は上昇チャネルになるの

図19.3　プルバックがないのはトレンドが強い証拠

が普通だ。

　しかし、必ずしもそうなるとは限らない。翌日の足6から足9までの足も強いが、高値が切り下げられている。昨日はスパイク・アンド・チャネルの上昇トレンド日だったので、今日はチャネルの始まりが試されるはずだ。市場には下方への引力が働いている。昨日の上昇トレンドラインを下回って寄り付くと、足6から足9のスパイクに続いて高値が切り下げられ、下方に反転した。

　株式トレーダーは、昨日の高値への上昇チャネルを「クラウデッドトレード」と言う言葉で表現する。買いたい人はすでに買っているので、もう買う人は残っていない状態だ。市場が下落し始めると、チャネルで買った人は負けポジションを保有することになるため、彼らは損失を最小限にとどめようとすぐに手仕舞って、利益の一部を保護した。

このチャートのさらに深い議論

　この日は昨日のスパイク・アンド・チャネルの上昇チャネルを下方にブレイクアウトして寄り付いた。足6は陽線で、ブレイクアウトの失敗による買いのセットアップが整っている。ブレイクアウトの失敗では高値が切り下げられ、午前7時5分に発生した下降スパイクの次の陽線の下で、2回目の仕掛けとなるブレイクアウトプルバックでの売りのセットアップが整った。

第20章
ツーレッグ
Two Legs

　市場は何かをやるとき、2回やる傾向がある。すべての動きが2つの小さな動きに分割されるのはこのためだ。これはトレンド方向の動きでも、カウンタートレンドの動きでも同じだ。この2つの試みが失敗すると、今度は逆のことをやろうとする。それに成功すれば、その方向にトレンドが形成される。

　トレンドにおけるABCのプルバック（押しや戻り）はご存じのはずだ。これは3つのステップで展開される。まず、カウンタートレンドの動きが発生し、次にトレンドの方向の動きが発生する。これはトレンドの極値まで行くことはめったにない。そして再びカウンタートレンドの動きが発生する。これは最初のカウンタートレンドよりも深いのが普通だ。トレンドもまた2つの小さなレッグに分割される。エリオット波動の支持者はトレンドを3つのトレンド方向の波と見る。しかし、最初の強いトレンド方向のレッグは、その前にトレンド方向の動き（エリオットの波1）があったとしても、モメンタムの始まり（エリオットの波3）と見たほうがよい。この強いトレンド方向の動きは通常2つの小さなトレンド方向の動きに分割され、プルバックのあと、トレンドは2つ以上のプッシュでトレンドの極値を試す（これらの2つのプッシュがエリオットの波5になる）。市場をツーレッグの動きと見る考え方のほうがトレーダーにとっては理にかなってい

る。なぜなら、これはエリオットの波動理論とは違って、健全なロジックを提供し、多くのトレード機会をもたらすからだ。エリオットの波動理論はお金を稼ごうとするトレーダーにとってはほとんど無意味である。

　トレンドラインのブレイクは逆方向の新たなレッグの始まりになる。新たなトレンドが発生すると、少なくともツーレッグの動きを伴うのが普通だ。ツーレッグの動きは、トレンドにおけるプルバック、ブレイクアウト、大きな反転、それに加えて、多くのトレーダーが動きは十分な強さを持ち、長く続くトレンドが発生するのかどうかを試す2回目の試しが発生すると信じているときに発生する。ブル派もベア派もモメンタムが強いため、大きなトレンドが発生するという強い確信を持つ前に試しが必要だという考えは同じだ。例えば、下降トレンドにおけるツーレッグの上昇では、ブル派は最初のレッグの上で利食いし、新たなベア派は売り、最初の上昇レッグで売ったベア派は2回目の上昇レッグが最初のレッグの高値を上回ったらすぐに増し玉する。これらの売り手が最初の上昇レッグの上方へのブレイクアウトで買ったトレーダーを圧倒すれば、市場は下落し、トレーディングレンジか新たな下落局面に入る。

　多くの足にわたって複雑なツーレッグの動きが発生することがあり、それは長い時間枠のチャートで見ると明確だ。しかし、チャートから目を離すと、重要なトレードを見逃すおそれがある。1日に1つのシグナルを探すのに長い時間枠のチャートを見るのは、トレードの健全な意思決定とは言えない。

　ツーレッグが理想だが、時としてスリープッシュのパターンと重なることがある。明確なダブルトップやダブルボトムが形成されたとき、2回目のプッシュは市場が前に反転したときの価格への試しであり、それが失敗すれば、反転やプルバックが発生する可能性が高い。最初の動きがトレンドの終わりにはならないとき、トレンドの極値を

ツーレッグで試す可能性が高い。時として両方のレッグが前の極値を超えるときがあるが、それは明らかにスリープッシュパターンである。またあるときは、２番目のレッグだけが前の極値を超えることがあるが、これは上昇トレンドの最終局面でツーレッグで高値を切り上げたか、下降トレンドの最終局面でツーレッグで安値を切り下げた可能性が高い。

ときにはツープッシュの動きのうちの１つか、両方のレッグが小さな２つのレッグからなる場合もあるが、それは全体的に３つのレッグの動きになる。これはスリープッシュパターンであり、３つのプッシュのうちの２つが１つのレッグの一部になる。しかし、２つの小さなレッグを持つレッグを注意深く見て、何が起こっているのか考えると、その２つの小さなレッグを持つレッグは、１つの動きからなるもう１つのレッグと、強さ、期間、全体的な形とも同じである。これは完璧なパターンを求めるトレーダーにとってはいらだつものだ。しかし、トレードは常にあいまいさに包まれており、完璧なものは何ひとつない。チャートの読みに自信が持てないときは、トレードしないに限る。そのうちに明確なトレードが現れるはずなので、そのときまで待つのがよい。あなたにとって最も重要な目標のひとつは、混乱するセットアップを避けることである。いったん損失を出すと、それを取り戻すのは容易ではないからだ。ブレークイーブンに戻ろうかどうか１日中悩むのはやめて、辛抱強く待って、チャートの読みに自信が持てるトレードだけを行うようにすべきである。

トレンドラインのすべてのブレイクやすべてのプルバック（押し・戻り）はレッグであり、大きなレッグは小さなレッグからなる（**図20.1**を参照）。「レッグ」という言葉は非常に一般的だが、それは動

第3部 トレンド

図20.1 すべてのレッグは小さなレッグからなる

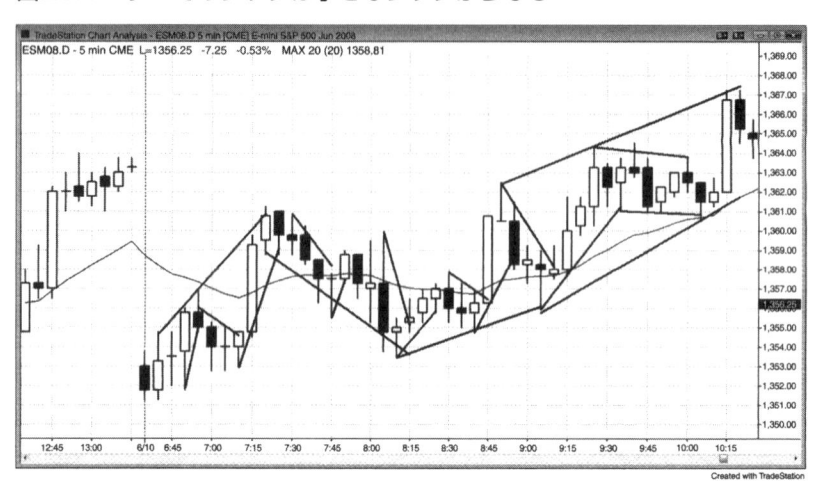

きの方向が変わったことを意味するにすぎない。

第4部

一般的なトレンドパターン
Common Trend Patterns

　トレンド日はいくつかのタイプに分かれる。それぞれのタイプの特徴に精通すれば、それらのセットアップが整ったとき、トレード機会を見つけることができる。トレーダーにとって重要なのはプライスアクションの読み方を知ることである。これはパターンでも同じだ。だから名前は無意味である。トレンド日には1つ以上のタイプのトレンドが発生する。それに困惑する必要はない。それはトレード機会なのである。それぞれのトレンドがどう形成されるかが分かってくると、トレード可能なセットアップは増えるはずだ。

　すべてのトレンドパターンに名前が付いている唯一の理由は、頻繁に発生するパターンだからである。それが現れたら、トレンド方向のトレードにのみ集中して、大部分はスイングトレードするのがよい。セットアップはトレーディングレンジ日で発生するのと同じだが、どんなにセットアップが弱そうに見えても、トレンド方向のトレードはすべて受け入れるようにすることが大切だ。カウンタートレンドトレードは、トレンドラインがブレイクされたあと、良い反転足が発生したとき、そしてトレンド方向のシグナルをすべて受け入れることができるときのみに限定すべきだ。トレンド方向のトレードを見逃しても、カウンタートレンドトレードはすべきではなく、トレンド方向のセットアップにのみ集中したほうがよい。カウンタートレンドトレー

ドは、すべての仕掛けをスキャルピングに徹したほうがよい。また、1日に仕掛けるカウンタートレンドトレードは2～3回にとどめるべきである。これ以上のカウンタートレンドトレードを仕掛ければ、間違った方向を見ている時間が長くなるため、トレンド方向の大きなスイングトレードを見逃すおそれもあるからだ。トレンドが強ければ強いほど、トレンド方向のスイングトレードに精を出し、カウンタートレンドのスキャルピングはやるべきではない。非常に強いトレンドでは、すべてのトレードはトレンド方向のスイングトレード（一部スキャルピング）にすべきであり、カウンタートレンドのスキャルピングは、魅力はあるかもしれないが、やるべきではない。

　その日がどうなるのかは、オープニングレンジがそれを読み解く手掛かりになる。一般に、オープニングレンジが狭いとき、そのあとにブレイクアウトが続く場合が多い。オープニングレンジが最近のレンジのおよそ半分のとき、ブレイクアウトのあとメジャードムーブが発生することが多く、その日はトレンドを伴ったトレーディングレンジ日になる。オープニングレンジが広いとき、スパイクが発生し、その日はスパイク・アンド・チャネル・トレンド日になることが多い。

　これらのパターンに慣れてくると、最初の30分から60分の間にこれらのパターンが現れることに気づくはずだ。これらのパターンが現れたら、トレンド方向のすべてのトレードを受け入れ、一部はスイングトレードにするのがよい。時としてスイングトレードが何回か損切りに引っかかることがあるかもしれないが、その日はトレンド日なのでスイングトレードは続ける。1つのスイングトレードはスキャルピングの10倍もの儲けになるからだ。

　当然ながら、これらのパターンが1つも見つからない場合もあるだろう。そんなときは、その日はトレーディングレンジ日になった可能性が高いため、両方向に仕掛ける機会を探すことだ。また、トレンド日はトレーディングレンジ日や逆方向のトレンドに変わることもあ

る。そんなときは動揺することなく、その事実を受け入れることが重要だ。

第21章
スパイク・アンド・チャネル・トレンド
Spike and Channel Trend

　スパイク・アンド・チャネル・トレンド日の主な特徴は以下のとおりである。

- 1つ以上のトレンド足からなるスパイクが発生し、市場は明らかにオールウエーズインモードにブレイクしつつあることを示している。スパイクの間は緊急性があるため、トレーダーたちは増し玉する。スパイクは実質的にはブレイクアウエーギャップである。
- スパイクはその日の最初の2～3本の足で最初の1時間以内に形成されることが多い。
- ブレイクアウトが強いほど、チャネルの形でフォロースルーが発生する可能性が高く、このチャネルは長く続く可能性が高い（第19章のトレンドの強さを参照）。
- ブレイクアウトが強いとき、メジャードムーブが発生し、チャネルはそこで終了する。これは部分的な利食いや大きな利益を確保する絶好のチャンス。
- スパイクの直後にプルバック（押しや戻り）が発生する。プルバックは1本の足という短いものもあれば、多くの足を伴うものもある。
- トレンドがチャネルの形で再び始まる。チャネルの期間中は二方向の相場となるため、不安や不確実性が高まる。

- チャネルが形成されているとき、トレンドを伴うトレーディングレンジとしてトレードするのがよい（例えば、上昇チャネルでは前の足の安値の下で買って、一部はスイングトレードとして保持する。売る場合は、スイングハイの上や前の足の高値の上で売る。これらは主としてスキャルピング）。
- チャネルはトレンドの方向にブレイクアウトすることはまれだが、トレンドの方向にブレイクアウトした場合、ブレイクアウトは足が5本以内で失敗するのが普通で、そのあと市場は反転する。
- チャネルはメジャードムーブの価格目標、特に3回目のプッシュで終わることが多い。
- チャネルがトレンドとは逆の方向にブレイクアウトした場合（大概はこうなる）、ブレイクアウトでは仕掛けずにプルバック（押しや戻り）を待つ（例えば、上昇スパイク・アンド・チャネルで市場がチャネルを下方にブレイクアウトした場合、高値を切り下げたところで売る）。
- 市場は、ギャップへの試しであるチャネルの始まりまで修正することが多い（スパイクはギャップ）。
- そのあと市場はトレンドの方向に少なくとも25％戻って、トレーディングレンジを形成することが多い。上昇スパイク・アンド・チャネルでは、押しはチャネルの安値とともにダブルボトムブルフラッグを形成することが多い。チャネルの安値は上昇スパイクのあと発生する押しの底になる。
- スパイクが弱い場合、この日はトレンドを伴うトレーディングレンジ日になる可能性が高い（詳しくは次章で議論する）。

　スパイク・アンド・チャネル・トレンドは最も一般的なタイプのトレンドで、毎日、どういったトレンドのなかでも発生する。スパイク・アンド・チャネル・トレンドには変化形が多く、小さなものが大きな

ものの入れ子になる場合も多い。これはプライスアクションを支配する力なので、トレーダーとしてはしっかりと理解に努めたい。スパイク・アンド・チャネル・トレンドは2つの要素からなるパターンだ。すべてのトレンドはスパイクの部分とチャネルの部分からなり、トレンドは常にいずれかのモードにある。まず、1本以上にわたるスパイクが発生する。市場の動きが速いため、緊迫感があり、だれもが市場はこの方向に進むことを期待する。スパイクは、市場が1つの価格水準から別の価格水準へと素早く動くブレイクアウエーギャップだ。そのあとプルバック（押しや戻り）が発生する。このプルバックは1本という短いものもあれば、多くの足にわたる長いものもあり、なかにはスパイクのスタート地点を超えるプルバックもある。例えば、上昇スパイクでは押しがスパイクの安値を下回り、そのあとチャネルが形成される場合もある。プルバックのあと、トレンドはチャネルへと変わる。このときには緊迫感はないが、不安や不確実性は高まる。これがテレビの専門家たちが言ういわゆる「不安の壁」だ。市場は二方向の相場に変わり、トレンドは終わるかに見えるが、依然として発達し続けている。トレーダーたちは急いで利食いするが、トレンドが継続しているのを見ると、トレンドがいつ終わるかは分からず、市場に参加し続けたいため、仕掛け直したり、増し玉したりする。これはまれだが、第2のスパイクが発生し、そのあと再びチャネルが発生することもあるが、この2回目のスパイクはブレイクアウトの失敗になることが多く、そのあと修正が続く。例えば、上昇スパイクが発生し、そのあとモメンタムの低い上昇チャネルが発生した場合、再び上昇スパイクが発生し、そのチャネルの高値をブレイクアウトすることもある。そのあと、ごくまれに上昇チャネルが発生することもあるが、スパイクはブレイクアウトの失敗になり、市場は下方に修正することが多い。

　ごく小さなプルバックを伴って、あるいはまったくプルバックを伴

わずに動いていくとき、この強いトレンドがスパイクである。スパイクは1本の足によるトレンド足からなる場合もあれば、オーバーラップしない何本ものトレンド足からなる場合もある。あるいは、非常に狭いチャネルの場合もある。スパイクは短い時間枠のチャートでは急で狭いチャネルとなって現れる場合が多い。同様に長い時間枠のチャートでは、急で狭いチャネルはスパイクとして現れる。スパイクは最初の小休止やプルバックで終わるが、1～2本の足のうちに再び始まると、2回目のスパイクになる。長い時間枠のチャートでは再びスパイクとなって現れる。スパイクは1つの適度な大きさのトレンド足からなる場合もあれば、10本以上にわたって続く場合もある。スパイク、クライマックス、ブレイクアウトはすべて同じものとして考えるべきだ。上昇スパイクはベア派にとって価値あるものでないのは確かであり、ブル派とベア派がトレードしたくなるためには、市場はさらに上昇する必要がある。市場は、ブル派が利食いして新たなポジションを仕掛けることがなくなるまで、そしてベア派が売り始めるまで上昇し続ける。ブル派が利食いして新たなポジションを仕掛け、ベア派が売り始めると、小休止やプルバックが発生する。これは大きな二方向相場となる最初のサインだ。下降スパイクはこの逆になる。

　トレンドは、たとえそれが1つのトレンド足からなり、多くの足が形成されるまでトレンドの始まりを認識できなくても、スパイクから始まる。したがって、ほぼすべてのトレンドはスパイク・アンド・チャネル・トレンドの変化形である。しかし、トレンドが本章で議論するほかのタイプのトレンドの性質を持っている場合、勝率を最大化するためには、そのトレンドはそのほかのタイプのトレンドとしてトレードすべきである。

　スパイクは最初のポーズ足やプルバックの直前で終わる。その小休止はスパイクの終わりを知らせるものだ。そのあと、市場は次の3つのうちのいずれかの経路をたどる。①トレンドが再び始まるか、②ト

レーディングレンジに入るか、③トレンドが転換するか——のいずれかだ。このなかで、トレンドが再び始まる可能性が最も高い。2～3本、あるいは10数本でプルバックを形成したあと、トレンドが再び始まる。このプルバックはギャップへの試し（スパイクはギャップであることを思い出そう）で、チャネルの始まりでもある。トレンドが再び始まると、オーバーラップする足が多かったり、傾きが緩かったり、いくつかのプルバックが発生したり、逆方向のトレンド足が発生したりといった具合に、あまり強くないのが普通だ。これはチャネルであり、そのあとスパイク・アンド・チャネル・トレンドになる。

2つ目の可能性は市場がトレーディングレンジに入るというものだ。市場がトレーディングレンジに入るのは、プルバックが10本以上にわたって形成されるときだ。このプルバックがトレーディングレンジに発展し、上か下にブレイクアウトする。一般に、トレーディングレンジのブレイクアウトは元のトレンド方向であることが多い。トレーディングレンジが長く続くと、それは長い時間枠のチャートではフラッグになる（例えば、5分足チャートで上昇スパイクのあと3日続くトレーディングレンジは、60分足チャートではブルフラッグになり、上方にブレイクアウトする可能性が高い）。これはトレンドが再び始まる状況であり、これについては本章でこのあと議論する。トレンドはその日が終わる前に再び始まるのが普通で、そんな日はトレンドが再び始まるトレンド日になるが、トレーディングレンジからのブレイクアウトは時として失敗するか、数本の足のうちに反転することがある。ごくまれにだが、トレーディングレンジが数時間から数日続き、スイングも非常に小さい場合がある（狭いトレーディングレンジ）。どのトレーディングレンジにも言えることだが、上か下かにブレイクアウトするが、元のトレンド方向にブレイクアウトすることのほうが若干だが多い。

3つ目の可能性は市場の反転だ。スパイクからのプルバックが、オ

ールウエーズインモードを逆方向に変えるほど強くないかぎり、トレンドは続く。このとき、ほとんどの場合トレンドはチャネルの形で続く。頻度は低いが、市場が反転し、逆方向のスパイクが形成されることがある。これが発生すると、ブル派とベア派がフォロースルーに対してしのぎを削るため、トレーディングレンジに入るのが普通だ。ブル派は、上昇スパイクに続いて上昇チャネルを形成しようと買い続け、ベア派は下降スパイクに続いて下降チャネルを形成しようと売り続ける。トレーディングレンジはその日いっぱい続く可能性はあるものの、どちらかの側が勝ち、市場はブレイクアウトすることが多い。ブレイクアウトのあと、チャネルが形成されてスパイク・アンド・チャネル・トレンド日になるか、再びトレーディングレンジに入り、トレンドを伴ったトレーディングレンジ日になる。これについては次章で議論する。

　逆方向のスパイクを伴って反転する以外にも、スパイクのあとトレーディングレンジが形成されると反転する場合がある。例えば、上昇スパイクが発生し、そのあとトレーディングレンジが形成されると、3分の1の確率で、トレーディングレンジの高値ではなくて安値からブレイクアウトする。このブレイクアウトは非常に急で大きな下降スパイクを伴うことがあるが、目立たない陰線によるものが多く、そのあと下降チャネルが続く。

　チャネルが形成されたときは、トレンドの方向にのみトレードしたほうがよい。時としてチャネル内に大きなスイングが発生することがあるが、これはチャネルの発展にともなってカウンタートレンドのスキャルピングの機会を提供してくれる。チャネルが想像以上に長く続き、反転の様相を呈してくることがあるので注意しよう。チャネルが長く続くと、多くのプルバックが発生し、トレーダーたちを間違った方向に導く。その場合、ヒゲを持った足、逆方向のトレンド足、オーバーラップする足がたくさん発生するが、まだトレンドは続いている

ため、早まってカウンタートレンドの方向に仕掛けると高くつくので注意が必要だ。

　早い時間帯に強いモメンタムの動き（スパイク）が発生し、そのあと終日にわたって傾きの緩いチャネルでトレンドが続く日がある。しかし、時としてチャネルが加速し、線形ではなく放物線の形を描くことがある。あるいは、モメンタムを失い、平らな曲線を描くこともある。いずれにしても、チャネルの始まりはその日の遅くに、あるいは翌日か翌々日に試されることが多く、その試しのあとはトレーディングレンジになるか、上昇トレンドか下降トレンドになることが多い。重要なのは、チャネルが非常に狭いとき、トレンドの方向にのみトレードすべきだということである。なぜなら、プルバックはカウンタートレンドトレードで利益を出せるほどには大きくならないからである。頻度は低いが、チャネルが広いスイングを伴うことがあり、この場合は両方向にトレードできる。

　チャネルがトレンドとは逆方向にブレイクアウトしたあとは、カウンタートレンドの方向の仕掛けを探すのがよい。なぜなら、カウンタートレンドの動きが進み、チャネルの始まりを試し、トレーディングレンジを形成しようとするからである。チャネルはどんなに急でも、逆方向のフラッグであることを忘れてはならない。上昇チャネルはベアフラッグで、下降チャネルはブルフラッグだ。また、チャネルが傾きを持ったトレーディングレンジのときでも、それはより広いトレーディングレンジの最初のレッグであり、チャネルの始まり辺りで反転することが多い。例えば、上昇スパイクが発生したあと押しが発生し、そのあとで上昇チャネルが発生したとすると、その上昇チャネルはこれから現れるトレーディングレンジの最初のレッグであることが多い。そのあと市場はチャネルの安値まで下方に修正し、チャネルの安値とともにダブルボトムブルフラッグを形成する。このあと市場は上昇するのが普通で、これは形成されつつあるトレーディングレンジの

3番目のレッグになる。上昇のあと、スパイク・アンド・チャネル・パターンの予測可能性は終わるため、ほかのパターンを探し始めるのがよい。スパイクはブレイクアウトである。これはブレイクアウトポイントとチャネルの始まりである最初のプルバックの間にギャップが生じることを意味する。チャネルの安値への試しはギャップへの試しであり、ブレイクアウトへの試しでもある。

　株式トレーダーは上昇チャネルの終わりをクラウデッドトレードと表現することが多い。なぜなら、その株式に興味を持っているトレーダーはすでに買っているため、もう買う人は残っていないからだ。チャネルで買った人が手仕舞いすると、このあと市場はチャネルの始まりまで急速に下落する。彼らはこの下降レッグを、遅くに参入したブル派が含み損を抱え、損失を最小化するために急いで手仕舞っている状況と見る。ブル派が大挙して手仕舞いに急ぐため、市場は大きくかつ急激に下落する。どういった動きもさまざまな要因によって発生するが、チャネルの始まりまでの下方への急な修正があるときは、これが大きな要因になっていると考えられる。

　パターンの2番目の部分はチャネルで、チャネル期間の振る舞いはほかのチャネルのときと同じである。スパイク・アンド・チャネルの上昇パターンは、チャネルの安値を突き抜けてブレイクアウトしたあと、チャネルの安値辺りを試して終了する。反転のセットアップの最も簡単な見つけ方は、ウエッジの形をしたチャネルでスリープッシュパターンを見つけることだ。3つ目のプッシュがトレンドチャネルラインをオーバーシュートし、特に2回目の仕掛けが発生したときは、強い反転足で反転する。しかし、反転ははっきりしないのがほとんどなので、ブレイクアウトプルバックのセットアップを待ったほうが無難だ。例えば、上昇チャネルを下方にブレイクアウトした場合、高値を切り上げたり、高値を切り下げるような戻りを待つのがよく、弱気のセットアップが整えば、売る。下落がチャネルの安値に達し、買い

のセットアップが整ったら、ダブルボトムブルフラッグの上昇で買う。

　強いスパイクのあと、1本で形成されるプルバックが発生し、そのあとトレンドが再び始まったら、スパイク・アンド・チャネル・トレンドの可能性が高い。例えば、トレーディングレンジをブレイクアウトする強い上昇スパイクが発生し、そのあとはらみ足が発生し、そのはらみ足を下回る足が発生するが、その足が上方に反転して強気の反転足になったら、トレーダーたちは上昇チャネルを期待してその足の上で買うだろう。市場がその強気の反転足を上回ったら、チャネルが発生する。チャネルは1本から7本続くプッシュアップ（ファイナルフラッグの反転）のあと、下降レッグに反転するか、2つ以上のレッグのあと反転するかのいずれかになる可能性が高い。上昇チャネルがトレーディングレンジの高値近くのように反転が起こりそうな領域で発生すると、2～3つの上昇レッグのあと反転する可能性が高く、そのときに初めて明確なチャネルラインを引くことができる。上昇チャネルが強いボトムパターンからの上方への反転のように、上昇トレンドが起こりそうな領域で発生すると、少なくとも3つのプッシュを伴うのが普通だが、それ以上のプッシュを伴う場合もある。

　チャネルはどこまで伸びるのだろうか。強いトレンドでは、トレーダーの予想をはるかに超えて伸びる。しかし、スパイクが大きいときは、スパイクの最初の足の始値か安値から、スパイクの最後の足の終値か高値までがメジャードムーブの価格目標になるため、これと同じポイント数だけ上昇させた位置まで伸びる。レッグ1＝レッグ2（スパイクがレッグ1で、チャネルがレッグ2）がメジャードムーブの価格目標になることもある。チャネルがメジャードムーブの価格目標に達したら、反転する可能性があるので注意しよう。

　チャネルはほかのメジャードムーブの価格目標やトレンドラインおよびトレンドチャネルラインの価格目標まで達することもあるが、特にトレンドが強いときはそのほとんどは失敗する。しかし、これらを

見つけることは重要だ。なぜなら、反転が発生するときは、こうした抵抗線で起こることが多く、これらを見つければ自信を持って反転トレードを仕掛けることができるからだ。一般に、メジャードムーブの価格目標は反転トレードを行う領域というよりも利食いする領域と見たほうがよい。反転トレードを行うのはセットアップが強いときのみにすべきである。経験豊富なトレーダーはメジャードムーブの価格目標でトレンドに逆らってスキャルピングすることが多く、市場が逆行すると増し玉する（スケールイン）こともあるが、これはあまりうまくいかず損をすることが多い。

　強いスパイクは、ブル派もベア派もこぞって仕掛けたいと思う新たな価格水準に向かって急激に動いていることを示すサインだ。市場はその価値領域をオーバーシュートすると、トレーディングレンジに入ることが多い。ブル派もベア派もこの新しい領域の価格水準に満足しているため、トレーディングレンジの真ん中では上昇する確率と下落する確率は五分五分だ。つまり、市場がXティック上昇する確率と、Xティック下落する確率は同じということである。この不確実性がトレーディングレンジの特徴だ。市場がなぜトレンドを形成するのかは問題ではない。問題は市場の動きが速いということである。この動きを前の価格からのブレイクアウトと見ることもできるし、何らかの磁石に引き寄せられる動きと見ることもできる。前のスパイクのような鍵となる価格水準や、メジャードムーブ、あるいはトレンドラインが磁石として働く。あるいはこのブレイクアウトを、上昇する確率と下落する確率が五分五分の中立状態への動きと見ることもできる。これがトレーディングレンジの特徴なので、上昇する確率と下落する確率が50％になったら、トレーディングレンジに入ったと見てよい。トレンドはひとつのトレーディングレンジから別のトレーディングレンジへの動きにすぎず、新たなトレーディングレンジに入ると、ブル派もベア派も次のブレイクアウトが発生しそうな方向に仕掛ける。

一例として、例えば市場が上昇チャネルにあるとすると、同じ距離だけ上昇する確率と下落する確率は下がり始め、どこかの地点で50％になる。それはトレーディングレンジの真ん中なのだが、そのことはまだだれも知らず、市場は中立を模索する間、上や下へオーバーシュートする。市場がチャネルに沿って上昇しているとき、トレーダーたちは上昇する確率が明らかに50％を下回るまで、50％以上だと思い続ける。これがはっきりするのは何らかのマグネット水準であり、その時点でだれもが市場は行きすぎたことを悟る。マグネット水準は一般にトレーディングレンジの高値で発生し、トレーディングレンジの高値ではベア派が有利になる。そのあと、市場は中立になろうとして下落するが、市場は再びその中立線をオーバーシュートする。なぜなら、中立ははっきりしないが、行きすぎははっきりしているからだ。市場が何らかのマグネット水準に到達すると、トレーダーたちは下落しすぎたと思うため、市場は上方に反転する。結果的にはトレーダーたちが、仕掛けの絶好の位置とみなす中立を模索すればするほどトレーディングレンジは狭くなる。市場は均衡状態になり、そのあとブレイクアウトする。やがて、認識された価値領域は変わり、市場は新たな価値領域を求めて再びブレイクアウトする。

　スパイク・アンド・チャネル・トレンドが形成されたことを認識したら、ABCのプルバックがスキャルパーに利益を確保させるほど発展することを期待して、カウンタートレンドトレードを行うことはやめたほうがよい。なぜならトレンドラインは絶対にブレイクアウトしないからだ。チャネルが狭くなればカウンタートレンドは損失を生むだけである。こうしたカウンタートレードでのスキャルピングの失敗は、優れたトレンド方向のセットアップになる。カウンタートレンドトレーダーがプロテクティブストップで手仕舞うまさにその位置に逆指値を置いて仕掛けるのである。

　積極的なトレーダーはチャネルで仕掛けるときには指値で仕掛け、

二方向の相場が明らかになるまでトレンド方向にトレードし続け、二方向の相場になったらカウンタートレンドトレードを開始する。例えば、下降スパイクが発生したあとチャネルが発生すると、ベア派は前の足の高値かその上に指値を入れて仕掛ける。チャネルが支持線に近づくと、オーバーラップする足が増えるかどうか、より強い陽線が増えるかどうか、同時線が増えるかどうか、より大きなプルバックがあるかどうかを観察する。二方向の相場を示すこれらのサインが多いほど、ブル派は前の足の安値かその下、またはスイングローに指値を入れて買い、ベア派は足の上や下では売りたがらなくなる。ベア派はトレンドがしばらく続き、今メジャードムーブの価格目標の領域、あるいはほかのタイプの支持線にあるとき、利益の出ているトレードを段階的に手仕舞いするだろう。ブル派は同じ領域で買いポジションを段階的に仕掛け始める。買いが増え、売りが減るため、最終的には下降トレンドラインを上方にブレイクアウトする。

機関投資家や大口トレーダーは、市場がチャネルの始まりを試すことを期待して、カウンタートレンドのポジションを段階的に仕掛けることもある。しかし、一般トレーダーは反転することが明確になるまでトレンドの方向にのみトレードしたほうがよい。また、1日の後半でチャネルでカウンタートレンドのポジションを段階的に仕掛けるのはリスクが高い。なぜなら、時間切れになることが多いからだ。負けポジションはかさみ、結局は引けで買い戻して大きな損失を被ることになる。ベア派が段階的に仕掛けるとき、前のスイングハイを上方にブレイクアウトする大陽線を探す者がいる。それをやがて形成されるトレーディングレンジのエグゾースチョントップと見るわけである。彼らはチャネルをトレーディングレンジの最初のレッグと見るため、その足の終値やその高値の上に指値を入れて売る。トレーディングレンジの高値領域における上昇スパイクで売るのは、標準的なトレーディングレンジテクニックだ。トレーディングレンジが形成されると、

その上昇チャネルがレンジのスタート地点だったことが分かる。経験豊富なトレーダーは、チャネルが形成され始め、市場がやがて形成されるトレーディングレンジの高値領域にあると思ったら、トレーディングレンジテクニックを駆使してトレードし始める。

チャネルの前に形成されるスパイクはチャート上では非常に細い領域(隣接する足同士のオーバーラップはほとんどない。これは一種のブレイクアウトかメジャーリングギャップ)で、ブル派とベア派が市場は間違って値付けされていると同意する領域だ。したがって、市場はその領域を素早く通り過ぎる。チャネルが形成され始めたら達成すると思われる均衡状態を彼らは模索するため、ブル派もベア派も市場がスパイク内の価格から急激に遠ざかることに貢献する。一方の側が支配的であるため、市場には依然としてトレンドが存在するが、最終的には二方向の相場になる。チャネル自身は多くのオーバーラップする足やプルバックを持つのが普通で、実質的には急な傾きを持つ狭いトレーディングレンジである。このタイプのプライスアクションは二方向の相場を意味するため、トレンドがどんなに強くても、パターンの始まりが近いうちに試されることが予測できる。例えば、スパイク・アンド・チャネルの下降トレンドでは、下降チャネルの初期段階で買ったブル派は、スパイクはブレイクアウトの失敗になると思って、その領域への戻りでブレークイーブンで損切りする。これによって戻りはダブルトップのように働く。これらのブル派は早めに買った買いポジションをブレークイーブン辺りで手仕舞い、市場が再び下落するまで買わない。チャネルの高値が試されたあと、少なくとも若干の下落の動きがあるのはこのためだ。チャネルはトレーディングレンジの最初のレッグになることが多く、そのあとチャネルの始まりを試すカウンタートレンドの動きが発生し、トレーディングレンジになる。トレーディングレンジはしばらくの間続き、元のチャネルの方向に動く部分的な動きが発生する。ここから市場はトレーディングレンジのよう

に振る舞い、ブレイクアウトモードになり（トレーダーたちはブレイクアウトを待っている）、新たなトレンドへ向けていずれかの方向にブレイクアウトする。

　時としてチャネルはほぼ垂直状態になり、加速して放物線を描くことがある。隣接する足同士のオーバーラップがほとんどないため、チャネルのようには見えないが、この放物線状の動きがチャネルの部分になるため、これはスパイク・アンド・チャネル・トレンドの変化形と言えるだろう。この放物線状の動きは大きなトレンド足を含むことが多い。例えば、１つ以上の陰線からなる下降スパイクが発生し、そのあと小休止して、再び下降スパイクが発生したとすると、売りのクライマックスが連続して発生したことになる。大きなトレンド足はスパイクであり、ブレイクアウトであり、ギャップであり、クライマックスでもあることを思い出そう。クライマックスが連続して発生（小休止、あるいは小さなプルバックによって区切られる）すると、そのあと、最初のクライマックスのあとで発生する小休止を試すツーレッグの修正が発生することが多い。２番目のクライマックスは、それがモメンタムの小さなチャネルではなくてスパイクであっても、スパイク・アンド・チャネル・パターンのチャネルの部分とみなすべきである。しかし、そのあと続くものは通常のスパイク・アンド・チャネル・パターンの場合と同じなので、連続するクライマックスはスパイク・アンド・チャネル・トレンドの変化形となる。ごくまれにだが、もっと複雑な修正が発生する前に３回目のクライマックスが発生することもある。

　売りのクライマックスが連続して発生したあと、大きな修正が発生する傾向があるのはなぜなのだろうか。売りのクライマックスが発生すると、パニック売りになる。自信のないブル派は、どんな価格でもいいから買いポジションを手仕舞わなければならないと思い、自信のないベア派はモメンタムが強いのを見て、大きな動きを逃したくない

ので、とにかく市場に参入しようと成り行きで売る。市場が小休止したあと、また大陰線が形成されると、この２番目の売りのクライマックスは、発生するともしないとも分からない戻りを待ちたくない売り手に再び緊迫感を与える。自信のない買い手が市場から撤退し、自信のないベア派が市場に参入してくると、こうした安い価格で売りたい人は残っていないため、市場は買いサイドに傾く。トレードの逆サイドを取る十分なベア派は残っていないため、買い注文が執行されるように、売り手を探して市場は上昇するしかない。連続する買いのクライマックスはこの逆である。連続する買いのクライマックスは緊急性を表す。少しでも良い価格で売れる押しが発生しないことを恐れて、市場が急速に上昇している間にトレーダーは成り行きで買わなければならないと思ってしまう。こうした感情的な自信のないベア派やブル派（遅くに参入したブル派は弱い）が高い価格で買いたいと思う分をすべて買ったら、もう買う人は残っておらず、市場は買い手を引きつけるために下落するしかない。その結果、修正が発生する。この修正は２つのレッグで10本以上続く。

スパイク・アンド・クライマックス・トレンドでは、別のタイプの強いチャネルが発生する。これは、スパイクのあと小休止を経て、再びスパイクを形成するというものだ。すべてのスパイクはクライマックスであり、クライマックスが連続して発生するとき、大きな修正が発生し、これが２番目のスパイクの始まりになることが多い。チャネルの代わりに２番目のスパイクが発生するため、これはスパイク・アンド・チャネルの変化形だ。時として、クライマックスがスパイクで、スパイクがチャネルというときもある。例えば、上昇チャネルが長大な１本の足による上昇スパイクを含むことがあり、これがスパイク・アンド・クライマックスの反転になるときもある。チャネルのあとスパイクが発生したとしても、これは典型的なスパイク・アンド・チャネル・パターンのような振る舞いをする。

強い垂直の動きはスパイクであるため、ギャップオープニングはこれに当たる。Ｅミニが大きなギャップアップで寄り付いた日、S&P現物指数を見ると、現物指数の最初の足はギャップではなく、始値は昨日の終値辺りの水準で、終値はＥミニの最初の足の終値辺りの水準の大陽線になっている。そのあと小休止や押しが発生し、そのあとチャネルが発生すると、それはギャップ・スパイク・アンド・チャネル・トレンドだ。

　チャネルが急なとき、スパイク・アンド・チャネルは長い時間枠のチャートではスパイクとして現れ、このあとチャネルが発生する。足が数本続くスパイクが発生するが、チャネルが発生しないこともある。このスパイクの最後辺りの足は若干オーバーラップし、これは短い時間枠のチャートではチャネルとして現れる。

　時として、大陽線が上昇スパイクとして現れ、そのあと大陰線が下降スパイクとして現れることもある。これがしばらく続く上昇トレンドで発生すると、市場はトレーディングレンジに入ることが多く、ブル派は上昇チャネルを形成しようとし、ベア派は下降チャネルを形成しようとする。最終的にはいずれかの側が勝ち、トレンドが再び始まるか、スパイク・アンド・チャネルの下降トレンドになるかのいずれかになる。下降トレンドはこの逆である。下降トレンドで大陰線が形成されると、そのあと上昇スパイク足が発生し、市場は横ばいになり、ブル派とベア派がチャネルの方向をめぐって争う。ベア派が勝てば、下降トレンドが再び始まり、ブル派が勝てば、反転する。時として一方の側が２回目のスパイクという形で勝ったかに思えることもあるが、それは１～２本のうちに失敗し、逆方向のチャネルが発生する。

　スパイク・アンド・チャネル・パターンは２つの部分からなり、これらは別々にトレードするのがベストだ。スパイクはブレイクアウトなので、ブレイクアウトのようにトレードする。一般に、ブレイクアウトがとても強く、成功するかに思えるときは、成り行きか、スパイ

クが形成されるときの小さなプルバックで仕掛ける。スパイクはクライマックスでもあるため、どこかの時点で必ずプルバックが発生し、トレンド方向に仕掛ける機会を提供してくれる。スパイク・アンド・チャネルのチャネルはほかのチャネルとまったく同じだ。それが狭い上昇チャネルなら、トレンドラインや移動平均線までの押しでトレンドの方向に仕掛けるか、前の足の安値の下で指値で仕掛けるか、その株が20ドルで取引されているとすると10セント下げるたびに仕掛ける。チャネルが広いスイングを伴う場合、それは強い二方向の相場なので、両方向に仕掛けることができる。チャネルは逆方向のフラグなので、それが反転し始めたら、反転トレードが可能だ。この場合、チャネルの始まり辺りまで修正されることが多いため、チャネルの始まりへの試しで仕掛けることができる。チャネルの始まりはスパイク・アンド・チャネルの上昇トレンドの押しではダブルボトムブルフラッグになり、スパイク・アンド・チャネルの下降トレンドの戻りではダブルトップベアフラッグになる。

　チャネルにおいて隣接する足同士がオーバーラップし、逆方向のトレンド足がたくさん発生し、足が数本続くプルバックがいくつか発生するとき、それは弱いチャネルだ。チャネルが弱いほど、機関のカウンタートレードトレーダーは積極的になる。例えば、下降スパイクのあと弱い下降チャネルが発生したとすると、自信のあるブル派は価格の下落に伴ってナンピンするはずだ。ありとあらゆる理由を見つけて買う会社もある。例えば、各足の安値の下やスイングローが発生するたびに買ったり、500ドルで取引されている株が1ドル下がるごとに買ったり、トレンドチャネルラインが試されるたびに買ったり、短い時間枠のチャートで反転足が発生するたびに買ったり、上方に反転したときに備え、安値から1ドル上昇するたびに買ったりといろいろだ。もし、チャネルの高値からブレイクアウトする代わりに、チャネルの安値から強くブレイクアウトし、足が数本続く強い下降スパイク

を形成したとすると、これらのブル派は買いポジションを売らざるを得ない。彼らの売りが終わると、下方へのブレイクアウトは強さを増すため、彼らはショートにドテンすることもある。しかし、下方へのブレイクアウトはそれほど長続きせず、最後のブル派が売り終えると、こうした低価格で売ろうという者はだれもいなくなる。このあと市場は、ベア派が再び売りたくなるような高値を模索して、少なくともツーレッグで10本以上上昇する。

強いトレンドが形成されたあと、逆方向のスパイクが発生すると、そのスパイクのあとプルバック（フラッグ）が発生し、再び元のトレンドに戻ることが多い。しかし、市場が反転すると思うトレーダーはポジションを取り始めるはずだ。次の10本から20本の足にかけて1つ以上のスパイクが発生し始めると、これらのスパイクと逆方向の力が増し、市場は二方向の相場になる。これはトレーディングレンジ、より深い修正、あるいはトレンドの反転へと発展することもある。例えば、単なるスパイク・アンド・チャネルの上昇トレンドではなくて、非常に強い上昇トレンドが発生し、20本以上にわたって移動平均線を上回り、今、高値を更新したとすると、この上昇トレンドは非常に強い。また、高値で寄り付き、安値で引ける適度な大きさの陰線が突然発生すると、それは下降スパイクだ。この足は弱気の反転足かもしれないし、弱気の反転足の下の仕掛け足かもしれないし、はらみ足かもしれないが、そういうことは問題ではない。この最初の下降スパイクはほぼ確実にブルフラッグになる。上昇トレンドが再び始まったら、再び下降スパイクが発生しないかどうかよく観察することだ。最終的には、上昇トレンドのあと移動平均線への押しが発生するのが普通だ。この移動平均線への最初の押しのあと、上昇トレンドの高値が試されることが多い。この試しは、高値の切り上げ、ダブルトップ、あるいは高値の切り下げという形で発生する。しかし、移動平均線への押しは上昇トレンドラインをブレイクするほど強いため、そのあと発

生する上昇は、深い押しや反転が発生する前の最後の上昇になるかもしれない。

新高値で3回目の前よりも大きな下降スパイクが発生すると、ツーレッグの修正が発生する可能性が高く、下降スパイクのあとの下落はチャネルの形状を取るのが普通だ。市場は前に発生した2つの下降スパイクを無視しているのだろうか。そんなことはない。市場は何も無視しない。だれもがこの最新の下降スパイクを重要視するかもしれないが、それはほかの下降スパイクからの影響が強い。事実、2番目の下降スパイクが特に強く、そのあと市場が上昇して高値を更新し、その次の下降スパイクは小さいが、そのあと修正が発生したとすると、別の解釈が必要になる。この場合、より重要なのは2番目の下降スパイクだ。それは実際には下落の始まりで、スパイクのあとの新高値への上昇はそのスパイクからの単なる戻りである可能性が高い。ブレイクアウトプルバックは、高値の切り下げや、ダブルトップ、あるいは高値の切り上げという形で前の極値を試し、その試しが下降チャネルの始まりになることを理解することは重要だ。その小さな下降スパイクが下降トレンドの始まりになり、それに続くチャネルが最初の下降チャネルになるように思えることもあるが、前のスパイクがより大きな影響力を持つこともある。そのスパイクのチャネルは、上昇トレンドの高値から始まることもあれば、上昇トレンドの高値からの小さな下降スパイクから始まることもある。その小さな下降スパイクに続くチャネルは、その小さな下降スパイクが発生する前の上昇トレンドの高値から始まるより大きなチャネルの入れ子になる。

市場がトレーディングレンジにあるとき、上昇スパイクと下降スパイクを伴うことが多い。そして、ブル派とベア派がチャネルを形成しようと争う。最終的にはどちらかが支配権を握り、トレンドチャネルを形成する。トレンドチャネルは普通、2番目のスパイクであるブレイクアウトから始まる。どちらのスパイクもチャネルの形成に貢献す

る。

　上昇チャネルはベアフラッグで、下降チャネルはブルフラッグだ。どのフラッグにも言えることだが、フラッグはコンティニュエーションパターンであり、それは通常トレンドの方向にブレイクアウトする。しかし、時として逆方向にブレイクアウトするときもあり、それによってトレンドは反転する。ブレイクアウトはスパイクなので、市場はスパイク・アンド・チャネル・トレンドではなく、スパイク・アンド・チャネル・パターンとは無関係のチャネル・アンド・スパイク・トレンドを形成する。しかし、通常はスパイクのあとチャネルが発生する。例えば、下降トレンドが発生し、戻したとすると、その戻りは上昇するチャネルなのでベアフラッグになる。時としてチャネルが上方にブレイクアウトするときがある。そのブレイクアウトは陽線のスパイクであり、ブレイクアウトが成功すると、フォロースルーがチャネルになる。上昇トレンドはスパイクから始まり、そのあと続くスパイク・アンド・チャネルがスパイク・アンド・チャネルの上昇トレンドを形成する。最初のチャネルは下降トレンドのファイナルフラッグで、上方にブレイクアウトするが、それはそのあと続くスパイク・アンド・チャネルの上昇トレンドとは無関係だ。市場を変えたのはそのスパイクであり、それがトレーダーたちの考え方を変える。したがって、彼らはその前のベアフラッグは無視するはずだ。

　同じような状況はウエッジの反転が失敗するときにも発生する。例えば、ウエッジトップは上昇する上昇チャネルなので、ベアフラッグになる。それは通常下方にブレイクアウトする。もし下方ではなく上方にブレイクアウトした場合、そのブレイクアウトはスパイクになり、そのあとチャネルと上方へのメジャードムーブが続くことが多い。ブレイクアウトは考え方をがらりと変えるものであり、新たなトレンドの始まりと考えるべきだ。このケースの場合、トレンドは依然として上昇トレンド（ウエッジの前のトレンド）だが、以前よりも強

さが増している。通常、上方へのブレイクアウトは5本から10本以上続くことはなく、そのあと長く続くツーレッグの押しや逆方向のトレンドに反転する。それは特に大きなクライマックスを表し、買いの行きすぎを意味する。それはベルカーブの尾の辺りで発生するため、機関投資家にとっては、上昇トレンドは行きすぎて、このあと修正が発生することを表すインディケーターになる。それぞれの機関投資家は行きすぎに対する独自の測度を持っているが、多くの機関投資家はこの上昇は行きすぎと見るはずであり、市場が間もなく下落するという彼らの賭けがブル派を圧倒し、市場は反転する。

スパイク・アンド・チャネルは最もよく見られる振る舞いのひとつで、最も重要なものでもある。どのパターンにも無数の変化形があり、いろいろに解釈される。スパイクは1つの足からなることもあり、そのあと小休止し、再びさらに強いスパイクが発生することもある。チャネルが垂直状態でスパイクの一部として機能する場合、長い時間枠のチャートではそのスパイク・アンド・チャネルは単なるスパイクとして現れることもある。そのときのチャネルはスパイクに比べて非常に狭いか非常に大きいかのいずれかだ。強いトレンドが発生するとき、チャネル内にはいくつかのスパイクが発生することが多く、チャネルは小さなスパイク・アンド・チャネルパターンに分割される。あらゆる可能性を考えよう。どの可能性も利益の出るトレード機会を提供してくれるかもしれないのだから。

上昇スパイク・アンド・チャネルは3つのプッシュアップが発生したあとトレンドチャネルラインをオーバーシュートし、強い弱気の反転足が形成されて終わることもあるが、ほとんどの反転は分かりにくいのが普通だ。**図21.1**では、足6は2本の足による上昇スパイクの

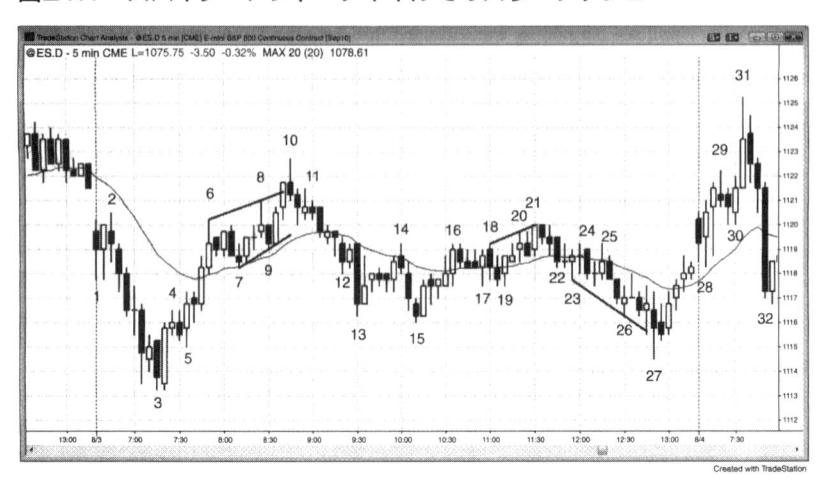

図21.1 スパイク・アンド・チャネルでのスリープッシュ

一部だが、足5の安値からの動きは大変急なので、足5をスパイクの始まりと考えてもよいかもしれない。しかし、どう考えるかは問題ではない。なぜなら、この足の最初から強い上方への反転はフォロースルーの買いを伴う場合が多いからだ。ここでは、この上昇は3つのプッシュアップとウエッジを含むチャネルを形成している。チャネルは3回目のプッシュアップのあとプルバックするのが普通だ。足10はトレンドチャネルラインをオーバーシュートしたあと下方に反転し、弱気の反転足になっており、売りのセットアップが整っている。上昇ウエッジは2つの下降レッグでウエッジの安値辺りまで修正し、スパイク・アンド・チャネルの上昇トレンドにおけるチャネルも、ツーレッグでチャネルの始まり（足7の安値）辺りまで下方に修正するのが普通だ。

　スパイクは続いて発生することもある。足7の前の足は下降スパイクだが、移動平均線を試すにとどまっている。足9は2番目の下降スパイクだ。これら2つのスパイクは、ベア派が支配権を握ろうとしていることを示しており、市場は二方向相場になる。足10は2本の足に

よる下降スパイクの最初の足で、足11のあと再び下降スパイクが発生している。この最後のスパイクはウエッジを下方にブレイクアウトし、明らかに下降レッグへとつながっているが、だからといって市場が転換するわけではない。こういった早期に発生するスパイクは転換へとつながるため、けっして無視できない。こうしたスパイクの発生は、市場が二方向の相場に移行することを示しているため、買いのセットアップだけではなく、両方向のトレードを考えなければならない。

足16は1本の足によるスパイクだが、この上昇スパイクは足15から始まったと考えることもできる。足17で下落して、足21にかけて小さなプッシュアップが3回発生し、そのあと市場は反転している。

足15の次の足は1本の足によるスパイクで、そのあとの4本の足による小さなチャネルが形成され、足16で終わっている。つまり、足16までの全体的な動きがスパイクということになる。

足22は下降スパイクで、足25まで横ばいの修正になっているが、そのあと足27まで下降チャネルが続く。足27はスパイクのあと発生した3回目のプッシュダウン（足23と足26が1番目と2番目のプッシュダウン）で、足27はトレンドチャネルラインをオーバーシュートし、レンジの真ん中辺りで引けている。これは強いシグナル足ではなく、そのあとの陰線はらみ足も強いシグナルではないが、市場は引けにかけて反転している。

このチャートのさらに深い議論

図21.1を見ると、市場は移動平均線と昨日の引けにかけてのトレーディングレンジを下方にブレイクアウトしている。トレーディングレンジでは多くの陰線を含み、この日の最初の足は陰線なので、この日の2番目の足で整っているブレイクアウトの失敗によるセットアップでは買わないで、2番目のシグナルを待ったほうがよい。この日の

２番目の足は強い強気の反転足だが、前の足と完全にオーバーラップしているため、反転する気配はない。これは狭いトレーディングレンジであって、良い反転ではない。移動平均線の下のギャップ足はすべて下降スパイクなので、下降チャネルが発生する可能性が高い。足２はブル派を落とし穴にはめ、足３までの下降スパイク・アンド・チャネル・トレンドに対するブレイクアウトプルバックによる売りのセットアップになっている。足３は１本の足によるファイナルフラッグを下方にブレイクアウトしており、この日の安値になる強い２本の足による反転の最初の足になった。この上方への反転はブレイクアウトの失敗と見ることができるが、もっと正確に言えば、下降チャネルの終わりで上方に反転したということである。

　足６の前の陽線は、トレーダーたちが足３からの上昇が単なるベアフラッグの可能性であることをあきらめたことを示している。この足は、市場が下降トレンドから上昇トレンドになったことをトレーダーたちが認識したことを示している。この認識は足６で確実になり、ここでトレーダーたちは市場がオールウエーズインの買いモードになったことを確信した。トレーダーの多くは市場が上方に反転したことを足６の１本前の足が形成されたときに確信した。この陽線はスパイクであり、ブレイクアウト足であり、一種のギャップでもある。そのあとの足６の安値がこのギャップの上側の底を形成し、ブレイクアウトポイントの高値がこのギャップの下側の天井（足５とその１本あとの短い陰線はらみ足）を形成する。足６の前の足は一種のギャップであり、このギャップは磁石の役割を果たすため、次の10本前後の足で試される可能性が高い。足７はその試しとなる足で、上昇スパイクのあとで発生するチャネルの安値になっている。このスパイクの始まりを足６の前の陽線と見る者もいれば、足５や足３のあとの陽線がこのスパイクの始まりと見る者もいた。足12はチャネルの高値からの下方への修正で、スパイク・アンド・チャネルパターンで予測されたと

おり、この押しは再びギャップを試し、足10までの上昇チャネルの底である足7とともにダブルボトムを形成しようとしたが、失敗した。

足12は足10で終わった上昇チャネルの安値である足7を試したが、足12までの下落は狭いチャネルを形成したため、これは２つの下降レッグのうち最初の下降レッグである可能性が高い。このため、ダブルボトムブルフラッグの買いシグナルは足12のあとの陽線はらみ足の上では出なかった。一方、足13は大陰線で、これは比較的長い下降レッグの終わりで形成されるため、エグゾースチョンクライマックスになる可能性が高く、そのあとの10本でツーレッグの横ばいから上方への修正が発生する。私は「10本でツーレッグの」という言葉をよく使うが、これは修正が長く続き、小さなプルバックよりも複雑であることを意味する。長く続き、小さなプルバックよりも複雑な修正は、少なくとも10本の足による２つのレッグを必要とすることが多い。

足14までの上昇が最初のレッグで、このあと下落して足15で安値を切り下げ、そのあと足21までの２番目の上昇レッグが続く。足15は足10の高値からの２番目の下降レッグだったかもしれないが、修正が複雑になったため、２番目のレッグは足27で終了している。足27は足5や足15とともにダブルボトムブルフラッグを形成している。足27とダブルボトムブルフラッグを形成したのが足5と考えるか、足15と考えるかは問題ではない。なぜなら、示唆するものは同じだからだ。足5とするプログラムもあれば、足15とするプログラムもあるだろうが、どちらのタイプのプログラムも上方へのメジャードムーブで買うことに変わりはない。これらのプログラムが探しているのは、レッグ１＝レッグ２（レッグ１は足3から足10までの動きで、レッグ２は足27の安値から足31の高値までの動き）となる足3の安値からの２番目の上昇レッグだ。長い時間枠のチャートでは、足27は足10までの上昇高値からの２つ目の下降レッグなので、高値2

の買いのセットアップになる。足10までの強い上昇のあとツーレッグで下がったが、安値は切り上がっていることから、そのあと足31までの上方へのメジャードムーブへと続く上昇をもたらした。足31までの上昇はメジャードムーブの価格目標を数ティック上回っているが、メジャードムーブにほぼ等しく、そこで利食いしたブル派は満足したはずだ。そのあと市場は足32の安値まで下落した。

足15までの下落はウエッジ型ブルフラッグで、最初の2つのプッシュは足7と足13で終わっている。これはウエッジ型フラッグなので、足10が高値を切り下げるのではなく、高値を切り上げるかどうかは問題ではない。

足21はウエッジ型ベアフラッグだ。これはダブルトップからの上方へのブレイクアウトが失敗したときによく発生する。足16と足18はダブルトップを形成しているが、市場は下方にブレイクアウトせずに、上方にブレイクアウトしている。このあと、足21にかけて2つの小さな上昇レッグが発生しているが、そこで反転して、ブレイクアウトは失敗する。足16、足18、足21はウエッジ型ベアフラッグにおける3つのプッシュアップである。

スパイク・アンド・チャネル・トレンドは毎日発生する。3月28日は下降スパイク・アンド・チャネル日だった。この日は上昇スパイクから始まったが、このあと足2からの3本の足による下降スパイクが発生し、そのあと再び足3からも下降スパイクが発生した。そのあと、前日の終わりのスイングローとともにダブルボトムを形成しようとしているのが見てとれる。足2と足4の間で発生している2つの大陰線のいずれかが下降トレンドの最初のスパイクと考えられる。足8は足

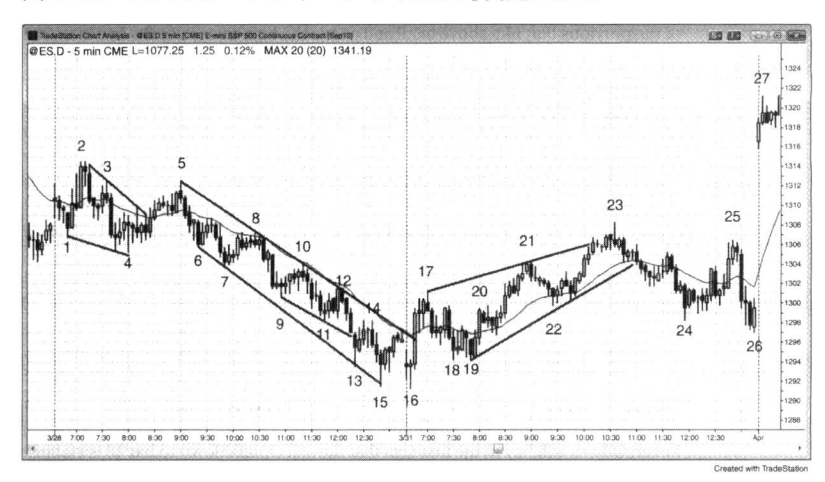

図21.2　スパイク・アンド・チャネルは毎日発生する

6のあとの小さなベアフラッグの高値とともにダブルトップを形成し、そのあと市場は終日にわたって狭いチャネルで下落したが、移動平均線の近くでいくつかの良い売りのセットアップが整っている。

翌日、市場は足17への上昇スパイクでチャネルを上方にブレイクアウトする。チャネルの始まりは試されることが多いため、足5の領域が試されるまでの間、買いのセットアップが整うはずだ。下降チャネルの始まりである足5は足23によって試され、翌日の足27のギャップアップによってブレイクされている。

足15までの下降チャネルは幾分か放物線的になっている（足15は足9から足11までの下降トレンドチャネルラインを下方にブレイクアウトしている。これは下落の傾きが大きくなったことを示している）が、これはクライマックス的な動きなのでそれほど長くは続かない。また、足5から足8までのトレンドラインに平行に足6または足7の安値からトレンドチャネルラインを引くことができるが、足13と足15もそのチャネルラインをオーバーシュートしている。

下落の間、ベア派は売りを段階的に仕掛け、考えられるかぎりのあ

らゆる理由でスキャルピングしている。例えば、足9の上のように前の足の高値から2ポイント上昇するたびに売ったり、足9に続く高値が前の足の高値を上回る5つの足のそれぞれの高値の上で売ったりといろいろだ。また、足10のように、移動平均線やトレンドラインで売ることもできるし、足12のようにトレンドラインを上方に小さくブレイクアウトするたびに売ることもできる。あるいは、足10の安値の下といった具合に、戻すたびにその安値の下で売ることもできる。あるいは、下降モメンタムがフォロースルーを伴うことを想定して、チャネルの高値が試されるたびごとに、それよりも一定額だけ下で（例えば、試しのあと1～2ポイント下で）売ることもできる。この下降トレンドは短い時間枠のチャートでもそのほかのタイプのチャートでも明確に現れるはずだから、こういったチャートや長い時間枠のチャートを使ってもよいだろう。

　積極的なブル派も同じ下降チャネルで買うはずだ。足13や足15の安値といった具合に、トレンドチャネルラインを試すたびにスキャルピングのために買う人もいれば、今日か明日、足8や足10のチャネルの高値が試されることを信じて、段階的に仕掛ける人もいるだろう。トレンドチャネルラインが試されるたびに、そして新たなスイングローが形成されるたびに買う人もいるだろう。例えば、彼らは足13までの下降スパイクの間に、市場が足11の安値を下回れば、買いの指値を入れるはずだ。その安値で、安値の数ティック下で、あるいは数ポイント下で買うはずだ。あるいは、足13までの売りのクライマックスが失速する最初のサインで買う人もいるだろう。彼らがエグゾースチョンのサインとみなすものは短い陰線で長いヒゲを持つ足だ。これが現れれば、そのあと市場は上昇する可能性が高い。前のポジションの2～3倍の大きなポジションで段階的に仕掛ける人もいるだろう。あるいは、足13の安値の2ポイント上に逆指値を置いて買う人もいるだろう。2ポイントの上昇を反転のサインと見るわけである。人によって

は、短い時間枠のチャートや長い時間枠のチャート、あるいはティックチャートや出来高チャートを使う者もいるだろう。この下降トレンドは、60分チャートや日足チャートでは移動平均線への押し、あるいはもっと長い時間枠のチャートでは、強い上昇トレンドラインへの押しとして現れるはずだ。トレーダーたちは考えられるかぎりのあらゆる理由で買ったり売ったり、考えられるかぎりのあらゆるアプローチで段階的に仕掛けたり手仕舞ったりする。自分のやっていることが分かっているのなら儲けることができるが、その日の終わりの数時間で下降チャネルで買いポジションを段階的に仕掛けるのはリスクが高い。結局、大きな負けポジションを抱え、引け前に損切りせざるを得なくなってしまうケースが多い。特に終わりの数時間で下降チャネルで利益を出そうと思えば、買いポジションを段階的に仕掛けるよりも、売りのセットアップを探したほうがよい。

　足17までの上昇スパイクのあと、足23までウエッジ型上昇チャネルが続き、そのあと下落が発生し、翌日は上方に大きくギャップを空けて寄り付く。このギャップアップも上昇チャネルの一部とみなすことができるかもしれない。ギャップはすべてスパイクであり、そのあと別のチャネルが続くこともある。

　足8から足9までの下落もまたスパイクであり、足10から足15までの下降チャネルのあと、足21まで上昇している。足10と足21によって形成されたダブルトップベアフラッグからの下落は足22で終わり、足22では移動平均線が試されている。足22からは上昇トレンドに反転し、足21までの上昇が強いため、これ以降強い下落は考えられない。足21の前の足のうち7つは陽線で、高値、安値、終値ともに上昇している。

このチャートのさらに深い議論

図21.2の足４はウエッジ型ブルフラッグの買いのセットアップで、足４からの上昇はダブルトップ（足３と足５）ベアフラッグで終わっている。

このあとの下降トレンドラインは５回試されているが、下方への動きはまだそれほど加速してはいない。ラインが試されても市場がそのラインを大きく下回らなければ、市場は普通は上方にブレイクアウトすることが多い。

足13、足15、足16の３つのプッシュダウンによって底が形成される。このパターンはウエッジの形をしていないが、示唆するものは同じである。

足17までの上昇スパイクは下降トレンドラインを上方にブレイクアウトしている。足17は移動平均線のギャップ足で、大きな反転が発生する前のトレンドの最後のレッグになることが多い。

移動平均線のギャップ足（足17）からの下落は、足18での安値の切り上げで下降トレンドの安値を試している。足18は足19とともにダブルボトムブルフラッグを形成するとともに、足15と足16のダブルボトムとともにダブルボトムプルバックを形成している。ダブルボトムブルフラッグは、２回安値を試したあと、安値を切り上げるパターンだ。

チャネルは３回目のプッシュアップのあと押すことが多い。足23までの上昇は昨日の下降トレンドの高値を下回っているため、トレーダーの多くはこの上昇を戻りと見て、売りの機会を探した。このウエッジ型ベアフラッグと足23の弱気の反転足は、このあとの少なくともツーレッグの下落に対する良い売りのセットアップになった。トレーダーたちはツーレッグの下落は足22または足19の安値を試し、10本以上続くことを期待した。足24までの下落は２つのレッグを持つ

が、あまりにも急なため、トレーダーたちはそれは単なる複雑な最初のレッグなのではないかと思った。そのため、このあと引けにかけて足26まで下落した。足26は上昇チャネルの安値辺りを試し、足18（または足19）とともにダブルボトムブルフラッグを形成した。

足17はギャップアップだが、ウエッジの上方へのメジャードムーブになっている。これはウエッジの高値を上方にブレイクアウトするときによく発生する。

足24から足25にかけて小さなウエッジ型ベアフラッグが形成されている。

足4から足5までの上昇もまたウエッジ型ベアフラッグだ。

足22、足24、足26は大きなウエッジ型ブルフラッグだが、足25までの上昇によってウエッジの形は崩れている。スリープッシュパターンはほとんどがウエッジのように機能するため、ウエッジの変化形とみなすのがよい。

　図21.3のIBMの5分足チャートを見ると分かるように、スパイク・アンド・チャネル・トレンド日が何日か連続して発生している。入れ子になっているものもあるが、これはよくあることだ。チャネルの始まりは1両日中には試されることが多いため、その翌日にはカウンタートレンドのセットアップが整ったと思って間違いない。チャネルの始まり（足2、足5、足8）は、最後のひとつ（足12）を除いて試されている。足13は下落して足12を試そうとしている様子がうかがえるが、結局は失敗して上方に強く反転した。

　足1までの上昇スパイクのあとは通常のチャネルではなく、足3までほぼ垂直に若干放物線を描きながら上昇している。これはスパイ

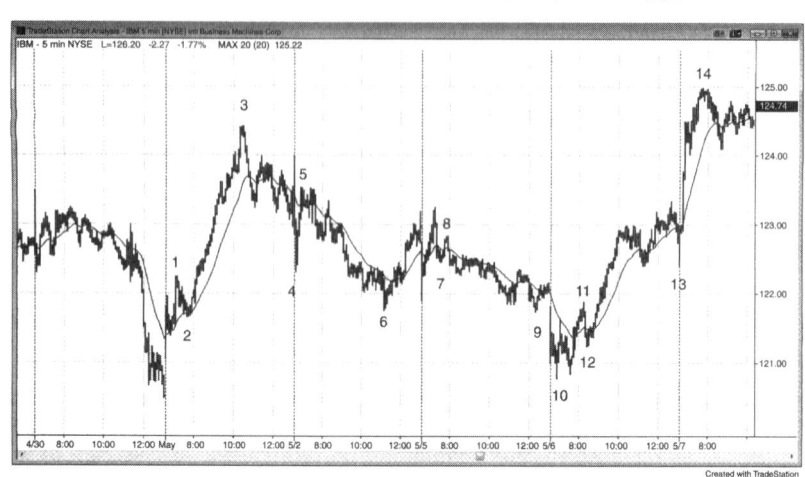

図21.3 スパイク・アンド・チャネルトレンドはよくある現象

ク・アンド・チャネル・トレンドの変化形だ。足11までの上昇スパイクと、それに続く足12からの上昇チャネルでも、同じようなパターンが発生している。このようにチャネルが急なときは、長い時間枠のチャートではスパイクとして現れることが多い。

このチャートの安値や足2から足3までの上昇は非常に急なため、これは大きなスパイクである。実際、これは60分足チャートでは4本の足による上昇スパイクを形成し、そのあと足10で終わる大きなツーレッグの押しが発生している（足6は最初のレッグの終わり）。このあと市場は次の2週間にわたって上昇し、上方へのメジャードムーブ（128.83ドルで達成。チャートの安値から足3の高値までの高さに足3の高値を加えたもの）に達した。

足7への下降スパイクは明らかに下降レッグの始まりのように見えるが、別の解釈もある。いずれの解釈にしても、市場に影響を及ぼすことに変わりはない。5月5日の寄り付きでの大きな下降スパイクに注目しよう。このあと市場は上昇して高値を切り上げているが、この下降スパイクは非常に重要で、下降チャネルへつながるスパイクと考

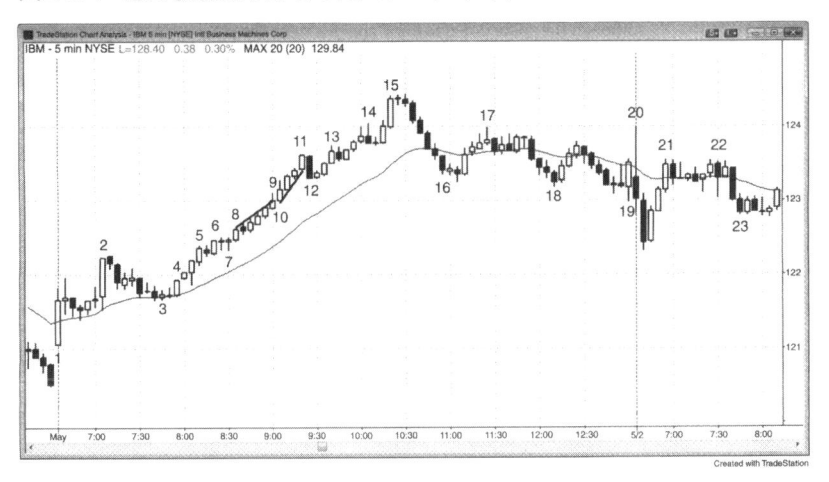

図21.4　急な放物線の形をしたミクロチャネル

えられる。この高値の切り上げは下降スパイクからの戻りによる高値の切り上げにほかならず、下降チャネルの始まりと見ることができる。

図21.4はチャネルの放物線的な特徴を説明するために前のチャートを拡大したものである。足８から足９までの動きは急なミクロチャネルだが、市場はこのあとこのチャネルを上方にブレイクアウトし、足10から足11にかけてさらに急な上昇チャネルを形成している。傾きが増すことによってチャネルは放物線状になる。これは長続きしない。したがってこれは一種のクライマックスだ。しかし、クライマックスはあなたが口座を維持できる以上に長続きすることもある。無限に続くものではないにしろ、こうした強い上昇トレンドでは売りは考えないほうが無難だ。

　これは予想外だが、翌日、足３でチャネルの始まりである安値が試されている。

ほとんどオーバーラップせず、短いヒゲを持つ強いトレンド足が10本以上にわたって形成され始めたら、それは非常に強いトレンドを意味し、トレーダーは成り行きで買う。彼らはなぜ押しを待たないのだろうか。なぜなら、市場は上昇し、押さないことを確信しているからである。現れるとも現れないとも分からない押しを待つ必要などない。押しが発生したとしても、浅く、足にして2～3本にすぎず、すぐに新高値を更新することを彼らは確信しているのだ。

足1から足2までの動きはスパイク・アンド・クライマックス・トレンドだ。足1はスパイクで、そのあとチャネルは発生せず、足2で2番目のスパイクが発生している。クライマックスが続くと、そのあと、ここで見られるように、2番目のクライマックスの安値への深い押しが発生することが多い。これはまさにスパイク・アンド・チャネルと同じ動きなので、スパイク・アンド・クライマックスはスパイク・アンド・チャネル・トレンドの変化形と考えるのがよい。

足7から足11までの動きはミクロチャネルだが、非常に狭いチャネルなので、長い時間枠のチャートではスパイクになることが予想できる。足3から足15までの動きもまた狭いチャネルなので、長い時間枠のチャートではスパイクとして現れるはずだ。実際、次の3日にわたって市場はスパイクの安値辺りまで押し、そのあと7日間にわたる上昇チャネルが続き、スパイクの高さに等しいメジャードムーブに達した。

足12から足14まではチャネルで上昇し、そのあと、2つの陽線からなるスパイクによって足15の高値までブレイクアウトしている。ここではチャネルのあとでスパイクが発生しているが、これはスパイク・アンド・チャネル・パターンの変化形であるスパイク・アンド・クライマックスでときどき発生する。この場合のスパイクは足14までの上昇チャネルがこれに相当し、チャネルは足15までの上昇スパイクがこれに相当する。この組み合わせは従来のスパイク・アンド・チャネル・

パターンと同じような振る舞いをする。

足21までの3本の陽線による上昇スパイクは非常に強いが、これは短い時間枠のチャート（例えば、10ティックチャート）で見ると、ほとんどのスパイクがそうであるように狭いチャネルとして現れる。

このチャートのさらに深い議論

図21.4を見ると、足1は強い陽線のブレイクアウト足で、昨日の引けにかけての下降チャネルと移動平均線を上方にブレイクアウトしている。この足ははば安値で寄り付いており、陽線なので、そのあとには上昇チャネルが続く可能性が高い。2番目の上昇スパイクが足2で発生しているが、連続するこれらの買いのクライマックスのあと、移動平均線への8本の足による押しが発生し、足3で足1のあとで発生した押しの安値が試され、ダブルボトムブルフラッグの買いのセットアップが整った。

足9で終わる4つの陽線は大きさがほぼ同じだが、あまり大きくないのでクライマックスではなく、ミクロチャネルを形成している。こうした強い動きのあとは価格が上昇するのが普通で、トレーダーたちは上昇スパイクと同じようにトレードできたはずだ。長い時間枠のチャートではこの一連の動きはおそらくは上昇スパイクとして現れるはずだ。これらの足のいずれかの終値で買って、プロテクティブストップはスパイクの安値（足8から2つ目の陽線）に置けばよい。市場がトレンドを形成しているが、まだクライマックスが発生していないとき、経験豊富なトレーダーならば上昇に伴って小さなポジションで買い続けるはずだ。プロテクティブストップは仕掛け価格からは比較的離れているので、リスクは大きい。したがって、ポジションサイズは小さくしなければならない。しかし、市場の上昇に伴って増し玉するのがよい。足12はチャネルを反転させようとする最初の試みだが、

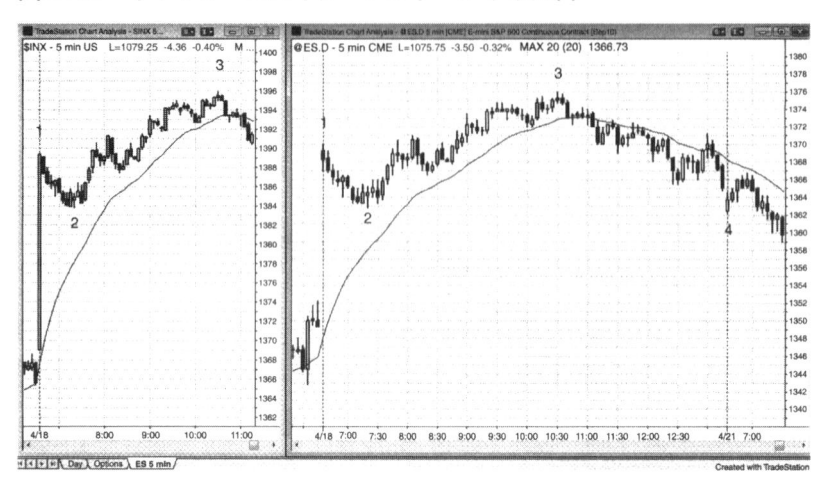

図21.5 ギャップ・スパイク・アンド・チャネル日

失敗する可能性が高い。しかし、ブル派は足12のあとで発生する陰線（足13のあとの足や足14）で利食いし始めた。そして、残りは、足15への２本の足による買いのクライマックスや、それに続く陰線はらみ足や、そのあとの強い陰線（おそらくは買いのクライマックスのあとのツーレッグの修正へとつながる）で利食いした。

　足15は長く続いたトレンドの終わりで発生した大陽線だ。そこからブレイクアウトして、別の上昇レッグが始まるかもしれないが、買いの真空になる可能性のほうが高い。自信のあるブル派もベア派もその終値辺りで売るためにこうした足を待っていた。こうした足は抵抗線のすぐ下で発生することが多い。そして、市場がこの領域に近づくと、ベア派とブル派の多くはサイドラインに下がる。強く上昇している市場で買いたいブル派は敵対する者もいないため、市場を急速に目標地点まで上昇させることに成功する。自信のあるブル派はそこで利食いし、自信のあるベア派は売った。どちらもこの買いのクライマックスのあとはより深く複雑な修正に入ることを期待して、どちらもそこで買うはずだ（ベア派は売りポジションを買い戻し、ブル派は新た

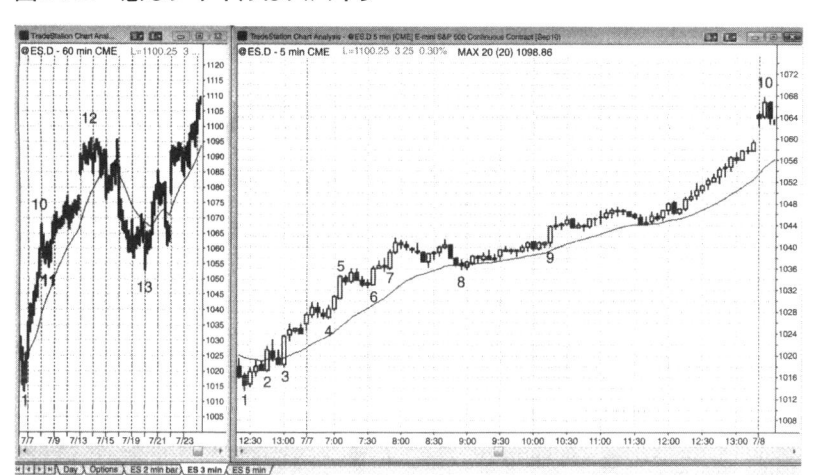

図21.6　急なチャネルはスパイク

に買う)。

　ギャップはスパイクになることがあり、その場合、ギャップ・スパイク・アンド・チャネル・パターンが形成される(**図21.5**を参照)。左側はS&P500現物指数のチャートだ。右側のEミニチャートの寄り付きのギャップアップは、現物指数のチャートでは1本の大陽線として現れている。したがって、これはスパイクである。したがって、Eミニのギャップは大陽線として考えるのがよい。

　足2はチャネルの始まりで、これは翌日試されている(足4)。足3までの上昇チャネルは次第にモメンタムを失い、天井で丸みを帯び、曲線を描きながら下落している。

このチャートのさらに深い議論

足1から足2にかけてのブルフラッグのあとチャネルが形成されてファイナルフラッグのように機能するが、足3からの下方への反転の前に発生したブレイクアウトは長く続いた。これは長い時間枠のチャートではファイナルフラッグとして現れたはずだ。

　一連のスパイクが発生すると、チャネルは急になるため、長い時間枠のチャートではスパイクになる（**図21.6**を参照）。右側のEミニの5分足チャートでは上昇スパイクがたくさん発生しており、足8から足10までのチャネルは非常に急なため、チャネルの始まりを試す押しは発生していない。足10までのスパイク・アンド・チャネル・パターンは左側の60分足チャートでは単なるスパイクとして現れている。60分足チャートの足10は、5分足チャートでも足10である。60分足チャートではそのあと足12まで上昇チャネルを形成したあと、足13の底で修正曲面に入っている。

　5分足チャートでは足4から足5までの3本の足によるスパイクは明確なスパイクになっているが、足2、足3、足6、足7、足9のようにほかにも何本かのスパイクがあり、これらのスパイクはそのあと上昇チャネルが続く可能性が高い。足8への3本の足による下落は下降スパイクで、足4または足6からの上昇チャネルの始まりを試す下降チャネルが続く可能性はあったが、上昇トレンドが強いため、それは単なる20連続ギャップ足の買いシグナルになり、そのあと上昇チャネルが長く続いた。

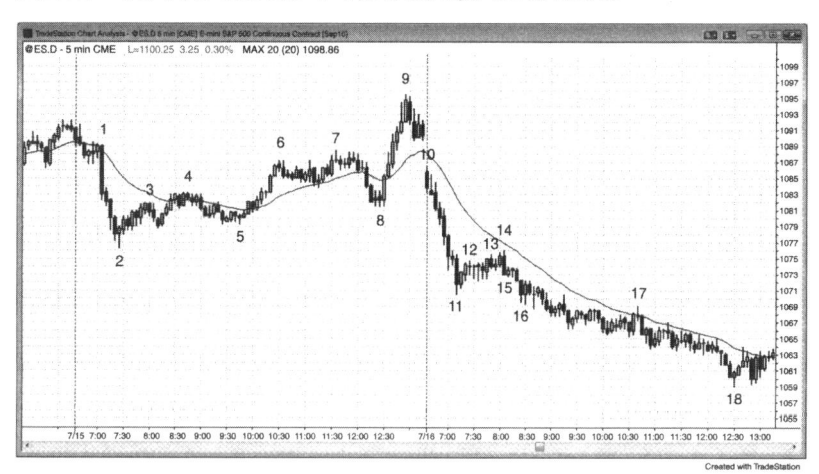

図21.7　スパイクのあとチャネルが長く続くこともある

このチャートのさらに深い議論

　図21.6を見ると、昨日は小さな上昇トレンドで引け、今日の寄り付きは昨日の引けからの２本の足によるブルフラッグを上方にブレイクアウトした。足４は、寄り付きからの上昇トレンドに対するブレイクアウトプルバックの買いのセットアップになっている。

　図21.7を見ると分かるように、足２への下降スパイクや足９への上昇スパイクのように、強いスパイクのあとには必ずしもチャネルが発生するとは限らない。しかし、トレンドは見落とすことも多いかもしれないが、ほとんどの場合スパイクから始まる。長い時間枠や短い時間枠のチャートではスパイクやチャネルは異なる様相を呈する場合もあるが、５分足チャートから推測できればそういったチャートを見

る必要はない。短い時間枠のチャートで一見大きなスパイクに見える ものは実はスパイク・アンド・チャネルだったりすることもあるが、 それが非常に急だとチャネルは見落としてしまうこともある。逆に、 スパイク・アンド・チャネルに見えるものが長い時間枠のチャートで は単なるスパイクの場合もある。

足1から足2までの下落はスパイクのように見えるが、この場合、 足1がスパイクで、そのあとの足2までの4つの足がチャネルであ る。このチャネルは短い時間枠のチャートではより明確に現れるはず だ。足2までの下落は下降スパイクで、そのあと上昇して足9で高値 を切り上げ、そのあと下降チャネルが続くと見ることもできる。スパ イクからの上昇は時としてスパイクの始まりを上回り、そのあとチャ ネルが続くこともある。

下降チャネルの最初の部分は足9から足11までのスパイクで、その あと足14から足18までチャネルが続く。また、足10の前のギャップは 足10とともに下降スパイクを形成し、そのあとの足11までの下落がチャ ネルになっている。

スパイク・アンド・チャネル・パターンの細かい部分まで理解でき るようになると、可能なトレードを再評価して、より多くのトレード 機会をとらえられるようになるはずだ。

連続するクライマックスはスパイク・アンド・チャネル・トレンド・ パターンの変化形を形成する。大きなトレンド足はすべてブレイクア ウトであり、スパイクであり、クライマックスである。**図21.8**を見 ると、足3は下降トレンドにおける大陰線で、これは売りのクライ マックスだ。しかし、クライマックスが発生したからといって、必ず しも反転するわけではない。それは急激な行きすぎを意味することもあ

第21章 スパイク・アンド・チャネル・トレンド

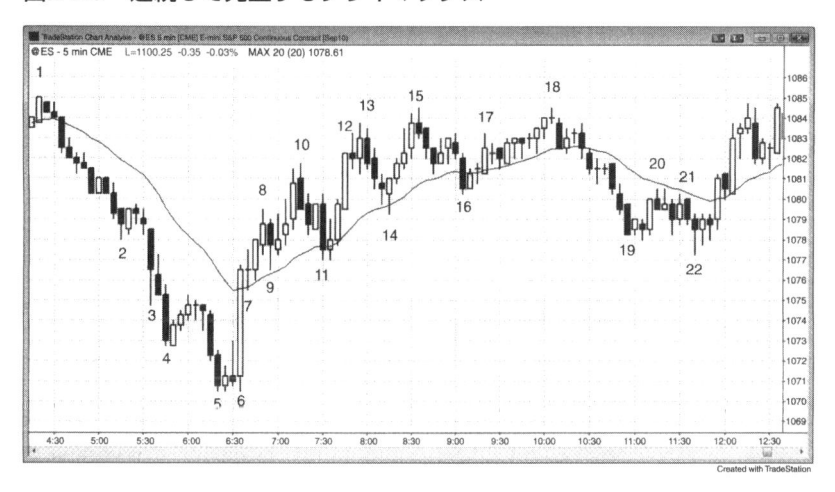

図21.8 連続して発生するクライマックス

り、そのあと1本から数本にわたって小休止したあと、再びトレンドが始まり、そのあと横ばいになって、反転することもある。

　足3のクライマックスは1本の足による小休止（このあとの陰線ははらみ足）によって修正され、そのあと再び売りのクライマックス（足4）が続く。足4のあとは3本の足による上昇があり、そのあと3回目の売りのクライマックスが発生し、そのあと下降トレンドでの安値を付ける。この最後の売りのクライマックスは足5の安値までの2本の足による下落である。これらの足が大きな実体を持ち、ヒゲが短く、ほとんどオーバーラップしない強い陰線かどうかは問題ではない。クライマックスのあとは修正局面になるのが普通だ。トレーダーたちは売ることにやっきになり、もっと良い価格で売れる上昇を待つことができない。こうした信念を持たないトレーダーたちが売ると、もう売りたい者は残っておらず、買い手が支配権を握って市場を上昇させる。足3のクライマックスのあとには1本の足による修正が発生し、足4のクライマックスのあとには3本の足による修正が発生し、足5のクライマックスのあとで市場は大きく反転している。クライマック

スが2回続くと、少なくともツーレッグの修正が発生することが多い。またクライマックスが3回続くと、ここで見られるように、大きく反転することが多い。

　連続するクライマックスはスパイク・アンド・チャネル・トレンドの変化形なので、ここでは通常のチャネルに見られるように、ヒゲを持った小さなオーバーラップする足は発生していないが、足3をスパイクと見て、足4をチャネルと見ることができる。しかしこの場合、足4は足5までの下降チャネルのスパイクと考えるのがよさそうだ。

　足6は上昇スパイクで、このあと足8までチャネルが続いている。足8までの上昇は大変急なので、足6から足8をスパイクと見ることもできる。長い時間枠のチャートでもこの部分はスパイクとして現れるはずだ。足6のスパイクのあと、足7から足10までチャネルが形成されている。足6のスパイクによるブレイクアウトギャップには2つのブレイクアウトポイントがある。ひとつは、足4のあとの小さな戻り天井、もうひとつは足6の前の足の高値だ。どちらに重点を置くかはトレーダーによって異なるが、いずれも重要だ。足11はチャネルの安値への試しなので、ギャップの試しでもある。これによって足11はブレイクアウトへの試しになり、上昇チャネルの始まりであり、足7と足9とともにダブルボトムブルフラッグを形成している。市場が再び上昇し始めると、ブル派としては再び下方を試してほしくはない。もし下方を試せば、彼らはそれを弱さのサインと見て、強い上昇の動きが発生する可能性は減少したと思うだろう。

　足10で4本の足による放物線状の動きは終わっている。足9から足10までの足の高値を結べば、放物線が描けるはずだ。その傾きは足9のあとの2つの足で急になり、最後の2つの足では緩くなっている。足7から足10までのチャネルは大変急なので、足6から足10までの動きは長い時間枠のチャートではスパイクとして現れるはずだ。

　足12は2本の足によるスパイクの終わりで、足15は放物線状のチャ

ネルの終わりだ。

　足7から足15までは3つのプッシュを持つ大きなチャネルを形成している。

　足17までは3本の足によるスパイクで、そのあと足18にかけて放物線状のチャネルが続いている。

　足19までの3本の足による下降スパイクのあと、足22にかけて小さな下降チャネルが続いている。足21と足22は小さなスパイクを形成し、2番目の売りのクライマックス（最初のクライマックスは足19までの動き）になっているため、このあと上方への修正が予想できる。

このチャートのさらに深い議論

　初心者のトレーダーが1日の終わりに図21.8のチャートを見ると、足7、足9、あるいは足11辺りからトレーディングレンジが始まったと見るはずだ。足7から足15までの上昇チャネルが形成されているとき、スパイク・アンド・チャネル日の上昇チャネルはトレーディングレンジの始まりになることにおそらくは気づかないだろう。しかし、経験豊富なトレーダーはこれを知っているため、スイングハイが現れるたびにその上で売り始め、価格の上昇に伴って増し玉するはずだ。そして、上昇チャネルの安値である足9や足11を試す足22のダブルボトム辺りで彼らは売りポジションを手仕舞うはずだ。足22はファイナルフラッグの反転になる可能性が高く、形成されつつあるトレーディングレンジの安値での2番目の買いのセットアップになりそうな雰囲気だ。結局、足22は足19までの下降ミクロチャネルを上方にブレイクアウトした足20からの安値を切り下げる下落だった。

　足15までの上昇ウェッジは、2番目の高値が最初の高値よりも8ティック高く、3番目の高値が2番目の高値よりも3ティック高いので、シュリンキングステアの上昇チャネルだ。これはモメンタムが次

第に弱まっていることを示している。

　ウエッジはツーレッグの修正を伴うのが普通だが、ウエッジが大きいとき、レッグは細分化されるのが普通だ。足16までの下落は非常に狭い下降チャネルなので、2つのレッグに分かれてはいるが、最初の下降レッグになる可能性が高い。このウエッジにはこの大きさのウエッジを十分に修正できるほどの足は含まれていない。足18までのモメンタムの低い動きは2番目の下降レッグにつながる上昇で、2番目の下降レッグは足22で終わっている。足18はウエッジの高値である足15とともにダブルトップを形成し、市場がウエッジの高値を試すダブルトップで下方に反転すると、トレーダーたちは天井が近いことをより一層強く確信する。反転したあとの下落は強いのが普通で、少なくとも2つのレッグを持つ。足22はチャネルの安値である足9と足11を試し、足9と足11とともにダブルボトムブルフラッグを形成する。足20は足19までのミクロ下降チャネルを上方にブレイクアウトしているので、足22はそのチャネルのブレイクアウトからの安値を切り下げるツーレッグの押しになる。そのため、足22から始まる2本の足による反転は小さな上昇スイングに対する良い買いのセットアップになる。

　足6から足15までの動きは非常に強いため、そのあとの足22までのトレーディングレンジは上方にブレイクアウトする可能性が高く、レッグ1＝レッグ2の上方へのメジャードムーブにつながる可能性が高い（レッグ1は足6から足15までの動きで、レッグ2は足22から始まる動きだが、この動きはまだ終わっていない）。

　トレーディングレンジのブレイクアウトは大抵は失敗する。トレーダーたちは足19までの下落はトレーディングレンジの安値に近かったため、フォロースルーは発生しないと思った。足21の安値2で売った場合、ファイナルフラッグ（足19から足21）と、トレーディングレンジの安値からの上方への反転を期待するはずだ。

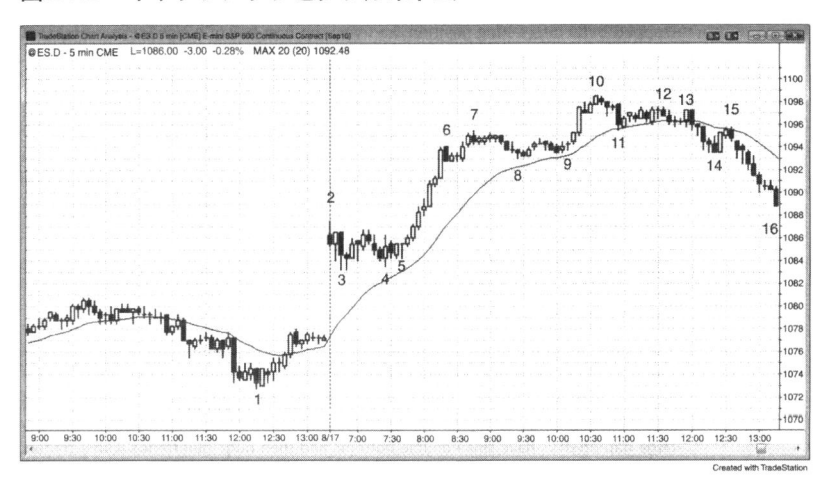

図21.9 ギャップアップとダブルボトム

　足６は大きな上昇スパイクなので、トレーダーたちはスパイクと同じ大きさのメジャードムーブの価格目標で利食いするはずだ。この足の始値または安値から終値または高値までがメジャードムーブの大きさになる。この場合、スパイクの天井は足７の同時線なので、ここは利食いの選択肢にはならないが、あらゆる可能性を考えたほうがよい。ウエッジの高値である足15は、足６の安値から足７の高値までのメジャードムーブの価格目標なので、ここで利食いするのが良い。

　寄り付きでの大きなギャップアップは、再び元のトレンドに戻る前に、ツーレッグの横ばいか下落を伴うのが普通だ。オープニングレンジ（最初の５本から10本）が日々の平均レンジの30％を下回る場合、その日はブレイクアウトモードにあるため、トレーダーたちは上方へのブレイクアウトでは買い、下方へのブレイクアウトでは売る。大き

517

なギャップアップのあと小さなレンジが発生したとすると、この日はトレンド日（上昇トレンドか下降トレンドかは分からないが）になる可能性が高い。

図21.9では、足5から足6の前の足までの上昇は強い上昇スパイクだ。そのあと市場は足9にかけて横ばいの修正に入り、そのあと足10まで上昇して買いのクライマックスが形成され、スパイク・アンド・クライマックスタイプのスパイク・アンド・チャネルの上昇トレンドが完成する。

足6は強い上昇トレンドにおける最初の下降スパイクで、このあと予想どおりブルフラッグ（ⅲⅲⅰパターン）が形成される。

トレーダーたちは足11の強い下降スパイクを見て、トレンドが反転するのではないかと思った。なぜなら、足9までの上昇ファイナルフラッグが急な上昇トレンドラインをブレイクしたあと、高値の切り上げから下方に反転したからだ。それは足9のあとの強い上昇スパイクのあとで発生した。数本の足のうちに互いに逆方向の強い2つのスパイクが発生した場合、ブル派とベア派がチャネルを形成しようと競い合うため、横ばいになることが多い。ブル派はチャネルを上昇させようとし、ベア派は下落させようとする。ここでは市場は横ばいになったが、最終的にはベア派が勝ち、下降スパイクが発生した。

市場は横ばいになったあと、足12で小さなダブルトップの形で高値を切り下げ、そのあと足13まで戻す。足13は陽線なのでブル派は買って落とし穴にはまる。またこれは大きな下落へと続く2本の足による反転の最初の足でもある。

トレーディングレンジでは上昇スパイクと下降スパイクが発生することが多いが、これによって市場はブレイクアウトモードになる。ブル派は上昇チャネルという形でフォロースルーが発生することを期待し、ベア派は下降チャネルを期待する。足9のあと2本の足による上昇スパイクが発生し、上昇チャネルへとつながる上昇は足11の下降ス

パイクから始まった。この時点で、ベア派は下降チャネルになることを期待している。そのあと市場は狭いトレーディングレンジに入る。ブル派は足13の陽線から上昇チャネルにしようと試みるが、ベア派に圧倒され、結局市場は反転して下降チャネルになった。

このチャートのさらに深い議論

　図21.9を見ると、市場は大きなギャップアップで寄り付き、昨日の高値を上方にブレイクアウトしたが、この日の最初の足は弱気の反転足で、ブレイクアウトの失敗による売りのセットアップを整えた。そのあと市場は横ばいになり、足4の陽線包み足でダブルボトムを形成した。大きなギャップアップで寄り付いた日は小さなダブルボトムが発生し、そのあと大きな上昇トレンドになることが多いため、足4が前の足の高値を上回ると買いポジションにドテンしたトレーダーもいたはずだ。あるいは足5のブレイクアウトプルバックのセットアップ（はらみ足は小休止なので、これは一種の押しになる）の上で買ったトレーダーもいただろうし、オープニングレンジ（足2）の上方へのブレイクアウトを待って買ったトレーダーもいたはずだ。

　足5は足3と足4のダブルボトム（高値2）を上方にブレイクアウトして、ブレイクアウトプルバックによる買いのセットアップを整えた。足3、足4、足5はまた大きなギャップアップのあとトライアングルを形成している。上昇トレンドにおけるトレーディングレンジのほとんどは上方にブレイクアウトするので、大きなギャップアップはスパイクで、そのあとのトライアングルはブルフラッグになる可能性が高い。

　足6、足8、足9はトライアングル（ウエッジ型ブルフラッグとも取れる）を形成している。上昇トレンドにおけるトレーディングレンジはブルフラッグになる。足6と足8のダブルボトムから足9の前の

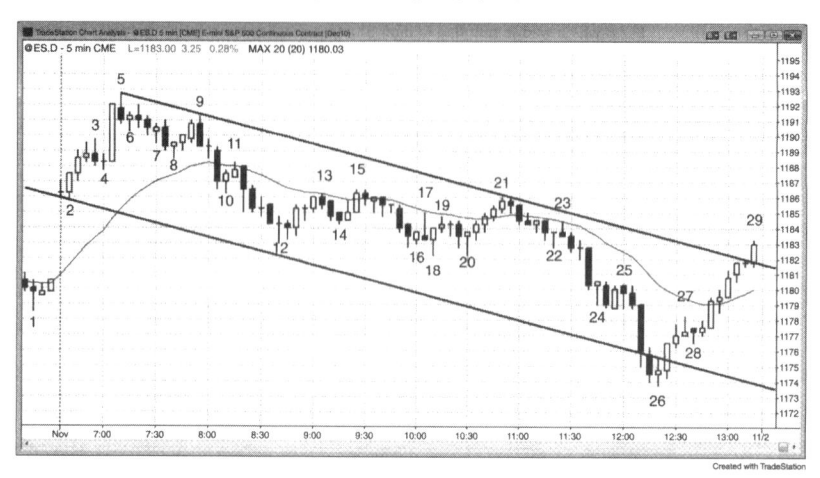

図21.10　スパイク・アンド・クライマックス

足をブレイクアウトしたあと、足9は1本の足による押しになった。

足6、足8、足9のトライアングルは大きなファイナルフラッグになったが、足12からの4本の足による下落と、足11と足12から3番目の足によって形成されたダブルボトムブルフラッグもまた上昇ファイナルフラッグである。足13の高値への上方へのブレイクアウトは瞬間的なものであり、足12の高値を切り上げていないが、これもまたファイナルフラッグである。これはブルフラッグであり、ブル派がトレンドを元のトレンドに戻そうとする最後の試しだったが、1本の足による上方へのブレイクアウトの直後に下方に反転した。

スパイク・アンド・チャネル・パターンの変化形であるスパイク・アンド・クライマックスは、スパイクとチャネルが逆になることが多い。図21.10を見ると、足2から足3までチャネルが形成され、そ

のあと大陽線が発生している。この場合、チャネルが上昇スパイクとして機能し、1本の足によるスパイクがチャネルとして機能している。

このチャートのさらに深い議論

この日の高値である足5からの下方への反転はファイナルフラッグの反転でもあり、この場合、足4が1本の足によるファイナルフラッグになっている。クライマックスのあと、特にファイナルフラッグの反転のあとは、市場はツーレッグの修正局面に入るのが普通だ。つまり、高値1と、おそらくは高値2も失敗するということである。足5の下で売った場合、押しが予想されるため、プロテクティブストップは2番目のレッグが始まるまで足5の高値の上に置かなければならない。

足11への下落で市場が下方にブレイクアウトすると、売りがさらに加速することが予想される。つまり、このブレイクアウトによって市場はオールウェズインの売りモードになるということである。ブレイクアウト足は下方へのメジャードムーブへとつながる可能性が高く、メジャーリングギャップが発生する可能性も高い。足8のブレイクアウトポイントと足11の戻りとの間のギャップがメジャーリングギャップである。

寄り付きからの上昇スパイクは急でクライマックスが発生したため、足6の上の高値1は失敗する可能性が高い。積極的なトレーダーは足6の高値1のシグナル足の高値かその上と、足7の高値2のシグナル足の高値の上に売りの指値を入れるはずだ。

足8はウエッジ型ブルフラッグ（高値3）で、良いスキャルピングになるが、2番目の下降レッグが発生する可能性が高いため、買いポジションを利食いしてから売りポジションにドテンする心の準備ができているときに限る。足8までの下落はチャネルになっているので、

おそらくはこれが最初のレッグだろう。

　オープニングレンジは平均レンジのおよそ半分なので、この日はトレンドを伴うトレーディングレンジ日になる可能性が高いが、実際そうなった。上のレンジは足2の安値からこの日の高値までで、下のレンジは足12辺りから足22までだ。このあと再び下方にブレイクアウトし、足24の狭いトレーディングレンジ（ファイナルフラッグ領域）からこの日の安値である足26までチャネルを形成しているが、二方向の相場はほとんど現れず、市場は引けにかけてレンジの真ん中辺りまで反転した。

　この日はスパイク・アンド・チャネルの下降トレンド日でもあった。足5から足12までの動きがスパイクで、足12、足18、および足26への3つのプッシュダウンが放物線状のクライマックスチャネルだ。

　足26の安値でチャネルを下方にブレイクアウトしたあと上方に反転すると、次の目標はチャネルの高値を突き抜けることであり、これは引けで達成されている。

第22章
トレンドを伴うトレーディングレンジ日
Trending Trading Range Days

　トレンドを伴うトレーディングレンジ日の主な特徴は以下のとおりである。

- オープニングレンジが、直近の日のレンジの3分の1から半分。
- 1～2時間後にブレイクアウトが発生し、そのあとまたトレーディングレンジに入る。
- トレーディングレンジが形成されるため、両方向のトレード機会がある。
- 複数のブレイクアウトと複数のトレーディングレンジが発生することがあるが、こんな日は強いタイプのトレンド日とみなし、トレンドの方向にのみトレードするのがよい。
- 2番目のトレーディングレンジが形成され始めたあと、前のトレーディングレンジを試すプルバック（押しや戻り）が発生することが多い。
- その試しは前のレンジに戻ることが多い。前のレンジを突破しそうでしないとき、トレンドは若干強くなる。
- 時として前のレンジを突破することがあるが、そういった日は反転する。
- 反転日のほとんどはトレンドを伴うトレーディングレンジ日から始

まる。
- ブレイクアウトが非常に強いとき、その日は弱いスパイク・アンド・チャネル・トレンド日になる可能性が高い。

　トレンドにはプルバック（押しや戻り）が付き物で、そのプルバックは狭いトレーディングレンジなので、トレンド日には必ず何らかの形のトレンドを伴うトレーディングレンジ日が発生する。トレンドを伴うトレーディングレンジは毎週少なくとも2～3回はその日の支配的な特徴になることが多い。オープニングレンジが直近の日の平均レンジの3分の1から半分のとき、ブレイクアウトが発生し、その日のレンジは2倍になることが多い。こうしたトレンド日は通常2つの、ときにはそれ以上のトレーディングレンジが発生し、これらのトレーディングレンジは短時間のブレイクアウトによって分離されるため、フォーメーションがトレーディングレンジには見えないこともある。しかし、日足チャートを見ると、足の一方の側で寄り付き、反対側で引けるため、トレンド日であることがはっきりする。トレンドを伴うスイングが形成されるが、トレンド日には見えないとき、それはトレンドを伴うトレーディングレンジ日である可能性が高い。その日の最初の1～2時間のレンジが直近の日の平均レンジの3分の1から半分のとき、ブレイクアウトとメジャードムーブが発生し、そのあとは終日にわたって2番目のトレーディングレンジが形成されることが多い。このタイプのトレンドは毎週数回発生するが、これは別のトレンド、あるいは広いトレーディングレンジと見たほうがよい。

　ほとんどの日は、トレンドの強さによって、スパイク・アンド・チャネル・トレンド日か、トレンドを伴うトレーディングレンジ日として分類することができる。トレンドが強いほど、その日はスパイク・アンド・チャネル・トレンド日になることが多い。これらを区別するのは、トレードの仕方が違うからである。その日がスパイク・アンド・

チャネル・トレンド日のとき、強いトレンドが形成されるため、トレンド方向のトレードとスイングトレードに集中すべきで、トレーディングレンジや逆方向のトレンドに反転しないかぎり、カウンタートレンドトレードは避けるべきである。逆に、その日がトレンドを伴うトレーディングレンジ日のときは、両方向のトレードが可能で、スキャルピングを仕掛けたほうがよい。その日がスパイク・アンド・チャネル・トレンド日のような強いトレンド日（あるいは、小さなプルバックを伴うトレンド日）になるか、トレンドを伴うトレーディングレンジ日になるかを判断するための手掛かりはいくつかある。毎日、少なくとも1つのスパイク・アンド・チャネル・スイングが発生するが、トレーディングレンジは強いトレンドよりも発生頻度が高く、トレンドを伴うトレーディングレンジ日はスパイク・アンド・チャネル・トレンド日の2倍の頻度で発生する。スパイク・アンド・チャネル・トレンド日のスパイクは、その日の早い時間帯に、最初の足から、あるいは大きなギャップアップやギャップダウンで始まることが多い。また、このスパイクは、昨日の足を上回ってブレイクアウトするか、大きなギャップダウンで寄り付いた日に最初の足から大きく上昇するときのように、ブレイクアウトから大きく反転することが多い。一方、トレンドを伴うトレーディングレンジ日のスパイクは、トレーディングレンジからのブレイクアウトだが、前日のレンジの範囲内にあるのが普通だ。

　オープニングレンジは1時間から3時間続くのが普通で、平均レンジのおよそ半分のサイズになることが多い。この緊急性の欠如は、この日が強いトレンド日になる可能性が低いというサインだ。また、最初のトレーディングレンジは、ほかのトレーディングレンジと同様、磁石のような引力を持ち、行きすぎたブレイクアウトを引き戻して、別のトレーディングレンジを形成する。スパイク・アンド・チャネル・トレンド日のブレイクアウトは大きくて速い傾向がある。また、スパ

イクは短いヒゲを持つ３つ以上の陽線を持ち、足同士のオーバーラップは少ない。一方、トレンドを伴うトレーディングレンジ日のスパイクは１〜３本からなり、徐々に小さくなり、ヒゲは長く、オーバーラップすることが多い。プルバックが１本からなり、プルバックからのブレイクアウトが別のスパイクになる場合、たとえプルバックは小さく１本からなる場合でも、その日はスパイク・アンド・チャネル・トレンド日になる可能性が高い。プルバックが５〜10本の足で形成される横ばいになったり、プルバックからのブレイクアウトが弱いチャネルで、足同士はオーバーラップし、陽線や陰線が混在する場合、その日はトレンドを伴うトレーディングレンジ日になる可能性が高い。スパイクのあとのプルバックが強く、オールウエーズインの方向がどちらか分からない場合、トレンドチャネルよりもトレーディングレンジになる可能性が高いため、スイングトレードではなくスキャルピングを仕掛けたほうがよい。

　トレーディングレンジのブレイクアウトでの仕掛けは、特殊な状況を除き、低勝率トレードになることが多い。ブレイクアウトプルバックか、レンジの反対側からの反転で仕掛けたほうがよいが、その日がトレンドを伴うトレーディングレンジ日になり、ブレイクアウトが強いという確信があれば、ブレイクアウト足が強いときに限って、ブレイクアウト足が形成されている途中で、あるいはブレイクアウト足の終値付近で、あるいはその次の足の引けで仕掛けてもよい。ブレイクアウトスパイクのあとではチャネルが発生することが多いが、このチャネルはメジャードムーブ領域辺りで止まり、トレーディングレンジが形成されることが多い。つまり、市場は１つのトレーディングレンジからブレイクアウトして、別のトレーディングレンジを形成するということである。ごくまれに、１日のうちに３〜４つの狭いトレーディングレンジが発生することがあるが、このような日は、スパイク・アンド・チャネルか、プルバックが小さいトレンド日のような強いト

レンド日と考えて、トレンド方向にトレードしたほうがよい。市場が前のレンジまで戻れば、レンジの反対側まで戻すことが多い。つまり、ブレイクアウトのあとレンジ内で保ち合いになるということである。これは二方向の相場を意味し、新たなレンジの高値と安値を試しながら、ある時点までいくとどちらかにブレイクアウトするということである。市場がメジャードムーブ領域に達すると、2番目のトレーディングレンジに入る可能性が高い。したがって、トレーダーはそれに従って、トレンド方向のトレードからトレーディングレンジのトレードに移行しなければならない。例えば、その日が上昇トレンドを伴うトレーディングレンジ日だったとすると、トレンドが弱まってきたら、下側のトレーディングレンジの値幅分を上方に加えてメジャードムーブ領域で利食いしなければならない。なぜなら、市場はブレイクアウトした領域までの下値を試し、そのあと再びトレーディングレンジを形成するからである。

　トレンドを伴うトレーディングレンジに入ったと思ったら、プロテクティブストップはスイングローの下に移動させてはならない。なぜなら、そういったプロテクティブストップは大概は執行されてしまうからだ。手仕舞うのは、上のレンジを形成している強いときにすべきであり、弱いときに手仕舞うべきではない。トレーディングレンジでは、「安く買って、高く売る」をモットーにすべきであることを忘れてはならない。積極的なトレーダーはメジャードムーブの価格目標領域で大きなトレンド足で逆張りする。例えば、上昇トレンドを伴うトレーディングレンジ日では、市場がメジャードムーブの価格目標に近づいたら、ベア派は大陽線を探す。それが見つかったら、その足の引けか、高値のすぐ上で売り、市場の上昇に伴って増し玉する。彼らはその大陽線をエグゾースティブな買いのクライマックスと見て、そのあとギャップ（2～3本の陽線が下のトレーディングレンジからのブレイクアウトを形成する）まで試し、おそらくは下のレンジの高値を

試すことを期待する。彼らは上のトレーディングレンジが形成されることを期待しているため、上のトレーディングレンジの高値が形成されると思われる領域での上昇スパイクの高値での売りは良い仕掛けになる。市場は上昇しても、仕掛け価格の下まで戻る可能性が高い。市場の上昇に伴って増し玉すれば、最初の仕掛けはブレークイーブンで手仕舞い、高値で仕掛けたもののストップは最初に仕掛けたポジションのブレークイーブンの位置までに移動させ、ギャップの試しまで保有する。

　1日を通じて二方向の相場は必ず発生するため、最後の1時間か2時間でトレーディングレンジの少なくとも1つを抜けて反転するのが普通だ。トレーディングレンジは二方向の相場なので、それはブル派にとってもベア派にとっても安心できる領域であり、双方ともにこの領域に価値を見いだす。これによってトレーディングレンジ領域は磁石のような引力を発揮し、ブレイクアウトしてもレンジ内に戻る傾向がある。

　このタイプのトレンド日を認識することが重要なのは、市場はブレイクアウトを試すのが普通なので、この反転は信頼できるカウンタートレンドトレードにつながる可能性が高いからだ。このため、ブレイクアウトがトレンドトレーダーたちが利食いするメジャードムーブの価格目標に達すると、トレーダーたちは今度は逆方向にトレードし、ブレイクアウトを試した辺りで手仕舞おうとする。経験豊富なトレーダーはメジャードムーブ領域辺りに強いトレンド足が形成されたら逆張りし、ブレイクアウトギャップを試すプルバックを期待する。例えば、Eミニの1日の平均レンジが10ポイントのとき、数時間にわたってトレーディングレンジが続き、そのあと上方にブレイクアウトしたとすると、自信のあるベア派はレンジの下から4～6ポイント上げたところで売りポジションを増し玉し始め、ブレイクアウトした領域や下のレンジの高値付近まで下落することを期待する。市場が前のレン

ジにまで反転下落すると、前のレンジ内のカウンタートレンドシグナル足を試す可能性が高い。例えば、下降トレンドが上方に反転すると、市場は前の失敗した陽線のシグナル足の高値に到達しようとする。上昇が上のトレーディングレンジの高値に達するかそれを突破すれば、その日はそこで引け、日足チャートでは反転日になる。つまり、その日はまず下落し、そのあと上方に反転して、高値近くで引けたというわけである。反転日のほとんどはトレンドを伴ったトレーディングレンジ日として始まるため、その日がトレンドを伴ったトレーディングレンジ日だと認識したら、そのあとおそらくは反転スイングトレードの機会があると思って間違いない。これはその日のすべてのレンジにわたる大きな日中トレンドトレードになる可能性が高い。

　トレンドを伴うトレーディングレンジ日は、ブレイクアウトが発生するという小さな手掛かりを与えてくれることが多い。トレーディングレンジ日になりそうだが、スイングハイは前のスイングハイよりも若干高く、スイングローも前のスイングローよりも若干高いとき、市場はトレーディングレンジにはあるが、すでにトレンドが形成されつつある。多くの参入者がこれに気づけば、市場はブレイクアウトして素早く上昇したあと、再び二方向の相場になり、新たなトレーディングレンジを形成する。

　最初のブレイクアウトが発生したとき、市場は１日の平均レンジまで成長しようとしているためメジャードムーブは期待しないほうがよい。３分の１のケースでは、市場は一方からブレイクアウトし、レンジを少しだけ伸ばしたあと反転し、今度は逆サイドにブレイクアウトし、レンジを少しだけ広げたあと、またレンジ内に戻る。かくして市場は静かなトレーディングレンジ日となる。

　時として直近の日の平均レンジのおよそ半分のトレーディングレンジが発生することがあり、そのレンジは１日の最後の１時間まで狭いまま推移する。例えば、Ｅミニの１日のレンジが最後の１時間のとき

に５ポイントで、直近の日の平均レンジが12ポイントで、過去12カ月でレンジが５ポイント以下だった日がわずか２日しかなかった場合、その日の終わりにブレイクアウトする可能性が高い。トレンドを伴うトレーディングレンジ日で、最初のレンジがわずか５ポイントの場合、最初の２～３時間のうちにブレイクアウトする可能性が高いが、年に何回か、最後の１～２時間までレンジが狭いままの場合もある。このような場合、ブレイクアウトが発生し、レンジは拡大するが、直近の平均レンジまでは拡大しない。しかし、90％の確率でレンジは引け前に拡大し、短時間のうちにブレイクアウトで利益を出せる可能性があるため、レンジがわずか５ポイントだと思ってあきらめてはならない。ブレイクアウトは遅い時間に発生するため、トレーディングレンジを形成する時間はないが、トレンドを伴うトレーディングレンジ日になる可能性は１日中あることを忘れてはならない。

　トレンドを伴うトレーディングレンジ日はレンジとレンジの間に１本の大きなトレンド足が発生することが多い。**図22.1**を見ると、足１から足３にかけて昨日の最後の数時間にわたってトレーディングレンジが形成され、そのトレーディングレンジは今日の最初の数時間まで続いている。足10はそのトレーディングレンジと足５、足７、足９によって形成されたウエッジの高値を上にブレイクアウトした大陽線だ。その次の足もまた陽線で、これによってブレイクアウトは決定づけられた（価格が上昇し、上方へのメジャードムーブが発生する可能性が高い）。そのあと市場は狭いトレーディングレンジに入り、これが終日にわたって続いた。

　このレンジは３日目も続いた。トレーディングレンジは磁石のような引力を持つため、ブレイクアウトの試しは大概は失敗する。足11か

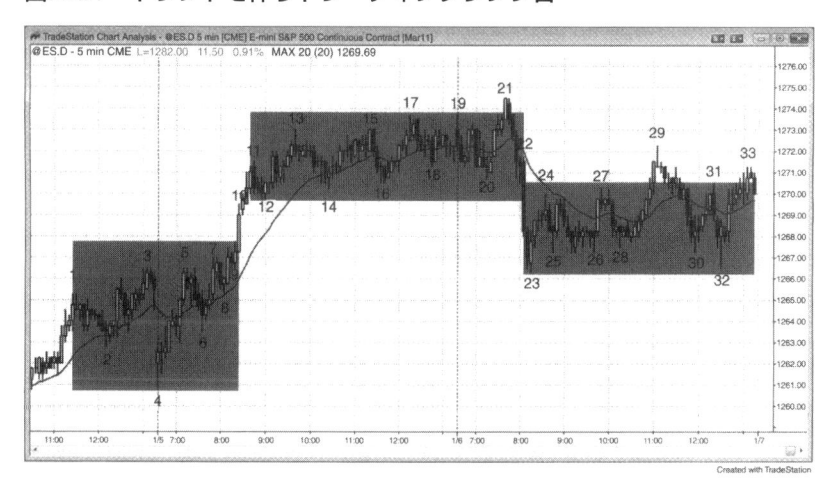

図22.1 トレンドを伴うトレーディングレンジ日

ら足19までのトレーディングレンジは上昇ファイナルフラッグで、足21のブレイクアウトは失敗した。そのあと、市場は足22の大陰線でこの上方のトレーディングレンジを下方にブレイクした。この下落は前日から続くレンジの高値を試し、別のトレーディングレンジへと発展していった。足29は下側のレンジの高値へのブレイクアウトの失敗で、3回目のプッシュアップでもある。この下側のレンジの引力は上のレンジの引力よりも強く、市場は下側のレンジに引き戻され、足32ではレンジの安値を試し、この日は下側のレンジの高値近くで引けた。

　足8から足13までの上昇スパイクは大きいが、足12から足17までのフォロースルーチャネルはこれに比較すると小さい。下側のトレーデングレンジの高値である足9と上側のトレーディングレンジの安値である足12との間のブレイクアウトギャップは、上側のレンジの値幅に比べると大きい。したがって、市場はギャップ内に戻りその強さを試す可能性が高い。足23から足33までのトレーディングレンジはほとんどが足9と足12の間のブレイクアウトギャップ内に収まっているが、これはよくあることだ。

足4から足9までの最初のレンジは平均的な日のレンジのおよそ半分だ。したがって、トレーダーたちはこのレンジはおよそ倍になると予測した。1日の平均レンジのおよそ半分という狭いトレーディングレンジが形成されると、そのレンジを広くしようとしてマーケットは、ブレイクアウトとトレンドを伴うトレーディングレンジ日を形成させる。

　足19から足21までの3日目のオープニングレンジは平均的な日のレンジのおよそ3分の1なので、トレーダーたちはブレイクアウトが発生すると予測した。前日のギャップが試されることが予想されるため、下方にブレイクアウトする可能性が高く、それはレンジの高値へのブレイクアウトが失敗したあとに発生した。足23までの下降スパイクが強いため、この日はスパイク・アンド・チャネルの下降トレンド日になる可能性が高いが、足23が昨日のトレーディングレンジによる支持線（足3と足5と足7の高値）を試した。足23への下降スパイクは下方へのメジャードムーブで、足23は3日間のトレンドライン（非表示）も試している。つまり、この下落は市場が支持線に下落するまで、自信のあるブル派とベア派がサイドラインに下がったために発生した売りの真空である。市場がこの支持線まで下落すると、彼らは積極的に買った。足23、足25、および足26からの上昇スパイク、足25と足26の間で発生したスパイクによって形成されたダブルボトムブルフラッグ、足28のダブルボトムプルバックはすべて買い圧力が強まっていることを示しており、足29までの上昇スパイクでオールウエーズインの買いモードへと変わった。スパイク・アンド・チャネルの下降トレンド日に発生するスパイクのあとの押しでは、通常はこうはならない。したがって、この日がトレンドを伴うトレーディングレンジ日になる可能性はさらに高まった。この日がスパイク・アンド・チャネルの下降トレンド日になるとしたら、足23のスパイクによる下落は、下降スパイクの強さに対してそれほど大きな買い圧力は持たないはず

だ。この買い圧力による不確実性によって、瞬間的な下落と長く続く下降チャネルの可能性よりも、トレーディングレンジに入る可能性のほうが高まった。不確実性はトレーディングレンジの特徴であって、ベアフラッグ（下降チャネルへとつながる下落）の特徴ではない。

　スパイク・アンド・チャネルのトレンド日とトレンドを伴うトレーディングレンジ日の違いは必ずしも明確というわけではなく、それほど重要ではないときもある。足12から始まるトレーディングレンジによってこの日がトレンドを伴うトレーディングレンジ日になる可能性が高まったわけだが、スイングローもスイングハイも切り上がっているため、これは弱い上昇チャネルでもある。チャネルは傾きを持ったトレーディングレンジであり、二方向相場であることを思い出そう。傾きが小さいほど、トレーディングレンジのように振る舞うことが多いため、トレーダーはより安全に両方向に仕掛けられる。

　図22.2を見ると、両日とも最初の数時間のレンジは直近の日のレンジのおよそ半分である。これはどちらかの方向にブレイクアウトする可能性が高いことを示している。このように、ブレイクアウトがオープニングレンジでははっきした方向は示さず、その日の遅い時間帯に発生し、最初のレンジが平均的な日のレンジのおよそ半分のとき、スパイク・アンド・チャネル・トレンドのような強いトレンドには結びつかない場合が多い。このような場合は、下落したあと、下側のトレーディングレンジを形成するのが普通だ。下側のレンジはブレイクアウトして上側のレンジに戻るかもしれないし、戻らないかもしれない。あるいは、再び下方にブレイクアウトして3番目、4番目のトレーディングレンジに発展することもある。強い下降トレンドよりも、下側のトレーディングレンジが形成される可能性が高いため、トレー

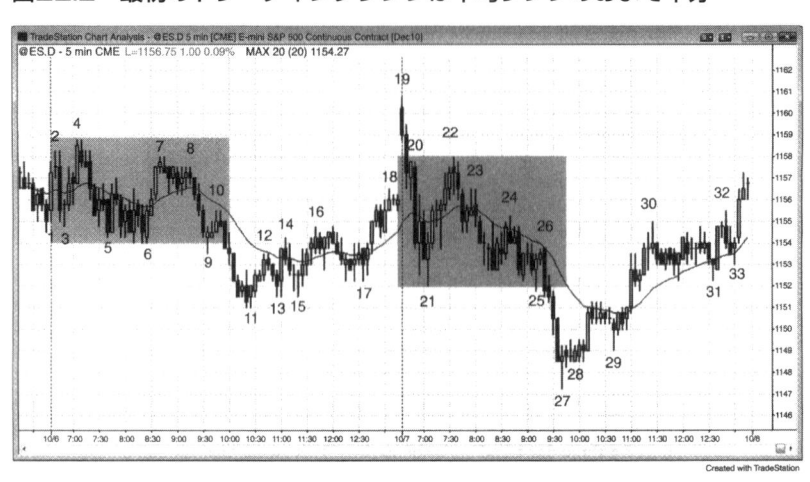

図22.2　最初のトレーディングレンジは平均レンジのおよそ半分

　ドは二方向でやるべきであり、そのあと市場はブレイクアウトした領域に戻ることが多い。ブレイクアウトが平均レンジのおよそ3分の1だけブレイクアウトポイントを下回ったら、上側のレンジの安値までの上昇スイングで買うはずだ。この図で言えば、足11と足28からの上方への2回目の反転の試しで買ったはずだ。また、足5のダブルボトムと、足29の高値が切り上げられたところでも買ったはずだ。

　市場がブレイクアウトして上側のレンジに戻り、そこにとどまった場合、2日目のように、上側のレンジの高値辺りを試すことが多い。その日が上側のレンジの高値辺りかその上で引けたら、その日は反転日になる。したがって、積極的なブル派は足27の前の大陰線が上側のトレーディングレンジの安値を試すエグゾースティブな売りのクライマックスになることを期待して、その終値で買ったはずである。あるいは、上側のトレーディングレンジの値幅に等しい下方へのメジャードムーブの位置に指値を入れて買ったトレーダーもいたはずだ。足22の高値から足21や足25の安値までの値幅を、足21や足25の安値から差し引いた位置がメジャードムーブの位置だ。そのあと、その価格水準

の1～2ポイント上辺りから数ポイント下辺りの価格から増し玉し始めたはずだ。あるいは、足27の終値や、足27がその安値から反転し始めたときを二方向相場の最初のサインと見て、その最初のサインで買ったトレーダーもいただろう。1日の平均レンジがおよそ10ポイントだとすると、ブレイクアウトギャップ（足25の下の何本かの陰線）への戻りで3ポイントから6ポイントの利益を狙って、上側のレンジの安値である足25の4ポイントから6ポイント下で買い増ししたブル派もいたはずだ。

足19から足21までの下落は非常に急だが、足22までの上昇も急だ。このため、オープニングレンジの方向が定まらず、この日はスパイク・アンド・チャネルのトレンド日になる可能性は低く、トレンドを伴うトレーディングレンジ日になる可能性が高い。

1日の大半がトレーディングレンジだったとしても、その日はトレンド日ということがときどきある。**図22.3**に示したように、今日はトレンド日には見えないが、日足チャートの拡大図（今日は足1）で見れば、この日はトレンド日であり、トレンドを伴う狭いトレーディングレンジが連続して発生している。こんな日は、最後の数時間で反転し、最後のトレーディングレンジに戻ることが多い。

このチャートのさらに詳しい議論

最初の1時間前後、信頼できるセットアップが現れない日がある。図22.3を見ると、今日は昨日の最後の足のレンジ（小さなトレーディングレンジ）内で移動平均線が横ばいするなかで寄り付いた。このレンジは今日の寄り付きの最初の2本目の足まで続いている。今日の最

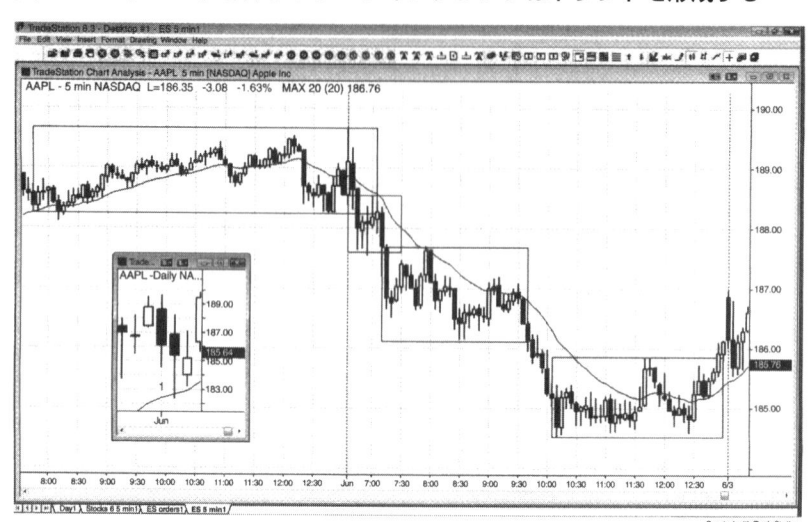

図22.3　トレンドを伴うトレーディングレンジはトレンドを形成する

初の２本の足はトレーディングレンジの値幅に比べると広いため、リスクの高いシグナル足だ。２番目の足は２本の足による反転の売りのセットアップであり、移動平均線の下にウエッジ型ベアフラッグを形成しているため、この足の下での売りは何とか許容できるが、仕掛けはトレーディングレンジの安値近くにすべきである。しかし、ブレイクアウトを待って、ブレイクアウトプルバックで売ったほうが安全だろう。これは数本あとの足で発生しているが、小さくて狭いトレーディングレンジになっており、足は長いヒゲを持っている。したがって、あまり信頼できるトレードにはならない。もっと良いのは、午前８時の２本の足による反転で、移動平均線まで戻したところでの仕掛けだ。これは安値２の売りのセットアップだ。

午前11時45分に移動平均線のギャップ足の売りのセットアップが整い、下降トレンドの安値への試しが安値の切り上げという形で発生している。これはダブルボトムブルフラッグとも取れる。

この日はトレンドを伴うトレーディングレンジ日で、市場が185ドル辺りで底を付けると、トレーダーたちは186ドルを若干上回る上側

のレンジの安値への試しを期待して、底辺りで買ったはずだ。市場はツーレッグで185ドル水準まで下落しているが、２番目のレッグはおおよそメジャードムーブになっている。朝のトレーディングレンジの真ん中はこの日の高値よりもおよそ２ドル安く、午前10時15分の大きな２本の足による反転はそれよりもさらに２ドル安いので、トレーダーたちは買い始める。ベア派は売りポジションを買い戻し、ブル派は上側のトレーディングレンジの安値への試しを期待して買う。そのあと市場は狭いトレーディングレンジに入った。３つの小さなプッシュダウンが発生しているが、それは午前11時５分の大陰線で終わっている。そのあと午前11時30分には安値が切り上げられているが、このシグナル足は陽線だ。この安値の切り上げられた足は高値２でもある。なぜなら、その前の足とその２本前の足が陰線だからだ。これは非常に細かい分析であって、ほとんどのトレーダーはリアルタイムではこういった分析は信用しないかもしれないが、経験豊富なトレーダーは市場が反転するサインを常に探しており、こうした小さなヒントから買いの確信を得るはずだ。午前11時30分の安値の上で買った場合、その安値より50セント下にプロテクティブストップを置けば、上側のレンジへの試しでおよそ１ドルの儲けが期待できる。

　どちらの方向に進むかははっきりとは分からないが、不均衡があると感じた場合は、少なくとも60％の確率を想定すべきである。例えば、185ドル辺りで買ったとすると、プロテクティブストップを仕掛け価格から１ドル下に置いた場合、プロテクティブストップが執行される前に186ドルが試される可能性は最低でも60％（１ドル損をする前に１ドル儲かる確率は60％）あると考えるのは理にかなっている。午前11時40分の上昇スパイクのあとの同時線で部分的に利食いし、ブレイクアウトが失敗したら残りはブレークイーブンで手仕舞うことができたはずだ。12時25分にダブルボトムを付けたときに、もう１回同じように買いポジションを建てれば成功するはずだ。ダブルボト

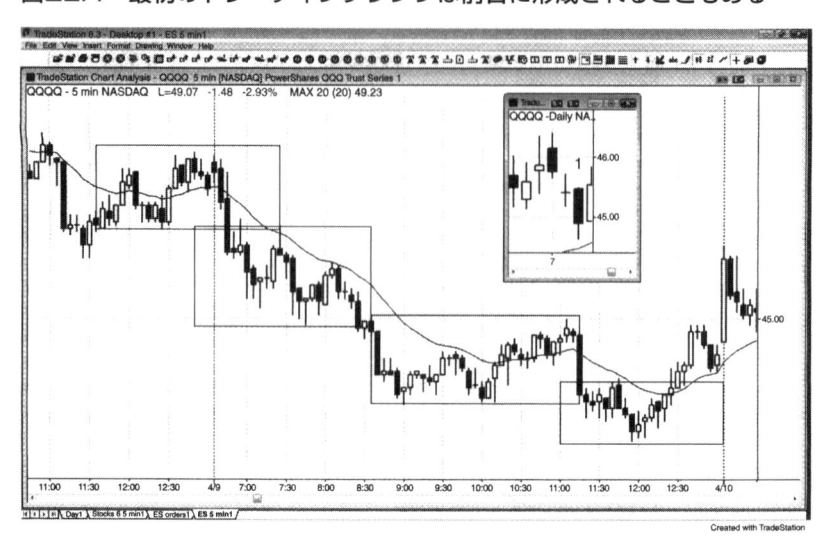

図22.4　最初のトレーディングレンジは前日に形成されることもある

ムから上へのメジャードムーブが発生する可能性があり、その場合２ドルの儲けになるが、この日は時間があまり残っていないので、その可能性は低い。

　図22.4を見ると、この日はトレンドを伴ったトレーディングレンジ日で、最初のトレーディングレンジは昨日始まっている。拡大図の日足チャートを見ると、この日は下降トレンド日になっている（足１）。

　最後のトレーディングレンジは上方に反転し、その前のトレーディングレンジの高値付近を試している。二方向相場はトレンドの力がトレンド日ほどは強くないため、これはよく起こることである。その日があまり強くないとき、その日は安値で引ける可能性は低い。トレーダーたちはこれを知っているため、引けにかけて反転トレードを探す。

このチャートのさらに深い議論

　図22.4を見ると、今日の寄り付きは昨日の引けとほとんど変わらず、移動平均線が横ばいのなかで寄り付いた。しかし、３本の足による下降スパイクが発生しているため、この日は下降トレンド日になる可能性が高い。このスパイクは、昨日の最後の１時間で形成されたトレーディングレンジを下方にブレイクアウトしている。このトレーディングレンジはツーレッグで上昇しているためベアフラッグだ。したがって、このブレイクアウトはベアフラッグの安値に沿った上昇トレンドラインの下方へのブレイクアウトと見ることができる。トレーダーたちは最初の下落の下で売り、移動平均線への試しの下でも再び売ったはずだ。移動平均線への試しは、移動平均線までのツーレッグの横ばいの修正でもあるため、ダブルトップベアフラッグのセットアップになっている。

　図22.5を見ると、最初の１時間は７ポイントのレンジ内にあるが、直近の平均レンジは20ポイントだったので、トレーダーたちはレンジが２倍になることを期待した。最初の１時間でトレンドが再び始まったとき、その最初の１時間は明らかにトレーディングレンジにあったため、その日はトレンドを伴ったトレーディングレンジ日になる可能性が高い。ここで見られるように、こんな日はこの日の遅くに下のトレーディングレンジまで戻るか、ときにはそれを突破することもある。

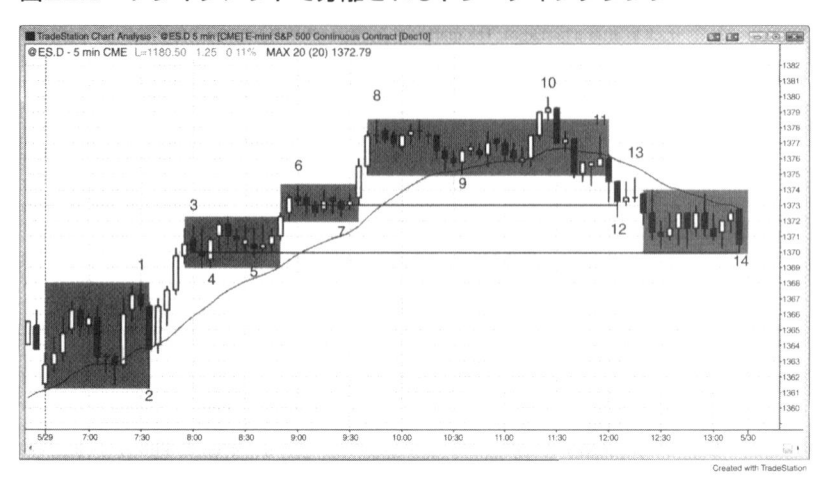

図22.5　ブレイクアウトで分離されるトレーディングレンジ

このチャートのさらに深い議論

　図22.5に見られるように、複数のトレンドを伴うトレーディングレンジが形成されているときは、トレンド方向のトレードに集中したほうがよい。したがって、足2の2本の足による反転から足9の20連続ギャップ足の高値2までは買いのみに集中し、足10のファイナルフラッグの反転のセットアップでのみ売りを考えるのがよい。

　足10の前の陽線の終値とその高値の上では、ブル派の多くは買いポジションを利食いし、積極的なベア派は売ったはずだ。足3までの上昇スパイクのあと、チャネル、あるいは狭いトレーディングレンジが連続的に発生するが、足8から始まるトレーディングレンジは比較的狭く、ほぼ水平だ。これは強い二方向の相場であり、ブレイクアウトのあと市場はトレーディングレンジ内に引き戻される可能性が高い。市場はこの日の遅くに前のトレーディングレンジに引き戻されることが多く、午前11時30分は反転が起こりやすい時間帯だ。したがって、ブレイクアウトは失敗し、ファイナルフラッグの反転が起こる

可能性が高い。下落によって上昇チャネルの始まりである足4が試されたため、ベア派はファイナルフラグになると思われるスイングハイの大陽線の高値で売った。そして、引けまでに最初の売りの仕掛け価格が試される可能性が70％以上あったため、価格の上昇に伴って売りポジションを増し玉した。最初の売りポジションはブレークイーブンで手仕舞い、あとで仕掛けた分は利食いするか、プロテクティブストップをブレークイーブンに引き上げてスイングトレードに持っていった。

　足2は、ダブルボトムか、トリプルボトムからの失敗すると思われる安値2からの2本の足による上方への反転の最初の足であり、上昇トレンドの始まりでもある。トレーダーたちは、ブレイクアウトしてそのまま上昇することを期待した。市場はブレイクアウトしたあと、足4から足6まで上のレンジを形成した。このレンジには2つの小さな狭いトレーディングレンジが含まれている。足5の上の高値2の買いは、バーブワイヤーになっているが、ブレイクアウトプルバックの仕掛けになる。ブレイクアウトは、足3から足4までの小さなブルフラッグからと、足3から足5までのトレーディングレンジから発生しており、足3から足5までのトレーディングレンジは足1の上方へのブレイクアウトからのツーレッグの横ばいの下落である。

　そのあと市場は足8から足9へと3番目のレンジに向かってブレイクアウトする。足10（ファイナルフラグの反転）で再びブレイクアウトするが失敗し、3番目のレンジの安値まで下落し、最終的には2番目のレンジの安値まで下落する。下降スパイクのあと、足11の下でブレイクアウトプルバックの売りのセットアップが整うが、バーブワイヤーになっているため、これはリスクの高い仕掛けになる。2つの陰線によって足12で終わるスパイクが形成されたあと、足13の下で再びブレイクアウトプルバックの売りのセットアップが整う。

　「レンジ」という言葉には、市場は上昇し続けてはいるが、ある時

図22.6　トレンド日における二方向相場

点でレンジの安値が試されるという含みがある。市場が強い動きになると、最初の目標値は前に発生したカウンタートレンドの仕掛けポイントになる。ここでは、市場が一番上のレンジをブレイクアウトしたあとのこれに最も近い仕掛けポイントは、足6の陰線のシグナル足の安値である。市場は一番上のレンジをブレイクアウトしたあと、次に低いレンジに向かってブレイクアウトし、足13でその陰線のシグナル足（足6）の安値を突破した。

　そして、引けには、2番目のレンジのなかの陰線のシグナル足（足3）の安値を試した。

　今日（図22.6を参照）は高値で寄り付き、安値で引けたため、寄り付きからの下降トレンド日になったが、最初の2時間は横ばいの動きが多いため、トレンド日としてトレードするには心もとない。寄り

付きからのトレンド日にはトレード可能なカウンタートレンドのスイングはそれほど多く存在しないが、トレンドを伴うトレーディングレンジにはトレード可能なカウンタートレンドのスイングが多く存在する。トレンドを伴うトレーディングレンジは弱く、予想不可能なタイプのトレンド日だ。最初のトレーディングレンジは足4で下のレンジへとブレイクアウトし、トレンドを伴うトレーディングレンジを形成している。

　足3まではこの日のレンジは直近の日のレンジのおよそ半分なので、トレーダーたちは下のトレーディングレンジが形成されるのではないかと感じた。

　足6は下方へのブレイクアウトからの移動平均線への戻りで、上のレンジの安値である足2へのブレイクアウトによる試しでもあり、売りの仕掛け足となった。

　足9は上のレンジへのブレイクアウトによる試しで、下のレンジの高値へのブレイクアウトに失敗したため、再び売りのセットアップとなる。

　足12から3番目のレンジに入っているが、この日は時間がなく、レンジの高値である足13を試すまでには至らなかった。

このチャートのさらに深い議論

　図22.6を見ると、昨日は移動平均線の下で引け、今日は昨日の終値と移動平均線を上方にブレイクアウトした。この日の最初の足は同時線なので、信頼できる売りのシグナル足にはならない。足1の大陰線は、移動平均線とおそらくは昨日の終値を試す可能性があるため、信頼できる売りのシグナル足になり、その安値の1ティック下が適切な仕掛け位置である。大きなギャップアップで寄り付いた日はトレンド日になることが多く、この陰線はベア派側の緊急性を示すサインなの

で、今日は下降トレンド日になる可能性が高い。したがって、早いうちに売って、強い上方への反転が発生するまで、あるいは今日の引けまで、一部はスイングトレードにしたほうがよい。

　2本の足による下降スパイクのあと、トレーダーたちは下降チャネルの発生を予測し、戻りで売り始めた。最初の戻り売りは、午前7時直後の陰線包み足による安値2で、次の売りは足3の弱気の反転足の下である。これはトレンドラインとトレンドチャネルラインが交差するデューエリングラインの売りのセットアップで、前の戻りとともにダブルトップを形成するとともに、ウエッジ型ベアフラッグも形成している（最初のプッシュアップは足2の前の2本の足）。

　足14は強気の反転足だが、これは前の2本の足と大きくオーバーラップしているため、信頼できない。また、これは足12の下降スパイクのあとの比較的狭いチャネルのなかにあるため、下降トレンドで買うには、安値を切り上げるブレイクアウトプルバックまで待ったほうがよい。これは上昇トレンドにおける弱い買いのセットアップなので、失敗して良い売りのセットアップになる可能性が高い。足15は失敗した高値2だ。下降トレンドにおける移動平均線近くの弱気の反転足による安値2は高勝率な売りのセットアップになる。なぜなら、高値1と高値2のトレンド反転の試しで買ったブル派は普通、安値2で手仕舞うからだ。市場はこの日の新安値からの反転を2回試しており、2回目の試しは足15のあとの足で失敗している。市場は何かをやろうとして2回失敗すると、逆の方向に動くのが普通だ。

　最初の1時間のあとでトレンドが始まると、その日はトレンドを伴うトレーディングレンジ日になるのが普通なので、両方向のスキャル

図22.7　最初の１時間を過ぎてから始まるトレンドは弱いのが普通

ピングの機会を探すのがよい。図22.7を見ると、寄り付きから上昇トレンドが発生しているが、この上昇トレンドは足５のスパイク・アンド・クライマックスで終わり、そこから下方に反転して下降トレンドを伴うトレーディングレンジに入っている。これは、スパイク・アンド・チャネルの下降トレンドと見ることもできる。その場合、足５から足６までが下降スパイクで、足７から足８までの下落と、足10への３本の足によるブレイクアウトで再びスパイクが発生している。下降チャネルは十分に広く、２つのブレイクアウトのあとの下落は前のスイングローとオーバーラップしているため、これは下降ステアパターンでもある。

このチャートのさらに深い議論

図22.7を見ると、この日はギャップダウンで寄り付き、安値の切り

上げを形成したあと、寄り付きから上昇トレンドが形成されている。昨日の引けにかけての強いスパイクのあとに移動平均線が試されたが、強い上昇チャネルの下方へのブレイクアウトは失敗している。

ツーレッグの上昇は、足5のファイナルフラッグの売りで終わっている。このあと4本の足による下降スパイクが発生しているが、これは足6で終わる大きなスパイクの一部である。この足5から足6の大きなスパイクは寄り付きからの上昇トレンドラインを下方にブレイクアウトしており、高値の切り下げは下方への反転につながる可能性が高い。

ツーレッグによる高値の切り下げは足7で終わり、このあとも下落が続くことが予想される。足7はデュエリングラインパターンだ。これは足6までのウエッジ型下降チャネル（このチャネルは足5の下の4本の足による下降スパイクのあと形成される少しの高値の切り下げから始まっている）の高値とともにダブルトップを形成し、ウエッジ型ベアフラッグにもなっている（最初のプッシュアップは足6の前の足で終わり、足7が3回目のプッシュアップ）。

この日はこのあと終日にわたって下降トレンドを伴うトレーディングレンジ日になった。足1までの強い上昇モメンタムと足5までの強い上昇モメンタムは上昇スパイクで、このあと翌日か翌々日に上昇チャネルが形成される可能性が高い。足6、足8、足10は大きなウエッジ型ブルフラッグを形成し、足5の高値が試される可能性が高い。足4もまたこの下降チャネルの一部と考えられる。翌日（非表示）はギャップアップして足7の高値近くで寄り付き、寄り付きから強い上昇トレンドを形成した。

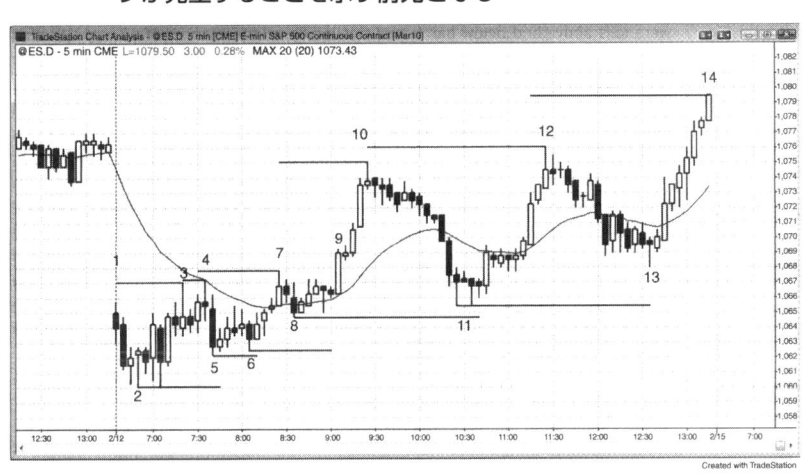

図22.8 最初のトレーディングレンジはこのあともトレーディングレンジが発生することを示す前兆となる

　図22.8を見ると、最初の数時間のレンジは日々の平均レンジのおよそ半分だ。したがって、ブレイクアウトして、上や下にトレーディングレンジが発生する可能性が高い。また、こんな日はトレンドを伴うトレーディングレンジ日になることが多い。足9のブレイクアウトの前ですでに上昇トレンドがはっきりと表れている。足5のスイングローは足2の安値を上回り、足6の安値は足5の安値を上回り、足8の安値は足6の安値を上回っていることに注目しよう。足3や足4や足7のスイングハイでも同じことが起こっている。市場は最初の2時間半はトレーディングレンジにあるが、スイングハイもスイングローも切り上がっている。これは、トレーディングレンジ内で上昇トレンドが発生していることを示している。したがって、ブレイクアウトが発生する可能性が高い。ブレイクアウトは足9で発生した。ここから始まる上側のトレーディングレンジは足13の上方への反転に続くブレイクアウトまで続いた。足11と足13はブレイクアウトへの試しだ。足11のダブルボトムから下のトレーディングレンジに戻っているが、足13の安値は下のトレーディングレンジの高値である足7を試してい

547

る。押しがブレイクアウトポイントを下回らないときは、ブル派が強い証拠である。

このチャートのさらに深い議論

　図22.8を見ると、市場は昨日の終値を下方にブレイクアウトしている。最初の足は陰線だったので、この日は寄り付きからの下降トレンドがそのまま続くかと思われた。しかし、足1は上と下にヒゲを持っているため、トレーディングレンジが形成される可能性が高い。こういう場合は待ったほうがよい。足2はミクロダブルボトムだが、足2もその前の足も同時線なので、これは強いトレンドのセットアップにはならない。移動平均線上にある足4のウエッジ型ベアフラッグもまた弱いセットアップだ。なぜなら、これは6本の足による狭いトレーディングレンジに含まれ、どの足もヒゲを持っているからだ。これは不確実性の高さを意味する。不確実性はトレーディングレンジの特徴だ。トレーダーたちは足5のあとの陽線はらみ足の上で買うことができるはずだが、そのためには、足4のウエッジ型ベアフラッグのあと、2回の下方への試しが必要だ。これは足6で実現した。足6は足5とダブルボトムを形成するとともに、この日の安値におけるダブルボトム（足2とその3本あとの足）に対する押しにもなっている。買うのは、例えば足7までの4本の足による上昇スパイクのように、上昇するというさらなる証拠が現れるまで待ったほうが安全だが、足2のあとに強い陽線がいくつが発生しており、これは上昇を表す十分な証拠になるので押しで買ってもよいだろう。足2のあとの大陽線は買い圧力が徐々に高まっていることを表している。買いが臨界点を超えると、ブル派が支配権を握り、市場は上昇する。

　足7までの上昇スパイクのあと、足8のあとの陽線はらみ足の上でブレイクアウトプルバックの買いのセットアップが整っている。これ

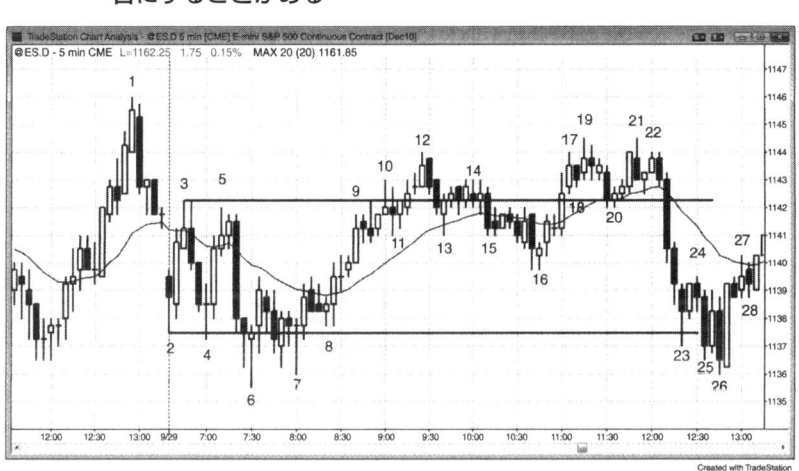

図22.9 最初のトレーディングレンジがその日をトレーディングレンジ日にすることがある

は失敗した安値２の買いシグナルでもある。それから４本あとの足で高値２の買いのセットアップが整い、足９の強い上方へのブレイクアウトへとつながっている。

　最初の数時間のレンジが平均レンジの半分だからと言って、必ずしもトレンドを伴うトレーディングレンジ日になるわけではない。およそ３分の１のケースでは、**図22.9**に見られるように、レンジがその日の高値と安値のブレイクアウトによって拡大する。市場は足４と足６のこの日の新安値から上方に反転し、足３、足10、足12、足19、足21のこの日の新高値から下方に反転している。オープニングレンジは足５からの下方への反転で終わったと思われる。その時点でのレンジは直近の日のレンジのおよそ半分である。したがって、このあと上方か下方にブレイクアウトし、この日のレンジのおよそ２倍のメジャー

ドムーブが発生する可能性が高い。しかし、トレーディングレンジのブレイクアウトで仕掛けるのは負けの戦略にほかならない。なぜなら、市場には慣性が働いているため、トレーディングレンジからトレンドに、あるいはトレンドからトレーディングレンジに変わろうとする試しのほとんどは失敗するからだ。足6のこの日の新安値へのブレイクアウトのあとは、良い売りのセットアップは発生しておらず、このあとこの日の高値を試す可能性が高いため、スリープッシュダウン（足2、足4、足6）のあとの足7の安値の切り上げと、足8のブレイクアウトプルバックは、買いシグナルになる。

　足10はこの日の新高値を付けたあと下方に反転しているが、市場は狭い上昇チャネルにあるため、これは良い売りのセットアップにはならない。上昇モメンタムは特に強くはないため、足11のブレイクアウトプルバックでの買いは良くてもスキャルピングにしかならないだろう。市場は足12の2本の足による反転で再び反転する。トレーディングレンジ日における2回目の仕掛けの反転は少なくともスキャルピングにとっては良いセットアップになることが多い。

　足16のウエッジ型ブルフラッグのあと、この日の新高値まで上昇するが、足19と足21ではまた上方へのブレイクアウトに失敗している。上方へのブレイクアウトが成功しないことが判明すると、市場は反対側のブレイクアウトを試そうとする。トレーディングレンジ日ではよくあることだが、この日はレンジの真ん中で引けた。

　オープニングレンジの高値や安値としてどこを選ぶかはいくつかの選択肢があるが、あまりはっきりしないため、どこを選ぶかは問題ではない。利食いする位置であるメジャードムーブの価格目標を探すときは、足2から足3のように、最初は最も狭いレンジを選ぶのがよい。市場がその領域で止まらなければ、足3から足4や、足3から足6といった具合にレンジを拡大していく。この日はトレンドを伴うトレーディングレンジ日ではなく、トレーディングレンジ日として終わって

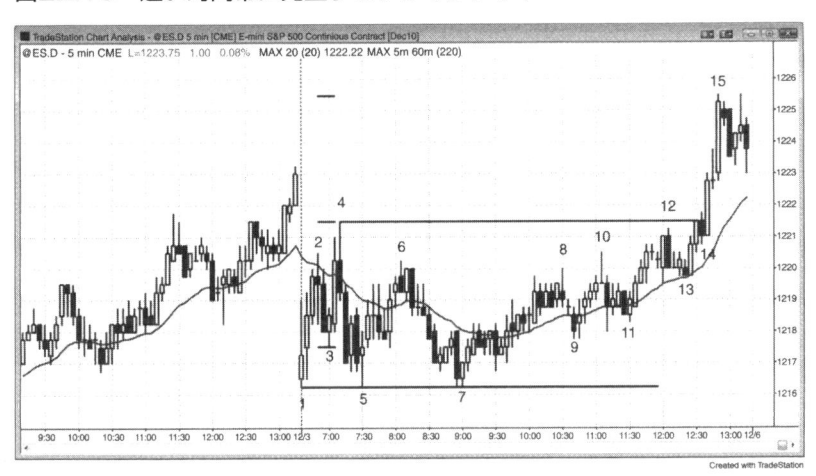

図22.10　遅い時間帯に発生するブレイクアウト

いるので、メジャードムーブの価格目標には達しなかった。しかし、どの反転も何らかの測定に基づくコンピューターアルゴリズムによるものなので、明確ではないにしても、計算式のなかには必ず何らかのメジャードムーブが組み込まれている。

　最初のトレーディングレンジが1日の平均レンジのおよそ半分ではあるが、ブレイクアウトが最後の1時間まで現れないときもある。**図22.10**を見てみよう。上のレンジを形成する十分な時間は残されていないが、この日は終日トレンドを伴うトレーディングレンジにブレイクアウトしそうな雰囲気だった。ブレイクアウトの前のレンジはわずか5.25ポイントだった。過去11カ月でレンジが5.25ポイント以下の日はわずか2日しかない。つまり、日中のレンジが5.25ポイント以上の日は、引けまでにより広いレンジに進展したということであり、今日も遅くに上か下かにブレイクアウトする可能性は高い。足7のトリ

プルボトムのトライアングルから市場は上昇トレンドを形成しており、足9から足12までの足には陽線が多い。これはつまり買い圧力が発生したことを意味しており、したがって上方にブレイクアウトする可能性が高い。したがってトレーダーたちは、この日の高値である足4を上方にブレイクアウトした足14（足14の強いブレイクアウト足の終値とその高値の上）で買ったはずだ。

　足3から足4にかけての上昇スパイクは、この日の高値までのメジャードムーブを生みだしている。ブル派たちがどのメジャードムーブの価格目標で利食いするかは分からないが、どの水準にも注意が必要だ。あなたも市場が下落して数ポイント下がったときよりも、上昇しているときに利食いしたほうがよいだろう。市場は足1の安値から足2の高値までのメジャードムーブか、足5の安値から足4、足6、足10、足12の高値までのメジャードムーブで高値を付けている。

第23章

寄り付きからのトレンドと小さなプルバックを伴うトレンド

Trend from the Open and Small Pullback Trends

寄り付きからのトレンド日の主な特徴は以下のとおりである。

- 上昇トレンドでの安値や下降トレンドでの高値がその日の最初の数本の足のうちに形成される。
- その日のオープニングレンジが直近の日の平均レンジの25％以下のとき、ダブルボトムが形成されれば上昇トレンド日に、ダブルトップが形成されれば下降トレンド日になる可能性が高い（オープニングレンジが直近の日の平均レンジのおよそ半分の場合、ブレイクアウトが発生して、トレンドを伴うトレーディングレンジ日になることが多い）。
- 寄り付きからのトレンド日は、多くの足にわたる強いスパイクから始まるか、オープニングレンジが小さい場合が多い。
- 最初の1～2本からトレンドが形成され、最初のスパイクの足が3本以上続く場合、最初のプルバック（押しや戻り）での仕掛けは少なくとも良いスキャルピングになる。
- 寄り付きから多くの足にわたる強いスパイクが発生した場合、その日はスパイク・アンド・チャネルのトレンド日になる可能性が高い。
- 大きくギャップを空けて寄り付くと、寄り付きからいずれかの方向のトレンドが形成されることが多い。大きなギャップアップで寄り

付き、寄り付きからトレンドが形成されると、その日は60％の確率で上昇トレンド日になり、40％の確率で下降トレンド日になる。ギャップダウンで寄り付いたときはこの逆だ。ギャップが大きいほど、トレンド日になる確率は高く、トレンドはギャップの方向に形成される確率が高い。

- 寄り付きからのトレンド日が緊急性を帯び、最初から確信できるとき、トレンドは強く、プルバック（押しや戻り）は小さいことが多い。
- 20連続ギャップ足と移動平均線のギャップ足のセットアップはトレンドのなかで遅くに発生する。
- 寄り付きからのトレンド日の最も強いタイプとトレンド日の最も強いタイプは、オープニングレンジは小さいのが普通で、こんな日は終日トレンドで推移し、小さなプルバック（押しや戻り）しか発生しない。これはプルバックが小さいトレンド日だ。例えば、Eミニのプルバックが10ティックから12ティック（1日の平均レンジの10％から30％）の場合がこういう日に相当する。こういった日は、最後の数時間で前のプルバックのおよそ150％から200％の大きさのプルバックが発生し、そのあと引けにかけてトレンドが再び始まることが多い。
- スイングのセットアップは、初心者には分かりにくいが、経験豊富なトレーダーにとっては70％の確率で成功することが多い。強いトレンド日の場合のように、シグナル足はあまり良くは見えず、セットアップのほとんどは勝率が50％以下のように思えるため、トレーダーたちはトレードを見送り、市場を追っかけるか、トレンドを完全に見失ってしまうことが多い。
- 逆方向のトレンド足が発生することが多い。これはカウンタートレンド圧力が発生した証拠であり、初心者はトレンド方向のトレードではなく、反転トレードを探そうとする。例えば、上昇トレンドで

陰線や２～３本の足による下降スパイクがたくさん発生する場合がそうである。こんなとき、初心者は売りを繰り返して損をする。これらのスパイクはブルフラッグに発展するが、弱く見えるため、初心者は買おうとはしない。彼らは売りポジションを損切りしたばかりで、さらなる損失を恐れているため、特にこういった弱いセットアップでは買わない。悪く見えるブルフラッグは成功し、そのあと良く見える売りのセットアップが整うが、これは失敗する。
●トレンドは比較的狭いチャネルで成長することが多く、プルバック（押したり戻したり）しても再びトレンドに戻り、ブレークイーブンの位置に置いたストップが執行されてしまい、損切りに引っかかることが多い。上昇トレンドではストップをスイングローの下に移動させ、下降トレンドではスイングハイの上に移動させる必要がある。ストップをブレークイーブンポイントの位置に移動させようとすれば、必ず落とし穴にはまるので注意が必要だ。

プルバック（押しや戻り）が小さな日は寄り付きからトレンドが形成されることが多いため、こんな日は強いトレンド日の変形と見るのがよい。寄り付きからのトレンド日は最も強いトレンドパターンだが、こういった日は20％の確率でしか発生しない。最初の足を強いトレンドの始まりだと思って、最初の足の上で買ったり、最初の足の下で売るのは低勝率のトレードだ。こんな日は最初の１時間以内に反転することが多い。大きなギャップで寄り付いた日、最初の足がその日の高値や安値になる確率は、その足がトレンド方向の強いトレンド足の場合、50％以上である。また、その日の高値や安値が最初の５本前後の足で形成される確率はおよそ50％である。しかし、それがオープニングレンジ内で形成された場合、数時間継続する確率はおよそ90％である。どういったタイプのトレンド日も、寄り付きからトレンドが形成されることが多い。寄り付きからのトレンド日では、最初の足や

最初の5本の足までの間に一方の極値（安値または高値）を形成し、終日そのトレンドが続き、もう一方の極値（高値または安値）かその近くで引けることが多い。最初の30分前後で狭いトレーディングレンジが形成され、そのあとブレイクアウトすることもあるが、その日の寄り付きはその日の安値や高値（上昇トレンドでは安値、下降トレンドでは高値）に近いのが普通だ。こんな日は大きなギャップで寄り付いて、いずれかの方向のトレンドがそのまま続くことが多い。つまり、大きなギャップダウンで寄り付いた日は、寄り付きからの上昇トレンド日か、下降トレンド日になることが多いということである。大きなギャップダウンがトレンドチャネルラインのように強く引きつけられる辺りで発生（例えば、ウエッジリバーサルのセットアップを形成する）すれば、あるいは昨日の引けにおけるファイナルフラッグからの反転のように、反転パターンの一部だった場合は、信頼できるセットアップになる。

　このタイプのトレンドは非常に強いため、翌日の最初の1～2時間でフォロースルーが発生する可能性が高い。したがって、翌日の寄り付き後のプルバックでトレンド方向に仕掛けるのがよい。プルバックは非常に強いため、トレーダーたちは反転を期待するが、これは15分足チャートでの移動平均線へのプルバックのように、長い時間枠のチャートでは2本の足による修正になることが多い。しかし、トレードするときは1つのチャートのみ読むほうが簡単であり、5分足チャートではプルバックの終わりに必ずセットアップが整う。

　寄り付きからのトレンド日では、プルバックは終日小さいのが普通だ。こういった日は、プルバックが小さなトレンド日となる。これは最も強いタイプのトレンド日であり、1カ月に1～2回しか発生しない。こういった日の3分の2は午前11時過ぎに大きなプルバックが発生する。このプルバックは最初の1時間以内にトレンドが始まって以来の最大のプルバックのおよそ2倍の大きさだ。これは通常トレンド

の方向の１本か２本の比較的大きくて強いトレンド足のあとで発生することが多く、クライマックス・エグゾースチョンを表す。最大の押しが９ティックで、市場が終日上昇チャネルにある浅い押しの上昇トレンド日を考えてみよう。午前11時と正午との間のどこかの地点で、比較的大きな２本の陽線が続いて発生し、新高値へとブレイクアウトしたとすると、この動きは新たなレッグの始まりというよりも、エグゾースティブな買いのクライマックスの可能性が高い。トレンドが長く続き、異常に強いとき、この動きはとりあえず終わり、およそ10本続くツーレッグの押しが始まる。経験豊富なトレーダーは３ポイントから５ポイントの押しを予測して、買いポジションを手仕舞うだろう。あるいは、押しを予測して、２番目の陽線の引けや、その高値の１～２ティック上で売るトレーダーもいるだろう。次の足が引けるのを待って、その足が真ん中辺りで引けたら、終値で売る者もいるはずだ。それが弱気の反転足の場合、その安値の下で売るだろう。弱気の反転足の下で仕掛ければ、プロテクティブストップはその高値の上に置かれることになるが、上昇スパイクの引けで成り行きで仕掛けた場合は、３～４ポイントのストップを使い、１～２ポイント上昇したら増し玉するはずだ。たとえ彼らが間違っていて、市場が数ポイント下落しなかったとしても、トレーディングレンジに入る可能性が高いため、最後の１時間で手仕舞って小さな利益を手にすることができるはずだ。

　トレンドが始まる前、最初の１時間で少し大きめのプルバックが発生することもあるが、重要なのはトレンドが始まったあとで発生するプルバックである。その大きさに注目しよう。それが非常に小さく、それに続くプルバックも同じ大きさか小さいときは、その日は強いトレンド日である。例えば、Ｅミニの１日の平均レンジがおよそ12ポイントで上昇トレンドにあるとき、押しは２～３ポイントであることが多い。ブル派は深い押しを期待する。そこで小さなリスクで買いたい

からだ。待っても期待するほど深い押しが形成されないときは、彼らは浅い押しで成り行きで小さなポジションを建てる。1日中こうした買いが続けば、市場は上昇する。一方、ベア派は良い売り機会を見つけることができず、弱いセットアップで小さな売りポジションを建てる。しかし、フォロースルーは発生せず、買い戻しを余儀なくされる。この買いによって、市場はゆっくりと上昇する。モメンタムトレーダーもまたトレンドを見ると1日中買い続ける。かくしてトレンドは深い押しを伴うことなく終日続くが、ブル派は1日中小さなポジションで買い続けるため、市場を追いかけてパニックに陥ることはない。また、ベア派も小さなポジションで売り続けるため、それほど大きな買い戻しはない。結果的に、この日はトレンド日ではあるが、それほど上昇しないため、ブル派はたとえ強いトレンドの正しい側にいたとしても、大きな利益を得ることはできない。

午前7時のニュースは、反転足、ブレイクアウト足、あるいは大きな包み足につながることが多く、これは終日続く可能性のある強いトレンドの始まるになる。しかし、ニュースに対して大きなエッジを持っているのはコンピューターだ。コンピューターは処理できる形で瞬時にデータを受け取り、意思決定を行い、発注する。これらは1秒以内に行われるため、トレーダーよりもはるかに有利になる。コンピューターが大きなエッジを持つ一方、トレーダーたちは不利な立場に置かれる。彼らにとってニュースが発表される瞬間に仕掛けることはほとんど不可能だ。コンピューターは1～2本のうちにオールウエーズインの方向をつかむことができるし、強い反転をセットアップすることも可能だ。トレーダーたちは彼らのサイドで見込みがありそうなものを探し、適切な方向に仕掛ける。トレンドの始まりとなる強い足はニュースの発表と同時に発生するとは限らず、ニュースの発表の何本か前か、あるいはあとに形成されることもある。これはニュースではよくあることなので、トレーダーたちはこれに備え、オールウエーズ

インの方向が明らかになったらすぐに仕掛けられるようにしておくことが重要だ。

小さなレンジの30分ほどあとの午前7時ごろ、寄り付きが試されることがある。これはニュースが発表される時間と一致する。この結果、狭いトレーディングレンジが形成されるが、これをブレイクアウトするトレンドはトレンドを伴うトレーディングレンジ日に発生するトレンドよりもはるかに強い。これは寄り付きからのトレンド日と同じなので、その変化形とみなすべきである。

最良のパターンでもあなたの期待することを裏切ることがおよそ40％の確率で発生する。市場が3番目か4番目の足で小休止しなければ、市場は急ピッチで進んでいることを意味し、その場合、トレンドを形成するよりも反転する可能性が高い。

どの日もその日の最初の数本の足以内に寄り付きからのトレンド日として始まる。ある足が前の足の高値を上回ったら、少なくとも当面はその日は寄り付きからの上昇トレンド日になる。一方、その足が最初の足の安値を下回ったら、寄り付きからの下降トレンド日になる。ほとんどの日は、フォロースルーすることなく反転して、別のタイプの日になる。しかし、前の足のブレイクアウトが大きなスパイクに変わると、寄り付きからの強いトレンド日になる可能性が高いため、その日は強いトレンド日としてトレードしたほうがよい。

プルバック（押したり戻したり）することなく4本以上の足でトレンドが続いたり、2本の大きなトレンド足が発生した場合、それは強いスパイクと考えるべきである。スパイクは、ブル派とベア派がトレードをすべきでないことに同意する領域であり、市場は素早く別の価格水準に達する。スパイクが最初の数本の足のうちに始まったら、その日は寄り付きからのトレンド日になる。そのトレンドは終日続くこともあるが、ときには反転して逆方向にブレイクアウトすることもある。その場合、逆方向のトレンドが発生し、スパイク・アンド・チャ

ネル・トレンド日や、トレンドを伴ったトレーディングレンジ日、あるいはただ単にトレーディングレンジ日になる。強いスパイクが発生すると、すでに買っているブル派はある時点で一部を利食いするため、浅い押しが発生する（トレンドの節ですでに議論済み）。動きを逃したブル派は、大きなポジションが欲しいためこの押しで積極的に買う。現在の足が前の足を下回り、少しだけ安く買えることを期待して、ブル派は前の足の安値やその下に指値を入れて買う。押した足の高値（高値1の買いシグナル）の上に逆指値を置いて買うブル派もいる。

　スパイクが発生するとそのあとの経路は3つに分かれる。ひとつは、スパイクの方向にそのまま素早く動いて、エグゾースティブなクライマックス的な振る舞いが発生するというものだ。例えば、そのあとはらみ足や小さなウエッジフラッグのような小休止や押しが発生すると、これはファイナルフラッグになって、小さなブレイクアウトのあと反転し、その反転が数時間続くこともある。あるいは、狭いトレーディングレンジでの横ばい状態が数時間続くこともある。このあと、引けにかけてトレンドが再び始まり、トレンドが再び始まる日になる。こうした小さな横ばいの動きは5本から10本のスパイクのあとよく発生する。最後は最もよくある現象で、スパイクがエグゾースチョンになるほど大きくない場合、トレンドチャネルが形成され、その日はスパイク・アンド・チャネル・トレンド日になる。

　強い最初のレッグのあとの最初のプルバック（押しや戻り）で仕掛ければ、極値を試す強い動きの特徴をうまく利用できる。強い動きは少なくとも2つのレッグを持つことが多いため、最初のプルバックで仕掛ければ、利益の出るトレードに結びつく。この仕掛けは、最初の仕掛けの機会を逃した場合、寄り付きからのトレンド日では特に重要だ。強いトレンドでは、最初のプルバックを生みだすものが常にはっきりしているわけではない。なぜなら、トレンドは通常、重要なトレ

ンドラインをブレイクしない２本か３本の横ばいの足を持つため、プルバックを生みだすほどの力はないからだ。しかし、リトレースメントやプルバックが発生しなくても、小休止が横ばいの修正になり、それがプルバックの変化形になる。

　こうした強いトレンド日をトレードするうえで最も難しいのは、トレンドが形成途中でそれほど強く見えないことである。大きなスパイクも発生しなければ、移動平均線への高勝率のプルバックも発生しない。しかし、数本の足ごとにプルバックが発生し、逆方向のトレンド足もたくさん発生する。したがって、弱いチャネルを形成しているように見えることが多い。初心者が見落としやすいのは、押しがすべて浅く、市場は移動平均線までには戻りそうもなく、価格は少しずつ寄り付き付近から離れていっていることである。経験豊富なトレーダーはこれらを上昇トレンドが強いサインと見るため、安心してスイングトレードすることができる。足は弱いチャネルの一部のように見えるため、低勝率のセットアップしか生みださないように見えるが、これらが押しの小さな上昇トレンド日で発生した場合、高勝率のスイングトレードのセットアップになることを彼らは知っているのである。寄り付きからのトレンド日で発生するすべてのプルバックは、たとえ弱そうに見えても、トレンド方向の素晴らしい仕掛けになる。最終的にはプルバックが重要なトレンドラインをブレイクアウトしても、トレンドの方向に安心して仕掛け続けることができる。強い上昇トレンドでは、前の足の安値やその安値の１～２ティック下で買うか、高値１や高値２のセットアップの１ティック上に逆指値を置いて買うのがよい。トレンドが始まったあとに発生するプルバックの大きさに注目しよう。例えば、押しの小さな上昇トレンドでは、過去数時間で起きた最大の押しが８ティックしかない場合、その日の高値の５ティックから７ティック下に指値を入れて買うとよい。強い下降トレンドでは、この逆になる。つまり、前の足の高値やその１～２ティック上で売る

か、安値1や安値2のシグナル足の1ティック下に逆指値を置いて売るか、平均的な足と同じサイズだけ上昇した時点で売ればよい。

　市場には慣性が働いているため、トレンドを終わらせようとする最初の試みは失敗することが多い。トレンドラインがブレイクされ、大きなプルバック（押しや戻り）が発生すると、トレンドの最初のレッグが終わるのが普通だが、トレンドラインの最初のブレイクはトレンド方向の仕掛けのセットアップになる可能性が高く、そのあと2番目のレッグが発生して新たな極値に達する。

　プルバックは弱いシグナル足を持つことが多く、カウンタートレンド足もたくさん発生する。例えば、強い上昇トレンドでは、買いのシグナル足のほとんどは短い陰線か同時線であり、仕掛け足は実体の小さな陽線包み足であることもある。これらの足は2本か3本の連続する陰線か下降ミクロチャネルのあとで発生する。この売り圧力によってトレーダーの多くは売りシグナルを探すため、上昇トレンドを見逃してしまう。売りシグナルはそれほど強くは見えないが、買いシグナルよりも良く見えるためトレーダーはとにかく売る。ほとんどの買いシグナルのあとでは下落が発生し、その下落から上昇してブレークイーブンに置いたストップに引っかかると、彼らはこれを弱い上昇トレンドのサインだと思う。したがって、買いたいと思うが、買いシグナルは弱く見えるため、買うかどうか迷ってしまう。下落は浅すぎるし、セットアップは弱すぎる。また、こういった日は1カ月にわずか2～3回しか発生しない。彼らは売り圧力がトレード可能な売りへと結びつく日に慣れているため、あまり強く見えない売りのセットアップで売り続ける。これらはブルフラッグの始まりであり、反転ではないため、あまり良いセットアップではない。しかし、経験豊富なトレーダーは、浅い押しを伴った上昇トレンドを見ると、移動平均線は下回らないだろうと思う。加えて、陰線が多く発生し、弱い買いシグナルも多く発生すると、彼らは何が起こっているのかを理解する。つまり、

トレーダーたちは買いポジションを仕掛け損ない、常に高値を探しているということである。彼らはこの上昇トレンドが強いものであることが分かっているのだ。経験豊富なトレーダーは、やるべきことの逆をやり、負けポジションを手仕舞わされて市場を追っかけるトレーダーが多すぎることを知っている。多くのトレーダーは買いたいと思うが買わないため、買いサイドに大きな緊張が発生する。そこで経験豊富なトレーダーたちは積極的に買い、大きな利益を手にするのである。

こういった日は比較的狭いチャネルを形成することが多いため、スイングトレードをしようと思った場合、ストップはブレークイーブンにまで移動させないほうがよい。トレンドが狭いチャネルを形成している場合、トレンドの新たな極値に達する前に仕掛け価格にまで戻ることが多いため、未熟で怖がりのトレーダーは強いトレンドで仕掛け損なう。例えば、強い上昇トレンドの場合、5～10本以内にシグナル足の高値である仕掛け価格に戻り、そのあと1～2ティック押すことが多い。初心者はこれにイラつく。彼らはスキャルピングでは十分な利益を得たが、この日はトレンド日なので、スイングトレードでもっと大きな利益を得たいと思っていた。そして、1時間後、市場は仕掛け価格に戻る。市場は仕掛け価格を大きく上回ることがないため、彼らは1時間悩み続け、勝ちトレードが負けトレードになるのではないかと気が気ではない。ついに彼らは痛みに耐えかねて、小さく利食いするか、損切りする。そして2～3本あと、市場は新高値を付けたが、彼らはサイドラインにいる。彼らは大きなトレードをつかみ損ない、次の押しを待つしかない。彼らは、市場がシグナル足の高値まで戻し、新高値まで上昇したあとでのみ、プロテクティブストップを直近のスイングローに引き上げるべきなのだ。市場がトレンドにあるとき、高値も安値もトレンドを形成する傾向があるため、上昇トレンドが新高値を更新したときは、プロテクティブストップを直近のスイングローの下まで引き上げなければならない。彼らは安値がトレンドを形成す

ると思っているため、次の押しは前の押しを上回ることを期待する。市場がトレーディングレンジに入ると、押しは切り上げられた安値の下まで下落するため、彼らはトレーディングレンジトレードに切り替える。

　数ティック以上のギャップで寄り付き、最初の足が強いトレンド足（ヒゲが短く、実体の大きな足）だった場合、どちらかの方向へのブレイクアウトで仕掛けるのは良いトレードになる。毎日の最初の足は、その足のブレイクアウトの向きによって、寄り付きの上昇トレンドや下降トレンドに対するシグナル足になる。仕掛けて、プロテクティブストップがその次の足で執行されたら、スイングトレードに切り替えることだ。なぜなら、市場は最初の仕掛けで失ったティック数以上に動くことが多く、寄り付きからのトレンド日になる可能性が高いからである。

　ギャップで寄り付かなかったとしても、最初の足のトレンド足は良いセットアップになる。しかし、ギャップで寄り付いたほうが勝率は高い。なぜなら、動きがさらに強まる可能性が高いからだ。

　図23.1を見ると、市場は寄り付きから上昇トレンドを形成している。足2でトレンドラインを下方にブレイクアウトしているが、これが最初の押しになる。これは弱いシグナル足（陰線だが、終値は少なくとも中間点を上回っている）だが、トレーダーたちは足2の高値の1ティック上に逆指値を置いて買った。積極的なブル派は、ミクロチャネルのブレイクアウトが失敗し、価格が上昇することを見込んで、足2の前の足の安値に指値を入れて買った。

　この日の最初の足は陰線で、ギャップアップで寄り付いており、移動平均線や昨日の終値との間にはギャップがあるため、最初の足の下

図23.1　強いトレンドでは最初のプルバック（押しや戻し）で買え

で売るのは理にはかなっているが積極的すぎる。しかし、昨日の終わりの１時間の間には強い陽線が何本か発生している。これは買い圧力の強いサインだ。寄り付きで疑わしさを感じたら、もっと確かな情報が得られるまで、あるいはどちらかの側が落とし穴にはまるまで待ったほうがよい。最初の足で売ることの問題点は、ほとんどのトレーダーは足２の上で買いにドテンできるほど素早く考えを変えることができないことである。売れば、買い損なうことになる。したがって、ほとんどのトレーダーは最初の押しの上での買いを待ったはずだ。しかし、遅く仕掛けたおかげで、数ポイント儲け損なった。

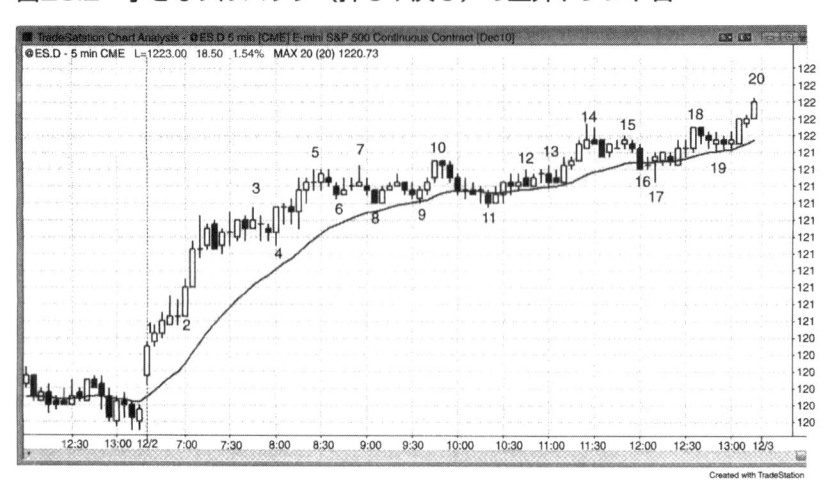

図23.2　小さなプルバック（押しや戻し）の上昇トレンド日

　寄り付きからのトレンド日は非常に強いトレンド日で、浅い押しの日は強いタイプの寄り付きからのトレンド日である。寄り付きからのトレンド日は週に１～２回しか発生しないが、浅い押しの日（**図23.2**を参照）は１カ月に１～２回しか発生しない。Ｅミニの１日の平均レンジはおよそ12ポイントで、足９の押しはわずか９ティックで、足11の押しも11ティックにすぎない。賢明なブル派はこれを見て、直近の高値の６～10ティック下に買いの指値を入れた。最初のストップは仕掛け価格から数ポイント下といったところか。市場は足17までの下落で深く押そうとしたが、14ティックしか下落しなかった。ブル派は足14の前の大陽線を買いのクライマックスと見て、その多くはそこで買いポジションを手仕舞った。急上昇すれば、そのあと押しが発生する可能性が高く、この急上昇は一瞬だが良い価格で手仕舞いできる絶好のチャンスである。経験豊富なトレーダーのなかには、足14の前の足の終値や、足14の終値と次の足の終値で売った者もいた。なぜ

なら、これらの足には上ヒゲがあり、これは売り圧力を示すサインだからだ。彼らはツーレッグの押しがおよそ10本続き、ほぼ確実に移動平均線を試すことを予想した。なぜなら、市場は足9と足11ですでに移動平均線を試しているからだ。浅い押しのトレンド日には、午前11時過ぎに、その日の最大の押しのおよそ2倍の深さの押しが発生するのが普通だ。

　足9の上では20連続ギャップ足の買いのセットアップが整い、ブル派は足8、足9、足11、足13、足17、および足19の移動平均線への試しで買った。この日は強い売りシグナルは出なかったが、積極的なベア派は足14のあとのはらみ足の下でスキャルピングができたはずだ。しかし、この日は非常に強い上昇トレンド日なので、ほとんどのトレーダーは新高値での売りは避け、押しで買おうとした。

　足2から強い上昇スパイクが発生し、そのあとは終日上昇チャネルで推移した。トレーダーたちは足2、またはそのあとの強い陽線でオールウエーズインの買いモードになったことを確信した。チャネルの大部分は少し上方に傾斜した狭いトレーディングレンジで、価格の上昇もほとんどない。これは浅い押しの日の特徴だ。この日の高値は午前8時25分に発生した足5の高値をわずか4ポイント上回っただけだった。

　強いトレンドでは、買いのシグナル足のほとんどは弱く見える。そのためブル派は買いを控えるため、仕掛けられずに高値を追う羽目になる。ベア派もまた手仕舞いできず、損失は膨らむ。ここでは陰線や下降スパイクがたくさん発生している。この売り圧力によって、初心者は反転のセットアップを探し、買いシグナルを受け入れない。しかし、経験豊富で感情に流されないトレーダーは、浅い押しのトレンド日における弱い買いシグナル足や陰線は強い上昇トレンドのサインであることを知っている。だから彼らは弱いセットアップにもかかわらず買った。彼らは足2が同時線の高値1のシグナル足を上方にブレイ

クアウトしたときに、足2ですかさず買った。さらに、足4がその7本前の強気の反転足とダブルボトムを形成したあと、足4から上方に反転して包み足が発生すると再び買った。また、足8の上の高値2と、足8と2本の足による反転を形成するそのあとの陽線の上でも買った。

足9は上昇トレンド日におけるトライアングル（足6と足8が最初の2つのプッシュダウン）で、ブルフラッグの買いのセットアップになっている。彼らは移動平均線の下で引けている足11の陰線の上で買った。なぜなら、それは足8と足9のダブルボトムの下方への失敗した1ティックのブレイクアウトだからである。足11は、トライアングルから足10にブレイクアウトしたあとの押しでもある。このあと市場はトレーディングレンジに入ったため、ブル派のほとんどは下方へのブレイクアウトでは手仕舞わなかったはずだ。なぜなら、ほとんどのブレイクアウトの試しは失敗し、上昇トレンドにおけるトレーディングレンジのほとんどはブルフラッグであり、最終的にはレンジの高値からブレイクアウトすることを彼らは知っているからだ。ブル派のほとんどは足10のあとの陰線の下で買いポジションを手仕舞うか、直近の上昇スパイクの底（足4の1ティック下か、その3本あとの陽線包み足の下）にプロテクティブストップを置いたはずだ。

足10から足11までのような下降ミクロチャネルが発生した場合、ブレイクアウトプルバックで買うのが良い。トレンドが強いときは緊急性があるため、動きを逃したくない賢明なトレーダーは完璧を待とうとはしない。したがって、彼らは足13のあとの陰線の上でも買った。これは高値2の買いのセットアップ（高値1は足12のあとの陽線）であり、足10からの下降ミクロチャネルを上方にブレイクアウトしたあとの押しの買いの2番目のセットアップでもある（最初のセットアップは高値1）。足17は大陰線と短い同時線のあと発生しているが、彼らは足17が陽線包み足になるのを見て再び買った。この辺りの下落は

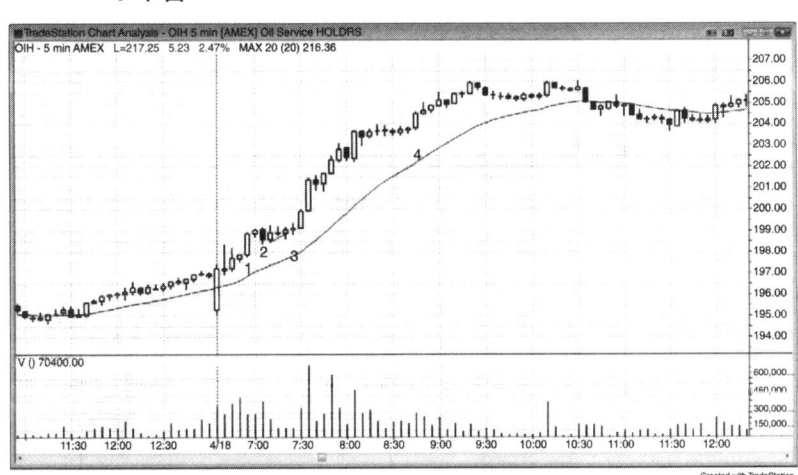

図23.3　小さなプルバック（押しや戻し）の日は最も強いタイプのトレンド日

すべて移動平均線と交差している。彼らは足17の上昇同時線の上と、そのあとの陽線の上でも買った。さらに、足19のあとの陰線の上でも買った。なぜならこれは移動平均線上の小さな高値2だったからだ。これは陰線で、最初の下降レッグは足18のあとの2本の陰線からなる。足19の上に逆指値を置いて買ったトレーダーもいた。なぜなら、それは強い上昇トレンドにおける移動平均線への押しで、陽線でもあったからだ。

　市場は終日下方への反転を試みようとしている。このためブル派のストップは執行され、初心者を負ける売りへと導いてきた。しかし、一貫して高値と安値は切り上げられ、安値近くで寄り付いて、高値近くで引けている。買いのセットアップは低勝率のトレードに見えたため、未熟なブル派は仕掛け損なったが、経験豊富なトレーダーは何が起こっているのかをしっかり把握できており、下落するたびに買い続けた。買いのセットアップは弱く見えるが、トレンドは強いため、勝率は見た目以上に高いことを彼らは認識していたのである。

寄り付きからトレンドが形成され、プルバック（押しや戻り）がすべて直近の日の平均レンジの20％から30％以下のとき、その日は小さなプルバックの日になる。小さなプルバックの日は最も強いタイプのトレンド日でもある。こんな日は、ここ（**図23.3**を参照）で見られるように、遅い時間帯に前の押しの150％から200％の深い押しが発生することが多い。横ばいの動きは小休止で、一種の押しであり、これは買いのセットアップになる。足１のｉｉブレイクアウトは良い仕掛けになり、ツーレッグの横ばいの修正である足３のブレイクアウトもまた良い仕掛けになる。足４で狭いトレーディングレンジからのブレイクアウトが発生しているが、これも良い仕掛けになる。これらの仕掛けは、最初のレッグのあと発生し、２番目のレッグをセットアップする最初の押しではなく、最初の上昇レッグの一部と考えるべきだ。ごくまれにだが、まったく押しが現れないような日もあり、こんな日は瞬間的な横ばいの小休止からのブレイクアウトでの仕掛けを余儀なくされる。しかし、このような強いトレンドの日は、たとえ反転しても、押しはそれほど進むことなく高値を更新するはずなので、どの地点でも成り行きで買うことができる。こういった日は、陽線や陰線の終値や、その前の足の安値やその下で買うトレーダーが多い。

　強いトレンド日では、どのプルバック（押しや戻り）が最初の重要なプルバックであるのかを見極めるのは難しいことが多い。どのプルバックが重要なのかが分からないということは、カウンタートレンドトレーダーが弱いことを意味するため、あなたのトレードは利益になる可能性が高い。**図23.4**を見ると、足２と足３は小さな戻りで、メ

図23.4　最初のトレンドラインへのブレイクアウトは失敗することが多い

ジャーなトレンドラインをブレイクアウトしていない。トレンドラインをブレイクアウトした最初の戻りは足4である。トレンドラインの最初のブレイクアウトはそのあとトレンドレッグが続く可能性が高いため、良い仕掛け（例えば、足4の陰線の下での売り）になる。この日は小さなプルバックを伴う寄り付きからの下降トレンド日だった。

　最初の足がトレーダーたちを間違った方向に導き、そのあと逆方向に強いトレンドを形成することがたまにある。**図23.5**を見ると、市場は昨日の安値を下回ってギャップダウンで寄り付いたあと、昨日の

後半に形成された広いトレーディングレンジ（ヘッド・アンド・ショルダーズのベアフラッグ）をブレイクアウトしている。今日の最初の足である足9は陽線であり、これは部分的にギャップを埋めたり、上昇トレンドにつながるのが普通だ。トレーダーの多くはこの足の高値の1ティック上に逆指値を置いて買った。しかし、2本あとには価格は足9の安値を下回り、買った者は落とし穴にはまる。足9の陽線は、ギャップを埋めて上昇トレンド日になるサインであると思わせたため、ブル派が間違って市場に参入する一方で、ベア派を市場から追い出した。市場は昨日のトレーディングレンジを下方にブレイクし、トレンドチャネルラインを下方にブレイクしたあと、上昇への反転を試みている。寄り付きでは柔軟性を持つことが重要だ。あなたが1分前に考えたことと逆のことが起こる可能性もあるのだ。できるだけ早く仕掛けられるように、何かが発生したらそれが何なのかできるだけ早く見極めることが重要だ。市場はトレンドラインを上方に反転しようとしたが失敗し、2本の足によるブレイクアウトプルバックは下方へのメジャードムーブに発展する可能性がある。その日がトレンド日で、早期の仕掛けの機会を見逃したとしても、仕掛けの機会は1日中ある。

　足10は足9の陽線の安値の1ティック下で絶好の売りの機会を与えてくれた。なぜなら、ここは落とし穴にはまった買い手が手仕舞いする場所であり、それによって市場は下落するからである。また、買おうと思っている者はさらなるプライスアクションを待つだろうから、ここには売り手しかいない。したがって、ここでは高勝率の売りが期待できるというわけだ。売り手は、早めに仕掛けて落とし穴にはまった買い手が市場が底を付けたと信じるベアフラッグで増し玉した。

　足11が引けるころにはトレーダーたちは市場はオールウエーズインの売りモードに入り、下方にブレイクアウトすることを確信した。足11の前の陰線のブレイクアウト足の引けで、多くのトレーダーはオー

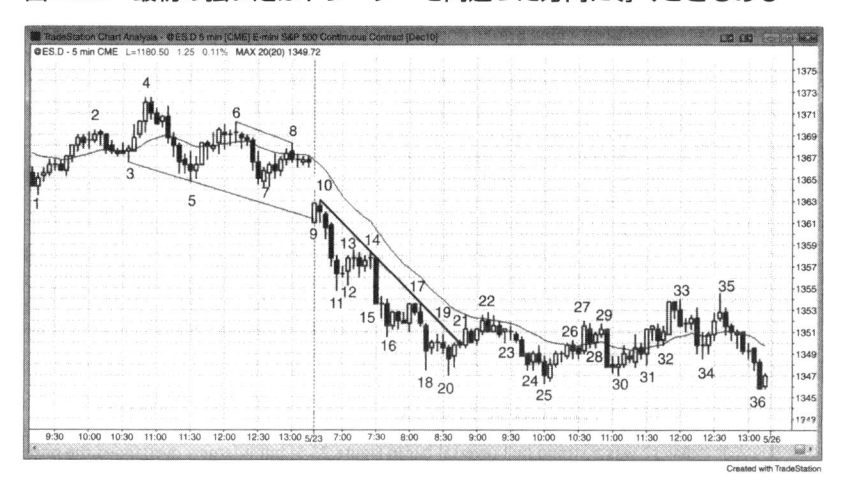

図23.5 最初の強い足はトレーダーを間違った方向に導くこともある

ルウエーズインのトレードを確信した。

　市場は何回も反転を試みたものの、結局は安値で引けた。これは、寄り付きから強いトレンドが形成されていることが分かったとき、トレードの少なくとも一部はスイングトレードにすることの重要性を示す例である。間違って買った場合、買いを手仕舞って売りに鞍替えしなければならない。小さな買いの機会をとらえるために、大きな売りの機会を逃す手はない。

このチャートのさらに深い議論

　図23.5を見ると、足12は強い強気の反転足だが、前の２本の足と大きくオーバーラップしているため、これは反転足ではなく、狭いトレーディングレンジの一部と考えるべきである。反転足は状況で判断する必要がある。前の足と大きくオーバーラップしている場合、それは狭いトレーディングレンジの一部であり、下降トレンドにおいてトレーディングレンジの上で買うのは負ける戦略だ。賢明なトレーダーは

この逆をやる。つまり、たとえ前の足が強い陽線であったとしても、前の足の高値やその上で売りの指値を入れるということである。

足13は安値2の売りのセットアップだが、このシグナル足は短い同時線である。同時線は弱いシグナル足であり、弱いセットアップは市場がブレイクアウトの準備がまだできていないことを意味する。しかし、このような強い下降トレンドでは、いかなる理由があろうと売り、ストップを遠くに置くことが重要だ。足12や足11の安値の下で売ってもよい。強い下降トレンドでは、安値やスイングローの下で売れば利益になる。

足14は安値2が失敗したあとの上方への反転の試しで、3回目のプッシュアップだ。足11のあとの同時線が最初のプッシュで、足12が2番目のプッシュだ。ベアフラッグにおける3回目のプッシュアップはウエッジ型ベアフラッグを形成するため、その安値の下で売るのがよい。

この足14の失敗した安値2の買いのセットアップは、トレーダーたちがやる最悪のことのひとつである。つまり、スキャルピングでの利益を狙ってベアフラッグにおける弱い足の上で買うということである。このスキャルピングは失敗するばかりでなく、考え方が買い手の考え方になってしまい、勝率が高く、スキャルピングなどではなくスイングトレードになる可能性の高い弱気フラッグのブレイクアウトでの売りに対する心の準備ができない状態になる。

足15のブレイクアウト足は強い陰線で、ベア派が市場を支配していることを示している。このように強い弱気のブレイクアウトが発生すると、下降チャネルの形で少なくともあと2つの下降レッグが発生するのが普通であり、これら2つの下降レッグはウエッジ型ベアフラッグになることが多い。そのあと、移動平均線までの上昇(足22)に見られるように、ツーレッグの修正が発生することが多い。

足22は移動平均線上の弱気の反転足で、安値2の売りのセットア

ップになる。これはまた20連続ギャップ足の売りのセットアップで、ウエッジ型ベアフラッグになっている。このウエッジ型ベアフラッグでは、足19までのプッシュアップがウエッジにおける最初の上昇レッグである。

そのあと市場は下落し、足25の２本の足による反転で新安値を付ける。足25は１本の足によるファイナルフラッグからの上方への反転で、形成されようとしているトレーディングレンジの安値における高値２の買いのシグナル足でもある。

足27は強い陽線で、上方へのブレイクアウトを試しているが、足22とともにダブルトップベアフラッグを形成している。

足28のｉｉパターンは、市場が高値の切り下げを形成する足29から下方に反転しようとするときに形成されるファイナルフラッグで、移動平均線のギャップ足の売りのセットアップでもある。

足30は下降トレンドの安値を試したツーレッグの安値の切り上げである。

戻りは足35でウエッジ型ベアフラッグで終わっている。この場合、足27と足33が最初の２つのプッシュアップである。高値が切り上げられているため、ブル派は間違って仕掛け、ベア派は仕掛け損なった。しかし、注意深いトレーダーは下降トレンドが再び始まることを予測してそれに備えた。そして彼らは、足11の下で仕掛けた売りに対するブレークイーブンストップが足35に置かれなかったわけに気づいた。つまり、自信のあるベア派が幅を利かせていたということである。彼らは強い下降スパイクの足15で市場を支配したのだ。彼らはサイドラインに下がり、試しを待ち、そしてどこからともなく現れて、引けにかけて市場を下落させた。

図23.6を見ると、3日連続でギャップで寄り付き、どの日も最初の足は陰線だが、結果は違っている。足1と足9は日足チャートでも見ても、ギャップを空けている。

　足1は上ヒゲがなく、下ヒゲが短い大陰線だ。大きなギャップアップで寄り付いた日は、こういった足は良い売りのセットアップになる。そのあと、強い陰線の仕掛け足が続いている。その日の最初の足が強いトレンド足（拡大図を参照）の場合、フォロースルーが発生することが多く、最初の2つの足が強いとき、ここで見られるように、上方への反転の試しは高値を切り下げることが多い。大きなギャップアップで寄り付いたあと、大きく下落した場合、寄り付きからの下降トレンド日になるのが普通だ。足3まで大きく上昇し、寄り付きを試しているが、この寄り付き付近での反転の失敗は高値の切り下げか、ダブルトップになって、そのあと下落は長く続いている。足2は前日の高値を上方へブレイクアウトしてからブレイクアウトプルバックを形成しようとしたが、ベア派が非常に強いため、上昇の試しは足3で失敗している。

　足6のあとの2つの足は強い強気の反転足で、陰線のあとの反転は前日の最後の2時間の上昇チャネルを下方にブレイクアウトしている。上昇チャネルはベアフラッグであり、足6の2本あとの強気の反転足は、ベアフラッグの失敗のあととブレイクアウトを試している。この日の最初の足は陰線だが、この足の下での売りはリスクが高い。なぜなら、この足は前日の終わりのトレーディングレンジの水準にあり、トレーディングレンジの安値での売りは負ける戦略になることが多いからだ。特に、方向性がはっきりしない（トレーディングレンジにある）ときはそうである。

　足7までの強い上昇は前日の終値を試し、高値の切り上げ、あるいはダブルトップを形成している。この陰線のシグナル足は良い売りのセットアップになる。ブル派が利食いすると、下落した。トレンドが

図23.6 ギャップは上昇トレンドや下降トレンドにつながる

　強いときになぜ利食いするのだろうか。それは、トレンドがどんなに強くても、大きな下落が発生する可能性があり、そうなるとより良い価格で再び仕掛けることができるし、時として市場が反転することもあるからである。ここで部分的にでも利食いしておかなければ、大きな利益は消え、損失になることもある。

　足9は前日の安値を大きく下回り、陰線になっているが、ヒゲが長い。これはこの足の引けで買われたことを意味している。この日の2番目の足もまた陰線だが、安値で引けている。これはベア派が強いことを意味する。しかし、そのあと強い陽線が形成され、市場は反転している。買いシグナルは出なかったものの、これはベア派に緊急性がない証拠である。このように大きなギャップが発生したときは、市場の振る舞いが極端であることはだれもが知っている。もしすぐにフォ

ロースルーが発生しなければ、市場はすぐに反転し、この極端な状況は消える。

　足10は大陰線なので、売りのクライマックスだ。次の足ははらみ足で、ブレイクアウトしそうな雰囲気をかもしだしている。もしすぐにフォロースルーの売りがなければ、ベア派は売りポジションを積極的に買い戻し、もっと高いところで売ることを考えるはずだ。一方、ブル派はこの日の安値になることを期待して買う。市場は数日にわたって大きな下降チャネルにあり、足10はそのチャネルの安値なので、上方に反転する可能性は高いが、下降チャネルの安値を突破してさらに下落し、さらに強い下降トレンドになる可能性は低い。チャネルラインは引いていないが、もし引くとするならば、下降トレンドラインは足1と足7の高値を結んだ線になり、下降トレンドチャネルラインは足4と足8の安値を結んだラインになる。ブル派は足10の前の陽線の上や、足10の2本あとの陽線の上といった具合に、陽線の上でも買った。また、足12のあとの小さなはらみ足は失敗した安値2になるので、この上でも買った。これはおそらくは今日の安値と2日間のブルフラッグ（下降チャネルはブルフラッグ）の安値からの上方への反転になるので、良い買いのセットアップになる。

　図23.7を見ると、市場は適度なギャップダウンで寄り付いている。この寄り付きは今日の高値か安値になる可能性がある。足3はこの日最初の足で陰線なので、寄り付きからの下降トレンドの始まりになる可能性が高い。市場は昨日の足2のスイングローを上回らなかったので、昨日の次の支持線（足1。昨日の安値）を試す可能性が高い。ここでトレーダーは足3の1ティック下に売りの指値を入れるはずだ。市場が昨日の安値を下回ると、少なくとも短時間だけでも再び反

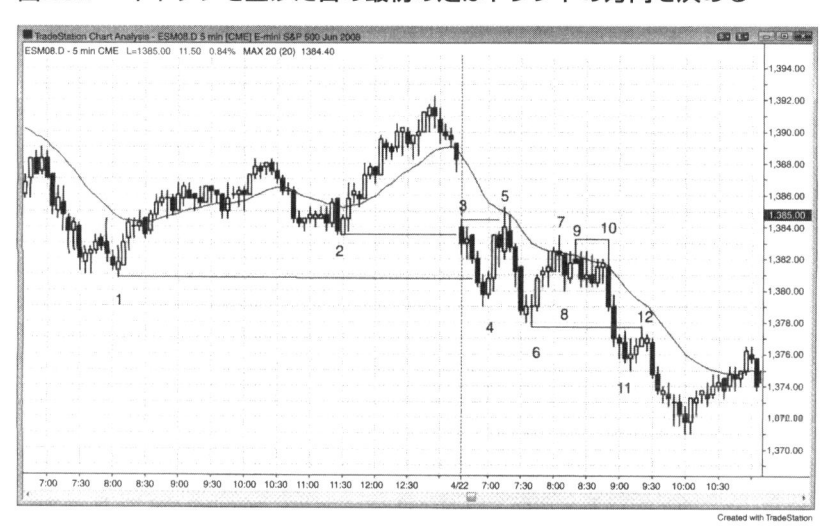

図23.7　ギャップを空けた日の最初の足はトレンドの方向を決める

転する可能性があるため、最初の良いシグナル足の1ティック上に逆指値を置いて買うはずだ。足4の上で買う人がいるかもしれないが、足4は終値が真ん中を下回る陰線なので、次の足が引けるまで待って、もっと良いセットアップが整わないかチェックしたほうがよい。足4の次の足はそこそこの大きさの陽線で、足4とともに2本の足による反転を形成している。仕掛けるのならこの足の高値の上だ。一般に、カウンタートレンドをトレードするときは、陽線の上で買うのがよい。

　この買い注文が執行されず、足4の次の足が安値を切り下げた場合、トレーダーたちはその高値の上で買おうとするはずだ。なぜなら彼らは昨日の安値の下方へのブレイクアウトが失敗して、オープニング付近での反転になることを期待しているからだ。しかし、良い買いのセットアップが現れることなく市場がさらに下落したら、上昇がトレンドラインをブレイクアウトするまで売りのみを仕掛けるのがよい。

　そのあと市場は移動平均線まで小さなツーレッグで上昇し、この日

の高値を上抜き、移動平均線でダブルトップベアフラッグを形成する。足4を上方にブレイクアウトした大陽線のあとには陰線が続いている。これは悪いフォロースルーで、上昇トレンドではなくトレーディングレンジに入るというサインになる。そのあとそのまま9時ごろまでトレーディングレンジが続いた。この時点までのレンジは1日の平均レンジのおよそ半分なので、ブレイクアウトしてレンジがおよそ倍になり、トレンドを伴ったトレーディングレンジ日になる可能性がある。足10からの強い下降スパイクでブレイクアウトが始まった。ここには示していないが、この日は強い反転で終わった。これはトレンドを伴ったトレーディングレンジではよくあることだ。そして足7から始まる狭いトレーディングレンジに戻って引けた。狭いトレーディングレンジは磁石のような引力を持つため、ブレイクアウトしても再びトレーディングレンジに引き戻されることが多い。

　時として、寄り付きからのトレンド日はその日の高値から始まることがある。**図23.8**を見ると、足12はこの日の1本目の足で、この日は高値で寄り付いたあと、昨日の引けから形成されたウエッジを下方にブレイクアウトしている。昨日の終わりのはらみ足の下で売るのがベストだが、そこまでは頭が回らないため、1本目の足の終値で小さなポジションで売ればよいだろう。この最初の仕掛けの機会を逃したら、1分足チャートで小さな戻り（たくさんある）を探して売るか、この5分足チャートでまたの機会を待つしかない。寄り付きからトレンドが形成されたとき、最初の戻りでの売りは高勝率トレードになる。ただし、このケースでは大きな動きの安値で売ろうとしているため、これは難しいかもしれない。足15は最初の戻り売りに対するシグナル足で、移動平均線の下で下方に反転する戻りでもある。売り手は、

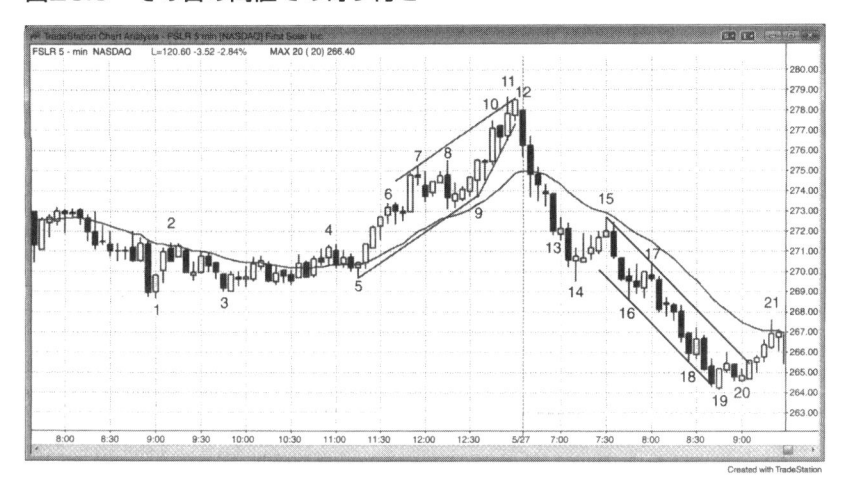

図23.8　その日の高値での寄り付き

市場が移動平均線まで戻るのを待たずに移動平均線の下で売った。5本も陽線が続いたあとに売るのを怖がるトレーダーもいると思うが、これらの陽線は実体が小さく、強い下降スパイクのあとの最初の戻りなので、これは信頼できる安値1の売りのセットアップになる。また足15は移動平均線を試し、足13の高値とともにダブルトップベアフラッグを形成している。

　この日はスパイク・アンド・チャネルの下降トレンド日になった。下降チャネルは足15と足17から始まり、足19で終わっている。このあと引けにかけて上昇したため、安値では引けなかった。

このチャートのさらに深い議論

　ほとんどの日に見られるように、この日もまたスパイク・アンド・チャネルが発生している。足12とそのあとの足がスパイクを形成し、足13と足14の前の足もまたスパイクを形成し、足14までの下降の動き全体もスパイクだ。足15のあとの2本もまたスパイクを形成して

おり、このあと足17の安値2から始まって、足19で終わるチャネルが形成されている。

足16は足14と足1の下方へのブレイクアウトからの戻りでもある。足16の終値は昨日の安値をかろうじて下方にブレイクアウトしているため、ブレイクアウトプルバックのような振る舞いをしている（引けの段階で前日の安値を下回ったことが重要である）。ベア派の売りによって、この最初の戻りは移動平均線にまで達しなかった。彼らは最初の戻りが移動平均線にまで達しないことを恐れて、積極的に売った。戻りが移動平均線に達しないことが分かると、ベア派は積極的になり、緊急性を感じる。彼らは安い価格でもいいから売りたいという願望に駆られる。したがって、価格は下落する。

足19は上昇スパイクで、上昇チャネルが足20の安値の切り上げから始まる。足20のあとの足もスパイクで、これは足21で3本の足によるチャネルで終了する。

昨日もスパイク・アンド・チャネルが発生している。足2までの上昇スパイクと足3または足5から始まるチャネルがそうである。足5から足6までの動きや、足7の前の足もまたスパイクだ。これらに対するチャネルは足8の安値から始まるチャネルだ。足5から足7までの動きは長い時間枠のチャートではおそらくはスパイクとして現れるだろう。

昨日の引けにかけての上昇チャネルは、足5から足9を結んで引いた上昇トレンドラインに平行に引いたトレンドチャネルラインを上方に突破しているが、この日の最初の足である足12でチャネルに戻ると、少なくともチャネルの安値を今度は下方に突破する可能性が高い。次の目標はチャネルの高さに等しい下方へのメジャードムーブで、その次の目標は、足8の安値である昨日のチャネルの底だ。足11までの上昇はウエッジの形をしており、市場はそのウエッジの始まりの下を試しているため、次の目標は下方へのメジャードムーブに

なる。つまり、ウエッジの高さ（足11の高値から足８の安値を差し引いたもの）をウエッジの安値である足８から差し引いたものがそれになる。この目標は足17の下までの下落で突破されている。

　足19は下降トレンドチャネルライン（足15と足17を結んで引いたトレンドラインに平行に引かれたもの）の下方への２番目のブレイクアウトからの上方への反転なので、ツーレッグの上昇が発生する可能性が高い。足18はトレンドチャネルラインを少しだけ下方にブレイクしたあと上方に反転しようとしているが、２本の足による反転の高値を上回ることがなかったため、買いの仕掛けにはならない。

　昨日はウエッジトップで終わったが、引けにかけて強い上昇トレンドになっていることを認識することは重要だ。これによって初心者は今日の寄り付きでもさらに上昇することを期待し、反転は予想しないはずだ。しかし、逆のことが起こったときに備えることは重要だ。なぜなら、逆のことは40％の確率で起こるからだ。

　寄り付きからのトレンド日として始まっても、必ずしも最初のトレンド方向の強いトレンド日になるわけではない。**図23.9**を見ると、この日は寄り付きからの下降トレンド日として始まっている。昨日の安値からギャップダウンしているが、すぐに戻してギャップはほぼ埋まり、足１がブレイクアウトプルバックの売りのセットアップになっている。そのあと市場は５本にわたって下落し、足３の下で最初の戻り売りのセットアップが整っているが、すぐに売りシグナルを発することなく、狭いトレーディングレンジに入った。スキャルピングは可能だが、市場は足４で安値を切り上げて上方に反転した。

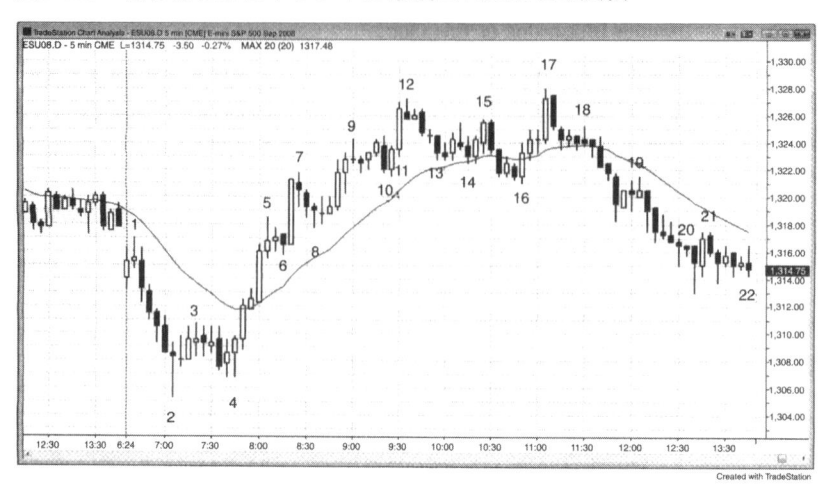

図23.9 寄り付きからトレンドが形成されたあとの反転

このチャートのさらに深い議論

　図23.9を見ると、足１は昨日の引けのトレーディングレンジを下方にブレイクアウトしたあと、ブレイクアウトプルバックによる売りのセットアップになっている。そのあと足２までおよそ12ポイント下落した。これは直近の日の平均レンジにほぼ等しい。そのあと、寄り付き付近での高値を超えて反転し、上方にブレイクアウトすると、メジャードムーブが発生する可能性が高い。時として、その日の始値からその日の安値までの距離に等しい上方へのメジャードムーブが発生したあと、始値近くまで戻って引けることがあるが、そういった日は日足チャートでは同時線として現れる。また、上方へのメジャードムーブは最初の下降レッグの高さにほぼ等しいこともある。足17はこの日の高値で、そのメジャードムーブの価格目標からは３ティック下である。このオープニングレンジからの上方への反転は、日足チャートでは下に長いヒゲのある足として現れる。大きなオープニングレンジからの上方へのおおよそのメジャードムーブのあと下方に反転する

と、ここで見られるように、市場はレンジの真ん中辺りで引けることが多い。

　足4から足5までの上昇スパイクはメジャードムーブが発生するための基礎にはなるが、ここではメジャードムーブは発生しておらず、市場はレッグ1＝レッグ2の動きを1ティック上回った（レッグ1は足4から足5までの動きで、レッグ2は足6の安値からこの日の高値である足17までの動き）。引けにかけての下落は、この上昇スパイクのあと発生する上昇チャネルの安値である足6の試しでもある。

　足15からの2本の足による下降スパイクのあと、足17で高値を切り上げるところまで戻している。そして、足17から下降チャネルが始まっている。下降スパイクのあとの戻りでは高値を切り上げることもあるが、このような場合、戻りのあと再び下降スパイクが発生するのが普通だ。ここでは、足17のあとの大陰線のはらみ足が下降スパイクになっており、足18からの下落もまた下降スパイクになっている。このなかで最も影響力が大きいのは足17のあとの大陰線である。足13までの3本の足による下落もまた下降スパイクであり、そのあと続く下落に何らかの影響を及ぼしていると考えられる。陰線が増え始めると、売り圧力が強まっている証拠であり、ここで見られるように、最終的にはブル派を圧倒する。

　図23.10は寄り付きからの上昇トレンド日を示すものだ。最高のトレンドはトレードが難しい。それはなぜなのだろうか。それは、トレンド方向の仕掛けが弱そうに見え、小さなプルバック（押しや戻り）がたくさん発生しているため、トレーダーたちは仕掛けを躊躇してしまうからである。2ポイントのマネーストップは強いトレンドでは最

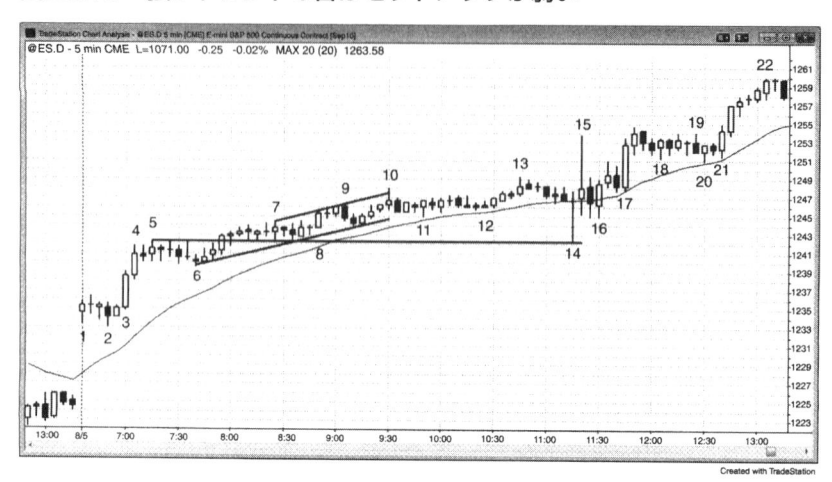

図23.10 強いトレンドの日はセットアップが弱い

良のストップになるが、これらのプルバックでこのストップに達するものはひとつもないだろう。短い横ばいの足がたくさんあり、前の足の安値の下に置いたプライスアクションストップはあまりにも頻繁に執行されている。したがって、最初の２ポイントのストップを使ったほうがよい。トレンドが強いとき、市場に長くとどまるためにできることは何でもすべきである。強いトレンドは、ヒゲを持ちオーバーラップする短い足からなることが多いが、プルバックは非常に小さく、ほとんどがほぼ横ばいの小休止である。

　この日は大きなギャップアップで寄り付いたため、上昇トレンド日か下降トレンド日になることが予想されるが、こうした大きなギャップアップで寄り付いた日は、上昇トレンド日になることが多い。最初の数本の足では大きな下落はないため、寄り付きからの上昇トレンド日になる可能性が高い。したがって、トレーダーは買いの機会を探すべきである。この日は終日静かに上昇した。なぜなら、機関投資家たちが深い押しが発生しないことを見込んで、小刻みに買い続けたからだ。彼らがずっと買い続けたために深い押しは発生しなかった。彼

らが一気に買わずに小刻みに買ったのは、一気に買えばエグゾースティブな買いのクライマックスが発生し、買い価格を下回って大きく反転するかもしれないからである。市場が上昇し続けている間、投資家たちは確信を強め、増し玉し続けた。

このチャートのさらに深い議論

　図23.10に見られるような強いトレンドでは、いつでも買うことができる。押しの足の上で買うのが良いが、前の足の安値かその下に指値を入れて買うこともできる。こんなときに足の下で売るのは負ける戦略だ。売りたいのなら、足の上か、強い陽線の引けで売るべきである。こうした強いトレンド日では、ほとんどのトレーダーは売らない。なぜなら、売りに気を取られて、買いのセットアップを見逃すおそれがあるからだ。強いトレンドでは買いのセットアップはスイングトレードになり、スキャルピングよりも利益になる。

　足3は2本の足による上昇スパイクの最初の足で、このあと市場は狭いチャネルで横ばいの修正に入り、そのあと上昇チャネルが始まる。非常に強いトレンド日は1日中反転パターンが発生する可能性があるが、反転パターンはあまり良さそうには見えない。しかし、短い足は小さなリスクを意味すると考え、早まって売るベア派も必ずいる。しかし、4～5回損をすると、取り戻すのは難しくなる。リスクが小さいからという理由だけでトレードすべきではない。勝率と利益の大きさも考える必要がある。

　ベア派は足5、足7、足9をスリープッシュパターン、つまりウエッジの変化形と見て、足7、足9、足10もウエッジと見た。ウエッジからの修正が下降ではなく横ばいの場合、トレンドは非常に強いと考えるべきである。したがって、トレンド方向にのみ仕掛け、反転トレードは考えないほうがよい。

足14はFOMC（米連邦公開市場委員会）のリポートが発表されたときで、市場は大きく下落しているが、足５の高値にあと１ティックで到達するところまで下げて、上方に反転した。
　引けにかけて、２本の足による上昇スパイクがいくつか発生している（足16、足17、足21は各２本の足によるスパイクの最初の足）。
　このような強いトレンドでは１日中反転する可能性はあるが、その試しのほとんどは失敗する。足９で終わるウエッジはほとんどが陽線からなる狭い上昇チャネルだ。市場は２時間以上にわたって移動平均線に達していない。つまり、そこには買い手がいた可能性が高く、売っても得るものはほとんどなかったことを意味する。足10はトレンドチャネルラインを上方にブレイクアウトしているが、実体は陽線だ。また、チャネルは非常に狭く、弱気の気配はない。売る場合は、移動平均線への５～10本の足による押しのような、何らかの弱気の気配があった場合のみ、２回目のシグナルで売るのがよい。弱気の気配がなければ、売りは、市場がそれまでやらなかったことをやることに賭けることになる。この日の最大の押しはわずか９ティックだった。したがって、足の下で売るのであれば、仕掛けはおよそ５ティック下になるので、１ポイントスキャルピングするには市場はあと５ティック下落しなければならない。市場は何回も押そうとしていたが、９ティック以上は下がらなかった。つまり、売りは非常に低勝率のトレードになるということである。勝率が60％以上であれば、６ティックか７ティックのリスクで１ポイントスキャルピングできるだろう。つまり、この市場では売るな、ということになる。しかし、足12までの動きは上昇トレンドラインをブレイクしているため、足13の高値の切り上げで売ってもよいのではないかと思うかもしれないが、市場は依然として移動平均線まで押しておらず、移動平均線は６ティック下にある。つまり、そこには明らかに買い手がいるということである。また、足13は連続する５つ目の陽線だ。つまり、売るに

は相場が強すぎることを意味する。

　強いトレンド日には、午前11時と正午の間に一時的に強い反転が発生することが多く、自信のないブル派や前の損失を取り戻そうとするベア派を振り落とす。これはニュースイベントによるものだが、そんなことは重要ではない。重要なのは、それは下降スパイクをものともしないトレーダーに買い機会をもたらすということである。

　今日は午前11時15分にFOMCのリポートが発表された。リポートが発表されたとき、足14は一時的に大陰線になった。市場はこのリポートの発表で下落すると思って、この足が引ける前に売っていれば、あなたは重要なルールを無視したことになる。つまり、足が引けるまで待て、というルールである。この足が寄り付いて４分後に大陰線だったとしても、この足が引けるころには同時線か、あるいは強気の反転足になることもあるのだ。

　足16は、足14の安値から足15の高値まで上昇したあと安値を切り上げ、そのあと足17でのブレイクアウトプルバックの買いのセットアップが整っている。すべてのスパイクはスパイクであり、クライマックスであり、ブレイクアウトなので、足16から始まった２本の足によるスパイクはブレイクアウトであり、足17は押しのあとの仕掛けの機会になる。

　足19はダブルトップベアフラッグだが、その前には強い下降スパイクはないため、市場は足17の上昇スパイクのあと横ばいになる可能性が高い。

　足20は強気の反転足で、高値２の買いのセットアップでもある。また、仕掛け足のあとの足である足21は仕掛け足を下回ったため、買い手は仕掛け損なった。しかし、足20からの上昇は１ティック上昇しただけなので、プロテクティブストップは足20のシグナル足の下に置き、すぐに上に動かすべきではない。強いトレンド日は仕掛けた買いポジションを時期尚早に手仕舞いさせ、売りに転じさせる傾向

がある。こうして仕掛けた売りポジションをベア派は買い戻さなければならないため、買い圧力が強まり、彼らは少なくとも1～2本のうちには再び売らない。損失を出した彼らは、再び売る前に損失を取り戻す必要がある。また、ブル派は買い損ねて市場の上昇に伴って市場を追っかけることになるため、買い圧力はさらに強まる。

　寄り付きからのトレンドは、強いトレンドが始まる前にダブルトップやダブルボトムを形成することがある。**図23.11**を見ると、足7は寄り付きからの下降トレンドをセットアップしようとしているが、午前7時に発表されたリポートのニュースによって安値が試されている。これはよくあることだ。市場は足9まで小さなトレーデングレンジを形成しているが、市場は強さを見せる前にリポートの発表を待っていただけという可能性もある。

　オープニングレンジは直近の日の平均レンジの3分の1以下だったため、市場はブレイクアウトモードにある。最初の足のあと下降スパイクと上昇スパイク（下方へ反転と上方への反転）が発生すると、トレーダーのなかにはレンジが数倍になることを期待してブレイクアウトで仕掛ける者もいるだろう。市場が足7の2本の足による反転を下回ったあと、下方への反転した足7はスイングハイになる。また、市場が足8を上回ると、足8は上方に反転して、スイングローになった。トレーダーたちは足7のスパイクトップの1ティック上に買いの逆指値を置き、足8のスパイクボトムの1ティック下に売りの逆指値を置いた。足9が足7の高値を上回り買い注文が執行されると、足8の下の売りの逆指値注文のサイズを倍にした。市場が足8を下回り、この2番目の注文が執行されると、買いポジションは損切りに引っかかっ

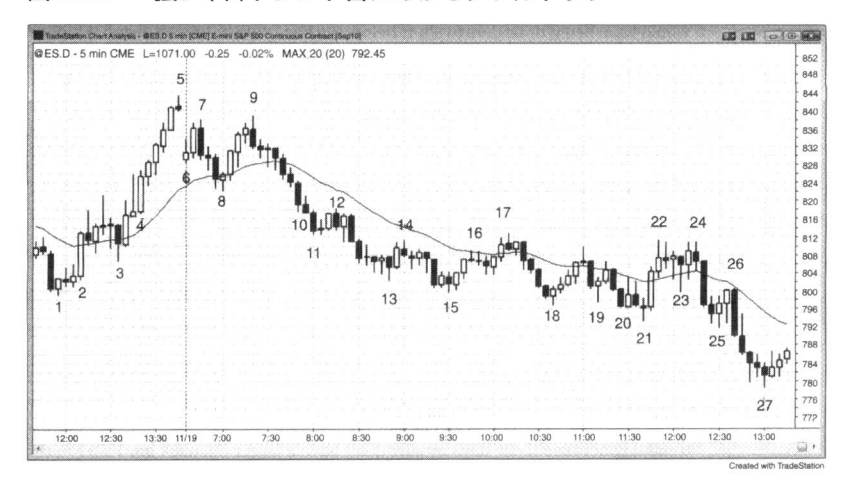

図23.11　強い下降トレンド日におけるダブルトップ

たので、売りにドテンした。これはこのセットアップの昔ながらの方法だが、もっと積極的になったほうがよいかもしれない。つまり、足7の2本の足による反転の下で売って、一部をスキャルピングし、プロテクティブストップの置く位置を下げる。そして、移動平均線上の足8の高値2で買いにドテンし、一部をスキャルピングし、ストップの幅を狭める。また、足9の陰線包み足の下で売りにドテンしてもよい。なぜなら、上方へのブレイクアウトで買って落とし穴にはまったトレーダーがおり、市場は足7とともにダブルトップベアフラッグを形成しつつあるからだ。そして、一部をスキャルピングし、ストップの幅を挟め、残りは明らかな買いシグナルが現れるまでスイングトレードにする。買いシグナルが現れなければ、売りポジションを引けまで保持する。足15、足18、あるいは足21の安値で買った場合は、利食いしたあと売りにドテンしなければならない。これが不可能ならば、売りポジションを保有し続けるか、ちょっとした買いシグナルで手仕舞って、上昇で売る。

　この日は狭いトレーディングレンジで始まったが、プルバック（押

しや戻り）がこれほどまでに小さいと、トレーダーのなかには、トレンドを伴うトレーディングレンジ日か、下降トレンドが再び始まる日と見る人もいるかもしれない。しかし、依然として強い下降トレンドにある。このような場合は、売ったほうがよい。この日をトレンドを伴うトレーディングレンジ日とみなした場合、買うのみで、売りを逃すことがある。足9から始まったトレンドでは、足15から始まった戻りはその前の戻りのおよそ2倍である。小さなプルバックを伴うトレンド日は、午前11時過ぎといった具合に、その日の遅くまで大きなプルバックは発生しないため、この日は小さなプルバックを伴うトレンド日ではなく、強い下降トレンド日である。

このチャートのさらに深い議論

　図23.11を見ると、足11、足13、足15はウエッジを形成している。しかし、市場はおよそ20本にわたって移動平均線には達しておらず、下降チャネルが非常に狭いので、移動平均線を試す可能性が高く、ベア派はそこで積極的に売るはずだ。ブル派によって移動平均線のギャップ足である足17までツーレッグで上昇した。下降トレンドにおける最初の移動平均線のギャップ足は、大きな上方への修正の前に最後の下降レッグにつながることが多い。

　移動平均線のギャップ足への上昇レッグはほとんどの場合、重要な下降トレンドラインをブレイクアウトするため、下降トレンドの安値を試す前の安値の切り上げや安値の切り下げは、長く続く上方への修正か、反転へとつながることが多い。市場は足18と足21で終わる小さなウエッジでも反転を試している。そのあと、足22にかけて強い2本の足による上昇スパイクが発生し、ブル派は間違って仕掛け、ベア派は仕掛け損なった。しかし、経験豊富なトレーダーならトレンド日には午前11時過ぎに強いカウンタートレンドの動きが発生するこ

とが多いことを知っているため、足24の小さなダブルトップのようなカウンタートレンドの失敗による売りに備えるはずだ。陰線はらみ足がシグナル足として発生し、足22と足24のダブルトップは足17とともに大きなダブルトップベアフラッグを形成した。足25までの下降スパイクのあと、強い陽線が何本か発生しているが、これは引けにかけての下落に対して、足26のブレイクアウトプルバックによる売りのセットアップが整っている。足25における反転の試みは、足18、足21、足25を安値とする拡張型トライアングルの安値に対するシグナル足である。しかし、反転は失敗し、足26はブレイクアウトプルバックによる売りのセットアップになった。失敗したウエッジは下方へのメジャードムーブにつながることが多く、引けまでの下落がほぼその目標価格になる。

　この日は足13まで下降トレンドが続き、そのあと足24まで数時間にわたってトレーディングレンジが続き、そのあと引けにかけて下降レッグが発生している。つまり、この日はトレンドが再び始まる下降トレンド日ということになる。

第24章
反転日
Reversal Day

反転日の主な特徴は以下のとおりである。

- 1つの方向にトレンドが形成されたあと、引けにかけて逆方向にトレンドが形成される。
- ほとんどの反転日はトレンドを伴うトレーディングレンジ日として始まる。
- 反転が最後の数時間内に始まり、それが強いとき、翌日に、そしてそのあとの数日にわたってフォロースルーが発生することが多い。

強いトレンドはその日の中ごろから終わりにかけて発生することがある。強いトレンドは、トレーディングレンジのブレイクアウトやクライマックス的なトレンドの反転から始まることがあり、これはたいていはニュースがきっかけになっている。しかし、これは問題ではない。いずれにしても、市場はランナウエートレンドモードに入り、大きなプルバック（押しや戻り）を伴わずに強いトレンドが形成される。このとき、短いヒゲを持った大きなトレンド足がほとんどオーバーラップすることなく発生する。これはブレイクアウトであり、明らかにオールウエーズインの方向が逆転した証拠である。こんなときは、新たなトレンドがクライマックス的で行きすぎのように見えても、早急

に仕掛けなければならず、スイングトレードにすることが重要だ。こうしたブレイクアウトスパイクはかなり進む可能性が高いため、積極的にトレードし、少なくとも小さなポジションを建てるべきである。

　ときには、トレンドを形成したあとプルバック（押したり戻したり）することがあり、そのプルバックは延々と成長し、逆方向のトレンドチャネルになることもある。ほとんどの場合、チャネルが始まる前に少なくとも1つのカウンタートレンドスパイクが発生するため、強いカウンタートレンドスパイクを伴うプルバックが発生したときには、トレンドの反転に注意が必要だ。例えば、最初の1～2時間のうちに大きく下落したあと、移動平均線までツーレッグでの上昇を期待するが、戻りがかなり強い陽線で始まったときは、その足は上昇スパイクになり、そのあと小さなベアフラッグではなく、強い上昇チャネルに発展する可能性がある。その日の終わりには、その戻りはその前の下降トレンド以上に成長し、その日は日足チャート上では強気の反転足となる。こうした動きを早くに察知したら、買いにのみ集中することが重要だ。最初の1時間で始まった下降トレンドが再び始まることを期待して売れば、損をするだけである。こうした日の多くは別のタイプのトレンド日、つまりトレンドを伴うトレーディングレンジ日とみなされることが多い。事実、反転日のほとんどはトレンドを伴うトレーディングレンジ日として始まる。下降トレンドについてはこの逆である。

　最初、強いトレンドが形成されていても、そのトレンドはいつ何どき逆方向の強いトレンドに転換しないとも限らない。図24.1を見ると、最初の1時間で強いツーレッグの上昇が発生し、そのあと狭いチャネルの押しが発生して、移動平均線を試している。そのあと、2時

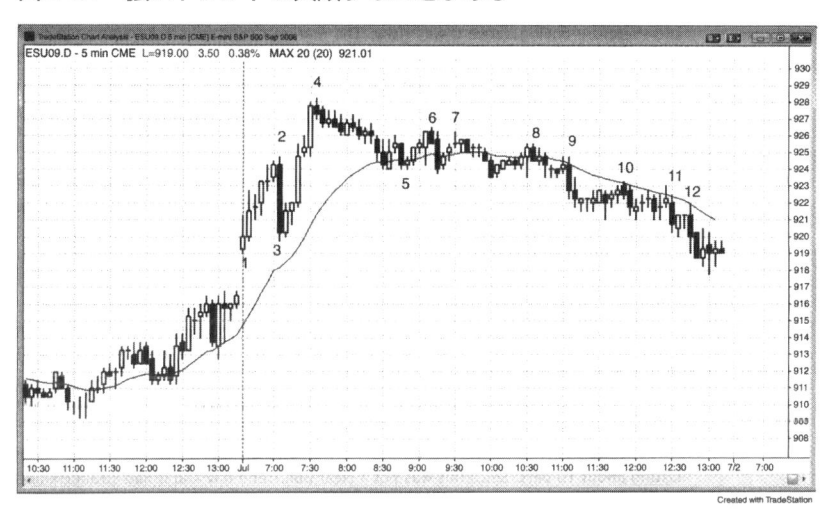

図24.1　強いトレンドは失敗することがある

間以上にわたって横ばいになり、そのあと足9で下のレンジへとブレイクアウトする。最後の利益の出る買いの仕掛けは、午前8時50分に発生した足5だった。このまま買いのスキャルピングを続ければ、どのトレードでも損をするだろう。これは市場が間違った方向に進んでいる明らかなサインであり、あなたはそれに気づいていないか、信じたくないだけである。

ブル派が利食いすると、押しが発生する。トレンドが強いときに、なぜ利食いするのだろうか。それは、トレンドがいかに強くても、深い押しが発生することがあり、そこでさらに良い価格で仕掛けられるからであり、ときにはトレンドが転換することもある。部分的にでも利食いしなければ、大きな利益は消え、損失になることもある。

このチャートのさらに深い議論

　図24.1を見ると、市場は昨日の最後の1時間のトレーディングレンジを上方にブレイクアウトしている。最初の足の上ヒゲが長いのは、

売り手が強いため、その上での買いはリスクが高いことを示している。市場は６本の足にわたって上昇し、足２で下方に大きく反転しているが、これは午前７時に発表されたリポートが原因だと思われる。リポートが発表されるまでの上昇モメンタムは天井（買いのクライマックス）を付ける気配はないため、この上昇の一番上の足の下で売るのはよくない。足２は寄り付きからの上昇トレンドにおける最初の押しで、買いのセットアップである。しかし、足２の下降スパイクの強さは、もしこの日が上昇トレンド日になるのであれば尋常ではない。

　足３の安値（足２の底）は足１の安値とダブルボトムを形成している。ギャップアップで寄り付いた日は寄り付きの安値を試す押しが発生するのが普通で、そのあと上昇トレンド日になる。オープニングレンジは直近の日の平均レンジの30％より大きいので、オープニングレンジは良いブレイクアウトモードのセットアップにはならない。つまり、上方へブレイクアウトしたあと強いトレンドが続く可能性は低いということである。この日が上昇トレンド日になったとしても、トレンドを伴うトレーディングレンジ日のような弱いトレンド日になる可能性が高い。足３のあとの上昇ｉｉのセットアップは買いの良いシグナルだが、強い上昇トレンドが発生する可能性は低いため、２～４ポイントの利益が出たら少なくとも半分は利食いしたほうがよい。また、足３の強い下降スパイクのあとは、いったん戻したあと下降チャネルになる可能性があるが、ここでは、戻りは足４の前の足とその２つ前の足による買いのクライマックス足に続く足４で、高値を切り上げている。買いのクライマックスが連続して発生すると、そのあと少なくともおよそ10本続くツーレッグの修正が発生するのが普通だ。この日は強いトレンド日というわけではなく、足３で大きく下落しているため、足３の弱気の反転足は安値２の売りのセットアップとも取れる。

　足５にかけての押しは上昇トレンドラインをブレイクアウトし、足

6で高値が切り下げられているため、引けにかけては下降トレンドになると思われる。足6は2本の足による下降スパイクの最初の足で、このあと下降チャネルになる可能性が高いことを警告している。足3が大きな下降トレンド足であるのと同じく、足5の前の足も下降スパイクである。下降チャネルが進んでくると、このほかにも下降スパイクがたくさん発生している。足8の前の足のあとは、市場が移動平均線を上回って引ける可能性は低い。

　強いトレンドチャネルでは、スキャルピングよりもスイングトレードのほうが儲かる。なぜなら、強いトレンドチャネルでは、トレンド方向のスキャルピング（例えば、足8や足10の売り）のストップさえ執行されてしまうようなプルバックが頻繁に発生し、損失につながるからだ。このような場合は、ストップを前のスイングハイの上に移動させたほうがよい。

　足9の下降スパイクは上のトレーディングレンジを下方にブレイクアウトし、そのあと引けまでの完璧なメジャードムーブが発生している。足9は、上のレンジの安値と足10のブレイクアウトプルバックとの間で発生するブレイクアウエーギャップだ。このギャップの中間点は、足4からこの日の引けの前の安値までの下落の中間点に当たる。

　日足チャートでは、足9は実体が小さく、上に長いヒゲを持つ同時線として現れるはずであり、下方への反転の可能性のある領域で発生すれば、良い売りのシグナル足になる。

　足5から足9までの間、高値も安値も切り下がっていることに注意しよう。これは、下降トレンドになる可能性が高いことを示している。

　図24.2に示したように、ほとんどの反転日はトレンドを伴うトレ

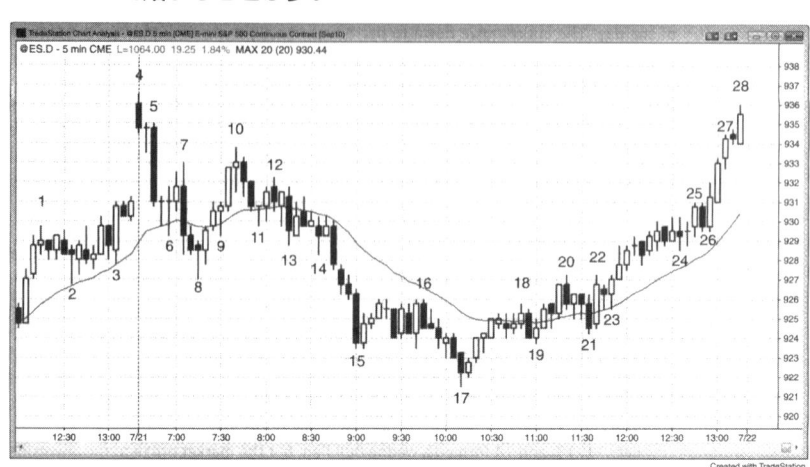

図24.2　ほとんどの反転はトレンドを伴うトレーディングレンジ日として始まることが多い

ーディングレンジ日から始まる。この日はスパイク・アンド・チャネルの下降トレンド日でもあり、寄り付きからの下降トレンド日でもある。スリープッシュダウン（足8、足15、足17）のあと上方に反転して上昇反転日になり、引けにかけて上昇している。これはトレンドを伴うトレーディングレンジ日ではよく見られる現象だ。

このチャートのさらに深い議論

　大きなギャップで寄り付いた日は、どちらかの方向にトレンドが形成されることが多い。図24.2を見ると、この日の最初の足は強い陰線なので、下降トレンドになる可能性が高い。これはブレイクアウトの失敗によるセットアップで、トレーダーたちは寄り付きからの下降トレンドを受けて、足4の下で売るべきである。
　足4と足5は大陰線だ。したがって、下降スパイクであり売りのクライマックスでもある。クライマックスが2つ続くと、ここで見られるように、そのあと数本の足にわたる小休止か、プルバック（足7の

高値への戻り）が発生するのが普通だ。足7は3番目の売りのクライマックスだ。3番目の売りのクライマックスのあとは大きな修正が発生することが多い。足8までの下落はスパイク・アンド・クライマックスタイプの下降トレンドで、そのあと足10まで上昇し、足8までの下降チャネルの始まりである足7を試している。足7はダブルトップベアフラッグを形成し、そのあとその日の安値までの下方へのメジャードムーブが発生している。足4から足8までの下落は狭いチャネルを形成しており、したがって大きなスパイクである。

　大きなウエッジボトムのあと、市場はウエッジの高値を試す少なくともツーレッグの上昇（足10の高値）が発生するのが普通だ。修正の足の数はウエッジの足の数の少なくとも3分の1になるのが普通だ。この大きなウエッジは足4から足8までの下降スパイクに続く下降チャネルでもあり、足10の高値が試される理由でもある（チャネルの始まりは試されるのが普通）。この試しは足10の高値を上方にブレイクアウトしているが、ここで見られるように、ダブルトップベアフラッグを形成することが多い。

　ウエッジが反転するときは、足19のような安値の切り上げのあとや、足22の失敗した安値2の上で買うのが安全だ。足22は大きな上昇スパイクの仕掛け足だ。これはトレーダーたちがこの上昇は単なるベアフラッグではなく、上方へのメジャードムーブが発生し、上のトレーディングレンジに入ると信じている証拠である。この日は複雑な日で、ウエッジの反転はトレンドを伴うトレーディングレンジ日の下のトレーディングレンジの安値とみなすこともできる。多くのトレーダーがそう思った場合、上のトレーディングレンジの安値が試されることを期待して、足17のあとのはらみ足の上での最初の仕掛けで買うのがよい。

　足11、足13、足14はウエッジ型ブルフラッグを形成しているが、市場は上方に反転することなく下方にブレイクアウトしている。こう

いった場合、ウエッジの高値から安値までの下方へのメジャードムーブの分だけ下落するのが普通だ。足10はウエッジの高値で、足15までの下落はメジャードムーブの価格目標を突破している。このようなときは、ここで見られるように、戻したあと下降レッグが発生するのが普通だ。

　足18までの上昇は２つのレッグを持つが、大きなウエッジの安値を修正するほど多くの足は含まれていない。また、これは狭いチャネルになっているため、このあと２つ以上の上昇レッグが発生する可能性が高く、これはその最初のレッグになる可能性が高い。足20までが２番目の上昇レッグだが、足17から足20までの間には大きなウエッジを修正するほど多くの足は含まれていないという問題は同じである。これはまた比較的狭いチャネルを形成している。これは不確実性を生み、トレーダーたちはウエッジが十分に修正されるにはもっと大きな２番目の上昇レッグが必要であることを確信する。

　足21から足25までの動きは十分なツーレッグの修正が完成したことを納得させるほど大きいが、市場は足27に向けて３本の足による上昇スパイクで上方にブレイクアウトした。ベア派は足17から足25にかけてのチャネルで下方への大きなブレイクアウトを発生させることはできなかったため、明確なツーレッグの動きは発生しなかった。最初の上昇レッグのあと押しが発生しなかったということは、ブル派が強いことを示している。

　ランナウエーの上昇トレンドでは、５分足チャートよりも３分足チャートでのほうが買いの機会は多い（**図24.3**を参照）。足１と足２は、左側の３分足チャートでは小さなカウンタートレンドのはらみ足

図24.3　短い時間枠のチャートでの強いトレンドの仕掛け

で、高値１の買いのセットアップになっているが、５分足チャートでは明確なシグナルにはなっていない。ただし、足３の買いのセットアップは両方のチャートに現れている（５分足チャートでは足３は陰線だが、強い上昇スパイクにおける高値１の買いのセットアップになっている）。

第25章
トレンドが再び始まる日
Trend Resumption Day

トレンドが再び始まる日の主な特徴は以下のとおりである。

- 最初の1時間前後で強いトレンドが発生し、そのあとトレーディングレンジに入る。
- トレーディングレンジは数時間にわたって続くため、この日は引けまで静かな日になると思わせる。
- トレンドが最後の1～2時間で再び始まる。
- 2番目のレッグは最初のレッグと大きさがほぼ同じ。
- 長く続くトレーディングレンジは非常に狭いトレーディングレンジであることが多い。
- その日の遅くに発生するトレーディングレンジからのブレイクアウトはトレンドを反転させようとするが、これは落とし穴であることが多い。反転はそのあと発生し、引けにかけて逆方向にブレイクアウトする。トレーディングレンジが異常に狭いときは、落とし穴が発生する可能性が高い。
- 早めに仕掛けなかったり、ブレイクアウトで仕掛けなかったトレーダーにとっては、ブレイクアウトプルバックの仕掛けの機会が発生することが多い。

最初の1時間前後で強いトレンドが形成され、そのあと数時間にわたって横ばいに入ることがときどきある。特に横ばいが非常に狭いトレーディングレンジのとき、この日はトレンドが再び始まる日になることが多い。中盤で退屈なトレーディングレンジが続いてもあきらめてはならない。なぜなら、最後の1時間辺りで強いトレンドが再び始まることが多いからだ。ブレイクアウトは最初のトレンドの方向に発生することが多いが、時として逆方向に発生して、反転日になることもある。例えば、寄り付きからのトレンドが下降トレンドだった場合、その日の遅くにトレーディングレンジから下方にブレイクアウトすれば、その日は高値近くで寄り付き安値近くで引けることが多い。午前11時から正午にかけて、一時的に1～2本の足による強い反転のブレイクアウトが発生することがよくあるが、これは失敗してトレーダーたちを間違った方向（買い）に導き、そのあと逆方向にブレイクアウトすることが多い。このとき、動きは速いものの、これを予測できれば、引けにかけての大きな下降の動きをとらえることができる。ごくまれに、反転のブレイクアウトが成功することがあるが、このような場合は、最後の1時間で寄り付きからの下降トレンドに戻ることが多い。

　取引時間の中盤での横ばいは必ずしも狭いトレードチャネルになるわけではなく、両方向にトレード可能なレッグが発生することが多い。時として、カウンタートレンドのだらだらとしたプッシュが3回発生して、ウエッジフラッグを形成することもある。あるいは、3番目のレッグが2番目のレッグを上抜かずに、ヘッド・アンド・ショルダーズ・フラッグを形成することもある（ヘッド・アンド・ショルダーズの反転パターンのほとんどは失敗してコンティニュエーションパターンになる）。このパターンはツープッシュではなくてスリープッシュを持つことが多いため、カウンタートレンドは新たな逆方向のトレンドになると思い、トレーダーたちはポジションを取らないことが

多い。しかし、この落とし穴にはまってはならない。朝のトレンドと同じ方向に仕掛けられる良いセットアップに備えることが重要だ。トレーダーたちは両方向に徐々に増し玉できるようにし、ある時点までいくと、最大サイズに達する。ブレイクアウトが発生したら、負ける方向への増し玉はやめることだ。例えば、朝のうちに強い下降トレンドが発生し、そのあと横ばいになったとすると、ブル派もベア派も次の数時間にわたってトレーディングレンジで増し玉し続け、多くはポジションが最大サイズに達する。市場が下方にブレイクし始めると、ブル派は買い続けることはできない。もはや買うブル派はおらず、ベア派の独壇場になる。市場の下落に伴って、あきらめて負けた買いポジションを手仕舞うブル派は増え、引けにかけて市場はますます下落する。こういったタイプの日は、静かな横ばいだった動きにだまされてあきらめるトレーダーが出てくるが、実はこれはチャンスなのだ。仕掛けに備えることが重要だ。このパターンのベストな形は１カ月に２～３回しか発生しない。

　中盤にトレーディングレンジが形成されずに、数時間にわたって弱いトレンドのカウンタートレンドが発生することもある。このとき、トレーダーたちはこの日はトレンドが再び始まる日ではなく、反転日になると思ってしまう。実はこれはトレンドが再び始まる日の弱いバージョンであって、一見トレーディングレンジ日のように見えるが、実際には一方の極値で寄り付き、反対側の極値で引ける。最後の１時間で寄り付きのトレンドが再び始まることもあるので、仕掛ける準備をしておくことが大事だ。例えば、寄り付きで大きく下落し、そのあとスリープッシュアップを伴う弱いモメンタムの上昇が発生して最初の下落の一部か、全部を戻したとすると、その上昇チャネルを下方にブレイクアウトして、引けにかけて再び下降トレンドが始まる可能性があるので注意が必要だ。その上昇チャネルの高値をブレイクアウトしたあと、下方に反転すれば、それは引けにかけてのトレンドに対す

る良いスイングの売りのセットアップになる。あるいは、チャネルを下方にブレイクアウトして、良い低リスクの売りのセットアップになることもある。これ以外のときは、下降トレンドが再び始まるのを待って、ブレイクアウトプルバックか、移動平均線近くの戻りで仕掛けるのがよい。5分足チャートではトレーディングレンジに見え、長い時間枠のチャートではABCパターンに見えるかもしれないが、市場が安値近くで引けたときは、日足チャートでは下降トレンド足として現れることが多い。

　トレンドが再び始まるパターンは2～3日にわたって発生することが多い。5分足チャートでは大きなスイングに見えるかもしれないが、60分足チャートでは単純なABCパターンになることが多い。例えば、昨日数時間にわたって強い上昇スパイクが発生し、そのあとトレーディングレンジに入り、そのレンジが今日、数時間続いたとすると、どこかの時点で昨日のトレンドが再び始まる可能性が高い。これに注意すれば、大きな動きに対してはポジションの大部分をスイングトレードすることができるはずだ。

　大きなギャップで寄り付いた日は、トレンドが始まる前に市場は寄り付きを試すことが多い。**図25.1**を見ると、市場は大きなギャップアップで寄り付き、そのあとダブルボトムで安値を試し、足3まで大きく上昇している。そこから3時間以上にわたって狭いレンジに入り、良いトレード機会はもうないとトレーダーに思わせる。足6は下降トレンドチャネルラインを下方にブレイクしたあとに上方に反転している。また、足6は足4のシグナル足の高値を1ティック下回っている。これによってベア派のなかには売った者がいるはずで、ブル派の多くも買いポジションを手仕舞った。引けにかけての上昇のシグナ

第25章 トレンドが再び始まる日

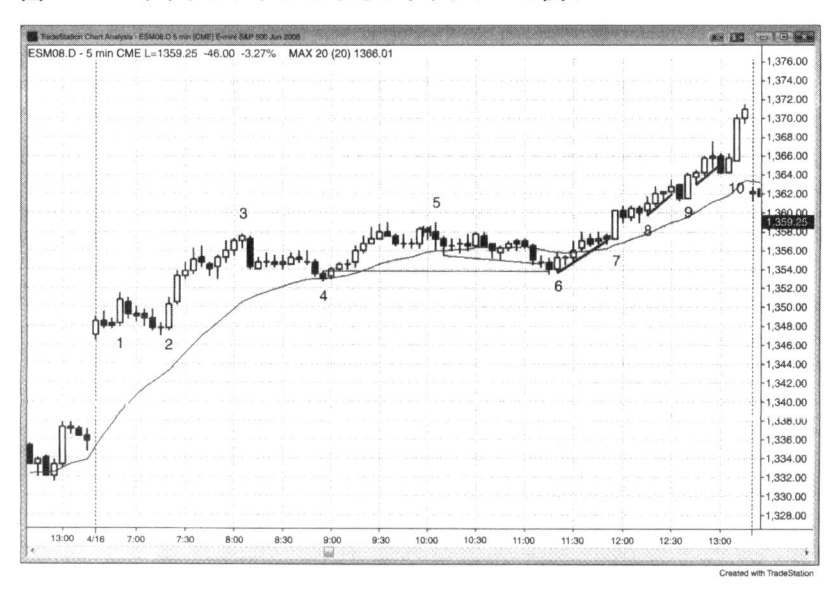

図25.1　ギャップアップのあとのギャップへの試し

ル足は、この日初めての移動平均線のギャップ足だった。

このほかにも買いの機会はいくつかあった。例えば、足7、足9、足10でのミクロトレンドラインの下方へのブレイクアウトが失敗したあとの上方への反転だ。

このチャートのさらに深い議論

図25.1では、足7は高値2の仕掛け足で、小さな上昇トレンドラインを1ティックブレイクしたあと上方に反転している。足1は高値1の仕掛け足だった。

足8は高値2の変化形だ（陰線-陽線-陰線パターン。足7のあとの足は陰線なので最初のプッシュダウンで、その次の足は陽線で上昇し、その次の足は再び陰線で、2回目のプッシュダウンになる）。

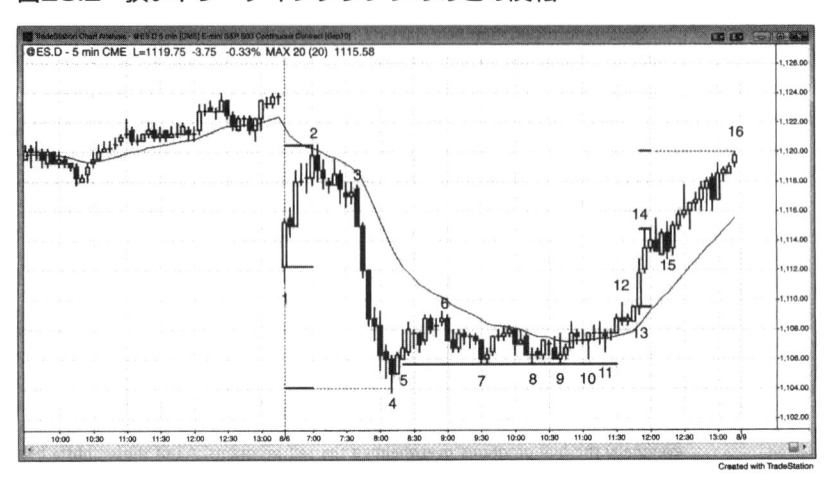

図25.2　狭いトレーディングレンジのあとの反転

　時として、強いトレンドに続く狭いトレーディングレンジは、トレンドが再び始まることなく反転につながることがある。図25.2を見ると、今日は足３から大きく下落したあと、狭いトレーディングレンジに入り、これが数時間続いた。こういった場合、引けにかけて再び下降トレンドが始まり、最後の下落は最初の下落と同じくらい大きいことが多い。また、レンジの高値へのブレイクアウトに失敗したあと、最後の下降レッグが始まることが多い。足12はスイングの売りの完璧なセットアップだ。なぜなら、この足はこの日遅くに発生した狭いトレーディングレンジの高値をブレイクアウトする弱気の反転足だからだ。しかし、その次の足は大きな下降の動きに対する仕掛け足ではなく、小さな陽線はらみ足になっているため、ブレイクアウトプルバックによる買いのセットアップになる。足12でブレイクアウトし、次のはらみ足が小休止（一種の押し）になっている。

このチャートのさらに深い議論

　図25.2を見ると、この日は大きなギャップダウンで寄り付いている。最初の強い陽線の反転足は、ブレイクアウトの失敗による買いのセットアップで、このあと寄り付きの上昇トレンドが続くことが予想される。

　足13と足14は大陽線で、2本の足によるブレイクアウトを形成している。ブレイクアウトのあとはスパイクの大きさに等しいメジャードムーブ（スパイクの最初の足の始値または安値から、最後の足の終値または高値まで）が続くことが多い。この日の引けの高値は、足13の始値から足14の高値までのメジャードムーブになっている。

　トレンドが再び始まる下降日は、寄り付きでは大きく上昇しないことが多い（大きな上昇は、ブル派が積極的に買うことを意味する）。この日の真ん中辺りは、引けにかけての大きな下落を思わせる完璧なセットアップになっているが、逆のことが起こる可能性も40％ある。この日の寄り付きを試す上昇が発生するかもしれないというもう1つの手掛かりは、この日の安値が、寄り付きから最初の上昇の高値までの下方への完璧なメジャードムーブになっているという点である。つまり、この日の寄り付きがこの日のレンジの中間点であることを意味する。市場がその中間点にまで戻れば、この日の足は同時線になる可能性が高い。これはよくあることである。市場が足7の安値の位置にある支持線を何回も試し、買い手を探し続けていることに注意しよう。足8のあとのはらみ足、足9のあとのはらみ足、足9と足11での安値の切り上げでは、ダブルボトムまでの押しの買いのセットアップが整っている。

　支持線は売りのクライマックスからの戻りに対する最初の仕掛け足である足5の1ティック下にある。足5はこの日の安値で発生した、2本の足による反転のセットアップの上の仕掛け足だ。その仕掛け足

図25.3　トレンドの再開

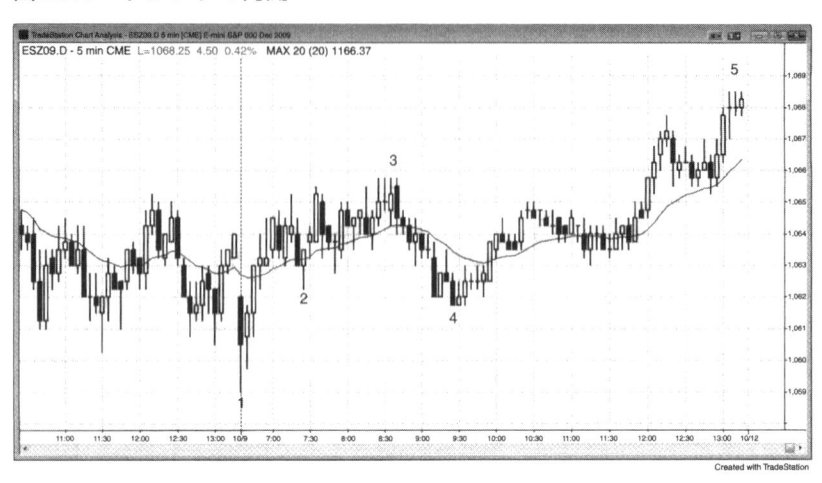

の1ティック下に置かれたストップは執行されたが、たび重なる試みにもかかわらず、市場はそれ以上に下がることはなかった。これは自信のあるブル派が台頭してきた証拠である。トレーディングレンジの間は買いと売りのプログラムは続くが、最終的には買いのプログラムが売りのプログラムを圧倒する。売りプログラムで売った売りポジションはすべて買い戻ししなければならないため、これが買い圧力に拍車をかける。また、売りプログラムの多くは買いプログラムにドテンしたため、これもまた買い圧力が強まる要因になった。足14と足15の上昇スパイクのあと、引けにかけて上昇チャネルが発生した。

　最初の上昇は強いトレンド足がわずか5～6本しかなく、トレーディングレンジに入りそうな雰囲気だが、トレンドが再び始まる日になる可能性は依然として強い。**図25.3**を見ると、この日は寄り付きか

らの上昇トレンドから始まり、拡大型トライアングルの安値と昨日の安値のブレイクアウトの失敗から上昇している。そのあと2本の足にわたって上昇するが、昨日のトレーディングレンジの真ん中辺りで止まる。スリープッシュパターンからの上昇は、ここで見られるように、少なくとも2つの上昇レッグにつながることが多い。足2はブレイクアウトプルバックで、このあと再び小さな上昇が続くが、市場は勢いを失い、足3まで移動平均線を上回る弱いトレンドが続く。この時点で、何か様子がおかしいことが明らかになる。寄り付きからの上昇トレンドは非常に強いトレンドだが、そのあとのトレンドは弱い。トレーダーは、この日は彼らが予測していたような日にはならず、手仕舞って待ったほうがよいと判断する可能性が高い。彼らは、この日はトレーディングレンジ日になるかもしれないと思い、その日の新安値を探そうとする。足2の安値のあとダブルボトムブルフラッグが発生する可能性が高いが、早めに仕掛けた自信のあるブル派が存在しないため、ベア派はその日の新安値を形成しようと懸命に努める。したがって、足2の安値はこの日の安値にはならない可能性が高い。足4は足2を下回る2回目の小さなプッシュで、そのあと引けにかけてトレンドが形成され、この日は弱いながらも上昇トレンドが再び始まる日になり、拡大型トライアングルの安値から2回目の上昇レッグが発生する。足4は寄り付きのシグナル足の高値からのトレンドを試すブレイクアウトである。

数日たってからトレンドが再び始まることもある。**図25.4**を見ると、市場は足2にかけて大きく下落し、そのあと2日半にわたって続くトレーディングレンジに入る。トレーディングレンジは長期にわたって続くこともあるが、トレンドの方向にブレイクアウトすることが

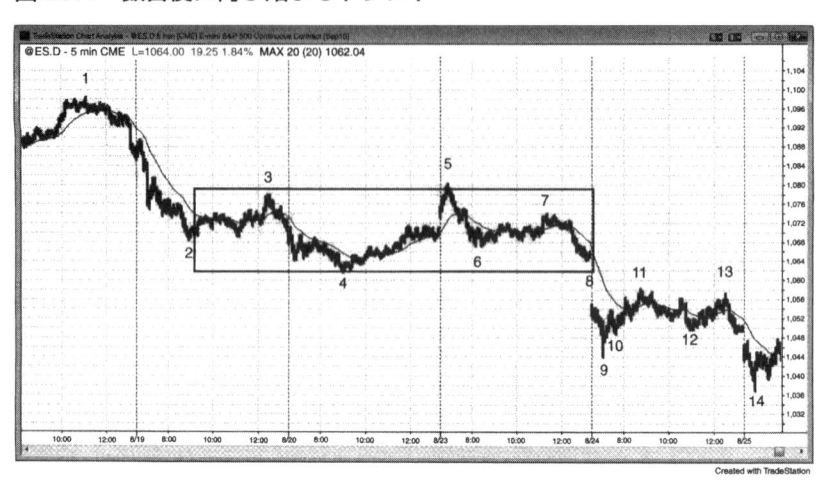

図25.4　数日後に再び始まるトレンド

多い。ここでは、最初の下落から５日後に、足５から足14まで２回目の下降レッグが発生し、下降トレンドが再び始まっている。

　足５から足６までの下降レッグのあとトレーディングレンジに入り、２回目の下降レッグは翌日の寄り付き（足９）で終わっている。

　足７から足９までの下落のあと、足13まで再びトレーディングレンジに入り、そのあと足14までの下落で下降トレンドが再び始まっている。これは３日にわたってトレンドが再び始まったパターンだ。

第26章
ステア──幅広のチャネルトレンド
Stairs：Broad Channel Trend

ステア日の主な特徴は以下のとおりである。

- ステア日は、少なくとも3つのトレーディングレンジを伴うトレンドを伴うトレーディングレンジ日の変化形である。
- この日は大きなスイングが発生するが、高値と安値は切り上がっていくか切り下がっていく。
- スイングが大きいため、トレーダーたちは両方向に仕掛けることができるが、トレンド方向のトレードの一部あるいは全部はスイングトレードにしたほうがよい。
- ブレイクアウトは、ブレイクアウトポイントを超えるプルバック（押しや戻りで、ブレイクアウト地点を試すこと）を伴うことが多いため、スイングは若干オーバーラップすることがある。例えば、幅広の下降チャネルの場合、新安値へのブレイクアウトのあと、ブレイクアウトポイントを上回る上昇が発生するが、直近のスイングハイまでは上昇しない。しかし、時として前のスイングハイを若干上回るスイングが1つか2つ発生することもある。トレーダーたちは市場の反転を疑うが、トレンドはすぐに元に戻る。
- ブレイクアウトが次第に小さくなることをシュリンキングステアパターンと呼ぶが、これはモメンタムが弱まっているサインであり、

このあと大きな修正が発生することが多い。

　緩やかに傾斜するトレーディングレンジやチャネルに似た、トレンドを伴うスイングが連続して3回以上続く場合、ブル派もベア派も積極的になるが、一方の側が支配権を握る。プルバック（押しや戻り）はブレイクアウトポイントを超える勢いのため、ブレイクアウトスパイクとそのあと続くプルバックはオーバーラップする。幅広のチャネルでは二方向相場になるため、トレーダーたちは両方向に仕掛けることができる。ブレイクアウトが次第に小さくなる場合、これをシュリンキングステアパターンと呼び、モメンタムが弱まっていることを意味する。このあと、ツーレッグの反転とトレンドラインのブレイクアウトが発生することが多い。スリープッシュの反転の多くはステアあるいはシュリンキングステアトレンドとみなされるが、これは失敗して反転することが多い。ステアは長い時間枠のトレンドでは単なるプルバック、あるいはフラッグになることが多い。ステアはその日の最後の1〜2時間のうちに発生し、翌日の寄り付きでそのフラッグのブレイクアウトが発生するのが普通だ。例えば、今日、幅広の上昇チャネルが発生したとすると、それは大きなベアフラッグになり、その下降トレンドは翌日ブレイクアウトする可能性が高い。

　あるいは、ステアが突然加速し、トレンド方向のトレンドチャネルをブレイクアウトすることもある。そのあと反転すれば、このオーバーシュートと反転は少なくともツーレッグの動きにつながる可能性が高い。反転しない場合は、ブレイクアウトが少なくともあとツーレッグ続くか、チャネルの高さに等しいメジャードムーブ（チャネルを超えた分の距離は、チャネルの距離にほぼ等しい）が発生する可能性が高い。

　トレーダーたちは、ブレイクアウトが直近のスイングポイントを何ティック超えたかに注目し、ブレイクアウトへの試しを期待して、そ

図26.1 下降ステア

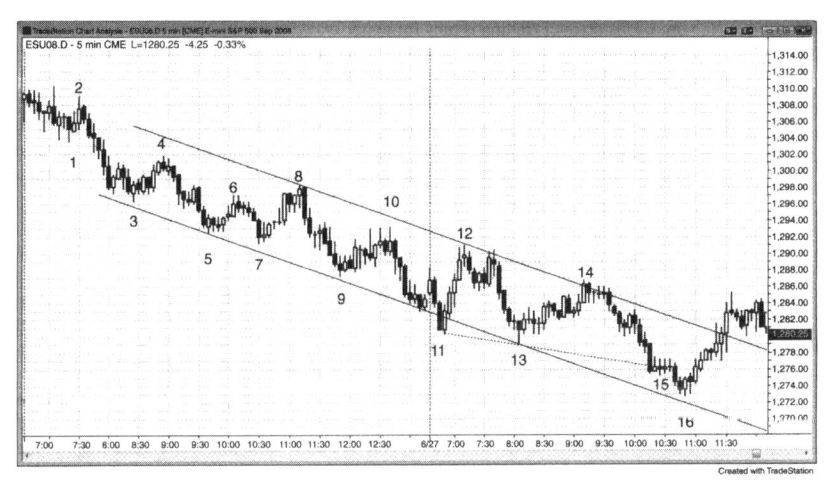

の数字を次のブレイクアウトのときの逆張りに利用する。例えば、最後のスイングローがその前のスイングローを14ティック下回ったとすると、トレーダーは、トレンドチャネルライン辺りにあることが多い直近のスイングローのおよそ10ティック下から買いポジションを徐々に買い始める。また、直近のブレイクアウトからの押しがおよそ15ティックだったとすると、トレンドライン(下降チャネルの高値)辺りにある安値から10ティックから15ティック上昇したら利食いする。

　下降ステアパターンは下方に傾斜するチャネルで、新安値を更新するたびに、ブレイクアウトポイントを超えた戻りが発生する。例えば、**図26.1**を見てみると、足6を下回る足9までのブレイクアウトレッグのあと、足7の安値を超える戻りが発生し、足9を下方にブレイクアウトする足13までのレッグのあとの上昇のあとは、足9のブレイクアウトポイントを上回る戻りが発生し、前のレンジとオーバーラップ

617

している。

　トレンドチャネルラインの近くで買い、トレンドラインの近くで売るトレーダーもいれば、プルバックが発生するまでブレイクアウトがどこまで進むかに注目するトレーダーもいる。例えば、足5の安値は足3の安値よりもおよそ4ポイント安い。したがって、積極的なブル派は足5の安値のおよそ3～4ポイント下に買いの指値を入れた。これらの注文は足7までの下落では執行されなかった。市場が足7を下回ると、再び3ポイントから4ポイント下に買いの指値を入れた。今度は、足7の安値よりも4ポイント安い足9までの下落で執行された。前の上昇はおよそ4ポイントだったので、仕掛けからおよそ3ポイント上で利食いした。彼らは足11と足16までの下落でも同じことをやった。彼らは足13までの下落でも同じことを試したが、市場はその注文が執行されるほどには下がらなかった。ベア派は逆のことをやった。過去の上昇がおよそ4ポイントから6ポイントだったので、下降トレンドラインの近くにある直近のスイングローの3ポイントから5ポイント上で売りポジションを徐々に売り増した。このスタイルのトレードは経験豊富なトレーダーのみがやれることだ。初心者は逆指値の使用のみにとどめるべきである。

　足7は3回目のプッシュダウンで、シュリンキングステア（足5から足7までの下落率は、足3から足5までの下落率よりも小さい）だ。チャネルラインは、市場が下降トレンドにあり、チャネルで下降していることを強調するために最適なラインとして引いている。これは明らかに二方向相場なので、適切なセットアップを見つけたら、安値で買って、高値で売るのがよい。

このチャートのさらに深い議論

　図26.1を見ると、市場は昨日始まった下降チャネルの安値近くで寄

り付き、チャネルを下方にブレイクアウトしている。ブレイクアウトは２本の足による反転で失敗に終わり、そのあと４本の足による上昇スパイクが続く。下降トレンドライン（最適なラインであるトレンドチャネルラインに平行に引いたライン）を試すダブルトップのあと、足13まで下降スパイクが発生する。上昇スパイクと下降スパイクが存在するということは、両サイドがチャネルの方向を巡って戦っていることを意味する。上昇チャネルから始まるも、それはトレンドラインで失敗し、そのあと反転して下降チャネルになる。市場はトレンドチャネルラインを試したあと上方に反転するが、足16はトレンドチャネルラインに達しなかった。これは買いが積極的に行われているサインだ。足16の２本の足による反転は、足15の４本の足によるファイナルフラッグからの買いのセットアップでもある。

　スリープッシュダウンが発生したからといってトレンドが反転するわけではない。足７までの下落では買い圧力はほとんどない。大陽線もなければ、強いクライマックス的な反転もない。足７からの上昇も特に強いわけではない。これは強い反転が通常見せる様相ではないため、自信のあるブル派を引きつけて市場を反転させることはできなかった。その代わりに、市場はウエッジ型ベアフラッグ（足６と足７からの２つの小さなプッシュアップが３つのプッシュ）を形成し、高値が切り下げられ（上昇は足６の上まで行ったため、ある程度の強さはあるものの、足４は下回っている）、下降トレンドが再び始まった。

　ステアパターンは強いトレンドになることもある（**図26.2**を参照）。EUR/USDは足７までスイングハイ、スイングローともに３回切り上がってチャネルを形成し、ステアタイプの上昇トレンドを形成

図26.2　ステアから強いトレンドに変わる

している。

　足８はチャネルの高値をブレイクアウトした陽線で、そのあと弱気の反転足が発生するが、これは売りシグナルにはならない。ブレイクアウトは、下のラインから中央のラインまでの距離に等しい、中央のラインから平行線までの上方へのメジャードムーブ（アンドリューのピッチフォーク）まで伸びるべきだが、ここではそうなっている。ウエッジトップが失敗すると、上方への加速が起こりやすい。足６で終わる３つのプッシュアップが発生しているが、足４までの強い上昇スパイクから数えれば、足８の直前の小さなスイングハイを３回目のプッシュアップと見ることもできる。ウエッジが失敗したあと、ウエッジ（足６の高値から足３または足１の安値まで）の高さとほぼ等しい上方へのメジャードムーブが発生している。

　ブレイクアウトが徐々に弱くなると、トレンドの勢いが弱まってい

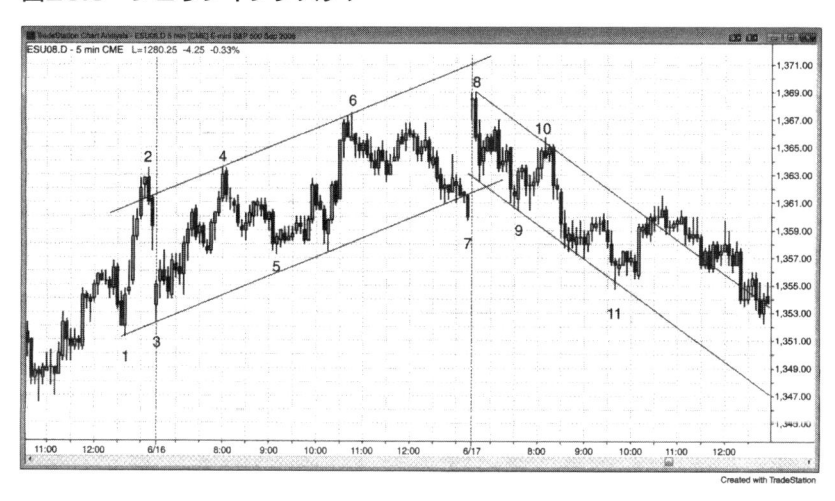

図26.3　シュリンキングステア

るることを意味し、そのあと大きなプルバック（押しや戻り）、あるいは反転が発生する可能性が高い。**図26.3**は上昇トレンドのステアパターンを示しており、大まかに引いたチャネル内で高値と安値が3回以上切り上がっている。足4、足6、および足8はシュリンキングステアを形成している。つまり、上昇モメンタムが弱まっていることを意味し、反転の可能性がある。チャネルは大きなベアフラッグのように働き、足9で下方へのブレイクアウトが発生している。

　足9のブレイクアウトのあと、足10が高値を切り下げてブレイクアウトプルバックが発生し、このあと下降トレンドのステアへとつながっている。足10は、足9までの下落における最初の戻り高値とともに、おおよそダブルトップベアフラッグを形成している。

　足11は下降チャネルを下方にオーバーシュートし、そのあと小さなツーレッグで上方に反転し、予想どおりチャネルの高値を突破している。

　下降ステアが形成され始めると、強いトレンド足の終値のブレイクアウトで逆張りしてスキャルピングすることができる。スキャルピン

グするには、前の下降ステアの下で引ける陰線ごとに買えばよい。同様に、上昇ステアでは、前のステアの高値を上回る陽線の終値で売ればよい。しかし、一般に市場が反転したら逆指値で仕掛けたほうが安全だ（例えば、市場がチャネルの安値から上方に反転したら、前の足の上に逆指値を置いて仕掛ける）。

ウェブサイトについて

本書は以下に紹介する提携ウェブサイトでも読むことができる。
http://www.wiley.com/WileyCDA/Section/id-612800.html
本書で提供するチャートのすべてはこのサイトで見ることができる。ぜひ利用してもらいたい。このサイトへのパスワードは「Brooks1」。

■著者紹介
アル・ブルックス（Al Brooks）
1950年生まれ。医学博士で、フルタイムの個人トレーダーとして約20数年の経験を持つ。ニューイングランド地方の労働者階級出身で、トリニティ大学で数学の理学士号を修得。卒業後、シカゴ大学プリッツカー医科大学院に進学、ロサンゼルスで約10年間眼科医院を開業していた。その後、独立したデイトレーダーとしても活躍し、ウェブサイト（http://www.brookspriceaction.com/）では、ライブで市場の実況解説をするだけでなく、チャート分析も毎日更新している。足ごとに価格チャートを読むという独特の手法を開発し、トレーダーのなかのトレーダーとして熱心なファンが多い。著書に『プライスアクショントレード入門』（パンローリング）がある。

■監修者紹介
長尾慎太郎（ながお・しんたろう）
東京大学工学部原子力工学科卒。日米の銀行、投資顧問会社、ヘッジファンドなどを経て、現在は大手運用会社勤務。訳書に『魔術師リンダ・ラリーの短期売買入門』『新マーケットの魔術師』『マーケットの魔術師【株式編】』（いずれもパンローリング、共訳）、監修に『高勝率トレード学のススメ』『フルタイムトレーダー完全マニュアル』『新版　魔術師たちの心理学』『コナーズの短期売買実践』『システムトレード　基本と原則』『一芸を極めた裁量トレーダーの売買譜』『裁量トレーダーの心得　初心者編』『裁量トレーダーの心得　スイングトレード編』『ラリー・ウィリアムズの短期売買法【第2版】』『コナーズの短期売買戦略』『株式売買スクール』『損切りか保有かを決める最大逆行幅入門』『続マーケットの魔術師』『アノマリー投資』『続高勝率トレード学のススメ』『グレアムからの手紙』『シュワッガーのマーケット教室』など、多数。

■訳者紹介
山下恵美子（やました・えみこ）
電気通信大学・電子工学科卒。エレクトロニクス専門商社で社内翻訳スタッフとして勤務したあと、現在はフリーランスで特許翻訳、ノンフィクションを中心に翻訳活動を展開中。主な訳書に『EXCELとVBAで学ぶ先端ファイナンスの世界』『リスクバジェッティングのためのVaR』『ロケット工学投資法』『投資家のためのマネーマネジメント』『高勝率トレード学のススメ』『勝利の売買システム』『フルタイムトレーダー完全マニュアル』『新版　魔術師たちの心理学』『資産価値測定総論1、2、3』『テイラーの場帳トレーダー入門』『ラルフ・ビンスの資金管理大全』『テクニカル分析の迷信』『タープ博士のトレード学校　ポジションサイジング入門』『アルゴリズムトレーディング入門』『クオンツトレーディング入門』『スイングトレード大学』『コナーズの短期売買実践』『ワン・グッド・トレード』『FXメタトレーダー4 MQLプログラミング』『ラリー・ウィリアムズの短期売買法【第2版】』『損切りか保有かを決める最大逆行幅入門』『株式超短期売買法』（以上、パンローリング）、『FORBEGINNERSシリーズ90　数学』（現代書館）、『ゲーム開発のための数学・物理学入門』（ソフトバンク・パブリッシング）がある。

2013年9月2日　初版第1刷発行
2017年7月1日　　第2刷発行
2019年3月2日　　第3刷発行

ウィザードブックシリーズ ⑳⑨

プライスアクションとローソク足の法則
——足1本の動きから隠れていたパターンが見えてくる

著　者　アル・ブルックス
監修者　長尾慎太郎
訳　者　山下恵美子
発行者　後藤康徳
発行所　パンローリング株式会社
　　　　〒160-0023　東京都新宿区西新宿7-9-18-6F
　　　　TEL 03-5386-7391　FAX 03-5386-7393
　　　　http://www.panrolling.com/
　　　　E-mail　info@panrolling.com
編　集　エフ・ジー・アイ（Factory of Gnomic Three Monkeys Investment）合資会社
装　丁　パンローリング装丁室
組　版　パンローリング制作室
印刷・製本　株式会社シナノ

ISBN978-4-7759-7176-5

落丁・乱丁本はお取り替えします。
また、本書の全部、または一部を複写・複製・転訳載、および磁気・光記録媒体に
入力することなどは、著作権法上の例外を除き禁じられています。

本文　©Emiko Yamashita／図表　© Pan Rolling　2013 Printed in Japan

プライスアクション解説

1 プライスアクションとは

　プライスアクションの定義は実にシンプルだ――**いかなるタイプのチャートや時間枠でも価格に何らかの変化があれば、それをプライスアクションという。**

　値動きの最小単位はティックで、これは市場ごとに値が異なる。ちなみに、ティックには2つの意味がある。1つは、値動きの最小単位である。株式の場合、ほとんどが1セントだ。もう1つは、1回の売買が成立するごとに示される値動きだ。したがって、タイム・アンド・セールスの各約定はティックである（たとえ前の価格と同じであっても1ティックになる）。**価格が変化すれば、その変化がプライスアクションである。**プライスアクションの広く一般に認められた定義はない。市場が提供してくれる一見重要とは思えない情報にも常に注意する必要があるため、定義は広いほうがよい。最初は大したことがないように思える情報でも、素晴らしいトレードに導いてくれるものは多い。だから、どんなに些細なことも無視してはならない。

プライスアクショントレード入門 P.27

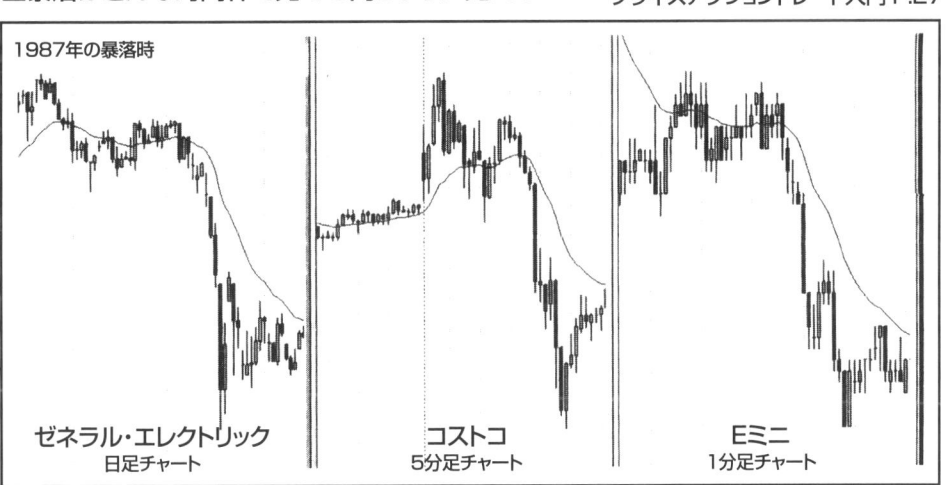

■暴落はどんな時間枠で見ても同じように見える

1987年の暴落時

ゼネラル・エレクトリック
日足チャート

コストコ
5分足チャート

Eミニ
1分足チャート

　定義だけではトレードの仕掛けについては何も分からない。どの足も売りと買いのシグナルになり得る。1ティックも上昇しないだろうと思い、次のティックで売ろうと思っているトレーダーがいるし、1ティックも下落しないだろうと思い、次のティックで買おうと思っているトレーダーもいる。**彼らが見ているのは同じチャートだが、強気のパターンと見るトレーダーもいれば、弱気のパターンと見るトレーダーもいる。**

プライスアクショントレード入門
足1本ごとのテクニカル分析とチャートの読み方

すべての指標を捨て、価格変動と足の動きだけに注眼せよ！
単純さこそが安定的利益の根源！

トゥーシャー・シャンデ博士
定価 本体5,800円+税
ISBN:9784775971734

ファンダメンタルズデータを意見の拠り所とするトレーダーもいれば、ほかの理由を拠り所とするトレーダーもいる。一方の側は正しくて、他方は間違っている。市場がどんどん下落すれば、買い手は自分たちの信念は間違っていたかもしれないと思い始める。そしてある時点まで行くと損切りする。つまり、彼らはもはや買い手ではなく、新たな売り手になるわけである。そうなると市場はさらに下落する。売り手は、新たに売る人か、新たな買い手が参入してくるまでロングを手仕舞いのために売る人からなる。買い手は、新たに買う人、ショートを買い戻して利食いする人、ショートを買い戻して損切りする人からなる。買い手が増えると市場は上昇する。そしてこのプロセスが永遠に繰り返される。

■値動きの完璧な反転の例(ビザの15分チャート)　　プライスアクショントレード入門 P.48

　トレーダーが1日を通して繰り返し直面する問題は、**市場がトレンド相場か揉み合いかを判断すること**である。1本の足を見ているときも、その足がトレンド足なのかどうかを判断している——その足は一方の端で寄り付いて、他方の端で引ける陽線や陰線なのか、それとも実体が小さく、ヒゲ(上ヒゲ、下ヒゲ、あるいは両方のヒゲ)が長いトレーディングレンジの足なのか。足を集合的に見るときは、市場がトレンド相場なのかレンジ相場なのかを判断しようとしていることになる。例えば、上昇トレンドのときは、高値または安値で、あるいは値動きの高値からのブレイクアウトで買う。レンジ相場のときは、レンジの安値で買い、レンジの高値で売ろうとする。トライアングルやヘッド・アンド・ショルダーズや逆ヘッド・アンド・ショルダーズといった伝統的なパターンのとき、市場はレンジ相場にある。パターンをトライアングルだの、ヘッド・アンド・ショルダーズだのと呼ぶのはナンセンスだ。なぜなら、**重要なのは市場がトレンド相場かどうか**であって、よくあるパターンを見つけて、それがどのパターンなのか特定することではないからである。

　トレーダーたちの目的はお金を儲けることであり、**唯一最も重要な情報は、市場がトレンド相場にあるのかどうか**である。

トレンド相場にある場合、トレンドは継続すると見て、トレンドの方向に仕掛ける(トレンドトレード)。トレンド相場でない場合、直近の動きと逆方向に仕掛ける(逆張り。カウンタートレンドトレードとも言う)。トレンドは1本の足しか続かない短いもの(短い時間枠では、その足が強いトレンドを示す)もあれば、5分足チャートでは、1日以上続くこともある。トレーダーはこれをどうやって判断するのだろうか。それは、**目の前のチャートのプライスアクションを読んで判断する**のである。

2 ビッグマネーに従え

　プライスアクションは小さなものもあるため、どんな可能性にも常に心をオープンにしておくことが重要だ。例えば、ある足が前の足を下回るが、市場は上昇トレンドを続けているときがある。そんなときは、ビッグマネーがその前の足の安値かそれを下回る価格で買っていると思わなければならない。これは経験豊富なトレーダーの多くがやっていることである。彼らは弱小トレーダーたちが損切りに引っかかって損失を出す価格で、あるいは市場が下落すると思って売っている価格で買うのである。強いトレンドは押すことが多く、そんなときビッグマネーは売るのではなく買うというアイデアに慣れてくれば、以前は間違ったことだと思っていたビッグトレードにありつけることになる。それほど深刻に考え込むことはない。**市場が上昇しているのなら、機関投資家は買っているのだ。あなたがロングを損切りしたほうがよいと思うときでも買っているのだ。あなたの仕事は彼らの動きに従い、あなたの目の前で起こっていることを受け入れることである**。直観に反するかどうかなど問題ではない。重要なのは、市場が上昇している、だから**機関投資家たちの大部分は買っている、だからあなたも買う**、ということなのである。

■アップダウンツインの売りのセットアップ　　　　　　　　プライスアクショントレード入門 P.72

前日の高値と上昇トレンドチャネルラインを上抜き、
足3の小さいフラッグのブレイクアウトしたあとにできた

3 マーケットを方向づけるプライスアクション

　投資信託会社、銀行、ブローカー、保険会社、年金ファンド、ヘッジファンドなどの伝統的な機関投資家は出来高の大部分を占めている。**日足チャートや週足チャート、あるいは日中の大きなスイングの方向性を決めるものは彼らの売買である**。10年前までは、トレードの意思決定や大部分のトレードは賢明なトレーダーによってなされていたが、**今ではコンピューターがその役割を担う**ようになった。彼らは人間を介することなく経済データを瞬時に分析し、その分析に基づいてすみやかにトレードを仕掛けるプログラムを持っている。プライスアクションの統計分析に基づいてトレードを仕掛けるコンピュータープログラムを使って大量に売買を行う会社もある。今ではコンピュータートレードは売買の70%を占めるようになった。

■強い値動きでは仕掛けが遅すぎることはない　　プライスアクショントレード入門 P.99

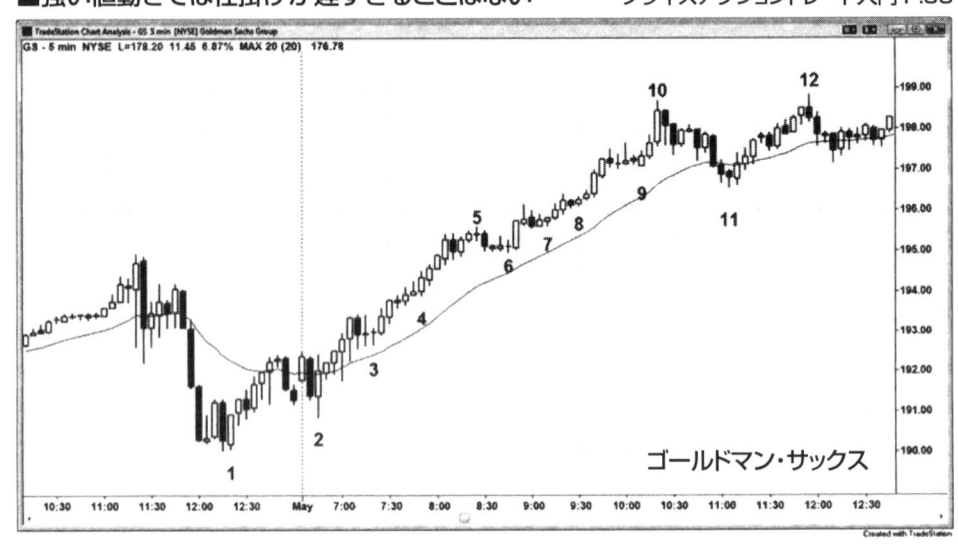

ゴールドマン・サックス

　どの時間枠でも、どの市場でも繰り返し現れる大きなパターンがある。例えば、トレンド、トレーディングレンジ、クライマックス、チャネルなどがそうだ。また、直近の2～3本の足のみに基づく小さなトレード可能なパターンもたくさん存在する。**プライスアクションはトレーダーがチャート上に現れるあらゆることを理解するための包括的なガイドであり、利益の出るトレード機会を増やし、負けトレードを避けることを目的とするものだ**。

■上昇トレンドの強さを示すサイン

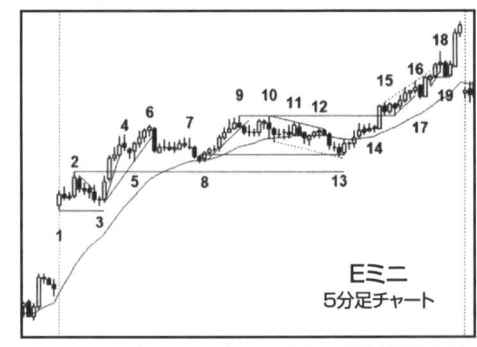

Eミニ
5分足チャート

プライスアクショントレード入門 P.138

ウィザードブックシリーズ 262

プライスアクション短期売買法

価値領域、コントロールプライス、超過価格を見極めろ！

ロレンツィオ・ダミール【著】

定価 本体2,000円+税　ISBN:9784775972311

短期でやるか、長期でやるか、FXでやるか、株価指数でやるか！ 成功への近道！ だれも考えつかなかったプライスアクションの奥義！

　本書は金融市場のプライスアクション分析について書かれたものである。ほかではほとんど目にすることのない概念、アイデア、プライスアクションを使ったトレード手法が網羅されている。

　本書に書かれたことは、FX、先物、株式、コモディティをはじめとするどんな市場にも応用できる。基本的な考えは、鍵となる供給と需要水準を見極めて、純粋なるプライスアクション、つまりチャート上での値動きだけを見てトレードするというものだ。本書に書かれた概念やトレード手法を学習すれば、仕掛けから手仕舞いまでが目に見えて改善するだろう。

　価値領域、コントロールプライス、超過価格、移動する供給・需要水準といった今までだれも考えつかなかった独創的な概念にも、本書に掲載された豊富なチャートと解説によってすぐに慣れるだろう。この地球上のどこにもないプライスアクショントレード戦略は、あなたのトレードに大きな付加価値を与えてくれることは請け合いだ。本書は、成功するトレーダーになるために労を惜しまない分析好きなトレーダーにとっては最高の贈り物になるだろう。

　しかし、最後に一言。本書は、メカニカルトレードやトレードの意思決定をするのにインディケーターやオシレーターに頼るようなトレーダーには向かないことを申し添えておく。

目次

第1章　はじめに
私が本書を書いたわけ / 対象読者 / 本書を読まなければならないわけ　他

第2章　価格の公正価値
公正価値領域とは何か / 価値領域を見つけるためのガイドライン / 出来高（取引量）　他

第3章　移動する価値領域
大きな価値領域──市場を大局的に見る / 価値領域の上の境界と下の境界と超過価格

第4章　トレードでの応用
リジェクト / フレームワーク / トレンドとトレンドの転換を見極める　他

第5章　これまでに学んだことをまとめてみよう
時間枠 / ガイドライン / 需要と供給の重要な水準 / 結びの言葉

システムトレード入門者からベテランまで役に立つ必読書

ラリー・R・ウィリアムズ

ウィザードブックシリーズ196

ラリー・ウィリアムズの
短期売買法【第2版】
投資で生き残るための普遍の真理

定価 本体7,800円+税　ISBN:9784775971604

10000%の男

短期システムトレーディングのバイブル！
読者からの要望の多かった改訂「第2版」が10数年の時を経て、全面新訳。直近10年のマーケットの変化をすべて織り込んだ増補版。日本のトレーディング業界に革命をもたらし、多くの日本人ウィザードを生み出した教科書！

ウィザードブックシリーズ97　ラリー・ウィリアムズの
「インサイダー情報」で儲ける方法
定価 本体5,800円+税　ISBN:9784775970614

"常勝大手投資家"コマーシャルズについて行け！ラリー・ウィリアムズが、「インサイダー」である「コマーシャルズ」と呼ばれる人たちの秘密を、初めて明かした画期的なものである。

ウィザードブックシリーズ65
ラリー・ウィリアムズの株式必勝法
定価 本体7,800円+税　ISBN:9784775970287

正しい時期に正しい株を買う。話題沸騰！
ラリー・ウィリアムズが初めて株投資の奥義を披露！
弱気禁物！上昇トレンドを逃すな！

ウィザードブックシリーズ183
システムトレード
基本と原則
著者：ブレント・ペンフォールド

定価 本体4,800円+税　ISBN:9784775971505

あなたは勝者になるか敗者になるか？
勝者と敗者を分かつトレーディング原則を明確に述べる。トレーディングは異なるマーケット、異なる時間枠、異なるテクニックに基づく異なる銘柄で行われることがある。だが、成功しているすべてのトレーダーをつなぐ共通項がある。トレーディングで成功するための普遍的な原則だ。
またそれらを裏付ける成功した幅広いトレーダーたちの珍しいインタビューを掲載。

ローレンス・A・コナーズ

TradingMarkets.com の創設者兼 CEO(最高経営責任者)。1982年、メリル・リンチからウォール街での経歴をスタートさせた。著書には、リンダ・ブラッドフォード・ラシュキとの共著『魔術師リンダ・ラリーの短期売買入門(ラリーはローレンスの愛称)』(パンローリング)などがある。

ウィザードブックシリーズ 216
高勝率システムの考え方と作り方と検証
定価 本体7,800円+税　ISBN:9784775971833

あふれ出る新トレード戦略と新オシレーターとシステム開発の世界的権威!

コナーズがPDFで発売している7戦略を1冊。ギャップを利用した株式トレード法、短期での押し目買い戦略、ETF(上場投信)を利用したトレード手法、ナンピンでなく買い下がり戦略の奥義伝授、ボリンジャーバンドを利用した売買法、新しいオシレーター コナーズRSIに基づくトレードなど、初心者のホームトレーダーにも理解しやすい戦略が満載されている。

ウィザードブックシリーズ 169 **コナーズの短期売買入門** 定価 本体4,800円+税　ISBN:9784775971309	時の変化に耐えうる短期売買手法の構築法。さまざまな市場・銘柄を例に世界で通用する内容を市場哲学や市場心理や市場戦略を交えて展開。
ウィザードブックシリーズ 180 **コナーズの短期売買実践** 定価 本体7,800円+税　ISBN:9784775971475	短期売買とシステムトレーダーのバイブル! 自分だけの戦略や戦術を考えるうえでも、本書を読まないということは許されない。
ウィザードブックシリーズ 197 **コナーズの短期売買戦略** 定価 本体4,800円+税　ISBN:9784775971642	機能する短期売買戦略が満載! マーケットの動きをもっと詳しく知りたいと望む人にとって、必要な情報がこの1冊にコンパクトにまとめられている。
ウィザードブックシリーズ 1 **魔術師リンダ・ラリーの短期売買入門** 定価 本体28,000円+税　ISBN:9784939103032	裁量で売買する時代に終わりを告げ、システムトレードという概念を日本にもたらしたのは、この本とこの著者2人による大きな功績だった。
DVD スイングトレードを成功させる重要なポイント 定価 本体4,800円+税　ISBN:9784775963463	勝率87%の普遍的なストラテジー大公開! 短期売買トレーダーのための定量化された売買戦略。コナーズ本人が解説。

マーセル・リンク　http://www.marcellink.com/

1988年からトレードに従事。始めたばかりのころS&P株価指数オプションで当時の彼としては巨額の600ドルを失った。それ以後、成績は向上した。過去20年間ニューヨーク金融取引所やニューヨーク綿花取引所のフロアで先物をトレードし、商品先物ブローカー会社（リンク・フューチャーズ）を創始者であり、コモディティ・プール・オペレーターを務め、大手デイトレード会社数社で株式のデイトレードを担当した。現在は独立のトレーダーとして大半の株価指数先物を手掛けている。コンサルティングにも応じ、2008年からセミナーにも力を入れている。

ウィザードブックシリーズ108
高勝率トレード学のススメ
小さく張って着実に儲ける

定価 本体5,800円+税　ISBN:9784775970744

あなたも利益を上げ続ける
少数のベストトレーダーになれる！
高確率な押し・戻り売買と正しくオシレーターを使って、運やツキでなく、将来も勝てるトレーダーになる！　夢と希望を胸にトレーディングの世界に入ってくるトレーダーのほとんどは、6カ月もしないうちに無一文になり、そのキャリアを終わらせる。この世でこれほど高い「授業料」を払う場があるだろうか。過酷なトレーディングの世界で勝つためのプログラムを詳しく解説。

ウィザードブックシリーズ205
続高勝率トレード学のススメ
自分に合ったプランを作り上げることこそが成功への第一歩

定価 本体5,800円+税　ISBN:9784775971727

トレードはギャンブルではない！
万人向けの出来合いのトレードプランなどあり得ない
自分流のスタイルを見つけよう！　トレーダーは成功のチャンスをものにしたいと思ったら、十分に練り上げられ、自分にあったプランが必要になる。そこには、仕掛けや手仕舞いの時期、資金管理の原則、プレッシャーを受けても一貫して決めたとおりに実行する規律が必要である。

ウィザードブックシリーズ228

FX 5分足スキャルピング
プライスアクションの基本と原則

ボブ・ボルマン【著】

定価 本体5,800円+税　ISBN:9784775971956

132日間連続で1日を3分割した5分足チャート【詳細解説付き】

本書は、トレーダーを目指す人だけでなく、「裸のチャート（値動きのみのチャート）のトレード」をよりよく理解したいプロのトレーダーにもぜひ読んでほしい。ボルマンは、何百ものチャートを詳しく解説するなかで、マーケットの動きの大部分は、ほんのいくつかのプライスアクションの原則で説明でき、その本質をトレードに生かすために必要なのは熟練ではなく、常識だと身をもって証明している。

トレードでの実践に必要な細部まで広く鋭く目配りしつつも非常に分かりやすく書かれており、すべてのページに質の高い情報があふれている。FXはもちろん、株価指数や株や商品など、真剣にトレードを学びたいトレーダーにとっては、いつでもすぐに見えるところに常備しておきたい最高の書だろう。

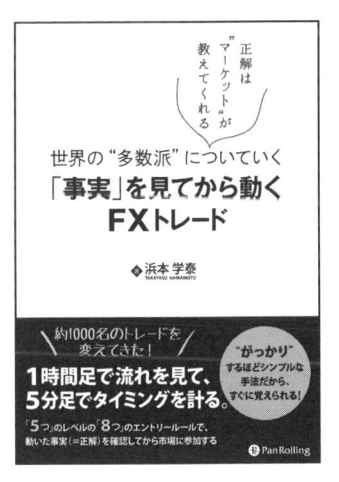

世界の"多数派"についていく「事実」を見てから動くFXトレード

正解は"マーケット"が教えてくれる

定価 本体2,000円+税　ISBN:9784775991350

「上」か「下」かを当てようとするから当たらない

一般的に、「上に行くのか、下に行くのかを当てることができれば相場で勝てる」と思われがちですが、実は、そんなことはありません。逆説的に聞こえるかもしれませんが、上か下かを当てようとするから、相場が難しくなってしまうのです。なぜなのか。それは、「当てよう」と思った瞬間は、自分本位に動いているからです。

「当てたい」なら、正解を見てから動けばいい

では、当てにいこうとしてはいけないなら、どうすればよいのでしょうか？ 私たち個人投資家がやるべきことは、「動いた」という事実を客観的に確認することです。例えば、世界中のトレーダーたちが「上だ」と考えて、実際に買いのポジションを持ったと確認できてから動くのです。正解がわかったら、自分も素早くアクションを起こします。自分の意思は関係ありません。世界の思惑に自分を合わせるのです。

マーク・ダグラスの遺言と
トレーダーで成功する秘訣
トレード心理学の大家の集大成！

ゾーン 最終章

四六判 558頁　**マーク・ダグラス, ポーラ・T・ウエッブ**
定価 本体2,800円+税　ISBN 9784775972168

　1980年代、トレード心理学は未知の分野であった。創始者の一人であるマーク・ダグラスは当時から、今日ではよく知られているこの分野に多くのトレーダーを導いてきた。

　彼が得意なのはトレードの本質を明らかにすることであり、本書でもその本領を遺憾なく発揮している。そのために、値動きや建玉を実用的に定義しているだけではない。市場が実際にどういう働きをしていて、それはなぜなのかについて、一般に信じられている考えの多くを退けてもいる。どれだけの人が、自分の反対側にもトレードをしている生身の人間がいると意識しているだろうか。また、トレードはコンピューター「ゲーム」にすぎないと誤解している人がどれだけいるだろうか。

　読者はトレード心理学の大家の一人による本書によって、ようやく理解するだろう。相場を絶えず動かし変動させるものは何なのかを。また、マーケットは世界中でトレードをしているすべての人の純粋なエネルギー ── 彼らがマウスをクリックするたびに発するエネルギーや信念 ── でいかに支えられているかを。本書を読めば、着実に利益を増やしていくために何をすべきか、どういう考え方をすべきかについて、すべての人の迷いを消し去ってくれるだろう。

マーク・ダグラス

シカゴのトレーダー育成機関であるトレーディング・ビヘイビアー・ダイナミクス社の社長を務める。商品取引のブローカーでもあったダグラスは、自らの苦いトレード経験と多数のトレーダーの間接的な経験を踏まえて、トレードで成功できない原因とその克服策を提示している。最近では大手商品取引会社やブローカー向けに、本書で分析されたテーマやトレード手法に関するセミナーや勉強会を数多く主催している。

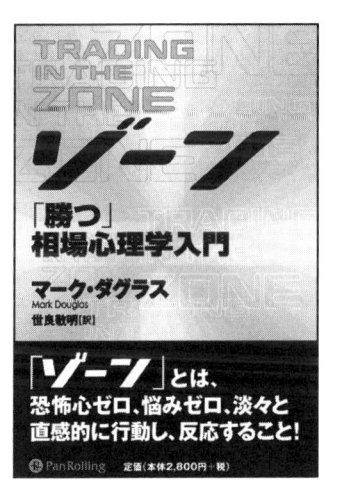

ウィザードブックシリーズ32
ゾーン 勝つ相場心理学入門

定価 本体2,800円+税　ISBN:9784939103575

「ゾーン」に達した者が勝つ投資家になる！

恐怖心ゼロ、悩みゼロで、結果は気にせず、淡々と直感的に行動し、反応し、ただその瞬間に「するだけ」の境地…すなわちそれが「ゾーン」である。
「ゾーン」へたどり着く方法とは？
約20年間にわたって、多くのトレーダーたちが自信、規律、そして一貫性を習得するために、必要で、勝つ姿勢を教授し、育成支援してきた著者が究極の相場心理を伝授する！

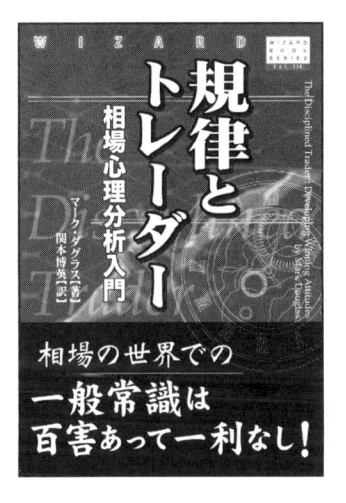

ウィザードブックシリーズ114
規律とトレーダー
相場心理分析入門

定価 本体2,800円+税　ISBN:9784775970805

トレーディングは心の問題であると悟った
投資家・トレーダーたち、必携の書籍！

相場の世界での一般常識は百害あって一利なし！
常識を捨てろ！手法や戦略よりも規律と心を磨け！
本書を読めば、マーケットのあらゆる局面と利益機会に対応できる正しい心構えを学ぶことができる。

マーク・ダグラスのセミナーDVDが登場!!

DVD「ゾーン」プロトレーダー思考養成講座

定価 本体38,000円+税　ISBN:9784775964163

トレードの成功は手法や戦略よりも、心のあり方によって決まる

ベストセラー『ゾーン』を書いたマーク・ダグラスによる6時間弱の授業を受けたあとは安定的に利益をあげるプロの思考と習慣を学ぶことができるだろう。

こんな人にお薦め

◆ 安定的な利益をあげるプロトレーダーに共通する思考に興味がある
◆ 1回の勝ちトレードに気をとられて、大きく負けたことがある
◆ トレードに感情が伴い、一喜一憂したり恐怖心や自己嫌悪がつきまとう
◆ そこそこ利益を出していて、さらに向上するためにご自身のトレードと向き合いたい
◆ マーク・ダグラス氏の本を読み、トレード心理学に興味がある

DVD収録内容

1. 姿勢に関する質問
2. トレードスキル
3. 価格を動かす原動力
4. テクニカル分析の特徴
5. 数学と値動きの関係
6. 自信と恐れの力学
7. プロの考え方ができるようになる

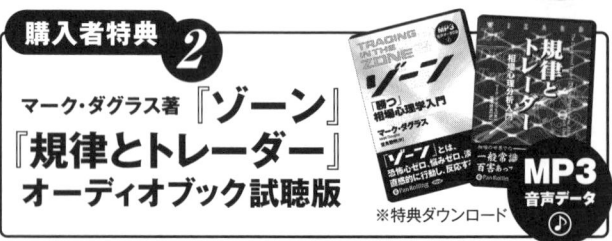

購入者特典 1
書き込んで実践できるあなただけのトレード日誌
付属資料
約180ページ
※画像はイメージです

購入者特典 2
マーク・ダグラス著『ゾーン』『規律とトレーダー』オーディオブック試聴版
MP3音声データ
※特典ダウンロード

◀ **サンプル映像をご覧いただけます**
http://www.tradersshop.com/bin/showprod?c=9784775964163

ブレット・N・スティーンバーガー

ニューヨーク州シラキュースにあるSUNYアップステート医科大学で精神医学と行動科学を教える客員教授。2003年に出版された『精神科医が見た投資心理学』（晃洋書房）の著書がある。シカゴのプロップファーム（自己売買専門会社）であるキングズトリー・トレーディング社のトレーダー指導顧問として、多くのプロトレーダーを指導・教育したり、トレーダー訓練プログラムの作成などに当たっている。

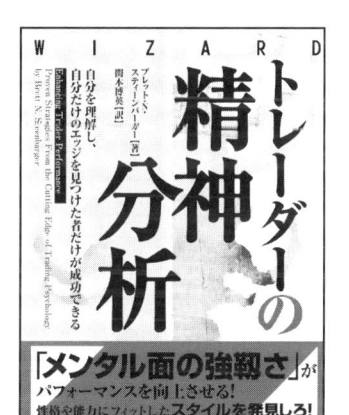

ウィザードブックシリーズ126
トレーダーの精神分析
自分を理解し、自分だけのエッジを見つけた者だけが成功できる

定価 本体2,800円+税　ISBN:9784775970911

性格や能力にフィットしたスタイルを発見しろ！
「メンタル面の強靭さ」がパフォーマンスを向上させる！
「プロの技術とは自分のなかで習慣になったスキルである」
メンタル面を鍛え、エッジを生かせば、成功したトレーダーになれる！
トレーダーのいろいろなメンタルな問題にスポットを当て、それを乗り切る心のあり方などをさらに一歩踏み込んで紹介。

ウィザードブックシリーズ168
悩めるトレーダーのためのメンタルコーチ術

定価 本体3,800円+税　ISBN:9784775971352

不安や迷いは自分で解決できる！
トレードするとき、つまりリスクと向き合いながらリターンを追求するときに直面する難問や不確実性や悩みや不安は、トレードというビジネス以外の職場でも夫婦・親子・恋人関係でも、同じように直面するものである。
読者自身も知らない、無限の可能性を秘めた潜在能力を最大限に引き出すとともに明日から適用できる実用的な見識や手段をさまざまな角度から紹介。

バン・K・タープ博士

コンサルタントやトレーディングコーチとして国際的に知られ、バン・タープ・インスティチュートの創始者兼社長でもある。これまでトレーディングや投資関連の数々のベストセラーを世に送り出してきた。講演者としても引っ張りだこで、トレーディング会社や個人を対象にしたワークショップを世界中で開催している。またフォーブス、バロンズ、マーケットウイーク、インベスターズ・ビジネス・デイリーなどに多くの記事を寄稿している。

ウィザードブックシリーズ134

新版 魔術師たちの心理学
トレードで生計を立てる秘訣と心構え

定価 本体2,800円+税　ISBN:9784775971000

秘密を公開しすぎた

ロングセラーの大幅改訂版が(全面新訳!!)新登場。
儲かる手法(聖杯)はあなたの中にあった!!あなただけの戦術・戦略の編み出し方がわかるプロの教科書!「勝つための考え方」「期待値でトレードする方法」「ポジションサイジング」の奥義が明らかになる!本物のプロを目指す人への必読書!

ウィザードブックシリーズ160

タープ博士のトレード学校
ポジションサイジング入門

定価 本体2,800円+税　ISBN:9784775971277

普通のトレーダーがスーパートレーダーになるための自己改造計画

『新版 魔術師たちの心理学』入門編。
「自己分析」→「自分だけの戦略」→「最適サイズでトレード」
タープが投げかけるさまざまな質問に答えることで、トレーダーになることについて、トレーダーであることについて、トレーダーとして成功することについて、あなたには真剣に考える機会が与えられるだろう。